新世纪高等学校教材·公共管理核心课系列

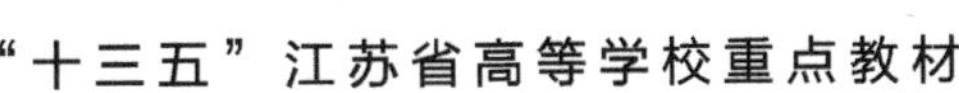

“十三五”江苏省高等学校重点教材

公共管理案例分析

修订版

主编◎赵　晖　汪旻艳

扫一扫　看资源

图书在版编目(CIP)数据

公共管理案例分析 / 赵晖，汪旻艳主编. —北京：北京师范大学出版社，2024.7(2025.2 重印)

新世纪高等学校教材·公共管理核心课系列

ISBN 978-7-303-29304-9

Ⅰ. ①公… Ⅱ. ①赵… ②汪… Ⅲ. ①公共管理－案例－高等学校－教材 Ⅳ. ①D035－0

中国国家版本馆 CIP 数据核字(2023)第 130117 号

GONGGONG GUANLI ANLI FENXI

出版发行：北京师范大学出版社 https://www.bnupg.com
北京市西城区新街口外大街 12-3 号
邮政编码：100088

印　刷：北京虎彩文化传播有限公司
经　销：全国新华书店
开　本：787 mm×1092 mm　1/16
印　张：15.75
字　数：361 千字
版　次：2024 年 7 月第 1 版
印　次：2025 年 2 月第 2 次印刷
定　价：46.80 元

策划编辑：陈仕云　　责任编辑：陈仕云
美术编辑：焦　丽　　装帧设计：焦　丽
责任校对：陈　民　　责任印制：马　洁

前言

高等教育现代化是中国式现代化的重要组成部分，是实现教育现代化的重要保证。党的二十大报告提出“实施科教兴国战略，强化现代化建设人才支撑”重要论断，围绕教育优先发展、科技自立自强、人才引领驱动等作出新的全面部署。习近平总书记指出：“继续走在时代前列，仍然要以全面深化改革添动力、求突破。”21世纪以来，案例教学作为旨在实现我国高等教育由封闭型向开放型、同质化到个性化的“双转型”教学改革路径，受到了高校管理类课程的广泛使用，并取得了不错的成效。一些大学相继成立公共管理案例中心，建立案例库，致力于公共管理案例开发、案例写作和案例教学方法研讨，并在此基础上进一步深化学科体系、教学体系、教材体系、管理体系改革，推动形成更高水平的人才培养体系。可以说，案例教学已经成为当今中国公共管理教育的显著特色和推进高等教育全面深化改革的有效抓手。

案例教学是通过模拟或者重现现实生活场景，将学生置于案例场景中，通过讨论或者研讨来进行学习的一种教学方法。案例教学能够让学生置身于案例之中，模拟角色身份，综合运用所学知识，参与案例中的公共管理活动，从而达到激发学习兴趣、培养和提高实际管理能力的效果。在公共管理案例教学中，学生可以通过分析、比较，研究各种各样成功或失败的管理经验，从而总结出一般性的管理结论或管理原理；通过自己的思考或者与他人的研讨来拓宽自己的视野，从而丰富自己的知识。案例教学的目的不只是通过课堂教学传授知识，还要通过调动学生的课堂参与热情，唤起学生的求知欲望，激发学生的创造性思维，提高判断能力、分析能力、决策能力、协调能力、表达能力和解决问题的能力。

案例教学的基本工具是案例。教学案例是从公共管理实践中真实、典型、矛盾突出的事件中提炼出来的。真实性是公共管理教学案例的首要特征。公共管理教学案例不能杜撰，也不能用从抽象的、概括性的理论中演绎出的事件来替代。在案例教学实践中，我们经常进行案例模拟，但案例的基本事实却是不可编造的，否则就失去了案例教学的意义。典型性是公共管理教学案例的重要特征。案例教学通过对个别教学案例的解析，从具体到抽象，概括、提炼出案例中所包含的公共管理原理、原则或方法等，体现了归纳思维方式。由于教学课时所限，教师无法在课堂上采用大量案例来说明同一个道理。因此，案例教学中采用的教学案例特别强调典型性。矛盾性是公共管理教学案例的技巧要诀，更是案例教学的魅力所在。案例教学与传统的举例教学不同。举例教学中的“例子”往往可以对照基本概念、基本原理、基本方法进行仿造，从而清晰地反映出演绎推理的逻辑过程。而案例教学中的案例表现出明显的矛盾性，其事实是清晰的，但结果却充满想象空间。公共管理教学案例虽然源自公共管理实践，案例中的难题在现实中已有解决结果，但是对解决问题的方法、途径、效果的认识却并不完全一致，人们仍然可以广泛深入地加以讨论。这正是公共管理教学案例可以激发学生学习兴趣、吸引学生融入案例教学的基本条件。公共管理教学案例强调问题导向，突出矛盾冲突，重在解难之道，充分体现出对于改进教学实践中教学效果的价值。

除了要有优秀的公共管理教学案例，合理而巧妙地设计案例教学互动场景，也是打开案例教学这扇大门的一把“金钥匙”。可以说，教学互动是实现案例教学目标、达到教学效果的根本措施。公共管理案例教学重在互动，难在互动，妙在互动。案例教学课堂中主要有三种常见的互动演绎模式。

第一种是教师主导型。这种模式以教师讲解为主、师生互动讨论为辅。教师在课堂上展示案例资料，对案例中公共事务的处理提出多种解决方案，并且采取提问方式征询学生对不同解决方案的意见，然后组织其他同学对这些意见进行质疑、评价或修改，从而达到加深知识理解和提高处理问题能力的目的。

第二种是分组辩论型。这是公共管理案例教学中最常用的一种教学互动模式。案例教学分组辩论课堂设计的基本流程是：第一步，教师在课前将教学案例资料分发给学生，学生认真阅读并初步完成案例的原因分析，思考解决方案。第二步，教师在课堂上对案例进行简要陈述后，布置案例模拟进程。教师对处理结果不做提示、不亮观点。第三步，学生分组对案例资料进行讨论，并形成对案例资料提出的公共事务的处理意见。第四步，教师组织学生讨论，由每个组派代表发言并阐述小组意见。第五步，教师进一步组织学生进行论辩。第六步，教师进行点评。

第三种是学生表演型。即组织案例演示的实施，让学生通过表演方式将案例搬上课堂，帮助学生加深对案例中所包含的公共管理知识的理解。采取这种互动教学模式，必须有充分的课前准备。教师不仅要在课前将案例资料提供给学生，而且要组织学生在自愿分组的基础上，充分理解案例资料，并根据兴趣选择所要扮演的角色。每个小组事先并不了解其他小组的决策意见，只能在各个小组集中表演的过程中根据案例的实际演绎来做出相关决策。学生表演型案例教学互动演绎模式的显著特点是结果呈现多元化。这种模式非常适合于风险型管理决策，也有利于评估学生的综合管理能力。

本书以公共管理专业主干知识和核心课程为出发点，在简要介绍公共管理案例分析一般原理的基础上，精心编排了40多个案例，从政府内部职能体系、组织架构、人员管理，到政府运用公共权力制定公共政策、化解社会矛盾、解决公共危机，更好地实现对国家和社会的治理，形成了具有内在逻辑联系的六个章节的内容：第一章公共管理职能案例，第二章公共组织案例，第三章公共部门人力资源管理案例，第四章公共政策案例，第五章政府应急管理案例，第六章政府改革与治理案例。为方便教学，本书配有电子课件，还为读者提供了详细的案例解析，读者可通过扫描书中的二维码对每一个案例进行深入解读。

案例教学是一种新的教学方法，无论是在理论上还是在实践中，仍然处在不断探索的阶段。这本教材是我们探索的一个尝试，希望能够对案例教学有所推进。

编者

2024 年 1 月

目　录

导　论　公共管理案例分析的一般原理/1

第一节　公共管理内涵及实践 …… 1

一、公共行政与公共管理辨析 …… 1

二、我国公共管理实践面临的挑战 …… 3

第二节　公共管理案例的特点及案例教学功能 …… 5

一、公共管理案例的特点 …… 5

二、公共管理案例教学的功能 …… 7

第三节　公共管理案例教学 …… 8

一、案例教学主体 …… 8

二、案例教学的组织与设计 …… 10

三、案例教学的实施 …… 13

四、案例总结评估 …… 14

第一章　公共管理职能案例/16

第一节　案例研修要求 …… 16

一、教学目标 …… 16

二、教学知识点 …… 16

三、教学重点 …… 24

第二节　案例分析 …… 24

案例1-1　萝卜青菜还是星辰大海？ …… 24

案例1-2　“蛋壳”的破裂 …… 29

案例1-3　南京市渣土运输信用监管推行之困 …… 34

案例1-4　城市公用电话亭：拆撤还是“变身”？ …… 38

案例1-5　高考移民为何屡禁不止？ …… 41

案例 1-6 破解垃圾围“坝”：三峡大坝前的“垃圾攻防战” …… 45
案例 1-7 从采煤废区到示范湿地的生态治理 …… 48
案例 1-8 城市公共自行车与共享单车能否融合发展 …… 53

第二章 公共组织案例/59

第一节 案例研修要求 …… 59
一、教学目标 …… 59
二、教学知识点 …… 59
三、教学重点 …… 64
第二节 案例分析 …… 64
案例 2-1 被质疑的武汉市红十字会 …… 64
案例 2-2 宁波市健康家园公益服务中心“点单式”志愿服务 …… 73
案例 2-3 低龄存时间，高龄换服务 …… 77
案例 2-4 S公益服务社的成长叙事 …… 81
案例 2-5 深圳绿色蔷薇社会工作服务中心疫后求生 …… 84
案例 2-6 化零为整：行政审批制度改革的“破局之局” …… 89
案例 2-7 “局队合一”提高执法效能 …… 94
案例 2-8 “网红”县长抖音直播，创新执政方式 …… 96

第三章 公共部门人力资源管理案例/101

第一节 案例研修要求 …… 101
一、教学目标 …… 101
二、教学知识点 …… 101
三、教学重点 …… 104
第二节 案例分析 …… 105
案例 3-1 南京市秦淮区河长制从“有名”到“有实” …… 105
案例 3-2 南京市“万人评议机关”活动 …… 110
案例 3-3 “民意 110”提升执法效能 …… 114
案例 3-4 “蜗牛奖”该何去何从? …… 119
案例 3-5 乡村振兴视阈下大学生村官现状 …… 125
案例 3-6 多地实行公务员聘任制 …… 131

第四章 公共政策案例/135

第一节 案例研修要求 …… 135
一、教学目标 …… 135

二、教学知识点 …… 135

三、教学重点 …… 137

第二节 案例分析 …… 137

案例 4-1 长沙寒冬限电，民生如何保障？ …… 137

案例 4-2 政策助力“无 G”老年人跨越“数字鸿沟” …… 141

案例 4-3 高校智库如何参与公共政策议程设置 …… 144

案例 4-4 “合村并居”政策带来的利益冲突 …… 151

案例 4-5 垃圾分类政策为何难以落地？ …… 154

案例 4-6 安全行驶从头开始 …… 158

案例 4-7 由邻避到迎臂：杭州九峰垃圾焚烧项目“浴火重生”之路 …… 161

案例 4-8 公立医院医疗服务价格改革始末 …… 165

第五章 政府应急管理案例/170

第一节 案例研修要求 …… 170

一、教学目标 …… 170

二、教学知识点 …… 170

三、教学重点 …… 177

第二节 案例分析 …… 177

案例 5-1 “3·7”福建泉州欣佳酒店坍塌事故 …… 177

案例 5-2 江苏省总动员携手黄石“抗疫” …… 181

案例 5-3 “8·27”昆山反杀案中的网络舆情及地方政府应对 …… 183

案例 5-4 十年“污染费”问谁要？ …… 186

案例 5-5 自然灾害中的政府回应 …… 191

案例 5-6 从长春长生疫苗事件看我国药品质量安全底线“之殇” …… 195

案例 5-7 新冠肺炎确诊病例活动轨迹发布机制 …… 199

案例 5-8 河南郑州“7·20”特大暴雨灾害 …… 203

第六章 政府改革与治理案例/209

第一节 案例研修要求 …… 209

一、教学目标 …… 209

二、教学知识点 …… 209

三、教学重点 …… 211

第二节 案例分析 …… 212

案例 6-1 多重力量作用下南京市 Y 小区业委会的生存难题 …… 212

案例 6-2　合肥市改厕记 …… 216
案例 6-3　苏州枫桥街道“住枫桥”App 助力基层治理 …… 221
案例 6-4　千年古镇 …… 225
案例 6-5　内置金融推动乡村振兴的路径研究 …… 232
案例 6-6　基层减负为何越减越“负” …… 236

后　记/242

导论 公共管理案例分析的一般原理

公共管理学是一门综合运用政治学、管理学、经济学、社会学、法学等多学科理论与方法，专门研究公共组织尤其是政府组织如何有效提供公共物品、开展公共服务活动及其运作规律的学科体系。基于如何有效矫正市场失灵和政府失灵的考虑，20 世纪 70 年代末 80 年代初，公共管理学在西方开始兴起。与传统公共行政学相比，公共管理学具有强烈的外部取向，强调研究应走出象牙塔，把理论研究与政府管理和改革的实践紧密结合，强调关注组织的外部环境，特别重视外部的政治、社会环境对公共管理的影响，并据此作出积极反应。因此，可以说，公共管理学是一门理论性和应用性都很强的学科。既然如此，公共管理学的教学当然就不能仅限于纯理论知识的讲授，而是要以问题和案例为基本导向，开展讲授、研讨、模拟训练、案例分析以及社会实习活动，培养学生发现问题、分析问题和解决问题的能力。

第一节 公共管理内涵及实践

由于公共行政学具有一定的历史演进脉络，在对其进行梳理的基础上，比较和总结理论界关于公共行政(public administration)、公共管理(public management)的区别与联系，有助于明确公共管理的内涵所在。公共管理理论是与实践紧密联系的，这也是公共管理理论不断发展的重要原因。公共管理理论与方法对公共管理实践有重要的指导意义，公共管理实践也不断检验着公共管理理论与方法，并对公共管理理论提出更高的要求。

一、公共行政与公共管理辨析

无论是从理论还是实践的角度，在公共管理获得足够重视之后，学者们不得不承认它是公共部门治理方式的最新模式。但在论及公共管理与传统公共行政的关系及公共管理如何从公共行政发展而来之时，学界的争论依旧方兴未艾。综合起来，大致有四种观点。

第一种观点认为，公共管理等同于公共行政，二者虽有细微差别，但没有实质上的区别。美国当代著名行政学家，雪城大学(Syracuse University)麦克斯韦尔公民与公共事务学院(Maxwell School of Citizenship and Pubic Affairs)的梅戈特(A. Merget)博士认为，公共管理与公共行政在本质上没有区别，它们之间的细微差别在于：从行政价值方面看，传统公共行政注重的是效率，而现代的公共管理除了效率以外，还注重社会公正与平等。[①] 第二种观点认为，公共管理在某种意义上是回归了的公共行政。例如，瓦尔达沃斯基(A. B. Wildavsky)认为，将“行政”一词换成“管理”

① 张梦中：《美国公共行政(管理)历史渊源与重要价值取向——麦克斯韦尔学院副院长梅戈特博士访谈录》，载《中国行政管理》，2000(11)：44－47。

一词，实际上是将传统的公共行政学在公共管理的名目下复活了。[①] 第三种观点认为，公共管理是公共行政的一部分或一个分支。奥特(J. S. Ott)、海德(A. C. Hyde)和沙夫利兹(J. M. Shafritz)等人指出："公共管理集中关注那些可以用来将思想和政策转变为行动的管理工具、技术、知识和技巧。"[②]有些学者甚至认为，公共管理是公共行政中的一个较低层次的技术性领域。例如，格雷厄姆(Cole Blease Graham)和海斯(Steven W. Hays)宣称，公共管理是公共行政学中的一个涉及技术和方法的子领域，公共管理学者关注的是效率、责任、目标实现以及许多其他的管理和技术问题。[③] 第四种观点认为，公共行政与公共管理是两个相互竞争的模式。如澳大利亚著名学者休斯(Owen E. Hughes)认为，公共管理与公共行政无论是词语含义还是理论基础都是不同的，"行政"的职能比"管理"要窄。[④] 在国内，持有这种观点的学者指出，自公共行政学诞生以来，产生了三次大的范式转换，先后经历了传统公共行政、新公共行政和公共管理三个阶段。

区分公共行政与公共管理，既可以从分析这两个基本模式的历史渊源出发，也可以从厘清这两个基本概念的内涵和外延入手。在公共行政发展的一百多年历史中，因应用环境不同而使基本概念出现所谓"语义丛林"的现象并不少见。基于此，可从以下两个方面来区分公共行政和公共管理。

首先，在广义上，公共行政和公共管理这两个概念是等同的，都可以理解为公共部门对公共事务所进行的管理活动(主要是指政府公共管理)。也就是说，二者的外延是一致的。学界所称的公共行政，有狭义和广义之分。前者指政府对自身事务的管理；后者指政府对包括自身事务在内的整个社会的管理。同样，一般人们所讨论的公共管理，亦可以认为只是行政学意义上的概念。其实，在最广泛范围内，公共管理也可以分为宏观、中观和微观三个不同的层次[⑤]。宏观层面的公共管理，指的是政治学(价值)意义上的公共管理，即政治学所研究的国家治理或政治管理。可见，公共事务管理是指政治层面的公共管理。中观层面的公共管理是通常所说的纯粹意义上的公共管理，即与政治相分离的公共管理活动。在政治-行政二分法下，公共行政或公共管理都是公共部门管理的具体模式。在微观层面上，公共管理的重点是解决管理技术和方法问题，新公共管理更多地在这一范畴内体现出来。我们通常所说的公共部门与私营部门的管理具有相通性，大概也是基于这层意思而言的。

其次，在狭义上，公共行政和公共管理是公共部门管理的两种不同模式。

一方面，在行政学理论发生了从传统行政管理到公共行政的范式变迁之后，公共行政开始强调"公共性"。可以说，公共行政的发展史就是一部探索改进公共性实现方

---

① 马骏、郭巍青：《公共管理研究——新的研究方向》，载《武汉大学学报(哲学社会科学版)》，2002(1)：78。

② Ott J S，Hyde A C，Shafritz J M，*Public management：The essential readings*，Chicago，Lyceum books/Nelson Hall，1991.

③ 同②。

④ [澳]欧文·E. 休斯：《公共管理导论(第二版)》，彭和平，周明德，金竹青，等译，298页，北京，中国人民大学出版社，2001。

⑤ 周树志：《公共行政、公共政策、公共管理》，载《中国行政管理》，2001(2)：61。

式的历史，甚至公共行政这一社会治理途径的发现，都是在追求公共性的引领下完成的。“公共性”既是公共行政的根本属性，又是公共行政发展的永恒目标。在理论思潮的推动下和实践探索中，众多学者倾向于把公共行政看成以政府为主体的管理活动，在国内也被称为行政管理。所谓公共行政，是指政府对国家、社会及自身事务所进行的一系列管理活动。而政府作为公共权力的执行者，承担着建立在委托-代理关系上的管理人角色，政府行为的价值取向和行为目标都将“公共性”贯穿始终，并表现在对公民权利的关注、社会责任的担负、公民尊严的尊重之上。

另一方面，公共管理是指政府及其他公共机构，为了适应社会经济的发展和满足公众的利益需求，对涉及公众利益的各种社会事务所实施的有效管理。它强调的是政府的社会管理和公共服务职能，而弱化了政府的政治统治职能。因此，公共管理的着眼点应该是社会事务的管理，社会性是公共管理的内涵。其原因在于：第一，公共管理主体的社会性内涵。公共管理的主体是国家、政府和社会公共组织。国家从属于社会，是随着社会的产生而产生的，国家以社会的存在为基础；政府是国家的伴生物，政府的生命力来自它的社会服务作用；社会公共组织本身就是社会自我管理、自我服务的组织。第二，公共管理对象的社会性内涵。公共管理的对象就是社会(广义的社会)公共事务，而社会公共事务的公共性和社会性在这里是同义词。第三，社会性是公共管理活动全过程的共同性内涵和基础性内涵。

从以上对比分析可以看出，公共管理的研究领域比公共行政更为广阔。公共行政比较注重维护国家统治秩序和提高效率；公共管理则注重增进、实现与维护公共利益，提供公共服务，并注重维持和发展民主宪政、法治公平等社会基本价值观，注意实现效率和公平的平衡。通过重新整合政府内部关系、整合政府与其他管理主体和社会行为主体之间的关系，吸收公共行政之外的文献和思想作为其理论基础，借鉴新公共管理运动及其他政府改革思潮的方法论，现代公共管理可以被视为一个与公共行政相区别的新学科。

二、我国公共管理实践面临的挑战

20 世纪 80 年代以来，伴随着市场化、信息化以及知识经济时代的来临，我国的公共管理得到迅速发展。在新的形势下，我国的公共管理实践也面临着诸多挑战。

1. 电子政务等新兴科技兴起，公共管理日趋公开、透明

互联网等信息技术的发展为电子政务提供了技术支持，电子政务进一步推动了公共管理的公开性、透明性。20 世纪 80 年代，西方发达国家进入了运用信息技术进行政府公共管理的新阶段。进入 21 世纪，随着互联网的深入普及，电子政务逐渐成为公共管理的新形式和新手段。

以互联网为代表的信息技术为我国公共管理的方式和理念提出了新的要求，在信息社会中，政府不能再像过去那样垄断信息，这对公民的民主意识和参与意识也起到了促进作用。我国的信息技术发展非常迅速，互联网在公共管理领域的运用也日益增多。1999 年，我国开启了“政府上网工程”，各级政府门户网站逐步建立，公开的内容也不断增加。电子政务的发展要求对我国的公共管理实践提出了挑战。

2. 社会发育程度不断提高，公共管理的参与主体日益多元化

我国传统的公共管理实践是政府包揽一切，公共管理的主体主要是各级政府部门，作为客体的社会公民缺少选择和参与公共管理的权利与途径，处于“被动接受”的地位。20世纪八九十年代以来，随着我国市场经济体制建设的不断深入，社会主体多元化的利益格局逐渐形成。在政府与社会的关系方面，我国进行了一系列的社会改革，社会的主体意识和参与意识不断增强；在政府与市场的关系方面，我国建立了社会主义市场经济体制，市场对资源配置起决定性作用，作为生产经营主体的各类企业不断发展。社会发育程度的不断提高，使得公共管理的参与主体日益多元化，既包括作为核心主体的政府，也包括非营利性组织、社区自治组织等第三方部门，还包括企业和公民。在新的历史条件下，政府如何不断地进行自我革新、提高服务水平、满足各类社会主体的参与意愿成为公共管理实践的重大挑战。

3. 全球化对我国的公共政策与公共服务提出新的挑战

21世纪以来，经济全球化更加深入发展，资本、知识、劳动力等生产要素在全球范围内的自由流动日益加快，世界各国在经济、政治、文化等方面相互渗透、相互依存。全球化的发展趋势对各国的公共管理能力提出了新的要求，尤其是在2001年我国正式加入世界贸易组织(WTO)后，这些对我国公共政策的制定和公共服务能力的提升提出了新的挑战。

在公共政策制定方面，我国传统的公共政策大多是按照国内经济社会发展的状况而制定，缺少对国际环境的考察；加入世界贸易组织后，我国在制定公共政策时就必须遵循世界贸易组织的规则和要求，在此基础上制定符合本国实际需求的各项政策。在公共服务方面，我国传统的公共服务垄断现象严重，服务效率低下；加入世界贸易组织后，我国就必须按照世界贸易组织的规则开放某些服务领域，打破公共部门的垄断，创新公共服务提供的方式和手段。

4. 我国的经济社会有其特殊性，公共管理实践应讲求本土特色

满足社会经济发展的需要，解决不断出现的实际问题，是公共管理的要义所在。现代公共管理的理论与实践经验多来源于西方发达国家，是对这些国家经济社会发展历程的经验总结。各国的公共管理实践，既有其共性，也有其个性。与西方国家相比，我国实行社会主义市场经济体制，经济运行状况有相似之处，经济领域的公共管理实践有其共性，这些问题基于公共管理的一般理论可以得到很好的解决；然而在政治等领域，我国又有其特殊性，公共管理实践因此也有其个性。此外，我国幅员辽阔，东、中、西部发展十分不均衡，差异很大，因此我国的各区域之间也都有其自身的特殊性。这就要求我国公共管理的理论与实践应当讲求本土特色，将公共管理的一般理论与我国的具体实际相结合。

5. 社会问题日益复杂，公共管理创新成为我国面临的重要课题

就国内环境来看，随着经济体制和政治体制改革的深入，我国各种公共问题日益复杂多变，并呈现出网络化、技术化等新特点；就国际环境来看，随着经济全球化的发展，世界各国的经济合作与政治联系日益紧密。此外，随着科技的发展，信息技术已渗透到社会生活的多个层面，对我国的公共管理实践提出了新的要求。在此背景下，我国公共管理实践面临的形势和任务发生了巨大变化。为了顺应时代的发展要求，向社会公众提供良好的公共产品和公共服务，我国需要对公共管理的方式、手段等进行创新。

6. 公共管理教学必须正确反映和及时回应上述挑战

一方面，公共管理实践中出现的新情况使得现有的公共管理理论流派和学术观点陷入困境和窘境，因为其无法对新变化作出合乎逻辑、符合情理和具有现实效力的解释，更别提对公共管理实践的指引和导向；另一方面，新挑战也为公共管理研究提供了新机遇、新素材、新方向和新动力，必将催生新的流派、新的理论和新的观点。与之对应，公共管理教学也必须及时追踪实践新变化和研究新成果。面对电子政务等新兴科技，公共管理教学必须第一时间准确有效引入，并对教学理念、教学设计、教学过程、教学内容等进行全面改造；面对社会发育程度不断提高、参与主体日益多元化的现实和趋势，公共管理教学必须更广泛地实施案例教学，使学生通过案例解析、案例扮演、案例讨论等多方面参与教学过程；面对全球化，公共管理教学必须具备更加广阔的国际视野，用更多的国际经典案例让学生更好地了解国际公共管理的现状和趋势；面对我国经济社会的特殊性，公共管理教学必须在介绍和引进西方理论成果和经验成就的基础上，更多地关注中国本土的成功案例和学术界的创新成果；而面对日益复杂的社会问题，公共管理教学必须引导学生更加主动地关注中国社会现实，通过案例更好地了解中国社会的独特性和复杂性，通过案例更好地理解党和政府关于中国社会治理的新理念和新政策，通过案例更好地把握中国社会治理的新进展和新挑战。

综上，我国公共管理研究必须直面公共管理实践面临的新挑战，而我国的公共管理教学则必须更好地依靠和利用案例，力求做到直面现实、吸收成果、持续创新。

第二节 公共管理案例的特点及案例教学功能

公共管理案例教学是切合公共管理学科需要的一种教学方式。公共管理学是一门实践性和应用性很强的学科，因此学生不仅需要掌握公共管理学基本理论知识，更重要的是要能学以致用。而要想使学生能够学以致用，只有通过案例教学的方法才能达到。

一、公共管理案例的特点

选择和加工的特定事例，是案例采集和制作者对于实际生活中某些特定方面发生的事情的真实情境的描述。按照这一基本含义，公共管理案例，就是对于公共管理实践中特定事件的真实情境的描述。这也为现有的国外公共管理案例规范和著名大学公共管理案例所印证，反映了案例的普遍共性，提供了公共管理案例采集和制作的一般规定性。当然，相对于临床医学、法学和企业管理等其他学科的案例，公共管理案例还是有其鲜明特点的，这就构成了采集和制作的基本标准和全新规范。

1. 对象的独特性

公共管理是以公共组织为依托，运用公共权力，为有效实现公共利益，提供优质公共服务而进行的管理活动。这就决定了公共管理案例的标志性特征和选择标准是具有公共性的活动。当然，并不是所有的公共性活动都能成为案例选择的对象，因为公共活动范围广泛、内容众多，而只有其中的管理性活动，即公共活动中的决策、组织、领导、控制等方面的实际情境，才是公共管理案例的基本素材。公共性和管理性，使公共管理案例区别于其他类型的案例，确定了其基本的选择范围。

2. 内容的丰富性

明确的领域和独特的对象并不意味着案例选取范围的狭隘和内容的单一，因为在抽象层面，特定范围内的公共利益仅有一项，但在现实具体层面，公共管理和其涉及的公共事务却包含多重价值，与政治、法律、公共经济和公共伦理交织。公共管理主体的多元性及管理层级、管理幅度的延展性，使得以现实管理活动情境为内容的公共管理案例涉及面广、内涵丰富。以包含内容和分析功能为依据，案例可分为综合性案例和专业性案例两大类。前者具有多方面的内涵和分析维度，后者具有针对单一管理问题和环节的特点。

3. 案例的典型性

典型性是案例的生命力所在，也是案例区别于一般故事和事例的基本特性。就公共管理来说，案例的典型性体现在：首先，所选择描述的公共管理情境具有代表性，与所需要说明的公共管理概念和分析紧密联系。学习者能够通过该代表性的案例，分析检验和说明特定的公共管理概念、理论和方法，或者能够从中得到新的管理观念和方法。其次，案例包含了几乎所有的有效信息，无用信息和无关信息基本上被排除在案例情境描述之外。最后，案例中往往同时包含公共管理问题的特殊性和管理理论与方法的一般性两个方面，使得对于特定案例的分析可以达到举一反三的效果。

当然，严格意义上的案例，应该由案例采集和制作者根据第一手材料描述而成。通过报刊、文件、他人的调查报告、他人制作的案例及新闻报道得来的第二手案例，由于作者的视角、着眼点、选择内容和范围不同，其实用程度和价值往往会大大降低。由于公共管理的复杂性和有关案例分析的效用性，案例的选用往往更加强调第一手性。

4. 应用的高效性

教学效果是教学活动的出发点、着力点和评价依据，案例教学之所以逐渐流行，一个重要的原因就是其对教学实效的推动。就公共管理案例教学来说，学习者通过体会案例描绘的公共管理场景，分析案例描绘的公共管理场景中有效的相关信息，可以更好地把握相关概念、理论、理念和方法，在此基础上达到举一反三的效果，并更好地把握一般管理理论和方法基础上公共管理的特殊性。

一方面，案例具有可讨论性。在通行的案例教学中，案例分析是小组或者大组讨论的任务，而不是由学生个人完成的作业。因此，可讨论性是案例的重要特点。公共管理活动内容的丰富性，使得公共事务常常具有多种解决方法，因此，这就更加需要引导学生开阔思路，从而强调公共管理案例具有多解性意义上的可讨论性。就此而言，公共管理案例的可讨论性不是体现在案例情境给定的内容上，而主要体现在选择解决问题的理论、观念、角度、方法和标准上，体现在解决问题的决策方案的选择上，体现在对不同决策方案效果的评价上。

另一方面，案例具有可进入性和可分析性。因为案例教学不是单方面的知识传授，而是双向的互动，是创造一种类似现实的情境，使学习者设身处地地面对公共管理中的问题和事务，进行分析和决策，从而实践管理的科学和艺术。因此，公共管理案例必须充分考虑理论、案例与学习者之间的相关度，类型明确，情境清楚、简要，以实现案例表现力、教学目的性和学生知识面及想象力的适配。公共管理案例的构成要素不能过于细致和全面，问题如何解决、方案如何抉择，都是学习者在案例分析之后得出的结论。只有这样，才能实现案例分析的目的。

二、公共管理案例教学的功能

公共管理案例教学就是应用有关公共管理理论知识对实际的公共管理情境进行解析、讨论、交流，从而实现理论与实践相结合，将知识转化为能力的过程。公共管理案例教学一般来说都具有明显的目标指向，教学过程中所选择的案例都涉及公共组织中出现过或目前存在的问题，其中有些问题已经有前人的经验可以借鉴，而有些问题的解决还有待于我们进一步思考。但不管是哪一种情况，公共管理案例教学中所选用的案例都具有可分析性，从而让学生能够从中吸取他人的经验，并在此基础上进行建构性的反思。

第一，有利于弥补传统教学中"填鸭式"灌输知识的缺陷，促进学生智力开发，激发学生学习的主动性和积极性，实现教学相长。传统的教学方式是教师讲学生听，偏重知识的灌输，虽然也有论证实践，但仅局限于经验理论知识的正确性，这就使学习者处于被动的地位。而公共管理案例教学以培养个人独立思考和处理问题的能力为出发点，采用启发式、讨论式等方式，让学生直接运用公共管理理论知识来分析、研究、解决案例中的问题。学习者处于主动的地位，有利于将公共管理理论与实践衔接起来，主动灵活地学习公共管理学理论，并从实践中加深对公共管理规律的认识。

第二，公共管理案例教学是切合公共管理学科需要的一种教学方式。公共管理学是一门实践性和应用性很强的学科，这就要求学生不仅需要掌握公共管理学的基本理论知识，更重要的是要能学以致用。而在现实生活中，一些复杂问题的解决方法既不能在教科书中找到，也难以获得人人认同的标准答案。案例教学为学生提供了相应的情境，训练学生在短时间内，在信息不充分的条件下，借助批判性思维提出自己的观点的能力。

第三，公共管理案例教学提供实例、模拟实践，有利于培养和提高学生解决实际问题的公共管理能力。公共管理案例教学为学生提供了众多真实而且情况各异的公共管理实例，并创造了模拟实践的机会，弥补了学生实践方面的不足，开阔了视野。学生可以通过对案例的思考、推理、判断与处理，锻炼和提高独立、综合、灵活运用所学理论知识解决公共管理过程中所遇到的实际问题的能力，为以后有效应对和处理生活中可能出现的突发情况奠定了良好的基础。

第四，公共管理案例教学是改善教学效果，使学生更好地掌握和提高实践技能，培养学生参与性和适应性的有效方法。美国实用主义哲学家约翰·杜威(John Dewey)曾经说，如果学习者的身心不去参与探索，那么学科的逻辑对于学习者来说不可能真正有意义。对于学生来说，他们虽然可以在课堂教学中学到一定的管理理论和知识，但并不了解管理工作者在具体的管理实践中的所思所为，不知道管理理论和知识是怎样运用于实践的。公共管理案例的学习和分析，正好为学生提供了一个模拟的实际工作场景，使学生摆脱了被动接受的地位，可以设身处地地根据案例所提供的事实，对面临的管理问题进行分析并得出自己的判断。实践证明，这种参与式的教学方法可以最大限度地调动学生的学习热情。同时，学生通过分析和思考案例，可以锻炼自己的逻辑思维能力和问题分析能力；通过课堂上的交流与讨论，可以锻炼自己的口头表达能力和临场应变能力。总之，公共管理案例教学，有助于全面提高学生的综合能力，为他们以后从事公共管理工作打下了良好的基础。

第三节　公共管理案例教学

公共管理学科的教育水平决定了公共管理人才的质量，也影响到国家公共管理的效率和水平。在学校教育中，如何把内涵丰富的公共管理理念与规律、模式、方法灌输给学生，引导学生走出课堂，在丰富的公共管理实践中掌握理论知识，形成对公共管理实践的认知和对公共管理现状的考察与审视，都是公共管理学科教育研究的重要内容。因此，在重视培养学生分析问题、解决问题能力的现代教学理念下，公共管理理论教学更不可能脱离公共管理实践而进行，有必要研究如何开展公共管理案例教学，以提高公共管理学科的培养质量。

一、案例教学主体

案例教学以案例为中介，连接教师与学生。在公共管理案例教学中，教师作为领路人，在教学中有义务也有责任激发学生的兴趣，鼓励他们踊跃参与分析研究。作为学生，为了更好地学以致用，理论联系实际，就要做好准备并在案例讨论中积极参与，抓住机会阐述自己的看法，认真听取他人的意见。与学生处于消极被动状态的传统教学方法相比，在公共管理案例教学中，学生在课堂上起着更大的主导作用。因此，我们把公共管理案例教学的主体界定为参加教学活动的教师和学生。

1. 公共管理案例教学对教师的基本要求

(1)精选案例，提高案例质量

教师所选择的公共管理教学案例应以教学内容为核心。教师要注意收集、整理、筛选与公共管理案例教学密切相关的典型案例，最终确定一个或几个案例作为公共管理案例教学活动中使用的案例。

教师在精选案例时，要根据教学目的，明确通过对公共管理案例的分析和讨论要达到什么样的目的，解决什么问题，这些问题的解决应该遵循哪些原则，用什么样的立场、观点和方法等。作为公共管理案例教学活动主体的教师，对这些应该做到心中有数。

首先，公共管理案例应具有一定的深度，且内容充实。在教学活动中，只有将那些内容充实、有说服力和深度的公共管理案例作为授课之用，才能调动学生学习公共管理的兴趣，在对案例的分析和讨论中深化对公共管理原理的理解，熟悉公共管理活动应该遵循的原则。案例内容如果过于简单，不但对理解公共管理知识没有太大帮助，还会造成学生对公共管理基本原理的理解过于简单化、表面化。

其次，公共管理案例应具有真实性。不管教学案例大小如何，是国内的还是国外的，都要确有其事、其人。真实案例最能客观、生动、形象地揭示问题的本质。如果选择的公共管理案例不真实或很容易就能判断出是胡编乱造的，无论是颂扬某个部门，还是讽刺贬低某个部门，都会使学生产生逆反、厌烦心理，以致达不到公共管理案例教学的应有效果。

最后，公共管理案例应契合学生的兴趣点。公共管理案例面临的问题和青年学子们所关心的公共管理问题越吻合越好，案例发生的时间和地点距离课堂教学越近越好。作为公共管理案例教学主体的教师，要善于根据学生的兴趣点，捕捉眼前的、发生在学生周围的、活生生的案例来联系公共管理原理的学习，这样才能达到最佳的教学效果。

(2)因材施教，正确引导

面对不同背景和风格的学生，作为教师，要选择适合学生所学知识及其社会实践经历的案例，并且根据学生的实际情况进行准备。

在课堂讨论中，不论学生的观点是否有创意，教师都应该表现出应有的耐心，对学生付出的劳动给予充分的尊重，不能无视或嘲笑学生的劳动成果。教师应注意以适当的方式对课堂节奏进行控制，在公共管理案例讨论中，充分发挥领路人的作用，注意“起、承、转、接”，使整个讨论向着正确的方向发展，使学生的观点相互碰撞、相互补充、相互发展，最终使讨论更为深入、彻底。

(3)客观、公正地对学生作出评价

教师在教学活动中应对学生的各种观点和看法作出回应，使每一位学生都能感受到他们的努力和付出得到了认可。不管他们的看法是否存在偏颇，在没有充分理由的情况下，不要轻易否定，应鼓励他们独立思考，尝试从不同角度、运用不同理论和方法对案例进行分析，保护他们的创造性，以更好地维护和提升他们的积极性。

作为教学主体的教师，一方面要客观、公正地对学生的案例讨论成果作出评价；另一方面应将学生的课堂表现与成绩考核挂钩，给“搭便车”的学生施加压力。唯有如此，才能更好地调动学生参与案例分析的积极性，为后续教学活动的顺利开展打下良好的基础。

2. 公共管理案例教学对学生的基本要求

学生作为案例教学的主要参与者，应该明确案例教学的课堂讨论不是聊天室，也不是故事会，更应该清楚地认识到案例教学的重要意义。这种学习方式，尤其对缺乏社会经验、不熟悉集体学习、缺乏相应技能的学生具有重要的意义。

(1)具备理论和实践基础

学生在进行公共管理案例学习之前，要掌握公共管理的基本理论，进行相应的理论学习，打好公共管理案例分析的理论基础。在相关专业课学习中，不仅要对公共管理领域的基本概念、原则、原理掌握到位，还要做到举一反三、灵活运用。此外，学生在掌握基本理论的基础上，应该积极参加各种社会实践活动，尤其是要踊跃参加公共管理部门的实习或实践活动。在实践中，学生要了解公共管理部门应有的职能，切实体会公共管理部门工作人员的职责，学习公共管理过程中的一般方法和具体流程，这样才能达到学以致用的效果，从而夯实公共管理案例分析的实践基础。

(2)具备阅读理解、分析和解决问题的能力

一个完整的公共管理案例是诸多要素的综合体，想要从错综复杂的现象中找出问题的根源，透过现象看到问题的本质，必须具备一定的阅读理解能力、分析和解决问题的能力以及文字表达能力。首先，具有全局观念和综合能力，具有全方位、多角度

的思维方式，善于把多种事物、多种因素联系起来综合分析；其次，能够认识和掌握公共管理活动的客观规律，具有敏锐的洞察力。在对大量资料进行科学分析的基础上，发现问题背后的根本原因，及时作出正确的判断和选择，提出恰当的解决问题的方案和具体措施。

(3)具备良好的心理素质

在案例分析过程中，学生能够较好地控制自己的情绪。课堂讨论和发言只是针对案例就事论事，对持有不同观点的同学可以批驳其观点，但是不能进行人身攻击，更不能对其人格有任何怀疑或者不敬。在讨论中，应抓住主要问题和问题的主要方面，不要把精力放在一些细枝末节和次要问题上，不要太过于关注反面的东西和缺点，导致议论偏激或谨小慎微，甚至造成不必要的矛盾(尤其是人际关系矛盾)激化，而应努力使整个课堂氛围保持生动活泼、严谨有序。

二、案例教学的组织与设计

1. 案例教学的目标与原则

(1)案例教学目标

教师在进行案例教学时必须有明确的教学目标，就某一门课来说，每一节课都会有一个或几个具体的目标，而一门课的总体目标正是通过每一节课目标的实现而实现的。根据小劳伦斯·E. 列恩(Laurence E. Lynn Jr.)的观点，案例教学的目标主要有以下几种。

①激发学生对于一个主题或问题的兴趣和求知欲；

②增进学生对于不熟悉问题或材料的了解；

③传达基本事实、信息；

④加强对理论的理解及应用；

⑤提高批判性、分析性和推理性技能；

⑥提升智力技能的决策能力；

⑦参与者们互相分享经验；

⑧提高行为性和社交性技能；

⑨使参与者倾听和尊重他人意见并传达共识；

⑩增强和促进提出观念(思想)的意愿；

⑪改变对一些问题、观点、组织或特殊人物的态度；

⑫提高作为一种社会性或政治性过程决策方面的技能；

⑬促进某些制度的转变和改进，强化解决社会问题的愿望，提高解决社会问题的能力。

案例教学中，每一节课都应有一个明确的教学目标，目标越明确，收到的教学效果就越好，教学才能达到目的。

(2)案例教学原则

案例教学作为一种被广泛运用的教学形式，已形成了一些基本的原则。

①理论联系实际原则。案例教学要避免纯理论教学，而是通过把现实生活中发生的一些真实事件或场景作为教学案例带入课堂，让学生通过对案例的阅读与分析，甚

至将自己代入某种角色，进入特定的情境，运用所学理论知识来解决实际问题，从而加深对所学理论知识的掌握，提高解决实际问题的能力。

②集思广益原则。案例教学的主导思想之一就是让学生积极参与到案例讨论中。案例源于实际生活中的具体问题，可以让学生了解现实的管理活动中可能会遇到的各种具体问题，并认识到现实中很多问题难以寻求一种十全十美的解决方法。因此，针对不同的案例应具体问题具体分析，找出最适合解决该问题的方法。同时，教师不能要求学生给出最完美的答案，只要学生的看法有一定的见解、有一定的道理都应予以肯定。案例教学的目的在于启发学生积极思考，答案不一定是唯一的，学生可以集思广益，在集体讨论中得出最满意的答案。

③积极参与原则。传统教学往往是教师讲、学生听，教师和学生之间较少互动；案例教学则充分重视学生的参与性。教师由单纯的“教”转变为“引导”“启发”学生发现问题、运用理论解决问题，同时倾听学生对问题的看法，并与之沟通、磋商，调动其参与讨论的积极性。学生在案例教学中可以主动发挥积极性，参与到案例讨论中来，并就某一方面的问题发表自己的看法，不求全面，但求参与。

④全面系统原则。案例教学作为一种教学方式，在教学内容上还应体现系统性。在选择案例时，案例的内容必须是全面的，能涵盖该课程所有知识点或绝大部分内容；所选案例的类型也应是全面的，有成功案例也有失败案例，有决策型案例也有评述型案例等。系统性意味着不能把整个学期或专门课程中的案例看成孤立的，尽管这些案例本身从内容上看互不相干，但它们既对应整门课程的相应章节，又与整个学科或课程的知识体系相联系，形成有机的整体。因此，案例教学既要搞好单个教学环节，又要着眼于教学的全过程，并且还要全盘考虑学科或课程之间的相互衔接与承前启后。

2. 设计案例教学方法

(1)案例教学与多媒体手段相结合

在案例教学中，运用幻灯片、图片、录像等多媒体视听辅助材料，可增加案例的真实性，便于学生掌握更丰富的案例背景资料，并给学生以直观的感受，有利于其更全面地把握案例。形式多样的视听内容能开阔学生的视野，有利于提高学生学习的兴趣。

(2)案例教学与实地参观相结合

案例教学常常需要学生设身处地地寻求解决问题的方法，因此，带领学生实地参观更有利于案例教学的开展。特别是对于没有实际经验的学生，适当安排实地参观会大大强化案例教学的效果。

(3)案例教学与邀请相关人员参与教学相结合

在案例教学中，如果能把以下几类与案例相关的人员邀请进课堂参与案例教学，不仅能增加案例教学的真实感和趣味性，还能带给学生许多新的信息，提高学生学习案例的兴趣，增加案例学习的效果。

①案例的当事人或组织的管理人员。他们亲历了案例发生的全过程，能更全面清楚地介绍案例的前因后果，并能有效地分析案例的成功或失败之处，对学生有很强的说服力。学生也可就相关问题提问，以加深对问题的理解。

②案例人物的相似职位者。这类人员对案例的背景比较熟悉，且有相关的管理经

验，能向学生介绍组织的机构特点、具体制度及人物所属管理者阶层特有的一些想法等专业性知识和问题，便于学生较全面地了解和把握案例相关知识，对案例学习有很大帮助。

③案例编写者或其他有经验者。由于他们对案例中涉及的问题了解得更具体，并且更明确编写此案例的目的，因此他们进入课堂和学生一起讨论，将更有利于学生把握案例讨论的路径和案例的核心问题。

(4)案例教学与角色扮演相结合

进行角色扮演是案例教学中经常采用的一种教学方式。在适合角色扮演的案例中，角色扮演可以帮助学生体验案例的情境，使扮演者能真切感受案例中的各种相关问题，从而避免主观想象，在提出解决方案时，能较全面地考虑各种相关问题，有效提高学生解决实际问题的能力。

3. 案例教学课前准备

(1)教师应做的准备

①明确案例教学的目标、重点、难点。教师在案例教学中，每一节课都应有一个明确的教学目标，即每节课要让学生掌握什么内容，达到什么样的教学目标，这样才能有针对性地选取合适的案例。明确教学的重点、难点，有助于在有限的教学时间内合理地安排论题和讨论重点，对难点问题进行细致分析和讲解，从而提高教学效果。

②对教学案例的分析和把握。教师应熟悉案例的背景、情节、人物等内容，全面认识和把握案例线索、问题成因、案例涉及的理论知识；明确案例分析拟解决的问题方向是否与教学目标一致；明确案例是否适合学生，即学生有没有与之相关的知识储备，是否有能力进行观察分析并提出见解。同时，教师还应预测在案例讨论过程中学生可能会提出的问题，对这些问题应怎样回答和解决，以保证案例讨论顺利进行。

③对课堂讨论环节的准备。课前教师应预先设计教学流程，如课堂讨论以什么方式开始，如何进行，如何转折，如何结尾，是教师总结还是学生总结。案例教学每个环节的时间安排也很重要，以 3 课时(120 分钟)教学时间为例，开场基本背景知识介绍 5 分钟，案例内容介绍及阅读 20 分钟，小组讨论及发言 1 小时，要点分析 20 分钟，随机提问及回答 10 分钟，总结 5 分钟。当然，时间可以根据教学内容和教学现场灵活掌握。

④对教师自身的设计。教师在案例教学讨论活动中应鼓励学生参与，起到穿针引线的作用；控制案例讨论的方向和深度，把握讨论的进度，在不同环节中发挥“起、承、转、接”的作用。遇到学生讨论受阻时，提示或补充必要信息；当学生讨论偏离主题时，应巧妙地指导与控制；当学生讨论他人观点出现过激现象，甚至产生人身攻击时，应正确引导，避免引起学生之间的冲突。教师在课堂中要对整个讨论过程做一些记录，如每一位学生的发言要点等，一是为课堂讨论总结做准备，对具有代表性的看法和观点进行点评，并提出个人的看法和补充意见；二是为以后的教学积累经验和素材。

⑤指导学生预习案例。学生在课前的预习有利于加快案例教学的节奏，有利于提高案例讨论水准和课堂时间的利用率，有助于调动学生的学习热情。教师在课前应指导学生预习与案例有关的背景资料，要求学生就案例涉及的相关理论进行全面把握，做好充分的理论准备。教师要着重教会学生掌握案例分析的技巧，包括确定案例分析

的角度，厘清案例需要解决的主要问题，找出并分析解决问题的有效途径等。因为案例教学通常采取分组讨论和角色扮演的方式进行，教师在课前须对学生的分组、角色安排进行周密布置，分组时应考虑每组成员之间的配合，同时，组与组之间学生能力应较为均衡，每个组都应有一两个分析能力较强的学生，这样有利于其在小组中起一定的引导、协调作用。采用角色扮演的案例时，必须先进行角色安排，这样可以给扮演者充分的时间准备，以便在课堂上收到更好的模仿效果。

(2)学生应做的准备

①全面了解案例。要保证课堂案例教学的顺利进行，学生应提前全面了解案例编排结构、案例构成要素、案例背景材料，明确案例分析的要求及案例陈述中隐含的问题。

②准备课堂讨论。在课堂讨论正式开始之前，各小组成员应进行初步意见交流。每位同学在通读案例之后，以小组为单位，围绕案例主题、事件性质、背景线索等展开讨论，寻找案例呈现的主要问题，并对问题进行分类，然后由组长分配课堂讨论任务。小组集体讨论，可以使每位同学对案例思考题有整体的把握。

三、案例教学的实施

1. 案例分析的开始

教师开始案例分析教学的方式和做法，往往会给整堂案例分析课定下基调，并对学生的参与、思维和预期产生“发动”作用。

首先，教师需要介绍课程的目的，讲述如何使用案例，强调案例分析的益处，并在讲课前交代清楚期望值。其次，教师需要简要地介绍该案例是怎样研究和准备出来的。在大多数案例中，因为篇幅所限，或因为叙事集中的考虑，不直接涉及案例的信息已经被有意地省略了。因此，应要求学生找出关键论点和相互之间的关系，并考虑备选方案，思考可能出现的结果以及决定采取的措施等。最后，教师需要指出，有的案例要求对问题的解决方法或建议进行诊断，因为案例分析的目的不是“作决定”，而是去“发现”。

在教师“发动”以后，学生在这个环节的主要任务包括以下几个方面。

①通读和精读案例。先浏览案例，掌握案例基本情况和事件发展脉络，然后精读研究细节，透彻地了解案例中的人物、事件、观点、概念等有效信息。

②明确问题。在全面把握案例发生的社会背景，公共管理事件的起因、经过、结果或影响的基础上，进一步思考问题的症结所在，以及导致问题产生的直接原因和根本原因是什么。要善于从错综复杂的问题中把握最为关键和本质的问题。

③选择恰当的分析角度和方法。根据案例分析要求，选择政治、经济、社会、文化角度，或政府、企业、社会角度，或当事人角度、中心人物角度等进行多维分析，了解案例中各角色之间的相互关系，对各种问题之间的内在联系有较为正确的把握。能够选择并合理利用规范的分析工具和分析模型，通过这些分析工具归纳整理案例中的各种信息，理出头绪，弄清相互之间的关系。在此基础上，再分出轻重缓急，进一步处理信息。

2. 案例分析的展开

案例分析的展开总体上应当按照事先拟订的教学计划和课堂案例分析安排进行。

教师要善于明确、简要地向学生阐述案例教学的目的、程序、方法，使学生尽早地在指导语的提示和引导下形成自组织状态。教师可借助诸多展开案例分析的基本工具，如时间安排表、组织结构图表、决策和决策者、角色-利益分析、SWOT 分析法等进一步启发和引导学生从不同的角度进行分析。然后，学生按照既定的案例教学程序进入课堂小组讨论环节。在讨论中，学生畅所欲言，提出问题，由专人做要点记录。同时，教师也要注意充分运用其权力与权威促使学生投入讨论，有效控制案例分析推进的节奏，防止学生把讨论当作闲聊而偏离案例分析的主题。

小组讨论结束后，各小组推选 1～2 名学生作为代表进行发言，其他学生可以在其发言结束后进行观点补充。教师应通过及时、有效的信息沟通和回馈，促进案例分析的开展。回馈可长可短，可采取语言表述的方式，也可采取板书的方式。

3. 案例分析的结尾

案例分析的结尾也可称为课堂总结，好的结尾应当呼应案例教学目标和课堂计划，对案例分析起到“画龙点睛”的作用，并且给学生留下深刻的印象，甚至让学生在课程正式结束后仍然对案例讨论津津乐道，从中有所收获。

课堂总结可以由教师来完成，也可以由负责记录的学生或者其他学生来完成。其任务主要是归纳、评析学生中具有代表性的分析意见，对讨论的情况作出评价，同时就讨论中的各种代表性意见所涉及的理论问题进行分析。教师也可以对学生的随机提问进行解答。课堂总结对公共管理案例中的问题不给出结论性的意见。

四、案例总结评估

案例学习是集体学习的过程，为了反映案例集体学习的效果，案例教学中必须要有一定的评估形式，对案例集体学习的成果进行归纳总结。课堂讨论结束后，学生将自己的分析写成简明的书面报告，供教师批阅，这是整个案例学习过程中的最后环节。撰写课堂研讨报告和案例研究报告既是案例学习过程中一个必不可少的环节，也是提高学生能力的一项非常有益的工作，因此需要学生高度重视，努力配合教师安排，高质量完成报告撰写任务。

1. 课堂研讨报告

课堂研讨报告是在拟定的案例讨论发言提纲的基础上，经过案例学习的课堂讨论后由学生独立撰写的。课堂研讨报告的写作要点包括以下几个方面。

(1)基本情况简介

基本情况简介即以简明扼要的文字描述案例材料中的时间、地点、人物以及重要事件等，尤其重要的是要说明研究对象的历史演变过程、目前发展状况以及未来发展构想等。

(2)研究问题界定

研究问题界定是指界定案例材料中应该解决的问题，即现状与目标的差距。问题的界定必须明确而具体，文辞简洁，切忌含糊笼统，每个问题应做到一事一议。

(3)当前亟待解决的问题

从上述问题中找出当前必须立刻解决的问题，或需要立即采取紧急措施加以解决的问题。此类问题如有两个以上，要按轻重缓急顺序排列，以便决策者作出安排。

(4)有待今后解决的问题

问题的界定与分析的另一个目的是考虑有待今后解决的问题。因为有些问题现在解决的条件还不成熟，或者一时无法腾出人力、物力、财力，可以考虑暂缓解决，但是必须列出计划，留待今后解决。

2. 案例研究报告

案例研究报告是小组每次讨论后所写的作业，全面反映了小组集体学习的成果，体现了其对所学理论知识的运用水平。案例研究报告的撰写内容包括如下几个方面。

(1)前言

简要说明案例学习的背景，包括案例涉及的相关知识，以及案例研究的动机、目的、方法、范围、限制和其他一般状况。

(2)事实

通过个人学习、小组讨论、充分交换意见后，罗列出小组中给出的显性事实，以及为小组中大多数人所接受的隐性事实。

(3)问题

列出小组中大多数人认为客观存在的问题，并按近期问题和远期问题两类依其轻重缓急进行排列。

(4)方案分析

对各个问题的可行方案进行分析比较，比较时必须详细阐述每个方案的前提条件、未来影响，以及可能存在的问题等，以作为决策的依据。

(5)建议方案

按照决策的一般程序，在经过多轮次、多角度的分析、比较和评价后，从上述各个可行方案中选择解决问题的最佳方案。

(6)结论

在小组讨论或集体学习的基础上，得出案例研究的最终结论。另外，在案例学习过程中获得的经验与体会或教训与启示，也可以逐条列出或详细说明，以供参考借鉴。

第一章　公共管理职能案例

第一节　案例研修要求

一、教学目标

- 通过对本章教学知识点的学习，逐步掌握政府职能的特点、历史脉络与发展趋势等基础知识。
- 通过对本章案例的学习和探索，进一步理解当前政府职能转变的重要性，明确特定公共管理领域政府职能的重心及其边界。
- 能够运用恰当的分析工具和分析方法，发现政府职能履行中存在的突出矛盾和问题，提高分析问题和解决问题的能力。

二、教学知识点

政府的公共管理职能，即行政职能，“体现了政府管理活动的实质和方向，是公共行政活动内容的总概括，是建立公共行政组织的基本依据”①。行政职能转变是行政体制改革的核心内容，关系到政府行为方式和基本任务的变革，是一项长期性的系统工程。我国政府行政职能转变的根本目标是进一步提升和完善政府的公共服务职能，以科学发展观和构建和谐社会理论为指导，建设以公民为本位的服务型政府。

1. 政府职能的特点

(1)政治性和社会性

政府职能是指行政主体作为国家管理的执行机关，在依法对国家政治、经济和社会公共事务进行管理时应承担的职责和所具有的功能。它体现着公共行政活动的基本内容和方向，是公共行政本质的反映。同时，政府职能又具有广泛的社会性，涉及经济、政治、治安、财政、文教、科技、社会福利、环境保护等诸多社会领域。可以说，社会生活的各个方面，无一不包括在政府职能的范围之内。

(2)动态性和相对稳定性

作为上层建筑组成部分的政府职能不是一成不变的，社会生产力发展水平不同，政府职能的内容和范围也会有所差别；政治和经济体制不同，政府职能的基本内涵和实现手段也会发生相应的变化。但在特定的历史时期，政府职能又表现出相对稳定性，不会轻易发生变化和作出调整，而是与国家政权在该阶段的主要任务保持一致。

(3)多样性和整体性

多样性包括两个方面：一是政府职能内容的多样性，行政主体履行公共管理职能的过程涉及社会生活的各个领域，包括政治、经济、文化、教育、体育等；二是政府

---

① 张永桃：《行政学》，79～80页，北京，高等教育出版社，2009。

职能层次的多样性。从中央到地方分成若干层次，建立不同层级的行政机构分别行使职能。政府职能体系既相互贯通，又相互独立。尽管在内容和层次上表现出一定的多样性，但相对于立法职能和司法职能而言，政府行政职能又是作为一个整体而存在的。

(4)强制性和服务性

作为国家权力的表现形式，政府职能以强制性的国家权力为基础和后盾。同时，在社会公共事务的管理过程中，政府职能又具有服务性的特点，通过协调社会利益关系，保护公民和社会组织的合法权益，维护正常的社会公共秩序。

(5)共同性和专门性

任何国家的政府，不论其性质、国情、发展阶段以及行政组织的层次如何设置，都必须适应国家和社会生活发展的共同需要，解决一些共同的社会问题。同时，政府职能是政府管理某项事务的职责和能力，需要专业人才通过特定的专门程序来履行，具有很强的专门性特征。

2. 我国政府职能的内容

为了更好地促进政府治理体系的改进和政府治理能力的提升，党的十九届四中全会对完善国家行政体制、机制、制度等诸多方面进一步提出了相应的要求。在优化政府职责体系及其制度方面，《中共中央关于坚持和完善中国特色社会主义制度 推进国家治理体系和治理能力现代化若干重大问题的决定》明确了政府的五项基本职能：经济调节、市场监管、社会管理、公共服务和生态环境保护。这五项基本职能是我们在长期研究和探索社会主义市场经济体制下政府与市场、政府与社会关系的基础上，对政府职能高度、科学的概括。

当前，随着经济社会的创新转型发展，政府管理运作的背景和环境都已发生深刻变化，要求中国行政系统进一步强化公共服务、市场监管、社会管理、环境保护等方面的职能作用，创新行政理念，增强服务意识，提升履责的能力、水准和质量。

(1)加强宏观调控，促进经济持续健康发展

要健全以国家发展战略和规划为导向、以财政政策和货币政策为主要手段的宏观调控体系。通过制定发展规划、交通规划、城市规划和住房规划等，促进经济社会的协调发展，优化生产力布局；通过运用以财政政策和货币政策等为主的经济手段，实施科学的宏观调控；要提高宏观调控手段的协同水平，加强财政政策、货币政策与产业政策等手段的协调配合，提高相机抉择水平，增强宏观调控的前瞻性、针对性、协同性；要形成参与国际宏观经济政策协调的机制，通过科学判断各国宏观经济政策的“溢出效应”，就财政、货币、汇率、贸易等宏观经济政策在有关国家之间展开磋商、协调，或适当修改现行的经济政策，或联合采取干预市场的政策行动，以减缓各种突发事件和经济危机带来的冲击，寻求各参与协调方的整体利益最大化，维持和促进我国经济的平稳健康发展，推动国际经济治理结构的不断完善。

(2)加强市场监管，维护市场秩序

政府要加强发展战略、规划、政策、标准等的制定和实施，加强市场活动监管。要紧紧围绕建设统一开放、竞争有序的市场体系，建立公平、开放、透明的市场规则；实行统一的市场准入制度，探索对外商投资实行准入前国民待遇加负面清单的新管理模式，推进工商注册制度便利化等；要改革市场监管体系，实行统一的市场监管，清

理和废除妨碍全国统一市场和公平竞争的各种规定和做法，建立健全社会征信体系，完善企业破产制度，推进国内贸易流通体制改革，建设法治化营商环境。

(3)加强公共服务，让发展成果更广泛、更公平地惠及全体人民

既然人民群众期待获得更高质量的公共服务，政府职能就应向提供优质公共服务转变，提高公共教育、公共卫生、公共文化、公共安全、社会保障、促进就业、社会救助等公共服务质量。要均衡配置公共资源，既要促进公共资源的城乡间均衡配置，又要促进公共资源在不同区域公平配置；要创新公共服务供给机制，改变以政府为主体的单一公共服务供给模式，要引入市场化、社会化机制。

(4)加强社会管理，发挥政府在社会治理中的主导作用

要加快政府社会管理职能转变，把不该由政府管理的社会事项转移出去，进一步清理、减少和规范社会管理领域的行政审批事项，办好应当由政府承担的社会治理事务；要健全政府社会治理的职责体系，科学界定各职能部门在社会治理和公共服务中的职责任务，合理划分中央政府和地方政府在社会治理中的事权；要强化政府的公共安全职责、社会治安职责、应急管理职责、流动人口和特殊人群的管理服务职责、信息网络管理职责、政府维护群众权益职责等。

(5)加强环境保护，提高生态文明建设水平

要划定生态保护红线，建立健全包括自然资源资产产权制度、用途管制制度、资源有偿使用制度和生态补偿制度等在内的系统完整的生态文明制度体系，用制度保护生态环境；要改革生态环境保护的监管体制，着力改变“重视事前监管、放松事中监管和缺乏事后监管”的监管现状，既要重视项目审批中的环境影响评价(简称“环评”)和能源评估(简称“能评”)等，更要加强在实施过程中落实相关措施，强化事后监管，并有效运用市场化的监管手段。

3. 我国政府职能转变的历程

我国政府职能的转变，围绕着社会、经济和政府“三维结构”的博弈转换，沿着适应拨乱反正、适应经济体制改革、适应市场机制、适应经济政治文化“三位一体”发展，适应经济建设、政治建设、文化建设、社会建设和生态文明建设“五位一体”总体布局等各阶段的基本需求和基本路径，渐进地前行，不断趋向深化。与之相应的是，我国行政学界 40 多年来研究的重心和关键词从“公共行政”，演进到“公共管理”，再嬗变到“公共服务”(public service)、“公共治理”(public governance)。这是一个行政管理理论逻辑与实践逻辑同步运行的过程。具体来说，这个发展进程大致经历了以下几个阶段。

1982 年我国第一次政府机构改革的一个重要特点是精简机构和人员，缩小政府的组织规模和人员规模。在这一阶段，全社会关注的热点是改革初始阶段政府如何进行自身建设，行政系统如何通过精兵简政、提高效率和缩减开支来克服官僚主义。该阶段的主要任务是部门机构的合并与裁撤。当时在中央推出的改革部署中尚未直接提到“政府职能”的问题。但是，机构和人员在第二次机构改革时出现了反弹和再度膨胀，这表明精简后的政府机构并不适应后来变化了的经济体制。这就需要按照加强宏观管理和减少直接控制的原则转变职能，划清职责范围，配置机构。该撤销的撤销，该加强的加强，该增加的增加，不搞简单的撤并机构和裁减人员，使改革后的机构能够比较适应经济体制改革和发展社会主义商品经济的要求。

1988 年，我国第二次政府机构改革首次提出“转变政府职能”，并把政府职能转变作为政府机构改革的关键。1988 年以来，政府职能发生了三次转变。[①]

(1)第一次转变

着眼于机构改革，从精简机构和人员转向政府职能适应经济体制改革的要求。一是改变政府行使职能的行为方式。新的行为方式强调宏观管理和减少直接管理，即从原来的微观管理和直接管理转向宏观管理和间接管理。二是转变政府行使职能的组织方式，重点是转变同经济体制改革关系极为密切的经济管理部门行使职能的组织方式。这表明改革已经开始涉及政府职能如何适应新变化的经济体制的需要，而不再简单局限于机构和人员数量的增减。

(2)第二次转变

从注重经济发展转向注重公共服务。政府职能这一转变的催化剂是 2003 年发生的传染性非典型肺炎(简称 SARS)。SARS 反映了当时中国政府在公共卫生服务领域里一种非常窘迫的状况。于是，2003 年后提出了政府的四项职能为经济调节、市场监管、社会管理和公共服务，服务型政府应运而生。在履行新的职能方面，改革涉及了三方面内容，即大部制改革、行政审批制度改革以及扩大人民民主和促进社会公正的改革。

大部制改革是针对原有管理体制的不合理而言的，这一不合理主要表现在部门重叠、职能错位和交叉上，它导致部门扯皮、运作不畅、办事效率低下，以及资源浪费或资源无法得到最大程度的利用，无法及时有效地提供公共服务和进行社会管理。大部制改革的实质在于以更有效的管理体制来提高公共服务质量，其核心在于政府职能必须以提供公共产品和公共服务为己任，从而使得政府权力得以规范和回归公共服务。

行政审批制度改革从 2001 年起步，中国加入 WTO 以及服务型政府的建设都推进了行政审批制度改革。这一改革的核心是处理政府与社会和市场关系的问题。但改革之初，重点并不在这里，而是定位在政府运作方式的改变上，具体的做法就是撤销和减少行政审批项目，即“减少行政审批，少管微观，多管宏观，少抓事前的行政审批，多抓事后的监督检查，切实加强监督和落实”。作为职能转变的一个重要举措，行政审批制度改革在初期主要是作为服务型政府建设的一项内容来推进的，比如降低市场主体的进入门槛、减少审批环节、取消对市场主体的一些不必要的管制，以期通过这样的改革更好地为市场主体服务，更好地为社会服务。

扩大人民民主和促进社会公正的改革主要体现在，政府职能从经济建设的生产转向分配和公共服务，使公民权利和公平公正问题凸显出来。这方面的改革在地方层面有不同程度的进展，但缺少在机构改革中类似大部制改革或行政审批制度改革之类的大举措。

(3)第三次转变

资源配置从政府主导转向市场主导。尽管第二次职能转变将政府的重心从经济发展转向公共服务，但改革以来形成的政府主导经济发展的模式并没有发生显著变化。这同改革之初的路径选择有关。在经济发展方面，中国选择的是政府主导经济发展的东亚模式，通过政府的作用来推动经济的发展。

---

① 竺乾威：《政府职能三次转变的启示》，人民论坛网，2018-07-23。

这一模式对于中国经济的迅速发展起到了重要作用，但也带来了一些负面影响，主要表现在：政府经济职能的强化导致政府其他职能的弱化；对数量的追求导致了对质量的忽略；对经济的深度干预导致了寻租空间的扩大；权力的无节制使用导致政府公信力的下降。当中国的经济发展进入新常态后，这一模式遭到了越来越多的挑战。新的发展要求在资源配置中让市场发挥决定性作用，第七次机构改革涉及的政府职能转变主要是围绕这一点来做的，采取的主要举措是以“放管服”为标志的行政审批制度改革。

与以往的行政审批制度改革不同，这一轮行政审批制度改革的核心点是简政放权和建立权力清单，它涉及了政府职能核心的权力问题。因此，此次行政审批制度改革不仅仅是政府行使职能方式的转变，而是更多涉及了政府职能定位问题。简政放权和建立权力清单的实质是确立政府与市场和社会的权力边界，确定政府的权力范围，法无授权不可为。这是政府职能转变中具有实质意义的转变。

4. 政府职能转变的时代要求

政府职能是政府行政组织在一定历史条件下根据社会经济发展的需要而负有的职责，因此行政职能不是一成不变的，它会因历史条件的变化而发展，并根据不同时期形势和任务的改变而变化。

转变政府职能是深化行政体制改革的核心。改革开放特别是党的十八大以来，政府职能深刻转变、持续优化，对解放和发展生产力、促进经济持续健康发展、增进社会公平正义，发挥了重要作用。党的十九届五中全会通过的《中共中央关于制定国民经济和社会发展第十四个五年规划和二〇三五年远景目标的建议》，对加快转变政府职能作出重要部署，为全面加强政府建设和完善国家行政体系指明了方向，提供了行动指南。面对新时代新使命，必须加快转变政府职能，建设职责明确、依法行政的政府治理体系。

(1)加快转变政府职能，建设职责明确、依法行政的政府治理体系①

①紧紧围绕推进国家治理体系和治理能力现代化加快转变政府职能。政府是国家治理的主体之一，推进国家治理体系和治理能力现代化，必须优化政府组织结构，使政府机构设置更加科学、职能更加优化、权责更加协同。这就要求加快转变政府职能，优化政府职责体系，理顺部门职责关系，不断完善政府经济调节、市场监管、社会管理、公共服务、生态环境保护等职能，坚决克服政府职能错位、越位、缺位现象，全面提高政府效能，助推国家治理体系和治理能力现代化。

②紧紧围绕构建高水平社会主义市场经济体制加快转变政府职能。构建高水平社会主义市场经济体制的核心问题是处理好政府和市场的关系，使市场在资源配置中起决定性作用，同时更好地发挥政府作用。这就要求抓住加快转变政府职能这个关键，将有效市场和有为政府更好结合起来，更加尊重市场经济一般规律，最大限度地减少政府对市场资源的直接配置和对微观经济活动的直接干预，大力保护和激发市场主体活力；同时要继续创新和完善宏观调控，有效弥补市场失灵，着力推动形成新发展格局，努力实现更高质量、更有效率、更加公平、更可持续、更为安全的发展。

① 《加快转变政府职能(学习贯彻党的十九届五中全会精神)》，载《人民日报》，2020-12-03。

③紧紧围绕建设人民满意的服务型政府加快转变政府职能。为人民服务是我们党的根本宗旨，也是各级政府的根本宗旨。当前，我国社会主要矛盾已经转化为人民日益增长的美好生活需要和不平衡不充分的发展之间的矛盾，人民对美好生活有更多新期待。这就要求把加快转变政府职能放在更突出的位置，坚持以人民为中心的发展思想，不断优化政府服务，创造良好发展环境，抓住人民最关心、最直接、最现实的利益问题，大力保障和改善民生，促进社会公平正义，让人民群众有更多获得感、幸福感、安全感。

④紧紧围绕深入推进依法行政加快转变政府职能。各级政府作为国家权力机关的执行机关，承担着实施法律法规的重要职责，必须坚持依法行政，推进法治政府建设，让权力在阳光下运行。这就要求加快转变政府职能，推进机构、职能、权限、程序、责任法定化，推进各级政府事权规范化、法律化，强化对行政权力的制约和监督，进一步提高政府工作人员依法行政能力，做到法定职责必须为、法无授权不可为，坚决纠正不作为、乱作为，坚决克服懒政、怠政，确保政府各项工作在法治轨道上全面推进。

(2)深化简政放权、放管结合、优化服务改革，持续优化市场化、法治化、国际化营商环境

简政放权、放管结合、优化服务改革作为推动政府职能转变的“牛鼻子”，是一场从理念到体制的深刻变革，要始终坚持目标导向、问题导向，拿出更大的勇气、更多的举措破除深层次体制机制的障碍。以简政放权更大地激发市场活力和社会创造力，以放管结合切实维护公平竞争的市场秩序，以优化服务为市场主体和为群众办事增添便利，加快建设国际一流营商环境。

①全面实行政府权责清单制度。在政府部门“三定”规定基础上，编制和公布权责清单，进一步明确政府职能边界，是促进政府部门更好履职尽责的重要举措。要以推进国家机构职能优化、协同、高效为着力点，加快编制国务院部门权责清单，完善省、市、县三级政府部门权责清单。系统梳理国务院部门权责，逐项明确行使主体、权责名称、设定依据、履责方式等内容，确保真实、准确、完整。规范各级政府部门权责事项，逐项制定完善办事指南和运行流程图，明确每个环节的承办主体、办理标准、办理时限、监督方式等，提高行政职权运行的规范化水平。权责清单要向社会公布，并根据法律法规“立改废释”情况、机构和职能调整情况等及时动态调整，不断完善国家机构职能体系。

②持续优化市场化、法治化、国际化营商环境。营商环境是企业生存和发展的土壤。近年来我国营商环境明显改善，受到国内外广泛关注和普遍赞誉。随着我国迈入新发展阶段，要进一步通过深化改革优化营商环境，聚焦市场主体关切，加快关键环节和重要领域改革步伐，激发市场主体发展活力。坚持市场化改革方向，进一步放宽市场准入，全面实施市场准入负面清单制度，降低就业创业门槛和条件，简化企业生产经营审批流程和手续，提升投资建设便利度。完善各类市场主体公平竞争的法治环境，保证民法典有效实施，全面贯彻《优化营商环境条例》，坚持对在中国注册的企业一视同仁，依法平等保护国有、民营、外资等各种所有制企业的产权和自主经营权，加强知识产权保护，强化政务失信责任追究，构建亲清政商关系。对标国际一流标准改善营商环境，加强与国际通行经贸规则对接，推动规则、规制、管理、标准等制度

型开放，健全外商投资促进、保护和服务体系，推动贸易和投资自由化、便利化，以开放促改革、促发展、促创新。

③实施涉企经营许可事项清单管理。党的十八大以来，通过持续深化行政审批制度改革，国务院部门行政许可事项已削减47%，有效降低了投资、贸易、创新创业等领域的制度性交易成本。目前，中央层面设定的行政许可还有1 200多项，地方层面也还有不少许可事项，对这些事项要逐一深入分析论证，分类推进改革。继续大力清理简并多部门、多层级实施的重复审批，坚持一类事项原则上由一个部门统筹、一件事情原则上由一个部门负责，避免多头管理，严防变相审批。继续系统梳理对微观经济活动的不必要干预和可以由前置审批转为事中事后监管的许可事项，该取消的全部取消。对涉企经营许可事项实行“证照分离”改革，大力推进“照后减证”、审批改备案和告知承诺制。将保留的涉企经营许可事项全部纳入清单管理，逐项列明事项名称、设定依据、审批部门等内容，清单要定期调整更新并向社会公布，清单之外不得违规限制企业进入相关领域或行业，进一步扩大企业经营自主权。

④加强事中事后监管。只有管得好，才能放得开，在简政放权的同时，事中事后监管必须跟得上、管到位。要始终坚持放管结合、放管并重，把更多行政资源从事前审批转到加强事中事后监管上来，进一步改变重审批轻监管、“以批代管”等行政管理方式，夯实监管责任，提升监管效能，确保放而不乱、管而有序。加快完善全过程、全链条监管体系，使监管覆盖生产流通消费各个环节。事中监管要做到动态监测、及时预警，有效防范和化解风险；事后监管要做到可追溯、核查、纠正和惩处违法违规行为，并在此基础上推动完善相关监管规则标准。创新监管方式，全面推进“双随机、一公开”监管和“互联网+监管”，加快社会信用体系建设，运用区块链、大数据等新技术提升智慧监管水平，对直接涉及公共安全和人民群众生命健康的特殊重点领域实行严格监管，严守质量和安全底线。建立健全惩罚性赔偿和巨额罚款等制度，增强监管威慑力，对守法者“无事不扰”，对违法者“利剑高悬”。

⑤对新产业新业态实行包容审慎监管。近年来，通过深入实施创新驱动发展战略，新产业新业态蓬勃兴起。据统计，2019年新产业、新业态、新商业模式增加值占国内生产总值的比重达16.3%。新型冠状病毒感染疫情(以下简称“新冠疫情”)发生后，为应对疫情推动了许多新产业新业态的快速发展。对新产业新业态应当坚持包容审慎监管原则，既要鼓励创新、为新产业新业态成长留足空间，不断培育壮大新动能，又要切实保障安全、不能放任不管，要引导新产业新业态规范健康发展。要加强对新生事物发展规律研究，创新监管标准和模式，防止简单套用老办法，不搞“一刀切”。对看得准、有发展前景的，支持鼓励其拓展应用场景；对一时看不准的，设置一定“观察期”，对出现的问题及时引导或处置；对潜在风险大、可能造成严重不良后果的，严格实施监管；对非法经营的，依法予以查处。同时，及时总结经验，将实践证明行之有效的监管措施常态化，健全长效监管机制。

(3)健全重大政策事前评估和事后评价制度，提高决策科学化、民主化、法治化水平

转变政府职能，必须着眼于不断提升行政决策质量。要完善重大行政决策程序制度，健全重大政策事前评估和事后评价制度，充分听取各方面意见，防控决策风险，

不断提高决策科学化、民主化、法治化水平。

①健全重大政策事前评估和事后评价制度。确保政府全面正确履行职能，不断提高决策水平，必须健全重大政策事前评估和事后评价制度，并使其规范化、标准化。重大政策在出台前，要履行公众参与、专家论证、风险评估、合法性审查和集体讨论决定等决策法定程序，充分论证政策的必要性、可行性、科学性等内容，科学审慎研判政策预期效果和各方面反应，确保政策符合党中央决策部署，财政可承受并长期可持续，从源头上把控政策方向，防止决策的随意性。在政策实施中，要密切跟踪监测政策实施情况，及时了解政策实施效果和产生的影响，深入分析出现的新情况和新问题，有针对性地调整完善相关政策，确保其取得预期成效。政策执行完成后，要将政策设定的目标和实际取得效果进行对照分析，总结经验和不足，并将评价结果作为今后制定相关政策的重要依据和参考。提高重大政策事前评估和事后评价的质量，要将定量和定性分析相结合，能量化的尽可能量化，避免为评而评，把评估评价工作做深做细做实。

②畅通参与政策制定的渠道。保障人民群众通过多种途径和形式参与决策，是转变政府职能的内在要求，有利于使政策制定及时准确地反映经济社会发展需要和人民意愿。制定事关经济社会发展全局和涉及群众切身利益的重大政策，要采取座谈会、听证会、公开征求社会意见、民意调查等多种方式广泛听取意见和建议；涉及特定群体利益的政策，还要与相关人民团体、社会组织以及群众代表沟通协商。制定与市场主体生产经营密切相关的政策文件，要主动了解市场主体所急所需所盼，完善常态化政企沟通机制，把听取市场主体诉求和意见建议贯穿全过程。完善意见研究采纳反馈机制，对各方面提出的意见认真分析研究，吸收采纳合理意见，并以适当方式反馈说明。以畅通的政策制定参与渠道，切实保障市场主体和人民群众在政策制定中的知情权、参与权、表达权和监督权，提升政策的针对性和有效性，提高政府执行力和公信力。

(4)推进政务服务标准化、规范化、便利化，深化政务公开

转变政府职能的成效，最终要通过政府服务能力和水平的提升来体现。要进一步创新行政管理和服务方式，推进政务服务标准化、规范化、便利化，深化政务公开，深化行业协会、商会和中介机构改革，努力为市场主体和群众营造良好的创业、办事环境。

①推进政务服务标准化、规范化、便利化。要围绕提供更加优质高效的政务服务，不断提高政府工作效率和服务水平，为人民群众带来更好的政务服务体验。加快推进政务服务标准统一，编制公开政务服务事项标准化工作流程，推动同一事项名称、编码、依据、类型等要素在国家、省、市、县“四级四同”，实现同一事项无差别受理、同标准办理。促进政务服务规范运作，规范行政审批行为，优化各级政务服务大厅窗口布局和服务，梳理和再造政务服务流程，全面实施政务服务“好差评”制度，让市场主体和群众来评判政务服务绩效。提升政务服务便利化水平，加快推进高频政务服务事项跨省通办，加强跨地区、跨部门、跨层级业务协同和信息共享，推动更多政务服务事项“一件事一次办”“网上办”“掌上办”“自助办”，继续提升“一站式”便民服务点等线下服务功能，着力解决市场主体和群众办事“多地跑、折返跑”问题，降低社会运行成本。

②深化政务公开。政务公开是推动政府职能转变、使政府管理服务更加透明规范

的有效手段。党的十八大以来，政务公开工作取得新成效，政务公开的广度和深度稳步拓展、制度体系日趋完备、功能作用不断增强。要坚持以公开为常态、不公开为例外，以制度安排把政务公开贯穿到政务运行全过程，全面推进决策、执行、管理、服务、结果公开，以公开促落实、促规范、促服务。稳步推进统一政府信息公开平台建设，加强行政法规、规章、规范性文件等重点政务信息公开，便于公众查询获取，促进制度有效执行。加快构建公共企事业单位信息公开制度体系，重点推进教育、卫生健康、公用事业等民生领域信息公开。全面推进基层政务公开标准化、规范化，健全基层政务公开标准体系，推进基层办事服务公开透明。加强和改进政策发布解读回应工作，更加注重对政策背景、出台目的、重要举措等方面的实质性解读，强化政务舆情回应，确保在应对重大突发事件及社会热点事件时不失声、不缺位。

③深化行业协会、商会和中介机构改革。行业协会、商会和中介机构是政府与市场、社会之间的重要桥梁和纽带。要按照加快转变政府职能的要求，进一步厘清政府与行业协会、商会的边界，全面推进行业协会、商会与行政机关脱钩改革，切断利益链条，鼓励行业协会、商会参与制定和修订相关标准及政策文件，推动行业企业自律，维护行业企业合法权益，促进行业协会、商会自主运行、有序竞争、优化发展，使其真正成为依法自治的现代社会组织。依法整治“红顶中介”，放宽中介机构准入，破除服务垄断，规范收费行为，完善中介服务执业规则和管理制度，加快建立公开透明的中介服务市场。通过更好地发挥行业协会、商会和中介机构作用，更大地便利投资兴业、助力创业创新。

三、教学重点

根据当前我国政府职能的新定位，认真研读案例，并思考以下问题。

第一，如何正确处理政府与市场的关系，做到坚持以科学发展为主题、以加快转变经济发展方式为主线，加强政府经济调节和市场监管的职能。

第二，如何以改善民生为出发点和落脚点，进一步强化政府公共服务职能，加快健全基本公共服务体系，建设人民满意的服务型政府。

第三，如何强化政府社会管理职能，加强和创新社会管理，加快形成党委领导、政府负责、社会协同、公众参与、法治保障的社会管理体制。

第二节　案例分析

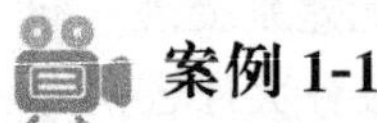

案例 1-1

萝卜青菜还是星辰大海？

——社区团购的喜与忧

社区团购这一商业模式在前几年已然存在，但一直不温不火甚至逐渐式微。2020 年，由于新冠疫情的暴发，人们发现了这种模式的便捷性和安全性，于是社区团购迅速崛起。各大互联网巨头企业相继借助大数据和雄厚资本入驻生鲜社区团购领域。

继购物、打车、外卖这些热点之后，卖菜成为互联网投资的一个风口。

【案例内容】

一、卖菜只是引流，醉翁之意不在酒

社区团购是一个听起来非常吸引人的商业模式：不用自己开店，团长自带流量，用户提前订购还能减少损耗，模式轻巧且容易盈利，是顺应时代和潮流发展的一种购物模式，其优势和创新性显而易见。

基于熟人和半熟人的关系链，社区团购的获客成本非常低，具有高质量、高留存、高转化的流量获取能力。所有的推广由团长在自建的社群内进行，“团长＋社群”模式的扩张性很强，线上线下互相引流，不仅用户黏性大、稳定性强，而且不花广告费，无需额外引流推广费用，营销成本低。团长以社区合伙人的形式获得销售佣金，无固定薪资支出，人力成本低。社区团购商品源头直采，通过集中预售，由产地或者本地仓统一发货，采取用户自提的方式，去掉了中间环节，且出货量集中，实现了产地或规模化采购的价格优势，同时又降低了物流费用和在途损耗，能为消费者提供高性价比的产品，真正做到好货不贵。

社区团购采取预售制，具有以销定采、零库存、低损耗的优点。其无门店运作的形式大大降低了创业成本，且资金流转灵活，平台与供应商、团长的结算存在一定账期，现金流较好。

社区团购之所以在2020年突然火爆起来，主要是因为新冠疫情导致很多人选择线上购物。武汉当地媒体甚至称，没有哪一座城市比武汉更熟悉社区团购模式。疫情期间，780万单蔬菜、87万单水产品、4 000余吨鸡蛋以社区团购形式进入武汉7 000余个小区。疫情的大背景带动了社区团购的流量，使得三年前一度沉寂的社区团购迎来了发展的高潮。

艾媒咨询数据显示，在新冠疫情的刺激下，2020年社区团购市场发展迅猛，市场规模达720亿元；预计到2022年，中国社区团购市场规模将超过1 220亿元，年增长率达到28.4%。千亿级别的市场规模成功吸引了互联网巨头们的注意。天眼查专业版数据显示，2020年我国社区团购和生鲜电商领域已累计发生十余次融资，金额达百亿元，目前全国约有近200家相关企业(见表1-1)进入了该领域。

滴滴是较早进入社区电商赛道的互联网巨头，早在2019年下半年就开始探讨社区团购模式的可行性。新冠疫情加速了“橙心优选”项目的推进。疫情期间，用户出不了门，滴滴在武汉组织了医护车队和社区保障车队，接送医护人员，也帮社区住户购买日常用品。滴滴团队从2020年3月开始密集地讨论社区团购，4月进入湖南调研，发现这是一个可以实现规模化，达到极高用户渗透率的商业切口，并且业务从省市层面覆盖到了城镇。这么大的业务规模与用户群体是滴滴以前没有深度覆盖的地方。基于市场情况和商业模式潜力，滴滴最终下定决心做社区团购。2020年6月，滴滴推出“橙心优选”，并在20个省市上线，掀开了“百团大战”的序幕。

美团于2020年7月发布的组织调整公告称：为进一步探索社区生鲜零售业态，满足差异化消费需求，推动生鲜零售线上线下加速融合，将成立“优选事业部”，进入社区团购赛道。“优选事业部”推出社区团购业务“美团优选”，重点针对下沉市场，采取“预购＋自提”的模式，赋能社区便利店，为社区家庭用户精选高性价比的蔬果、肉禽蛋、乳制品、酒水饮料、家居厨卫等品类商品。用户当天线上下单，次日门店自提。

拼多多旗下的社区团购项目“多多买菜”于2020年8月正式在武汉和南昌两座城市上线。“多多买菜”本意不在卖菜，而在于拉动App上的日活(日活跃用户数)。买菜是高频刚需，拼多多又在下沉市场的中年阿姨群体中占有一席之地，因此有较大的施展空间。

阿里旗下的盒马则于2020年9月中旬组建“盒马优选事业部”，正式进入社区团购赛道。

京东入局较晚，直到2020年11月底才传出相关消息，但随后迅速宣布花7亿美元战略投资社区团购领域的头部公司兴盛优选。另一家社区团购头部公司十荟团，2020年已经完成了4轮融资，后两次均由阿里巴巴领投。

表1-1　互联网巨头布局社区团购情况

互联网巨头	入局方式	社区团购品牌
阿里巴巴	投资	十荟团
腾讯	投资	兴盛优选、食享会
美团	自建	美团优选、美团买菜
拼多多	自建	多多买菜、快团团
阿里盒马	自建	盒马优选、盒马云超
滴滴	自建	橙心优选
京东	自建	或为：京东优选

许多社区团购平台上线短短几个月，日订单量就冲到了数百万、千万级别，这是什么样的魔力使然？没别的，就是便宜。1千克土豆售价0.98元，1千克胡萝卜1.38元，1千克糖心苹果3.98元，20个鸡蛋只花9.99元就能买到；美团优选有1千克1.99元的冰糖柑；另外一个团购平台则上线了“1元秒杀”商品……除了直接低价，有的平台还发放优惠券。

这样的劲爆低价，是靠什么动力在推动？是团购模式的红利，还是为了大量拉客抢占市场而预垫的巨额补贴？互联网巨头们看中的，真的仅仅是卖菜这笔生意吗？他们为什么要不惜一切投入这个“弯腰捡钢镚”的生意？

社区团购表面看来是在卖菜，实际上，价格低、消费频次高的生鲜大多只是一个用来吸引用户的幌子，巨头们斥巨资搞社区团购并不是为了那几捆白菜，而是争夺互联网世界最后一个“无主”的流量入口。

生鲜是现阶段各大社区团购平台竞争的主战场，许多人对社区团购的认识也只是局限在“卖菜”上面。早在2018年，社区团购就已经火过一阵，当时也是消费领域最热门的赛道之一，被创业者和投资人寄予厚望。松鼠拼拼就是在那一轮“社区团购热”中创立的平台，自2018年6月开始组建团队，两个月后进驻第一个城市。巅峰时期，松鼠拼拼的客单价在20元左右，高的时候能到30元，其中生鲜占的比例并不高，主要靠冷冻肉、饮料、日用品这样的标准化商品支撑。生鲜销量高但毛利低，因此他们会有意控制生鲜的比例。当时的计划是：前期靠生鲜引流，后期尽可能多地增加利润率更高的标品，甚至卖一些与本地生活相关的产品，例如团购门票和酒店。但市场并没有留给松鼠拼拼慢慢调整的时间。2019 年 8 月，松鼠拼拼被曝大规模裁员，随后官宣撤站，从此销声匿迹。

无论是创业公司还是巨头企业，都选中生鲜作为社区团购的切入点，其实并不是想跟菜贩子抢生意，只因生鲜消费是最高频的需求。通过补贴提供低价生鲜，可以快速吸引用户并增强用户黏性。企业敢于发起价格战，往往是通过技术升级降低了生产成本、规模效应大到能够薄利多销、商业模式改变并拥有其他挣钱方式，从而愿意让渡一部分利润，让竞争者无力跟进，从而达到占领更大市场份额的目的。

2019 年是社区团购大洗牌的一年。除了松鼠拼拼，2019 年年底，生鲜电商呆萝卜宣布陷入危机，京东和蘑菇街共同投资的社区团购平台“鲜来多”也撤出了社区团购市场。但呆萝卜、松鼠拼拼们若能撑过 2019 年，结局或许会很不一样。

2020 年，新冠疫情的暴发让全国人民养成了在线买菜的习惯，帮助每日优鲜这样前置仓模式的生鲜电商解决了盈利难题，也拯救了挣扎在生死线上的社区团购公司。疫情期间，兴盛优选的新增用户速度是平时的 4 倍，店均订单量增长是平时的 3 倍。

与此同时，历经了一波又一波风口的互联网巨头们正陷入新的流量焦虑。流量是互联网公司最重要的资产，但经过多年的发展，互联网世界的流量入口已经基本被瓜分完毕。21 世纪初，最早的流量入口是门户网站和搜索引擎，在这一波浪潮中诞生了搜狐、新浪、网易、腾讯和百度这样的老牌互联网巨头，随后淘宝与京东等电商平台崛起。2012 年开始，移动互联网进入高速发展时代，我们见证了一轮又一轮的移动支付平台大战、外卖平台大战、网约车平台大战、共享单车平台大战、短视频平台大战，从这些风口中诞生了支付宝、美团、滴滴、抖音、快手等新兴互联网巨头……近两年，这些入口的流量增长均已接近见顶，巨头们不约而同地盯上了以朋友圈和微信群为代表的“私域流量”。拼多多的崛起，除了让巨头们看到了下沉市场的潜力，更进一步坚定了他们挖掘私域流量的信心。

过去各家巨头对社区团购有些“不屑”，因为它尚未搭建起真正标准化、系统化、规模化的体系，对成本效率的要求更高，商业模式的难度更大。但近年来电商的公域流量领域已经形成阿里巴巴、京东、拼多多三足鼎立的格局，新玩家轻易难以撼动。肉被吃光了，剩下的就是社区团购这根难啃的“骨头”。换言之，以营利为目的的公司看重的绝非卖菜的蝇头小利——它们现阶段根本赚不到钱——而是快速占领市场后可以收割凝结在每个社区内的电商潜力。

二、巨头抢小贩生意，竞争之下的反思

业内人士普遍认为，不同于以往的共享单车和网约车领域的竞争，这次社区团购直接关系民计民生，影响范围更广，涉及人群更多，处在旋涡当中的商户和百姓自然无法回避，只能选择“应战”。

——消费者：货比三家“薅羊毛”。“别看网上吵得凶，很多人一旦发现社区团购买东西便宜，便会默默拿起手机点进去下单，性价比是消费者最为关心的事。”2020 年刚参加工作的陈东(化名)最近一口气下载了四个社区团购平台，先分别领了新人礼包，

然后慢慢挑选心仪商品。"有羊毛不薅感觉就像被收了智商税。"陈东说。

——社区"团长"：混乱竞争中争夺用户。随着社区团购平台铺天盖地而来，"团长"也如雨后春笋般出现在各个社区，以至于一个社区通常有好几个"团长"，一个"团长"往往身兼数职，赚佣金、抢生意。然而，部分"团长"已经意识到自己只是"工具人"，社区团购平台的最终形态将是去"团长"化。

——本地平台：避其锋芒差异化求生存。"胳膊拧不过大腿，我们不具备和大资本硬碰硬的实力，只能在差异化市场中寻找空间。""嘿嘛易购"创始人、天津创世界科技有限公司董事长刘剑说，一方面是渠道差异化，"嘿嘛易购"已经暂停了社区团购业务；另一方面是产品差异化，他选择主攻大平台涉猎较少的网红食品和高档水果。

——超市、菜市场：无奈观望中有限应对。家乐福超市天津海光寺店负责人杨建新说："近两年实体超市生意本就不好做，这下就更难了，目前已经有了苗头。但是，我们只能利用自己的线上线下渠道，尽力做好服务。"

在这样的背景下，社区菜市场的处境更为艰难。少数菜贩紧跟潮流，将社区团购中的畅销菜品摆上货架，但是多数菜市场并没有有效的应对之策。菜贩们认为，"市场能解决的问题有限，大家都寄希望于政府的有效监管"。

在激烈的竞争中，巨头们的玩法依旧与当初网约车、外卖、共享单车等领域的大战中思路一致：烧钱补贴、迅速扩张。打开橙心优选、多多买菜等社区团购平台的App、小程序，1分钱4个的新人专享价鸡蛋、2.48元1千克的黄心土豆比比皆是。据一位关注生鲜领域的投资人计算，目前社区团购的均价，相比菜市场的零售价，一般都要低20%。由于巨头统筹，团购的菜价往往比菜市场更加低廉。百团大战中的大力补贴，更让消费者收获了实惠。只是这样的低价策略能延续多久，仍是未知。

对团长的争抢也需要烧钱。团长是社区团购平台的核心资源，是流量的直接入口。但另一方面，团长是很不忠诚的，他很有可能会同时对接好几个平台，可能开始属于你的流量，辛辛苦苦维护，到最后却不属于你。平台无法强制团长只能对接一个平台，但会要求团长在一个群内只发一家的商品，以免造成消费者的困惑。

团长与平台间的合作模式以佣金为主，佣金普遍在10%～15%，生鲜佣金高，米面粮油相对低。这意味着每卖出一单100元的商品，团长能获得10～15元的佣金。滴滴的橙心优选补贴力度最大，一件售价0.9元的商品，滴滴一度可以返还给团长0.6元，现在虽然降至0.3～0.4元，但仍十分可观。美团优选和多多买菜的补贴相对有限，对团长的吸引力来自自带流量，常有用户被它们的App导流至团长处。

兴盛优选作为长沙本土的社区团购独角兽，也感受到了"百团大战"的威胁，被迫提高给团长的佣金。兴盛优选最早的返佣平均是15个点，随后稳定在7个点左右，但百团大战之后，兴盛优选又将自己的佣金返点提升至10个点左右。

巨额补贴的负面效应已经逐渐开始显现。巨额补贴扰乱了价格体系，不但危及菜贩子的生计，还影响了成千上万的供应商。据每日经济新闻报道，沧州市华海顺达粮油调料有限公司发布"关于禁止给社区团购平台供货的通知"，该公司称，其收到多方投诉，以多多买菜、美团优选等为代表的社区团购平台出现严重低价现象，甚至个别产品远低于出厂价，影响严重，损害客户利益。因此要求经销商操作任何社区团购平台前，必须得到公司的授权且价格不得低于公司制定的终端零售价。

人们开始反思，除了补贴出来的低价，社区团购到底给消费者乃至社会带来了什么益处？

不可否认，社区团购对传统商超及传统业态模式造成了不小的冲击，也改变了消费者的消费习惯，它或许在透支未来消费，让消费者囤货，同时也在创造需求，让本不该有的需求浮出水面。

橙心优选相关负责人则认为，吃喝和出行本身都和人们的生活息息相关，社区电商和滴滴出行都是服务类业务，最终目的都是服务好更多的用户。

我们并非要一棒子打死这种新的商业模式，互联网公司也不是非要去研究火箭才能为社会创造价值，但巨头们确实应该借此机会冷静一下，思考社区团购如何才能健康、可持续地发展，如何给社会带来增量，而不是只带来一场“巨头抢小贩生意”的“内卷”。

（案例来源：《互联网巨头纷纷布局 社区团购是不是伪风口?》，载《经济日报》，2020-12-07；《解码社区团购：互联网巨头惦记的不是那几捆白菜》，新浪网，2020-12-13，有删改）

【案例思考】

案例解析

1. 互联网巨头企业纷纷布局社区团购的原因是什么？社区团购的激烈竞争带来了哪些经济问题和社会问题？

2. 市场为何不能自发解决互联网经济的负面效应？

3. 你认为政府应如何履行市场监管职能，规范社区团购经营行为，将有效市场和有为政府更好地结合起来？

4. 在社区团购模式的冲击下，传统农批市场、农贸市场如何在竞争与合作中发展，打通行业堵点？

案例 1-2

“蛋壳”的破裂

——从蛋壳公寓事件看长租公寓监管难题

近年来，在政策利好和资本扶持下，长租公寓如火如荼地发展起来，迎合了打工人的住房需求。国内第二大长租公寓运营商——蛋壳公寓，于 2020 年 1 月在美国纽约证券交易所正式挂牌上市。然而，不到 10 个月，网络上就曝出蛋壳公寓 CEO 被抓、“爆雷”、破产的传闻，并接连传出公寓断网、拖欠合作伙伴账款和房东租金的负面消息，蛋壳公寓的租客也面临被清退的困境，全国多地爆发了多起大规模维权事件。

【案例内容】

一、被催熟的“蛋壳”：规模快速扩张

2015 年 1 月，有过百度、糯米网等互联网公司工作经验的高靖在北京成立了一家公司，名叫紫梧桐(北京)资产管理有限公司，蛋壳公寓则是该公司旗下的高端白领公寓品牌。

2015—2018 年，住建部、国务院办公厅、国家发展改革委等部门先后发布住房租赁市场的相关利好政策。有的直接提出积极发展长、短租公寓，有的建议试行租房和买房居民享受同等权利(比如学区房)。银保监会和证监会罕见地愿意为非房地产开发商类房企提供融资支持。

政策利好加上资本扶持，蛋壳公寓在 2015—2020 年先后完成 8 轮融资，融资金额合计高达 67 亿元(含 IPO 融资 1.49 亿美元)，主要投资方包括老虎环球基金、愉悦资本、蚂蚁金服以及 CMC 资本。其间，蛋壳公寓通过各种方式实现了规模的快速扩张，运营公寓数量从最初的 2 500 余间增加到 2019 年年末约 43.8 万间，四年时间增长了 179 倍，一跃成为国内第二大长租公寓运营商。

在政府大力扶持房屋租赁市场的宏观背景下，为房屋租赁提供租赁贷款的金融产品迅速被开发出来，租金贷就是房屋租赁市场发展的产物，同时也是蛋壳公寓等多数长租公寓现金流的重要支撑。租金贷模式，是长租公寓与第三方金融机构合作，金融机构向长租公寓提供一次性付清的半年到整年房租，随后公司将这笔资金用于每月向房主交租和扩大经营，租客转而向金融机构每月还款，实现租客缓解租金压力，业主保证租金收入，长租企业增大资金池这样一种“一举三得”的经营模式。

蛋壳公寓分别按月付、季付、半年付、年付的形式向租客收取租金，但只按月或季向房东结算，利用“长收短付”不对等的结算期限，获得沉淀资金，蛋壳公寓得以快速进入更多城市、拿走更多房源，抢占市场。据招股书数据显示，2015—2018 年，其公寓房源管理规模的年均增速达到 359.7%。

然而，在极速扩张的同时，亏损规模也迅速膨胀。蛋壳公寓财报显示，2017—2019 年，蛋壳公寓营业收入分别为 6.57 亿元、26.75 亿元、71.29 亿元，然而净利润却分别为－2.7 亿元、－14 亿元、－34 亿元。蛋壳公寓营收增长的同时，亏损却在加剧。不仅如此，蛋壳公寓的出租率还在下降，2017—2019 年，出租率分别为 86.5%、76.9%和 76.7%，而业内公认的盈亏平衡前提是九成以上的出租率。

2019 年年底，带着逾 34 亿元税前亏损和 86 亿元总负债，蛋壳公寓递交赴美 IPO 招股书。相比之下 1.28 亿美元(约合 8.4 亿元人民币)的上市净融资额显得杯水车薪。此时出台的租金贷不得超过租金收入 30%的限制，则进一步加剧了蛋壳公寓的资金周转压力。

二、脆弱的“蛋壳”：潜藏的危机

为扩张规模，蛋壳公寓早年间曾从其他竞争对手处高薪挖人，同时给予较高的提成。其中，负责收房业务的“收房 BD”职位，最高时能拿到 4 万～5 万元的月薪。而在毕业季等租赁旺季，出房管家月入 2 万的情况也较为常见。由此，蛋壳公寓也一度成为业内人力成本最高的运营商之一。

蛋壳公寓的收房成本同样不低，2017—2018 年，由于行业竞争激烈，很多运营商高价收房，蛋壳公寓亦参与其中。像北京南三环的一些老小区，一套 60 多平米的两居室，收房成本接近 7 000 元，比同类型房源的租金平均贵了 1 000 元。事实上，2017 年以来，蛋壳公寓的营业费用、折旧摊销、开业前费用、销售费用、行政费用等占总成本的比例都在逐年减少。由于收房成本始终居高不下，总成本仍然偏高。

2019 年，蛋壳公寓开始停止大规模收房。前述人士表示，这是因为“融资的钱没有到位”，同时公司也需要做报表，为上市铺路。

2020 年 1 月 17 日，蛋壳公寓登陆纽约证券交易所，成为继青客公寓后，第二家上市的内地长租公寓运营商。

但此时，新冠疫情突如其来，租赁市场遭遇重创。此后，蛋壳公寓不仅难以实现业绩的增长，亏损反而越来越大。

财报显示，2017—2019 年，蛋壳公寓的亏损额从 2 亿多元上升到 35 亿元。2021 年一季度，公司又亏损 12.3 亿元，单季亏损创下近年来的新高。

除外部因素影响外，蛋壳公寓的内部管理较为粗放，不利于口碑积累和业绩稳定。比如，业绩导向过于明显，一些员工在拓展和维护房源时不择手段，不利于口碑的积累。同时，员工流失率高，同样不利于维护口碑。对比其他头部长租公寓品牌，蛋壳公寓的运营效率不高，公寓的入住率始终未能达到 90％的“及格线”。空置成本居高不下，同样在蚕食公司的利润。

2019 年下半年以来，蛋壳公寓的经营状况似乎仍未改善。据了解，除了出现大量投诉案例外，该公司已有不少员工离职。

工商信息显示，仅 2019 年 11 月以来，蛋壳公寓运营公司紫梧桐(北京)资产管理有限公司已经三次被列为失信被执行人，被执行总金额超千万元。此外，公司还涉及多起司法纠纷，案由包括房屋租赁合同纠纷、买卖合同纠纷、劳动争议等。

截至 2020 年一季度，蛋壳公寓现金及现金等价物为 8.26 亿元，但总负债达 90.27 亿元，资产负债率高达 97.06％。造成亏损的一个原因是蛋壳公寓疯狂地扩张规模。数据显示，2017—2019 年，蛋壳公寓运营房间数暴涨了近 30 倍。

蛋壳公寓以高于市场价收购房屋的承租权，并统一装修和经营管理。虽然套上了金融机构的外壳，但长租公寓本质上扮演的是“二房东”的角色。为了扩大规模，抢占更多房源和争夺市场份额，蛋壳公寓疯狂补贴用户、做广告营销、推进后续服务。蛋壳公寓招股书显示，平均每一套新增房源的成本，需要 12～20 个月后才能收回。

租金贷的模式使长租公寓获得了更低成本的资金来源，能够用于市场扩张，但同时，风险也随之而至。蛋壳公寓通过租金贷获得的资金实际上是未来需要支付给房东的租金，所以当蛋壳公寓将这笔钱用作市场扩张时，就必须保证新开发房源的入住率。因为只有这样，公寓方才能用新租客预付的租金来支付之前应当付给房东的房租。一旦市场出现波动，例如，扩张不顺利、入住率不及预期，或者有大量租客突然退房等情况出现，蛋壳公寓就会面临资金链断裂的风险。

蛋壳公寓 CEO 高靖始终相信，只要规模足够大，就可以在一定程度上左右租金水平，从而实现盈利，但实际情况偏离了其预想轨道。尽管蛋壳公寓规模快速扩大，但经营效率却不断走低，规模效应并未如预期般出现。2018 年、2019 年，蛋壳公寓租金成本、营销费用增长速度远超租金收入的增速。更高的收入、更多的房源，带来的是更大的亏损和现金流缺口。

2019 年，蛋壳公寓实现 71 亿元收入，但各项成本费用是收入的 1.4 倍，年末，公司账面可动用现金不足 7 亿元，此时距离资不抵债、资金链断裂只有一步之遥。

三、内忧外患：爆雷开始了

蛋壳公寓一方面始终深陷自身运营管理模式混乱、资不抵债的泥潭，另一方面又不断面临政府施加的监管压力。

在蛋壳公寓上市前夕，住建部联合国家发展改革委等六部门发布文件，推出“租金贷”收入占比不能超过租赁企业租金收入的三成、租金和押金纳入银行监管账户等措施，这无疑给了蛋壳公寓巨大压力。又逢2020年2月叠加新冠疫情，蛋壳公寓房屋空置率陡增为30%以上。据该公司一位员工反映，蛋壳公寓此时已停止收房，给房东的房租打款也延期了，员工被降薪。陆续有供应商上门讨债，新入职的同事撑不了几天就走了。

事实上，蛋壳公寓一直徘徊在生死边缘。2020年1月赴美IPO上市，蛋壳公寓募到的1.28亿美元只相当于一个月运营资金，解决不了什么问题。IPO之后，高靖就一直在四处募资。直到3月，蛋壳公寓发布公告称，昆山国资委全资持有的昆山银桥控股集团有限公司将投资6亿元人民币，这又提振了某些投资者的信心。然而在关键时期，6月蛋壳公寓CEO高靖正在接受政府有关部门调查的消息传出，导致蛋壳公寓正在进行中的融资难以为继。这6亿元救命钱也仍留存在中国银行和中国建设银行，并严格按照国资要求设置了限制性出账条件。显然，它也无法解蛋壳公寓的燃眉之急。

疫情期间，蛋壳公寓推出爱心免租政策，给租客减免房租。但有租客反映自己在疫情期间临时续约，不仅没有减免房租，反而提高了服务费。因此最后给爱心免租政策买单的不是蛋壳公寓，而是房东。部分房东在不知情、没有同意方案的情况下，被蛋壳公寓扣除了房租。房东提出解除合约后，蛋壳公寓又以“不可抗力因素”表示不能免除房东的违约金。

房东不愿买单的原因还在于，蛋壳公寓作为中间方分别和房东、租客签订合约，最后可能存在房东免了租、租客又在交租的情况。他们对蛋壳公寓并不信任。部分房东也在维权时直接表示，蛋壳公寓“一鱼两吃”，他们找到了租客，但对方表示已经提前向蛋壳公寓支付了租金，这笔租金既没有退给租客，也没有交给房东。因此，一时间出现了房东、租客大规模维权的情况。

2020年2月14日，深圳市住建局约谈蛋壳公寓相关负责人，要求蛋壳公寓及时组织法律专业人士参与研究制定解决方案，积极与业主沟通协商，按照法律规定和合同约定妥善处理问题。在监管的压力下，蛋壳公寓在一周内发布了协调方案，返还房东的房租，返还的方式有三种，即合同期满时返还一个月房租、分期返还一个月房租、支持蛋壳公寓半个月免租期。蛋壳公寓还成立专项工作组，协助部分被业主收房的租客进行换租。同一时间，维权也受到了杭州有关部门的关注。2月13日，杭州市房管局发文称，住房租赁企业未能与房东就租金减免达成一致的，不得单方面停止支付租金；双方协商一致时，房东减免的租金应全部惠及租客，并在租客应付租金中直接予以体现。这两项要求，都直指蛋壳公寓。

监管出手，协调方案推出，看起来反应迅速的应对措施，最后也没有解决维权问题。直到方案推出后的几个月，还不断有租客与房东维权。

2020年9月初，住建部就《住房租赁条例（征求意见稿）》向公众征求意见，这也是我国首部专门规范住房租赁的行政法规。该草案明确提出将“高进低出”和“长收短付”等长租公寓企业用惯了的经营方式，纳入经营异常名录监管范围。在这之前，重庆、成都等地已经要求长租公寓将租金纳入专项监管账户。这意味着至少在这些地方，租金贷这种空手套白狼的发展方式几乎就此被掐断。

2020年11月6日，央视点名曝光了蛋壳公寓，披露其“深陷流动性危机”。11月9日，数百人聚集蛋壳公寓北京总部维权，包括蛋壳公寓的租客、业主、供应商等。蛋壳公寓表示公司还在经营，只是暂时遇到资金问题。11月中旬，大量房东表示收不到租金，租户遭遇断网断电的情况，合作装修商款项被拖欠。很多房东因为收不到租金开始暴力赶人，大批租户面临在寒冬中无家可归的困境。对很多租客来说，他们签订了一年期的租房合同，并在第三方金融机构办理了租金贷款，每月偿还贷款，一旦被清退，就面临着既需要偿还贷款，又无房可住的窘境。同时，保洁人员、前期的装修队伍，都讨不到薪资。南京、杭州、上海等地均出现了上百名租户和房东围堵蛋壳公寓办事处，索要拖欠的租金或要求退租的现象。

同一时段，各地住房建设局也纷纷发文，要求加强对住房租赁行业的监督管理。深圳住建局要求，对已与蛋壳公寓签订租赁合同、尚处于租赁期内且已足额支付租金的租户，不得通过停水、停电、停气等方式驱赶，不能激化矛盾，应引导各方通过法律途径解决。要加强监督，对于通过停水、停电、停气等方式驱赶租户的物业服务企业，严格按照相关规定，责令其立即改正，并给予警告、罚款等行政处罚。

在政府和群众的压力下，2020年12月4日，蛋壳公寓的第三方合作金融机构微众银行发布公告表示，决定对蛋壳公寓租金贷客户的剩余贷款本金给予免息延期安排，并帮助退租客户结清贷款。蛋壳公寓闹剧就此告一段落。

四、赢了百倍回报，输了社会兜底

长租公寓这门生意本身没什么不合理，它有切实需求，因为中国流动人口占比近20%。与此同时，房屋装修质量参差不齐，退房纠纷时有发生。长租公寓运营方以标准化装修提升居住体验，通过技术快速匹配供需，使租房者可以更容易挑到合意的住房，业主也可以更快出租房屋，减少空置损失。这个概念诞生初期的发展和盈利已经证明需求存在，且租房者和业主都愿意为此支付一些成本。但当创业公司延续互联网行业惯性，过度追求增长，以高出成本的价格抢夺房源时，这个生意的风险便快速集聚。随着这个行业引导租房者借贷，利用租金时间差加倍投资，承担主要风险的就不仅仅是创业公司和风险投资方。

如果公司发展良好，那么创始人和风险投资方将获得巨额回报，业主和租房者得到自己应得的服务，供应商得到应得的货款。如果公司出事了，则由创始人和风险投资方承担创业应有的风险。业主房租被拖欠，有可能断缴房贷，失去房屋；租房者可能被驱赶，还得继续还贷款；供应商背负债务，工人拿不到钱。

在互联网公司大热的当下，蛋壳公寓的情况并不是个案，公众因此遭遇损失也不是头一次。从长租公寓、P2P到共享单车，互联网公司的技术创新已经深入日常，绑定更多社会资源。如果它们过度冒险，占用押金、租金贷等金融工具进行业务扩张，那么最终危机爆发时，承担最大损失的不再只是创业者和风险投资方，而将是整个社会。

（案例来源：《蛋壳公寓深陷群体性投诉事件：从资本宠儿到"烫手山芋"》，新浪网，2020-11-18，有删改）

【案例思考】

案例解析

1. 在蛋壳公寓事件中，政府扮演了何种角色？
2. 我国长租公寓监管的重点和难点是什么？
3. 政府应如何引导房屋租赁市场走向良性健康发展道路？

案例 1-3

南京市渣土运输信用监管推行之困

在国家发展改革委举办的中国城市信用建设高峰论坛上，南京市城管局报送的“运用信用记分对渣土运输企业实施信用监管成效显著”案例，获得了 2019 年“新华信用杯”全国优秀信用案例奖。南京市对渣土运输企业实施信用考核已有七年之久，但渣土运输企业的“猖狂”行为仍屡禁不止，其中究竟存在哪些问题？渣土运输企业的监管为何如此之难？信用监管方式的创新能否推动渣土运输行业走向规范？如何解决信用监管实施过程中的困难？这些问题已经成为当前城市治理的重大命题。

【案例内容】

一、追本溯源：渣土运输乱象屡禁不止

南京地处长江下游、濒江近海，地理位置优越。作为江苏省省会，南京是长江国际航运物流中心，被国务院规划定位为长三角辐射带动中西部地区发展的重要门户城市。进入 21 世纪以来，南京市取得了飞速发展，城镇化脚步不断加速，城市建设改造规模持续扩大。与此同时，建筑垃圾及工程渣土出土量也随之剧增。据统计，2000 年到 2017 年的 17 年内，南京市每年建筑渣土出土量由 652.24 万吨增长到 1 976.65 万吨。

渣土运输的潜在市场和巨大利润，使得渣土运输行业迅速发展壮大，但行业的兴盛也带来了管理上的问题。对渣土运输企业而言，多拉快跑往往意味着更高的利润，在利益的驱使下，相当一部分企业尝试通过“越界”来抢占市场份额，并保存自身利益，于是“超速行驶、违规改装、私自偷运”等现象便频频发生，屡禁不止。

一方面，渣土运输车辆在运输过程中的建筑扬尘、渣土洒落、渣土乱倾乱倒等不文明运输行为，引发了一系列环境问题，给城市卫生文明形象带来了负面影响。

另一方面，渣土运输车辆存在超速、超载、闯红灯、抢车道等危险驾驶行为，扰乱了城市交通秩序，由此引发的一件件道路交通安全事故更是给人民的生命财产安全造成极大威胁。

2012 年 11 月 28 日，在南京市铁心桥加油站，一辆渣土车把一名骑车女子卷进车轮，导致女子不幸身亡，留下一个还不到两岁的孩子。仅隔一天，在南京市雨花台区龙西路，一辆空载渣土车，将同向骑车的爷孙俩撞倒，从他们身上碾过，导致两人死亡。

2013 年 6 月 30 日，一辆渣土车经过雨花台区大周路时，先将一名骑自行车的老人撞倒后，又冲上逆行车道撞上一辆小货车，致一死一伤。

2013 年 9 月 1 日下午，南京市雨花台区安德门大街和宁双路的交叉路口，一辆空载的渣土车，将骑着电动车、欢欢喜喜去银桥市场买开学用品的兄妹俩撞倒。兄妹俩虽然被送到医院全力抢救，但仍然不治身亡。

渣土运输车引发的道路交通安全、夜间噪音和污染等问题导致舆论发酵度越来越高，引发了社会各界的高度关注。这些问题使我们不得不认真审视传统渣土运输行业的现状，寻找渣土乱象的治理之道。

二、山重水复疑无路：传统监管方式为何难起作用

接连不断的事故引发了恶劣的社会影响。渣土运输乱象始终得不到有效的解决，市民纷纷对政府部门的监管方式产生了质疑。

渣土运输行业之所以乱象丛生，究其原因，关键在于渣土运输企业责任意识淡薄，而对应的政府监管又缺乏有效威慑。

一直以来，南京市对渣土运输违规违法行为的处置都是采取以行政处罚为主的方式，但其中存在的问题就是：低成本的违规处罚，很难对高利润的运输行为起到有效的警戒作用。

据调查，2012 年南京市渣土弃置费为每车 160～180 元，从每个弃置场平均每晚进车超过 1 000 辆的数量来讲，渣土运输行业可谓日进斗金。此外，许多渣土运输企业为了获得更大的市场空间，进行压价竞争，按立方定价运输；运输司机为获取高额收益，采取多拉快跑的方式提高利润，进一步增加了渣土运输的社会危害性。

南京市于 2012 年成立市渣土路面整治组，由交管局协同城管局和城警支部展开联合执法，这段时间被认为是渣土整治最严的时期。但该阶段主要针对的是夜间管理，惩罚手段仍旧以行政处罚为主，只针对“发生交通肇事致人死亡造成社会影响等严重违法行为”的企业或驾驶员清退市场。在此期间，渣土行业的乱象虽然有所改善，但政府部门也为此付出了更大的成本。

2014 年该整治组解散，整个渣土运输市场很快回到了之前的状态。而后南京市要求所有渣土运输车辆统一安装 GPS 定位系统，通过将追踪监管与行政处罚相结合，强化对渣土运输车辆的监管。但却遇到了渣土车司机私自拆卸、改装定位系统等新的问题。

单纯的行政处罚起不到很好的效果，高强度的专项整治耗时耗力，也无法从根本上解决问题。许多渣土运输司机联合起来想方设法躲避检查；有些司机为了弥补罚款的损失，甚至变本加厉地多拉快跑。社会舆论和政府责任急切呼唤一种长期高效的渣土运输管理模式的出现。

三、柳暗花明又一村：监管模式创新带来新的希望

一项新的监管方式的创新往往需要多方考虑、尝试，不可能一蹴而就。城管部门的工作人员在落实信用监管的过程中同样也进行了各种尝试和探索。

2014 年，南京市加快建立城市信用建设，当时市城管局负责人员就想着能不能像金融领域的信用记录一样，在渣土企业里也搞一个信用评价。企业不怕罚款，但是怕被限制招标，这是他们的利益命脉。如果定期对企业的违规行为做记录，违规频次高的限制其招标条件，表现好的在招标中优先考虑，把违规处罚与企业整体利益联系起来，它自然就怕了。

经过前期调研和论证，南京市政府出台了《南京市渣土运输管理办法》，该办法明确规定建立渣土运输企业市场退出机制以及渣土运输企业信用评价制度。随后，南京市城管局开展了对全市渣土运输行业的“洗牌”，清退了一批资质不合格的渣土运输企业。同时为渣土运输企业建立“企业信用库”，对渣土运输企业的违规运输行为进行记录和汇总，载入“企业信用库”。

2014 年 12 月，市城管局官方网站发布的《全市渣土运输企业考核成绩表》上，不仅“晒”出了 100 家渣土运输企业的表现状况，还增加了信用考核分。据市城管局固体废弃物管理处相关负责人介绍：“以城管、交管等部门开出的行政罚单为扣分依据。如车辆未密闭运输扣 0.5 分、渣土车闯红灯扣 3 分等。未来，考核还有望和住建项目的招投标、公司银行贷款等其他信用挂钩，这样对企业的约束力更大。”

2015 年南京市被列为国家首批社会信用体系建设示范城市，市政府开始紧抓信用体系建设的推进工作。同年，南京市渣土运输企业被纳入市诚信体系，相关信用记分标准得到进一步细化：渣土运输企业信用初始分为 100 分，信用考核按月记分，每月公示。全年信用平均分低于 60 分的企业，等级会自动下降，直接影响企业招投标、贷款等。这一举措对规范渣土运输行业起到了一定的积极作用。

初期的尝试显现出一定成效后，2018 年 6 月 1 日，市城管局联合城建委、环保局、交管局共同发布了《南京市渣土运输企业信用评价办法》(以下简称《办法》)，该办法为渣土运输企业的信用监管提供了正式的法律依据。

《办法》规定将企业规范运输情况、合约履行情况、安全运输履行情况、现场管理以及遵守法律法规和参与社会公益活动等情况纳入渣土运输企业的信用评价范围，并将评价结果作为渣土运输企业延续许可、参与相关招标活动以及对驾驶人员进行管理的重要依据：即渣土运输企业在开展经营活动之前，要与政府部门签订诚信经营协议，根据协议内容，存在违规运输行为的企业除了会受到一定的行政处罚，还会被扣除相应的信用分。政府监管部门会定期对企业的信用记分情况进行公示，而信用记分较高的企业在招投标、容缺办理、考核频次等方面将具有一定的优势。

为了便于信用评价工作的开展和落实，该办法对各部门在渣土运输企业信用评价中的基本职责做了相应的规定。

城管部门：负责对渣土运输企业的渣土承运证件、渣土处置核准证件进行核查，对擅自运输渣土、车辆不符合标准、未在规定场地倾倒渣土的违法行为进行查处和信用评价记分。

交管部门：负责渣土运输道路交通安全监督管理，对渣土运输作业中违反道路交通安全，如闯红灯、超速、肇事逃逸等行为进行查处和信用评价记分。

城建等施工现场监管部门：按照各自职责负责施工现场渣土装置处理的监督管理，对擅自破坏、改动施工现场监控设备等违法行为进行查处和信用评价记分。

环保部门：对渣土装载、运输、弃置过程中产生扬尘污染的违法行为和未经许可擅自进行夜间施工的违法行为进行查处和信用评价记分。

除了对违规行为进行扣分，为了激励渣土运输企业争先创优，塑造渣土运输行业遵纪守法、服务社会发展的正面社会形象，《办法》还对信用加分项的行为进行了说明。

扣分项：对擅自运输渣土、偷倒乱倒、不密闭运输、抛洒、超速、闯红灯等十大类 43 种行为，按照信用评价标准办法进行信用扣分。

加分项：对在扫雪和防汛等应急处置过程中表现突出、获得年度明星企业、响应国家生态环境保护政策、积极更换新型渣土车辆四类行为予以信用加分。

《办法》实施后，由南京市城管局渣土处置指导中心牵头对渣土运输企业进行月度信用考核评价，记分结果于每月 15 号在城管局官方网站上进行公示。

据调查，2019 年 1 月 1 日以来，南京市城管局先后对 113 家企业和 3 000 多台(次)违规渣土运输车辆进行曝光，并加大日常检查的频率；对于 29 家考核总分低于 50 分的企业，约谈企业负责人，进行警示，促其整改；对于月度信用考评分数低于

90 分且排名倒数后 10 名的，次月办理准运证周期减半。对遵章守纪诚信经营的企业，在办理准运证、年检、车辆更新过户等手续中，开辟“绿色通道”，实施“一站式”服务、“一次性”办理，简化程序、缩短时间、加快审批进度，并延长准运证期限，且在企业参与竞标中优先考虑；对年度信用好且排名前 15 名的企业和 100 名渣土车司机，年底表彰为“明星企业”和“优秀驾驶员”。

信用监管通过奖罚并施，来规范渣土运输司机的运输行为，引导运输单位诚信守法经营。

《办法》正式实施后，市城管局联合其他各部门努力推进信用记分工作的落实，加强渣土运输企业常态化管理的同时，在精细化管理上下功夫，开展企业的信用分级分类管理，即根据企业阶段性记分情况，在招标、信用延长、容缺办理、考核频次等方面采取差别化管理，推动了渣土运输企业监管从粗放式向精细化的转变。

对政府部门而言，信用记分和部门联合实施后，部门间开始进行信息共享，企业信用数据库也正在逐步建立，监管起来也更加方便高效。

城管和交管部门基层执法人员表示：信用记分的应用，很大程度地提高了政府部门的监管权威。

南京市多家渣土运输企业的司机均反映：企业在规范运输方面明显做得比之前好了。“企业就怕被扣分，扣分多了下次招标就不好办了。所以现在干这一行，企业这边要求也很严。要是被扣分了或被扣了驾驶证，搞不好就丢饭碗了。像我们公司上个月得分比较低，公司还专门就此开了会。”

信用记分与企业的长期利益相关联，企业为了实现自身长远发展，会主动改善经营模式，规范员工运输行为。调查结果显示，2019 年南京市渣土车辆违规事件下降近六成；渣土企业在公共设施建设、防汛应急工程中发挥了更加积极的作用；市内渣土车运营环境得到明显改善，城市形象得以提升。

信用监管的实施，有效地规范了渣土车辆的运输行为，减少了渣土运输事故，提高了市民的幸福生活指数，也让城市治理更具温情。

四、路漫漫其修远兮：渣土运输信用监管潜藏深层问题

然而，前期的成效并不意味着渣土运输信用监管工作的最终胜利。光鲜的成就背后可能潜藏着更深层的问题。

信用监管作为一种创新型监管方式，本来应该是转变政府传统管理方式，提升政府治理能力的有效途径。但就南京市渣土运输信用监管的执行现状而言，在信用监管这个新的外衣下，政府部门内部仍旧沿袭着传统的政策执行方式。

首先，权责不明，组织结构相互打架。一方面，各部门甚至各区之间在监管上存在信用叠加和互相矛盾的问题。由于缺少明确的权责划分，各部门的记分标准不尽相同，信用分核算方式也是各成体系，经常会出现不同部门对同一企业的信用评级相互矛盾的问题。此外，渣土车辆监管涉及多个部门和机构，除了城管大队、交警大队和街道，还有综合执法局。信用工作文件看着挺清楚，实际执行却很混乱，上级标准不够明确，基层执法随意性很大。另一方面，部门间的松散联合也是令人头疼的问题。负责信用公示的市城管局并没有权力要求其他部门向他们报送信用信息。城管局虽然是渣土企业信用监管工作的牵头部门，但与其他市级机关属于同级关系，无法对信用

监管工作进行整体安排。而且，各部门内部并未设置专门负责信用工作的机构，也没有负责对接渣土企业信用信息的工作人员。在具体监管工作中，城管部门主要负责渣土车的准运，但运输过程大多由交警来管，所以实际执法往往需要两个部门联合进行。这种模糊的权责关系和被动的联合不仅不利于各部门之间的协同，反而成了信用监管工作的阻力，降低了信用监管的效率，更让本意为服务社会发展的信用监管成了彰显政府创新的“表面招牌”。

其次，人才不到位，信用监管难以持续推进。渣土监管需要依托于基层执法，很多工作的开展都需要人，但是现阶段，各区渣土执法队伍都存在人员不足的问题。如鼓楼区有18个在建工地，正式执法人员只有18个。18个人管一个区的渣土本身就很吃力了，而18个人又不可能同时值班，分到每个班的话，包括领导在内平均也就6个人在岗，6个人管1个区，再分两辆车，管理起来实在很困难。此外，相关执法人员普遍缺乏信用监管方面的经验，对信用评价标准也不是很了解，所以在工作开展上进程比较缓慢。在现有的政策安排下，渣土监管工作缺乏足够的财政支持和考核激励，大多数行政人员为了求稳，往往会依照传统方式开展工作，以规避创新可能带来的负面影响。

最后，信用信息的有效应用面临现实难题。当前，各级部门各区域之间信息孤立，并没有形成互联互通、共享共治局面。各部门都有一套自己的记分方式，城管部门只负责汇总，也无法对信息进行核准。此外，在信用信息报送方面，重复报送、效率低下等问题十分突出。市发展改革委内设有社会信用体系建设工作领导小组办公室(简称市信用办)，专门负责全市信用信息收集。市信用办直接向下与区信用办对接，区信用办又要从区各职能部门获取信用信息。单就渣土这一块，信用信息一般要从下往上报送，先从街道向区，再由区到市，最后汇总到市城管部门。

（案例来源：2020年江苏省研究生公共管理案例分析大赛获奖案例《治“渣”之路其修远兮——南京市渣土运输信用监管推行之困》，有删改）

案例解析

【案例思考】

1. 在渣土运输领域，现有的监管方式与传统监管方式有何区别？
2. 政府在推动渣土运输领域信用监管过程中发挥了哪些作用？
3. 你认为信用监管要“进”还是要“停”？如果要深入推进的话，政府部门应如何作为？

案例1-4

城市公用电话亭：拆撤还是“变身”？

曾经，公用电话是城市的一个标志，人们通过那一个个“小亭子”满足便捷的通信需求。然而，随着移动通信技术的发展，手机几乎成为每个人的“标配”。公用电话会不会退出城市设施的历史舞台？诸多探索正在进行，也期待更多有创意的解决方案。

【案例内容】

一、处境尴尬的公用电话亭

20世纪90年代，公用电话开始在街头出现，极大地满足了公众的通信需求。90年代末，在车站、码头、机场、街道、工厂、学校、政府机关等地方，随处可见公用电话亭，市民、学生、打工者排队打电话的场景十分常见。

中国联通北京分公司提供的数据显示：北京的公用电话数量和话务量在2003年达到最高峰，之后随着移动通信技术的发展和移动电话的迅速普及，公用电话话务量持续下滑。当前，北京地区共有公用电话亭7 000组，话机近1.8万部。2018年上半年，北京地区路侧公用电话共通话30多万次，平均通话时间约5分钟，其中，拨打紧急电话(110、119、120、122)共6.5万次，通话总时长约20万分钟。通过数据来分析，虽然公用电话依然在发挥求救等重要作用，但是每部话机平均每个月使用次数不到3次，使用频率并不高。

2018年8月，有媒体记者曾在北京市西城区针对公用电话现状进行了随机走访。在一段约3千米的道路内，记者共发现了20部公用电话，在一处公用电话密集的区域，记者停留观察了近2小时，发现该区域附近的3部公用电话一直都无人使用(见图1-1)。

图1-1　北京市西城区街头矗立的公用电话亭

记者随后随机采访了10位过路者，没有一人表示近期使用过公用电话。其中大部分人认为，公用电话已经没有存在的价值。

一位20岁出头的年轻人说，他只知道市政一卡通可以使用，至于201卡和IC卡，他都没有见过，也不知道哪里有卖的。

一位过路者表示，现在大家都有手机，通话费也不贵，使用也方便，公用电话的存在有点浪费资源。这一观点很有代表性。

但也有少部分人不认可这一观点。一位受访者表示："公用电话还有少数人会用得到，比如有人忘带手机了，或者手机丢失了、没电了，这时候如果遇到紧急情况，需要打求救电话，公共电话就会发挥作用。"

有一位停车收费员表示，路边的公用电话是可以用的，偶尔有人会用它打电话。她说这种电话可以免费拨打110、119等急救电话，如果遇到一些紧急情况，这种公用电话还是很有作用的。

除了使用频率较低，公用电话被破坏的情况也比较严重。记者对前述道路沿线的20部公用电话一一试用后发现，一共有9部公用电话出现功能损坏、无法使用的情况。

在北京西城区西四北大街的平安里路口南公交站，路西的人行道边有一个电话亭，电话固定在一块广告箱上，箱体背部的玻璃已经粉碎了，露出了里面的灯管。拿起电话听筒没有一点声音，话机屏幕没有任何文字显示，按键后只有按键金属的声音，听筒里仍没有声音，挂了听筒，沾了一手黑乎乎的灰。旁边不远处还有另一部电话，上面同样落满了灰尘，听筒也没有声音。电话亭箱体和周围没有看到任何的热线服务电话。附近的环卫工人反映很少看到有人来用这部电话，不知道电话是好的还是坏的。

在天宁寺桥西公交车站、靠近马路南侧的地方，路边有一个电话亭，电话机被包裹在一个玻璃亭子里，玻璃模糊不堪，上面沾满了灰尘和污渍，黄色的电话机身上同样落满了黑乎乎的尘土，话机上面贴着一块牌子，上面写着使用方法，以及拨打114可以查询挪车、订票、预约挂号等生活服务，最下面写着中国联通及热线电话10010。

电子城西侧路边的一个公用电话亭被一堆共享单车包围，要想走进电话亭，必须先将几辆共享单车挪开。这个电话亭的两部电话屏幕没显示，听筒没声音，每部电话机上面还被人画了一个卡通人物造型，听筒手柄上的贴纸写着“IC、公交卡打电话市内、国内电话每分钟一角(不含港澳台地区)”。电话亭的橙色“帽子”上面画着涂鸦，一根黑色的电线断了，线头耷拉在一边。

有一部黄色方形电话机可以使用，听筒里面有嘟嘟的声音，按键的声音也很清晰。在话机下方有一个插卡口，旁边文字提示可使用一卡通、IC卡和201卡，话机上方贴着一个金属牌子，有联通的标志、公话服务监督电话和话亭编号，中间的一行文字非常醒目——“中国联合网络通信有限公司北京市分公司”。

值得一提的是，公用电话亭的衰败也让IC电话卡淡出了市场。曾经热卖的电话卡如今也鲜有销售。个别报刊亭仍有卡在售，但很少有人购买。IC电话卡现在多为收藏专用，很少有人会买来用。

虽然存在着一些小瑕疵，但是公用电话亭承担着提供免费应急通信服务的重要功能，在公安、消防、应急等公共服务方面发挥作用。一名业内专家表示：“一旦发生危险或者灾害气候，手机就不一定靠谱，很多基站会损坏，这个时候电话亭可以直接拨打以及定位，能快速找到个体，这也是公用电话亭作为公共设施存在的重要价值。”

二、方法各异的地方探索

处境“尴尬”的公用电话应该何去何从？许多地区都在进行探索，但是方法不一。

2017年年底，江苏省扬州市对市区359个公用电话亭进行了拆除。扬州市城管局市容处负责人表示，如今，几乎没有人再去电话亭使用公用电话，这些闲置的公用电话亭年久失修，影响市容，还成为“牛皮癣”小广告集中地，经过研究，扬州市决定拆除市区所有的公用电话亭。这些公用电话亭被拆除以后，扬州市城管部门将联合建设、园林等部门对原安装路段进行道路修复。

上海市徐汇区则进行了另一种探索。2017年8月，徐汇区文化局与中国电信上海分公司签署合作备忘录，以徐汇区的263个可正常使用的公用电话亭为空间载体，在保留电话亭外形和通话功能的基础上，逐批安装智能触屏，并引入图书借阅、有声朗读等内容，将公用电话亭改造为“悦读亭”。24小时不打烊的“悦读亭”还设有充电口与免费Wi-Fi，方便市民使用。

浙江省舟山市的探索也很有新意。2017年3月，舟山市定海区将街头公用电话亭改造为“心愿亭”，任何人都可以走进这里写下自己的心愿和祝福，贴在心愿板上。据悉，这是定海区旅游局问计于民后，在众多建议里采用的公用电话亭改造方案。除了心愿板之外，电话亭还有爱心捐款、拨打电话、手机充电、享受免费 Wi-Fi 以及查询城市导览等功能。

在北京首都机场，公用电话除了可以通话之外，还兼具多重便民功能，成为一个便民服务终端。除了依然存在的电话筒，电话机身被一个智能终端屏幕所代替，终端可以实现市话和长途的 3 分钟免费通话，还有免费上网、天气预报、地图查询等功能，方便首都机场的往来乘客使用。

在现代信息化的时代，人们的生活方式将随之发生很大的变化，社会对公用电话亭的设计需求必然会提出新的要求。适应现代社会的发展，真正能够满足当下社会物质和精神需求的新型公用电话亭，不仅能方便人们的生活、美化城市环境，更重要的是成为社会进步的标志、城市公共文化的体现。

（案例来源：《城市公用电话亭成“被遗忘的存在”该拆还是变?》，新华网，2018-08-29，有删改）

【案例思考】

1. 公用电话亭该拆撤还是变身？从各地不同的做法中你得到哪些启示？
2. 在城市规划发展中，公用电话亭未来的发展定位是什么？

案例解析

案例 1-5

高考移民为何屡禁不止？

要说人生中最公平的一场考试，肯定当属高考了。正因为这场考试对我们日后的生活将会产生极大的影响，所以很多人都试图通过破坏这场考试的公平性，来给自己换一个漂亮的学历。作为中国高考的“特色问题”，高考移民问题几乎年年伴随着部分考生高考资格被取消、有关人员被查处等新闻引发公众热议。既然有可能付出高昂代价，高考移民为何仍屡禁不止？在公共管理的语境下，解决这一问题有没有新的突破点？

【案例内容】

一、愈演愈烈的“高考移民”

作为一次重要的选拔性考试，高考触动着全体社会成员的敏感神经，引发所有人的共同关注。然而，我国教育水平在不同区域往往存在着诸多差异，各地方政府对于教育的投入也有所不同，国家也出台了少数民族教育优惠政策以推动各民族共同发展。在这样复杂的历史和现实背景下，高考在区域间和区域内的竞争激烈程度不尽相同，因此出现了一部分希冀通过区域移民规避高考竞争的行为，即高考移民现象。这一现象始于 20 世纪 80 年代，到 90 年代后期逐渐形成规模，近几年来势头更是不减，不仅形成了产业链，甚至还出现了所谓“国际版”高考移民。尽管国家出台了相关政策遏制高考移民，但高考移民依然愈演愈烈。

2019 年 4 月末，一张已被证实的深圳市高考二模尖子生统计图让“高考移民”再次成为焦点。图片显示，深圳二模理科全市前十的学生中，一所民办学校——富源学校就独占 6 名，超过深圳传统的“四大校”。据深圳市教育局通报，深圳市富源学校

2019年高考报名考生中，有32名考生属“高考移民”，弄虚作假获取广东省报考资格。富源学校是如何通过深圳市招考部门审核的呢？原来，学校一方面从河北挖尖子生入广东户籍，在深圳高考；另一方面招收学籍在富源学校的广东学生，送去衡水中学上课，最后再回深圳高考。因此，考生资格审核流程走完后，富源学校的学生居然手续齐全、资料完整，符合在深圳参加高考的报名条件。

学校为了升学率尚且如此造假，个人更是能为了在高考中博得一个好席位想尽办法钻政策的空子。

2018年，贵州省库某某等三名考生通过空挂学籍的方式违规获得该省高考资格，而后又分别被清华大学、复旦大学、北京外国语大学录取。贵州省考试院核查以后，认定这三名考生高中阶段未在贵州省就读，在高考报名资格审查中提供虚假材料，于2019年5月7日通过招生考试院网站发布了该起事件的处理结果并通报。同时要求各级招生考试机构高度重视外来人员随迁子女高考报名资格审查工作，严格防范和打击违规获取高考资格的弄虚作假行为。一经发现，将依法依规严肃处理，确保高校招生考试公平有序进行。清华大学、复旦大学以及北京外国语大学也对三名考生作出取消学籍的处理。

无独有偶，2021年8月17日，衡水中学校长郗会锁之子郗某某赴西藏报名高考，被网民举报“高考移民”，衡水中学因此站到了舆论的风口浪尖。据媒体公开报道，郗会锁2013年至2018年5月任衡水中学党委委员、副校长，2018年6月前后担任河北衡水中学党委书记、校长。2016年7月—2018年4月任西藏阿里地区教体局党委委员、副局长。媒体经调查核实，郗某某以援藏干部子女身份于2018年3月落户西藏阿里地区。而根据2021年西藏高考政策，户籍从外省迁入西藏的，须满足西藏户籍一年以上、西藏所属高中阶段学籍一年以上、西藏所属中学阶段学校实际就读一年以上(含一年)等条件。郗某某高中三年学习生活一直在衡水中学，却于2021年6月赴西藏参加高考，明显属于违规操作。事情曝光以后，郗某某已被取消报考资格。

“高考移民”最直接的诱因是升学压力。例如，2018年河南省普通高校招生考试报名总人数为98.38万人，到2019年已突破百万，多年蝉联全国第一，但2018年一本上线率仅为12.46%，而同年份的新疆报名人数则为20.74万人，一本上线率却为15.86%，录取资源分配不均显而易见。这种地域性差异主要由高考录取模式——分省录取来决定，从而避免因教育落后地区教育资源匮乏而导致学生受教育的不平等。这一制度的本意是保护学生的平等权利，但它确实又造成了各省份之间的高考录取分数线和录取率的差异。

为了有更多机会步入好大学，转学或迁移户口到那些录取分数线相对较低、录取率又相对较高、竞争压力相对小的地区参加高考成为考生与家长的选择。有些人的学籍迁移并非完全正常，空挂学籍、违规落户、提供虚假学籍证明材料等手段屡见不鲜，这就造成了“高考移民”成了难以医治的病症。

二、“高考移民”的现实版本

“高考移民主要流向三类地区：第一类是流向京、津、沪等经济水平高，而高考录取分数线低的大城市；第二类是流向海南、安徽等经济水平较低且高考录取分数线也较低的少数东部省份；第三类是流向经济和教育水平很低而高考录取分数线更低的西部地区，如新疆、甘肃、青海、内蒙古等明显具有高考少数民族政策的地区。”厦门大学教育研究院院长刘海峰介绍。

目前我国“高考移民”的方式主要包括国内移民、国际移民和汉族考生更改民族等，不同的类别，其路径和方式不尽相同。

一是国内移民，又可分为跨省移民和省内跨地区移民两种形式。我国各类教育资源地域分布严重不均，山东、河南等中部省份的学生面临着严重的升学压力，为了就读名校，部分考生和家长会通过各种手段将户籍转移到西藏、青海等地，这些省份由于基础教育比较落后、参加高考人数较少、国家政策倾斜等原因，录取分数较低，很大程度上提升了这些移民学生录取概率。与之相对应的北京、上海等地由于经济水平较高，在教育上投入较大，基础教育实力雄厚，拥有极为丰富的高等教育资源。2017 年，教育部公布的“双一流”大学名单中，北京拥有 33 所，占比 22.6%，其中“世界一流大学”8 所，以绝对优势位列第一。由于我国高考录取采用的是分省定额制，各省单独划定录取人数，这些拥有丰富高等教育资源的地区在录取比例上远高于其他地区，录取分数也低于中部地区。因此，中部省份的“移民”们便会通过转学等方式进入东部发达城市学习，但是这些发达城市参加考试需要投入的成本较高，只有中高等收入家庭能负担，并未形成规模化移民。

有些地区，在同省内部城市之间录取的分数线也不尽相同。如厦门、大连、宁波等计划单列城市，其录取分数线要比同省其他城市的低，也有一些地区由于发展相对落后可以获得国家贫困县加分措施保护。因此，同一省份内竞争比较激烈的城市的学生会通过户口迁移的方式到计划单列城市或者贫困县市参加高考，省内高考移民便由此产生。

二是境外移民。国内禁止高考移民相关政策的出台，使很多家长开始转向境外。其方式主要有两种：一种是获得港澳台同胞的身份，参加大陆地区高校针对港澳台学生及华侨生的考试。由于国内政策的倾斜，港澳台的学生在参加大陆招生考试时可以获得大幅优惠政策，因此，许多家长会利用家中的资源帮助孩子获得同胞身份。这种方式一般出现在沿海地区一带，如广东、福建。另一种是获得外国国籍参加留学生入学考试。很多高校为吸引海外留学生到中国学习，制定了一系列针对留学生的优待政策，绝大部分高校只要通过汉语能力考试，提供高中成绩便可申请入学，只有少部分重点大学需要参加入学考试，但是难度非常低，几乎不会对中国学生造成困难。境外移民属于一种高成本的新型移民方式，在国内对高考移民不停封堵之下，这种移民方式为家长提供了新的选择。

三是汉族考生冒充少数民族考生。为了提高少数民族学生的录取率，我国在招生录取分数线上一般会给予少数民族考生政策倾斜，他们可以凭借相对较低的分数进入理想的大学，因此部分汉族考生通过改变民族籍贯的方式获得加分照顾，提高名校录取概率。这类高考移民主要包括两种方式：一种是只改变民族，不改变考试地。一般出现在居住地为少数民族聚居的自治区，这些地区会根据民族类型制定不同的考试制度，但不论以何种制度考试，少数民族学生的录取分数一定低于汉族考生。另一种是同时改变民族和考试地。考生利用国家政策漏洞，获取少数民族身份，同时为了减轻高考压力，将户口迁移到少数民族聚居地，既可以获得高考加分，还可以获得少数民族自治区政策倾斜。

三、异地高考政策出台带来新的挑战

陈女士是河北省唐山市一名初一学生的家长。2013 年年底，她买下了天津市宝坻区的一套两居室。陈女士身边，已经有多位亲戚同事通过这种方法顺利“移民”，其中不乏在原籍考不上大学或重点，到了天津却“咸鱼翻身”的孩子。

对这一群体的围追堵截，成为不少省份的“重要民生任务之一”。资料显示，2003—2005 年青海省被取消资格的移民考生数分别为 251 人、173 人、140 人，2006 年海南堵截高考移民 1 000 多名。但在 2009 年以后，由于堵截政策趋严，各地高考移民人数锐减，提前数年把户籍和学籍转入目的地的做法成为高考移民的主流动向。

那么，连年铁腕堵截下，要想成功“移民”，必须越过几道坎？

户籍和学籍成为必不可少的两大“关卡”。此前有媒体报道，户籍迁徙已成为多地公开产业，不少房地产商明目张胆地刊登出“买房就能上大学”的广告、横幅。而对于学籍而言，尽管教育部从 2009 年起就开始规划全国中小学生学籍信息管理系统和全国中小学数据库，2013 年更明确中小学生学籍将“一人一生一号”，但多地仍存在对学籍的规定管理不够严谨，甚至有一人多籍、人籍分离、有人无籍等现象。

为了进一步解决外来务工子女的升学问题，让非户籍地考生享有与本地考生相同的高考资格，使更多外来务工子女能够更好地享受父母务工所在地的教育资源，2012 年 8 月 30 日，国务院向包括教育部、国家发展改革委、公安部、人力资源社会保障部在内的各直属机构转发了《关于做好进城务工人员随迁子女接受义务教育后在当地参加升学考试工作的意见》。此后，各省市相继出台了“异地高考”政策，逐步为当地务工人员子女开放了异地高考名额，从而在一定程度上缓解了区域教育资源的分配差异。

从身份认证方面而言，高考移民学生与随迁子女身份存在交织。怎么明确区分考生是异地高考而不是高考移民，怎么避免移民借着异地高考的“东风”套取学籍，这尤为考验教育部门的智慧。

现行制度为高考移民留下了缝隙，又该如何疏堵漏洞？

统一考试、统一录取曾是不少学者主张的观点。北京大学宪法学教授张千帆曾表示，在异地高考放开的背景下，防止高考移民最彻底的方法就是全国实行统一和平等的招生考试。

刘海峰并不认同这样的论点。他认为：“这种设想愿望虽好，但实行起来很难。如果要将全国 900 多万考生的高考试卷集中到一个地方评阅，显然不现实。而且，如果真正统一分数线的话，很可能会造成更大的不公，即使将边疆省区排除在外，很有可能出现考上北大、清华的考生将高度集中在东南少数省份，而有的人口大省极少考上北大、清华的情况。”

他强调，新时期各地要根据实际情况，合理制定异地高考的政策标准，比如 2014 年高考，全国异地高考的 5 万多名考生中，有 1 万多名来自江西。其中很大一个原因就在于它只要求考生高中读满一年并取得学籍。如果门槛过低，其中存在高考移民滋生的土壤，就要考虑标准是否合理。

（案例来源：邓晖：《“高考移民”屡禁不止的背后》，载《光明日报》，2015-01-22，有删改）

案例解析

【案例思考】

1.“高考移民”现象为何愈演愈烈？

2. 在推进区域教育资源均衡配置方面，政府的一系列措施是否取得了成效？

3. 要从根源上缓解、防治“高考移民”现象的蔓延，政府和社会应如何形成合力？

案例 1-6

破解垃圾围“坝”：三峡大坝前的“垃圾攻防战”

每当洪水季节和三峡枢纽蓄水时，三峡库区的垃圾就赤裸裸地在长江上奔流，俨然成为流动的垃圾场。随着城镇化的发展，我们不能光建高楼大厦和宽阔的马路，也需要同步完善农村垃圾治理网络体系，建设好垃圾处理设施，保护长江水域生态环境。

【案例内容】

一、三峡库区垃圾漂浮带绵延数十千米

湖北省秭归县是三峡库区坝前的第一县，这里不仅是举世瞩目的三峡工程枢纽所在地，更是著名诗人屈原的故里。凤凰山景区与三峡大坝隔江相望，成了秭归县发展旅游的名片。但在每年洪水季节和三峡库区蓄水时，这里的江面上都会出现绵延数十千米的巨型垃圾漂浮带。从凤凰山上举目望去，江面上的枯树、杂草和塑料泡沫、旧鞋、瓶子等生活垃圾随处可见(见图 1-2 和图 1-3)。

图 1-2　从三峡库区长江水面打捞出的生活垃圾

图 1-3　三峡库区长江水面及岸边聚集各种垃圾

垃圾漂浮带来袭时，三峡集团和当地政府组织船只进行打捞，白色塑料泡沫、破鞋、枯树、杂草等各种垃圾将打捞船团团围住，打捞人员用网兜一点点地进行清理。“都是垃圾，船都开不进来，都堵住了。我们大小 20 多只船，100 多人，突击打捞，目前根据漂浮物情况，分两边，一边是香溪河口进行拦截，另一边是坝前重点进行突击打捞。”清漂作业人员说。

事实上，遭遇长江漂浮垃圾袭击的并不仅仅是秭归县。在三峡库区，自西向东，重庆、涪陵、丰都、忠县、万州、开县、云阳、奉节、巫山、巴东等沿江城市都不能幸免。每年汛期和库区蓄水期，在三峡库区的各个县市，一个个巨型垃圾带充斥长江，各个区域都开足马力进行打捞。据统计，自 2003 年三峡库区开始蓄水以来，重庆库区

13 个区县每年打捞的漂浮物总计超过了 10 万吨；截至 2013 年年底，重庆库区累计清理长江漂浮物将近 130 万吨；而上游未及时打捞的漂浮垃圾会顺流而下，最终聚集在三峡大坝前。在湖北库区，仅坝前的秭归县，自 2008 年来，累计投入清漂资金 1 058.1 万元，投入清漂船只 9 597 船次，投入工作人员 36 203 人次，累计打捞漂浮物 29 992.8 吨。

为了清理源源不断的坝前漂浮垃圾，中国长江三峡集团每年需花费 3 000 万元，自 2003 年蓄水至今，三峡集团在清理水面漂浮物上投入的费用达到了 2.6 亿元。“它一发水就流来了，满江漂的都是，主要是生活垃圾。”“一下大雨就是满江渣子(垃圾)，塑料袋、柴棒、泡沫都有。”三峡库区沿江居民说。

每年洪水季节和三峡库区的蓄水季节，突击打捞漂浮物成为库区各个区县的一项重要工作。根据三峡总公司提供的资料显示：目前由三峡集团公司承担的委托地方政府实施的干流清漂经费，在 2004 年每 100 千米江段 150 万元的基础上逐年增加，目前已达每年 1 500 多万元，但漂浮物治理情况并未得到根本改善，坝前漂浮物数量仍然巨大。年年打捞，年年有，十多年来，为了打捞三峡库区垃圾，国家先后投入上亿元。

二、每年几十万吨垃圾从何而来

进入冬季，经过库区各个区县的突击拉网式打捞后，江面上的漂浮物已经无影无踪，远远望去，一江碧水，缓缓向东流去。不过听常年居住在江边的居民说，这样的好日子并不长，只要水面上涨，垃圾就会顺着长江席卷过来，景象触目惊心。那么，长江里的垃圾是从哪儿来的呢？

“还是地方管理不严，没有管理好。”附近生活的居民介绍，长江本身是非常清澈的，很多垃圾是从长江支流漂过来的。在距离三峡库区 15 千米的秭归县茅坪镇，有一个依山傍水的村庄，叫建东村。在宝塔河里洗菜、洗衣服是当地人多年的生活习惯，杀鱼的大姐把鱼鳞、内脏一股脑丢在了河里；洗菜的大爷让摘出的枯叶、菜根逐水而去；上游 30 米处的酒庄把大量垃圾倒入河道……散落在河道里的鞋子、袜子、塑料袋等各种生活垃圾随处可见。而这里的村民，向河道里倾倒垃圾已经习以为常。“涨大水就冲走了，流进长江里。”

位于建东村下游的陈家坝村，距离长江更近，仅有六七千米。村里的防洪渠内到处是垃圾，一旦涨水，这些垃圾就顺着渠道流入宝塔河。沿着宝塔河顺流而下，每走一段都能看到河道里有一堆一堆的垃圾。当地村民并不担心这些垃圾的去处，因为他们知道，这些垃圾最终会汇入长江，而长江水面的巨型垃圾漂浮带，他们也都目睹过。据村民反映，垃圾成灾的原因不是没人收垃圾，而是垃圾桶太少了。

陈家坝村下游的九里村，是秭归当地最具实力的产业村。村里聚集了多家建材厂、玻璃厂、造纸厂、制鞋厂。宝塔河流经这个村汇入长江，在这里的宝塔河肮脏不堪，除了一堆一堆的生活垃圾，还有化粪池和下水道。一个养猪场就建在宝塔河边，养猪场后墙外的管道，直接连着宝塔河。由于各种粪便搅合在一起，空气中弥漫着阵阵恶臭，令人作呕。村民说：“猪喂多了，没这么大的化粪池，就直接倾倒到河里了。”

宝塔河畔同样还有一个造纸厂，当地村民介绍，这是秭归县最大的造纸企业，在河边，这个厂的生活污水、工业废水直接排到了宝塔河里。而再经过不到 3 千米，宝塔河就汇入了长江干流。

三、库区垃圾二次污染风险大

秭归县华新水泥厂距离三峡大坝不到 50 千米，是当地处理垃圾的地方，一进厂门，就可以看到从长江打捞上来的各种漂浮垃圾。

在华新水泥厂的厂房里，铲车将粉碎、烘干后的漂浮物运至窑尾分解燃烧，这些漂浮物将经历 1 700 摄氏度高温的焚烧，产生的热量直接用作生产水泥的替代能源，燃烧后的残渣将直接成为水泥原料，整个过程不排放任何有毒有害气体和残渣。华新水泥厂漂浮垃圾处置项目从 2010 年投产以来，5 年的时间，累计处理了 40 万吨三峡库区的漂浮垃圾。

据华新水泥(秭归)有限公司总经理向长宏介绍，2008 年华新水泥和三峡总公司正式签署了水泥窑协同处理三峡库区漂浮垃圾的合同，2010 年项目投入运行，项目累计总投资 7 100 万元，设计的年处理能力是 20 万吨，但通过技术改造，目前的年处理能力可以达到 30 万吨。事实上，华新水泥厂每年处理的漂浮物远远达不到设计的处理能力：2010 年处理三峡漂浮物 6.9 万吨；2011 年 2.5 万吨；2012 年 13.8 万吨；2013 年 7.8 万吨；2014 年处理了 9.8 万吨，共计 40.8 万吨。从投入和产出来计算，这个项目自上马以来，一直处于亏损状态。

一边是斥巨资上马的无害化处理项目在连年亏损；而另一边，三峡库区大部分的漂浮垃圾和生活垃圾，都被填埋或焚烧了。

秭归县垃圾场，投入使用已经有十多年的时间了，垃圾场堆放得满满当当，不断有环卫车来这里倾倒垃圾，各种大型的机械也正在忙碌着对垃圾进行填埋，垃圾场内已经腐烂的垃圾散发出了酸臭的味道，吸引了上百只乌鸦来这里觅食。根据秭归县环保局的统计资料显示，每天秭归县城都要向这里运送 120 吨垃圾，这里的工作人员介绍，由于空间有限，一年之后这里就只能封场。与此同时，秭归县的郭家坝镇、屈原镇、归州镇、水田坝乡等 7 个乡镇的垃圾填埋场每天需要填埋超过 95 吨的生活垃圾，这还不包括许多村自己建的简易填埋场每天处理的垃圾量。在土地资源紧缺的三峡库区，究竟还能拿出多少土地来填埋源源不断的垃圾呢?

郭家坝镇文化村距离县城 60 千米，在这个村最繁华的集镇上，每过两天就会有垃圾车来清运垃圾，据环卫工作人员介绍，这些垃圾都被送到了专门的填埋场。令人震惊的是，这是一个最初级、最原始、不合规，且建在村子上游河道里的垃圾填埋场。自 2004 年以来，填埋的垃圾已经在河道填出了一片巨大空地。在这片空地上，还建起了一个铁矿粉碎厂。整个垃圾场已经填埋的区域散落着矿石粉碎厂产生的红色粉末，同时，还没来得及填埋的各种生活垃圾散发着阵阵恶臭。十多年来，大量重金属等污染物源源不断地排向童庄河与长江。

文化村的书记介绍，垃圾场选址于此实属无奈，一是四周环山，道路狭窄；二是人口稀少，环境污染影响较小。由于没有完善的垃圾清运系统和统一的垃圾处理渠道，垃圾场可能维持不了多久，到时候可以通过增加垃圾场高度的办法缓解填埋压力，但始终不是治本之策。

在屈原镇西陵峡村，没建垃圾场之前，村民随意抛洒垃圾，有些是扔到水沟里，流到长江里去。2013 年建成垃圾场以后，村里的面貌发生了很大的变化。村民们说，有了这个垃圾填埋场，村子和沿江水域都干净了。但是，这些表面干净的地方却潜在着二次污染的风险。西陵峡村地处山区，千百年来村里人畜饮水和农业用水，都来自山上的泉水，而现在，村里的垃圾场建在了整个村子的最高处，只要下雨或山洪暴发，垃圾填埋场的有毒有害物质就会渗入地下，污染整个村子的土壤和地下水。

为了保护三峡库区水环境，早在2001年，国务院就通过了《三峡库区及其上游水污染防治规划》，但二十年时间过去了，每年洪水季节，三峡大坝却还是会出现几十万吨的垃圾。公众环境研究中心主任马军认为，“三峡库区主要的覆盖范围是农村，过去生产、生活垃圾在农村相对比较少，现在农村也像城市一样，用一次性的物品，产生的垃圾量比以前要多，而且不能自然降解。”

案例解析

（案例来源：《破解垃圾围城：三峡大坝前的垃圾》，载《经济半小时》，央视网，2014-12-27，有删改）

【案例思考】

1. 三峡库区江面垃圾“年年打捞，年年有”这一现象背后的根源是什么？
2. 怎样破解三峡库区垃圾治理的难题？

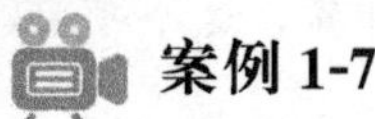

案例 1-7

从采煤废区到示范湿地的生态治理

——以徐州市潘安湖湿地公园为例

改革开放以来，我国经济高速发展，但经济发展的同时许多地方也付出了沉重的环境代价，为了金山银山毁坏了众多绿水青山。时至今日，这些创伤有的还裸露着，受尽风霜；有的虽经治理，但成效不大；有的通过一系列有效措施，旧貌换新颜，曾经的生态伤口开出了美丽的花朵。在新发展理念的引导下，资源枯竭城市如何实现转型发展，如何实现可持续发展，如何实现人与生态环境的和谐发展，潘安湖生态治理的案例具有重要启示。

【案例内容】

一、贾汪昔日采煤盛况

潘安湖位于江苏省徐州市贾汪区，素有“百年煤城”之称，因煤而兴，因矿设区。1882年10月5日，徐州利国矿务总局成立，标志着徐州煤矿开采正式开始。

中华人民共和国成立以后，徐州矿工以高昂的劳动热情加快发展生产，支持国民经济恢复和发展民族工业体系。在第一个五年计划期间，国家为满足华东地区对煤炭的需求，把地处徐州的贾汪煤矿列为全国15个重点扩建的老矿区之一，于1953年1月成立了贾汪矿务局。“一五”期间，徐州“共开工中小型矿井6对，建设规模为201万吨/年，其中，青山泉1号井于1957年10月建成投产。1957年，华东煤矿管理局以徐州矿区为“二五”期间的建设重点，开发了潘家庵、九里山和闸河煤田，建设规模为年产原煤1 300万吨。1958—1960年，江苏省政府号召全省人民支援徐州煤矿建设，从而推动了徐州煤炭工业的发展。1960年开始，经过3年的“调整、巩固、充实、提高”，徐州缓建了桃园、拾屯、柳新、马庄、小柳、张小楼、诧城、张集等十几个矿井。1963年开始，徐州开始建设庞庄、东城、卧牛山、夹河等煤矿。

1964年3月，中华人民共和国煤炭工业部华东煤炭工业公司在徐州成立，同时撤销煤炭工业部所属的山东、安徽、江西省煤管局，华东煤炭工业公司成为集中统一管理华东5省煤炭工业的全民所有制经济组织，徐州在华东地区煤炭工业中的重要性由此可见一斑。1970 年，徐州矿务局复建张小楼、诧城、张集、义安等矿井。同年 5 月，经国务院批准，徐州沛县煤田的孔庄、姚桥、大屯、张双楼和龙固 5 个井田划归上海市开采，称大屯矿区。上海市于同年 7 月成立了大屯煤矿工程指挥部，后改为大屯煤电公司，修建了自营的徐沛铁路，走出了一条煤、电、运综合发展的路子。20 世纪 90 年代末，徐州矿务局已发展成为国家首批确认的特大型企业，是江苏省主要的煤炭生产基地，有 15 个矿、17 对矿井和与之相配套的 21 个基层单位，共有职工 11.07 万人。矿井总设计能力年产 1 101 万吨，实际年产量超过 1 300 万吨，在全国 500 家特大型工业企业中排名第 120 位。2002 年开始，徐州矿务集团针对当地煤炭资源日趋枯竭的状况，先后在山西、陕西、甘肃、新疆、贵州等中西部煤炭蕴藏量丰富的矿区建立了多个生产基地，例如，新疆阿克苏的俄霍布拉克煤矿、陕西宝鸡的秦源煤业有限公司、甘肃崇新县的新周煤矿、贵州习水的二郎矿区等，获得的煤炭储备量超过 50 亿吨，已超过徐州本地的储量。

然而近年来，随着煤炭资源储量的减少和地下开采条件的复杂化，贾汪区的煤炭采掘日渐衰落。

二、环境恶化与治理困境

贾汪区因煤而立，也因煤而痛。长达 130 多年的煤炭开采给贾汪区留下了 13.23 万亩(0.882 万公顷)的采煤塌陷区。潘安湖位于贾汪区西南部青山泉镇和大吴镇境内，是徐州市集中连片、面积最大、塌陷程度最深的采煤塌陷区，面积达 1.74 万亩(0.116 万公顷)，区内积水面积 3 600 余亩(240 多公顷)。因长年进行煤矿开采，该区域坑塘遍布、荒草丛生、生态环境恶劣，又因地表塌陷，当地农民无法在此耕种、居住，绝大部分地区成为无人居住区。“天灰、地陷、脏乱”是它的真实面孔，雨天一身泥、晴天一身灰，是周边居民的真实生活写照。

(一)产业结构单一，生态破坏严重

贾汪区自 1882 年掘井建矿以来，采矿历史已百年有余。百年里，贾汪人靠山吃山，靠水吃水，以煤炭产业为主发展经济，可以说煤炭养活了方圆百里的贾汪人。而贾汪区对煤炭资源的过度依赖、野蛮开采和无序利用，也造成了生态环境的严重破坏和人居环境的极度恶化。

一是土地遭到严重破坏，地表大面积塌陷。贾汪区已经崩塌的土地面积达 11.25 万亩(0.75 万公顷)，并且仍以每年 1 650 亩(110 公顷)左右的速度塌陷，塌陷区的人均耕地已由 1951 年的 3 亩(0.2 公顷)减少至 0.45 亩(0.03 公顷)，许多农民失去了赖以生存的土地。“采空区”引发地面塌陷造成道路断裂、房屋坍塌、村庄淹没、农田沉降，形成了严重的地质灾害。[①]

二是岩石山占用土地，污染环境。贾汪区有 26 座大小岩石山，堆积量约 1 650 万吨，占地面积近 1 050 亩(70 公顷)，且每年岩石产量约 3 000 万吨，占地面积不断增加。由于长期露天堆放、风吹雨淋，岩石山释放出大量二氧化硫，污染周围空气，雨天排出的硫磺水渗入地下污染土壤和水质，使人民的生产和生活受到不同程度的危害。20 世纪 70 年代以来，由于采煤破坏了地下岩层，一些灰岩岩溶水相继断流，井水干

① 《江苏省徐州市贾汪区矿山塌陷治理纪略》，中华人民共和国自然资源部官网，2015-01-22。

涸，潜水位下降，使原来水质良好的富水区变成了缺水区，曾经在干旱时期造成了20多万居民饮水困难，严重制约了城区和村镇的发展建设。

三是塌陷区群众生活环境严重恶化。由于土地塌陷，房屋开始开裂、歪斜，大面积危房出现，严重威胁居民人身安全。多年来，因土地塌陷而需要搬迁的居民不断增加，然而搬迁问题长期得不到妥善解决，导致煤矿企业和居民关系紧张。

2001年7月，贾汪区岗子村五副井发生“特大瓦斯煤尘爆炸事故”。2001年8月至次年5月，贾汪区分期、分批对全区当时123家开采煤矿企业进行“政策性关闭”，贾汪区百年煤矿开采史就此结束。2011年，经国务院批准，贾汪区被国家发展改革委、财政部、国土资源部确定为全国69个资源枯竭城市之一，是江苏省唯一一个资源枯竭城市。2016年10月，贾汪境内最后一座煤矿——旗山煤矿关闭，彻底结束了贾汪煤炭开采历史，进入了“无煤”时代。作为资源枯竭型城市之一，贾汪区立志走上绿色转型之路，但是在发展转型期仍然面临着许多资源型城市共有的难题，其治理问题在此情境下更为复杂和艰巨。

产业结构单一是贾汪区以及各资源型城市都面临的问题。转型前，贾汪区以煤炭产业为主，转型初期，贾汪区加大了对水泥、建材等行业的投入与招商引资，但产业结构仍呈现出单一的资源型特征。第一、第三产业发展缓慢、产业层次低、结构失衡成了贾汪区产业结构的主要特征。转型初期的贾汪区依然偏重于资源的投入与产出，以牺牲环境来换取发展的速度与数量，未实现真正意义上的产业结构转型与可持续发展。

(二)经济发展缓慢，治理资金匮乏

煤矿的突然关闭，使贾汪区陷入了“休克式转型”，经济发展受到重创，3万余人失业，1/3财政收入遭受损失。与此同时，运输、供电、建材等行业也遭遇凛冬。此外，大量的矿工工资难以支付，采矿造成的建筑物塌陷难以补偿，种种的经济问题拖住了贾汪区发展的步伐。“十五”规划期间，处于转型初期的贾汪区人口逐年减少，外来人口吸引力不足，本地人口外出务工，发展态势不容乐观。

贾汪区自1995年起经江苏省批准，享受和行使县级管理职能和权限，但这种非县非区的行政管理体制导致贾汪区在承担市辖区规划、财政、环保等职责的基础上，还需承担三农、社保、民生等县级职责。而煤矿关闭后的环境整治、塌陷区处理、失业人员安置等各种遗留问题致使本不富裕的地方财政压力极大。徐矿集团改制期间，贾汪区接受移交人员与失业人员5 000余人，其中加入最低生活保障800余户，占贾汪区低保户总数的3/5。“十一五”规划期间，贾汪区支出各类生活保障与社会救助金额达4 200万元，地方政府已无力弥补因煤矿关闭而造成的职员安置、社会保障所需的巨大资金缺口，资金匮乏成了采煤区后续治理路上的一座大山。

(三)民生保障无力，治理人力不足

贾汪区名义上是城区，但在区划初期实际上是苏北地区的重要煤矿基地，居民们普遍采取着“先生产，后生活”的生活方式，且生产、生活活动多集中于权台矿区、夏桥矿区等老矿区附近。贾汪区城市规划以采煤活动为中心，缺乏科学的规划指导，呈现出杂乱无章、布局分散的城市布局，造成了社会公共服务与城市基础设施建设的严重滞后。长久以来，贾汪区对公共服务与基础设施的投入非常有限，历史欠账较多，工业区、商业区与居民区混杂，公共绿地匮乏，排污管网建设不到位，供水、供电、供气、供暖等配套设施维护不当，居民缺少公共活动的场所。在转型初期，低水平的公共服务与负面的城市形象并未得到转变，这不仅对当地居民的日常生活产生了恶劣影响，更降低了贾汪区对于外来务工人员与高素质人才的吸引力，致使转型发展与塌陷区治理的人力不足。

(四)观念束缚严重，治理机制陈旧

一直以来，贾汪区的煤炭开采成为区域经济创收的主要来源，“先污染、后治理”的观念也使得安于现状、故步自封的惰性思维根深蒂固。在转型发展中，贾汪人存在盲目依赖的思想，对上级的扶持期望过高，甚至借夸大困难来寻求扶持。不挖掘内力而过分依赖外力，致使转型初期的贾汪区举步维艰。陈旧的治理机制塑造的被动性处理的惯性思维，更是阻碍了生态的长效治理。制度的缺失、法治的缺位让转型初期的生态建设无章可循、无规可依，监察体制的落后、监管体系的缺漏使转型初期的生态监管责任模糊、执法困难。转型初期唯经济指标考核却多年垫底的情况，也让干部群众背负着强大的精神压力，以致部分干部群众丧失转型积极性，更有甚者恐生态治理费力不讨好，在转型前期造成了一定阻碍。

三、走上“绿色”转型生态之路

百年煤城，生态之殇，绿色转型，百姓之福。近年来，贾汪区以潘安湖为中心向周边辐射，践行习近平总书记的“两山”理论，充分把握国家、省、市三级扶持资源枯竭城市转型发展的契机，以政府为主导力量，推进生态环境、产业结构、社会民生、体制机制等领域转型升级，在生态化转型发展路上取得了瞩目的成就。

自 2011 年以来，贾汪区“宜游则游、宜农则农、宜林则林、宜工则工”，累计投入 27 亿元，持续加大生态环境保护力度，抓住突出矛盾，多管齐下，推进绿色转型，补齐生态短板，恢复绿水青山，有力支撑了当地生态环境保护事业的稳步发展。

面对由于长期采煤所造成的大范围塌陷区，贾汪区通过创新综合整治模式，大力实施“村庄异地搬迁、基本农田整理、采煤塌陷地复垦、生态环境修复、湿地景观开发”五位一体综合整治工程，有效处理了塌陷地问题。经过一系列以潘安湖为代表的生态治理与景观再造(见图 1-4)，贾汪区成了我国采煤塌陷地治理的典范与标杆。自转型以来，贾汪区相继出台了《贾汪区生态区建设规划》《贾汪区生态文明建设规划》《贾汪区环境保护“十二五”规划》《镇级环境保护和生态建设规划》等一系列生态建设专项规划和方案，促进生态转型不断深化，同时划定了 205.6 平方千米的生态红线保护区，加快推进荒山造林工程与水生态建设工程。面对境内山体恶劣的生态环境，贾汪区学习塞罕坝精神，积极向荒山进军，克服无水、无路、无电等困难，大力开展绿化造林工程，通过肩挑手扛，运土引水，硬是让每一座“秃头山”的环境都得到了极大的改善，成了全国石灰质山体绿化造林的样板工程。青山还需绿水配，贾汪实施了碧水绕城工程，通过采取多渠道、多方式，建设了“十纵五横一环”的生态环城水网，形成了“河流绕城、湖水映城、水网织城”的健康水生态系统，有力支撑了贾汪区的生态环境体系建设，从真正意义上实现了青山绿水环城而行。此外，贾汪区积极推进工业企业清洁化生产，集中整治境内高污染、高耗能的空气污染源头，有效改善了当地的空气质量。

图 1-4　潘安湖湿地公园

贾汪区在产业转型上走出了“生态＋”的路子，一方面优化产业结构；另一方面发展生态经济。贾汪区坚持“只有夕阳技术，没有夕阳产业”的发展理念，鼓励传统企业进行技术改造，对于投资达 500 万元的技术改造项目给予财政支持。同时，着重进行工业园区建设，创立国家级开发区，整合优势资源，打造出精密设备制造、现代生物医药、新能源汽车等新兴产业集群。并以工业园区建设为突破口，建成 100 万平方米标准化厂房，筑巢引凤、招大引强，为产业转型升级、产能集聚提供更大空间。此外，贾汪区在产业结构的优化上坚持因地制宜、分类规划，以规模化、特色化、产业化为优化目标，形成“一带五园”(“一带”即贾耿路沿线 20 千米设施蔬菜产业带，“五园”即紫庄设施蔬菜产业园、耿集设施草莓产业园、江庄食用菌产业园、汴镇规模养鸡产业园、青山泉规模养猪产业园)的农业现代化生产格局，制订并实施现代物流业发展计划，推进徐州保税物流中心、通用码头、双楼物流园区等项目建设，进一步推动了服务产业的发展，促进了贾汪区产业结构的合理化。在优化产业结构的同时，贾汪区还特别注重发展生态经济，制定了“生态立区、旅游富民，建设淮海经济区旅游目的地”的发展战略，以旅游业作为发展的突破口和经济的新增长点。贾汪区投资数十亿资金进行了潘安湖、大洞山、督公湖景区建设，三者均被评定为 4A 级景区，塑造了以潘安湖风景区和大洞山风景区为代表的“山水贾汪”生态旅游格局。而《贾汪区旅游业发展总体规划》《大洞山风景区总体规划》《潘安湖湿地和马庄农家乐总体规划》《贾汪区现代观光农业规划》等一批规划的制定以及贾汪区旅游发展促进中心的成立，更加明确了贾汪区生态旅游业的发展方向，推动了旅游业从生态效益向经济效益的快速转化。

贾汪坚持城乡共享发展理念，关注民生和社会保障，推进城乡融合发展，扎实改造老城区，将原来脏乱旧的棚户区统一规划成新的社区。此外，对潘安湖公园、人民公园等进行特色治理，对生态环境进行修复治理，彻底把原来煤炭老城的旧貌换新颜，让百年矿区摇身一变成了生态旅游示范区。实施城市东进战略，建成四通八达的路网体系，对乡村环境进行治理，使村貌发生了根本性的改善，才有了现在马庄村、磨石塘等特色美丽乡村。

贾汪区坚持以人民为中心的原则，推行基本公共服务均等化，完善社会保障体系，建立就业和基本生活保障制度，累计纳保2.8万余人，实现了“即征即保、应保尽保”和基本生活保障全覆盖，加大脱贫攻坚力度，区内4.2万余名年收入低于2 500元的农村人口实现脱贫。城乡低保、新农合、新农保、城镇居民医保基本实现应保尽保，城镇居民社会养老保险参保率达到98%。着力推进社会生态化、生态社会化，健全城市功能，构建生态型社会发展新格局，全面实现城乡市场化保洁、供水管网、道路绿化全覆盖。办公、科教、文化、商贸等城市公共设施日益完善，文化中心、行政中心等精品工程也在规划建设当中。另外，贾汪区以潘安湖为中心开展推进精细化治理，扎实开展新时代文明实践中心全国试点工作。创新社会治理模式，坚持自治、法治、德治“三治融合”，促进社会和谐稳定，不断提升人民的获得感、幸福感、安全感，让贾汪人能自豪地说“我是徐州市区人”。

（案例来源：2019年江苏高校公共管理案例分析大赛获奖案例《从采煤废区到示范湿地的生态治理——以徐州市潘安湖湿地公园为例》，有删改。）

【案例思考】

1. 资源枯竭型城市具有哪些特征？在转型过程中面临哪些困境？
2. 在贾汪区绿色转型过程中，基层政府职能的重心是否发生了改变？
3. 你从贾汪区转型治理中得到哪些启示？

案例解析

案例1-8

城市公共自行车与共享单车能否融合发展

城市公共自行车是城市轨道交通和地面常规公交的重要补充和延伸，是为市民提供绿色出行、解决“最后一千米”交通问题的重要出行工具。互联网租赁自行车(共享单车)是共享经济催生的新业态。城市公共自行车和共享单车在缓解城市交通拥堵、构建绿色出行体系、推动共享经济发展等方面发挥了积极作用。因自然条件、经济水平、交通结构不尽相同，不同类型的城市对公共自行车和共享单车的功能定位存在差异。

【案例内容】

一、共享单车“降温”，公共自行车“回暖”

2019年9月24日下午5时，北京市朝阳区工人体育场北路迎来了晚高峰时段，来往行人、车辆络绎不绝。非机动车道上不断驶过青色、黄色、橙色的共享单车，还有红白相间的公共自行车。

“骑公共自行车好多年了，1小时内免费，基本没怎么花过钱。”家住农展馆南里、在朝阳医院工作的李女士说，“工作单位和家门口都有公共自行车租赁点，上下班不到2千米的距离，骑车很方便。”

数据显示，2019年8月，北京市朝阳区、海淀区等10个投放区，公共自行车日周转率同比增长已经超过共享单车，最高的日周转率将近共享单车的6倍。中国道路运输协会城市客运分会城市公共自行车工作部副秘书长李武强表示：“共享单车热潮过后，各地公共自行车项目的数据都趋向好转。”

北京市公共自行车运营单位负责人张建波说：“以北京东城区为例，2019年公共自行车租还量比去年同期预期增长13.65%。”

随处可见的共享单车每天能够被骑行多少次？北京市交通委2019年7月底发布的《关于互联网租赁自行车行业2019年上半年运营管理监督情况的公示》(以下简称《公示》)给出了答案，2019年上半年全市日均骑行量为160.4万次，周转率为1.1次/辆。

对此，一位共享单车业内人士分析："可能是ofo单车拉低了整个行业的日周转率。"从《公示》中披露的数据来看，2019年上半年，日周转率最高的小蓝单车能达到2.8次/辆，摩拜单车、哈啰单车也都保持在1.5次/辆以上，ofo单车的日周转率为0.7次/辆，最低的是便利蜂单车仅为0.3次/辆。

此外，共享单车用户大规模下降。根据比达咨询发布的报告，2019年第一季度共享单车用户规模为4 050万人，降幅达24.4%；费用成为影响用户骑行体验的最大因素，占比52.8%。

中国国际贸易促进委员会商业行业委员会秘书长姚歆分析，用户规模下降，一是挤出效应。共享单车推广初期免费骑行，需求是被"过分"鼓励的。恢复收费后，某些骑行需求不强的用户便不再使用单车。二是部分共享单车企业退出市场。三是企业经营日趋理性，集中资源力量在头部城市及其城区范围，主动放弃部分市场。

其实，公共自行车与共享单车的博弈始于2016年，彼时，共享单车异军突起。据财新网不完全统计，2016—2017年，各类共享单车企业在全国投放的单车数量达到数百万辆，而北上广深这类一线城市的单车投放量均超过50万辆。

北京市东城区城市管理委员会(交通委员会)停车管理科科长郭风林称："2017年是共享单车投放高峰期，开会时来了12家共享单车企业，现在就剩5家了。"

据媒体报道，最高峰时，共享单车的投资规模达到了600亿元。"财大气粗"的共享单车一路攻城拔寨、势如破竹，被停车桩"束缚"住的公共自行车好像没有招架之力。北京市公共自行车运营单位统计的北京市东城区2012—2019年租还量对比图显示，2012—2015年公共自行车租还量一路攀升，2015年达到峰值，租还量破千万次。2016年开始下滑，2016—2017年呈断崖式下跌，2018年跌至300万次，之后开始回升。

2019年起，淡出公众视线的公共自行车开始"复苏"。一方面是因为共享单车的发展遭遇瓶颈，骑行费集体涨价、停放区域限制越发严格、政策出台限制投放等因素限制了共享单车的发展；另一方面公共自行车不断升级改进，凭借价格优势吸引了用户回归。

以北京市为例，骑行公共自行车1小时内免费，之后每小时加收1元，这样的价格维持了7年之久。同样是1元，青桔单车、哈啰单车只能骑行15分钟。骑行1小时，各品牌共享单车的价格在1元到4元不等。自2019年10月9日起，美团单车(即摩拜单车)北京地区全部车型执行新的计费规则，骑行30分钟之内收取1.5元，超出30分钟，每30分钟收费1.5元。

"老百姓都追求经济实惠，"郭风林说，"1小时内免费，对中老年人的吸引力特别大。"2016年年底，公共自行车App上线，通过芝麻信用扫码用车可以免押金，简化了开通流程，吸引了年轻用户注册使用。

针对涨价，青桔单车和哈啰单车给予了相似的答复。两家公司均称，此次的涨价是由于共享单车此前无序投放、行业运维和产品折旧导致成本增长，目前共享单车进入精细化运营和提升产品服务的新阶段，同时调整后的价格是综合消费调研和公示结果进行的合理定价。姚歆则认为，涨价更多是出于收支平衡的考虑，是企业实现自我"造血"的必然选择。

二、多地宣布城市公共自行车停运

从2021年5月开始，内蒙古、北京、武汉、广州、呼和浩特等多地宣布停运公共自行车。在无桩共享单车的冲击之下，有桩公共自行车还能坚持多久？政府部门提供怎样的公共服务产品才能适应市场需求？

在上海市宝山区淞南镇人民政府附近，60多岁的王阿姨正骑车向公共自行车停放点而来。到达停放点后，她轻轻地将印有“宝山区公共自行车”字样的车推进固定桩，车辆自动上锁。随后，她对着桩上的感应设备刷了一下卡，伴随着“还车成功”的提示音，结束了这次租车之行。王阿姨经常去的菜场、公园与小区的距离都在800米左右，走路有些远，门口的公共自行车就成了她出行的最佳选择。

聊起用车烦恼，王阿姨说：“经常碰到坏车，有的座位破损、有的车锁不灵……”不久前，她就遇到点位停电的情况，无奈，只能步行去周边的点位租车。王阿姨的子女曾劝她，试试共享单车出行，但她觉得，7年用下来，公共自行车已成为习惯，“主要是不花钱啊。”

在王阿姨家所在小区附近的一家生鲜店门口，刚从店里出来的张先生也是公共自行车的老用户。他说：“宝山公共自行车上设置了一个密码锁，临时停放时，可以将车锁上。骑共享单车可能会遇到买完菜没车骑的情况，但公共自行车不会。”

在淞南镇人民政府附近，路上骑公共自行车的人不少，不过以中老年人为主，往返于菜场、公园和小区之间。与此相比，地铁附近的公共自行车则遭受“冷落”。从淞发路地铁站1号口出来，50多辆排得整整齐齐的公共自行车映入眼帘，再往前走，才能看到共享单车。然而从地铁口出来的市民纷纷绕过公共自行车，选择了较远处的共享单车。

在交谈中，几名年轻人表示从未使用过公共自行车，“不是哪里都有这个桩，骑出去还不了怎么办？”在他们看来，便捷性是选择交通出行的首要考虑因素。“公共自行车刚推出时，我也想过办卡，了解下来才知道各区的公共自行车不互通，骑到另一个区没法还车，还是算了。”一位女士说。

曾经，上海多个区域推出公共自行车服务。如今，仅剩宝山、青浦、奉贤等少数区尚在运行。宝山区现存的规模最大，仍有610多个点位、1.5万多辆公共自行车，由上海永久自行车有限公司运营；青浦和奉贤区域内公共自行车数量分别为5 200辆、3 400辆。

数量、布点大幅缩水是公共自行车运营企业不得不面对的现实。经历了公共自行车从遍地开花到萧条，上海永久自行车有限公司部门经理张胜颇为感慨。

2008年9月22日，上海永久自行车有限公司推出的自行车公共租赁服务首先在张江高新技术产业开发区(以下简称“张江高新区”)启动。当时张江高新区距离轨道交通站点较远，公交接驳线路少，项目一推出便受到园区白领的广泛欢迎，仅推出3个月，办卡人数近万人，一时间风头颇盛。最初，租赁公共自行车采用诚信积分制，市民开卡时，卡内赠送100积分，准时还车不扣分，超过1小时扣1分，一天最高扣2分，24小时不还车，积分清零，开卡人被取消租赁资格。

2009年，闵行区政府引入公共自行车项目，采取政府租赁设备、企业运营管理的模式。同张江高新区一样，居民凭借身份证办理“诚信卡”就可享受免费服务。2013年前后，为避免车辆丢失等情况，闵行区公共自行车取消“全免费”，实施“办卡预存押金、预存备扣金、收取办卡工本费和年费、超时还车收费”。“预存的押金交给谁？给企业有风险，给政府手续复杂，后来选择银行作为第三方。”张胜说，2013 年，宝山区开始建设公共自行车项目，分批次于 2016 年完成区域全覆盖。

没想到的是，共享单车横空出世，给公共自行车带来巨大冲击。“当时我们就意识到了危机，公共自行车的路可能会越走越窄。”上海永久自行车有限公司开始尝试开发 App，实现扫码借还车，进行自我升级。随着共享单车热潮过去，永久公共自行车慢慢找准了自己的定位，“我们本身就是公益性质，服务于偏远地区，资本不愿意进场的地方，公共自行车来保障。”

截至 2021 年 6 月，永久公共自行车在上海仅剩宝山一处阵地。数据显示，宝山公共自行车的运行状况良好，手机用户 14 万，卡用户 6 万多，总用户数量达 21 万多，日周转率约 2 次/辆。

在一些区公共自行车陆续退场的同时，宝山为何能坚持到现在？张胜坦言，一方面宝山公共自行车的运作模式属于政府采购、委托企业运营，自行车设备属于宝山，后期维护运营费用成本相对较低；另一方面宝山罗店等外环以外区域，共享单车企业不愿进驻，公共自行车仍有发展空间。“目前我们的用户群体 70%以上都是 50 岁以上人群。”张胜称，“接下来，公司将通过优化布点、加强运营管理、提升服务质量等，继续做好服务。”

2023 年 5 月 16 日，运营了近十年的宝山区公共自行车项目停止营运。在很多国家，共享单车是作为公共设施免费使用的。在我国的一些城市，政府主导的有桩公共自行车第一小时使用是免费的，市民的使用体验非常好，交口称赞。但是，如果使用体验好，为什么北京等大都市的公共自行车却退出运行了呢？

自 2012 年起，北京市公共自行车保有量近 12 万辆、网点数量近 4 000 个（见图 1-6）。从 2021 年 3 月开始，北京东城、西城、朝阳等中心城区陆续宣布公共自行车停运。在北京西城区、丰台区可以看到，马路边的公共自行车存车点已经被拆除，只能通过新更换的几块地砖辨认出此前锁车车桩的位置。注册麻烦、停放受限成了市民不再选择有桩公共自行车的主要原因。

据北京市公共自行车管理中心的工作人员介绍，用户可以通过客服电话咨询所在地哪几个站点可以完成押金退还。“北京市公共自行车管理范围内，除了密云和海淀没有接到通知，其他站点都已经开始拆了，从去年开始就陆续地拆了。押金如果在规定的时间内没有退，后期可以打客服电话退。”

图 1-6　2021 年 4 月 27 日，北京市石景山区古城地铁站口的公共自行车

北京市西城区城市管理委员会停车管理中心工作人员表示，为了便于管理，公共自行车大多有桩存取，要求用户凭证件现场注册，因此在一定程度上影响了公共自行车的使用率，同时公共自行车运营维护成本也相对较高，运营压力较大。该工作人员表示，公共自行车带车桩，在便捷度和投入量上，不如共享单车有优势。从大环境来说，还是共享单车普及率更高一些，所以市里作出了统一退出的决定。

三、有桩、无桩融合发展的地区样本

在这波公共自行车的浪潮中，多地基于实际选择退出。不过，也有城市显得有些特别，公共自行车运营稳定，甚至还成为街头主流。这样的运营差异，因何而来?

以南京为例，南京主城区目前共有公共自行车站点 1 515 个，除了一些正在集中维修保养的车辆，实际投入使用的车辆近 5 万辆。2021 年，南京新建约 20 个公共自行车站点，主要分布在紫东核心片区，解决偏远地区居民“最后一千米”的出行难题。

同其他许多城市一样，共享单车不可避免地对南京公共自行车造成冲击，大部分年轻用户被分流。公共自行车用户群体偏向于中老年人，40 岁以上的用户占比约三分之二。据相关人士透露，目前，南京市公共自行车使用量日均达 8 万人次，公共自行车和共享单车处于共存的局面。南京市曾制定公共自行车的三年发展方案，至 2017 年基本实现全市公共自行车全覆盖。完善的网点基础，让车辆流转起来更容易，为良好运营打下了基础。此外，南京市公共自行车也一直在探索中发展，比如，启用 24 小时实时调度监控系统、开发 App 方便用户在线借车、试水免押骑行等。

在苏州，唱主角的则是公共自行车，发展十多年来，市区以年均 300 个站点的增速扩容。有人注意到，除吴江区有少量共享单车外，苏州市其余城区几乎难觅共享单车的踪迹。这背后，一大原因便是苏州未对共享单车完全“敞开大门”。在各地掀起共享单车热潮时，苏州并未马上引入，而是经过多地调研，首先在吴江区进行小规模试点，观察研究试运行情况。并且，苏州本身公共自行车发展较早，在逐步拓展的过程中也进行了信息化升级，能满足市民基本需求。苏州市区已全部开通手机扫码租借功能，可通过官网、手机 App 等方式查询搜索站点位置及在桩车辆信息。实体卡借车市民也可通过站点自助终端机查询站点等信息。

苏州市城市公共自行车系统从建设初期就依托于《苏州市中心城区慢行交通系统规划》和《苏州市公共自行车系统专项规划》两项规划的设计定位：明确苏州公共自行车的发展应纳入城市交通规划中统筹考虑，遵循苏州市中心城区慢行交通系统规划原则，与公共交通体系、换乘枢纽、水上巴士等紧密结合，提高“绿色交通”的效率。其功能定位为：一是接驳公共交通，构筑“B+R”(公共自行车+公共交通)系统，解决公交“最后一千米”问题，形成多层次、一体化的公共交通运输体系；二是服务短距离出行，解决自行车停车和管理的困扰；三是服务大型旅游、休闲景区，满足市民及游客日益增长的旅游休闲健身需求，构建自然、和谐的交通环境，提升苏州的旅游品质。因此在公共自行车设点布局时，按照“整体规划、点线联网、统一建设、逐步投放”的建设构想，优先考虑主次干道、居民小区、公交换乘枢纽、商业中心、旅游景区等，形成了交通枢纽与居民小区、居民小区与商业中心，以及学校、酒店、旅游景区之间的公共自行车立体的服务网络。

不难发现，公共自行车的进与退，与当地政策导向及市场成熟度等有着不小的关联。上海的公共自行车虽然起步较早，但是并未形成较成熟的市场。业内人士指出，上海属于二级管理体制，区政府购买的公共自行车服务存在行政边界，只能本区借本区还。在市区，人们出行跨区很常见，所以在服务体验上，公共自行车自然难以与共享单车抗衡。智能化、信息化方面，有的区域始终停留在较原始的层面，需要在固定网点办理，且没有线上借还渠道。尽管有的区域正在打造信息化平台，但对于使用者以中老年人为主的平台来说，效果如何还有待商榷。

案例解析

【案例思考】

1. 公共自行车的进与退受到哪些因素的影响？
2. 各地方政府对待共享单车的态度为何不同？
3. 从共享单车和公共自行车融合发展的案例中，你得到哪些启示？

本章小结

通过历次行政体制改革，我国的政府职能经历了从“全能型政府”向“有限型政府”的转变，机构设置和人员编制得到了大幅压缩，一个符合“精简、统一、效能”原则，适应社会主义市场经济体制要求，具有“法治政府”“责任政府”“服务政府”特征的现代政府职能体系框架已初步形成。

在当前政府职能转变的背景下，政府职能转变的重点应该在于进一步简政放权，这就涉及三个方面的内容：一是政府向市场放权，发挥市场在资源配置中的决定性作用；二是政府向社会放权，激发社会自治能力，培育社会自治组织和自治力量；三是上级政府向下级政府放权，厘清中央与地方职能权限，在坚持维护中央政府权威的前提下，充分发挥地方政府的主动性与积极性，进一步激发基层政府的活力。因此，政府工作的重点应该在于创造良好发展环境、提供优质公共服务、维护社会公平正义。这就需要深化行政审批制度改革，降低行政成本，提高服务质量。

然而当前我国政府职能转变还存在着一些困难，具体而言体现在：传统的官本位思想的阻碍，民本理念的权力来源更多的是基于民众权利中心、民众参与、民众票决等理念，这些理念并未内化为公务员及社会的主流思想；当前我国实施的单一“对上负责”的行政管理体制，与以公共服务为中心的现代行政体制之间还存在着冲突，服务型政府体制逐步取代管理型甚至管制型政府体制，会涉及官员利益与能力匹配等方面的挑战；当前政府职能体系是以管理、管制为核心内容并有一定的人治色彩，与强调法治、民主、回应、公开的服务型政府有着本质区别，政治传统与惯性决定了改变既有职能体系必然是一个复杂的系统性工程。

乐民之乐者，民亦乐其乐；忧民之忧者，民亦忧其忧。转变政府职能仍然是一个努力的目标，具有长期性和渐进性，我们应该用发展的眼光去审视它。只有这样，我们才能建立一个公开透明，不错位、不缺位、不越位，立党为公、执政为民的真正意义上的服务型政府。

第二章　公共组织案例

第一节　案例研修要求

一、教学目标

- 通过对本章教学知识点的学习，逐步掌握公共组织的内涵、特征、构成要素以及我国政府组织的结构等基础知识。
- 通过对本章案例的学习和探索，进一步理解具体行政管理体制中政府组织的设置情况，明确政府机构改革的背景及其重要地位，熟悉代表性非政府组织内部结构及其发展现状。
- 能够运用恰当的分析工具和分析方法，发现导致政府组织效率低下、政府组织与非政府组织合作陷入困境的原因，提高分析问题和解决问题的能力。

二、教学知识点

现代社会是一个高度组织化的社会，公共组织是公共事务的管理者和公共服务的提供者。建立科学合理的公共组织，是保证公共管理活动顺利进行的重要前提。

1. 公共组织的内涵及特征

人类社会中的组织千差万别。总体上可以归结为以追求社会公共利益和追求私人利益为目标的两大类型组织，而具体来看，可以划分为三大类别：企业、政府以及非营利组织。从广义上来看，凡是不以营利为目的、管理社会公共事务、服务于社会大众的，以协调和提高社会公共利益为目的的组织就是公共组织，它既包括政府组织，也包括介于私人组织和纯粹的公共组织之间的第三部门组织，如收费的服务机构、私人的非营利组织等。从狭义上来看，公共组织是指行使行政权力以达到公共目的、实现公共利益的组织，即政府组织。具体来说，“公共组织就是指那些依照法定程序建立起来的，以管理公共事务、维护公共秩序、服务全体社会成员、协调公共利益关系为宗旨，并拥有相应的公共权力、承担相应的公共责任的组织实体”①。

公共组织的“公共”特点构成了其主要特征，这种“公共”与私人组织有着鲜明的差异：公共组织以追求公共利益、实现公共价值为价值取向，是服务于社会共享性利益的组织；公共利益的构成在价值上具有多元综合性，具体体现为公共产品、服务、安全、秩序、公正、民主等，这些价值是保证社会成员正常有序的共同生活的基础。有效地为社会提供所需的这些公共利益是公共组织存在和发展的合法性基础，除了具备一般组织的基本结构之外，可以说公共组织在价值、手段、目标、资源等方面都具有鲜明的公共属性。而非公共组织则不具备这种公共性，不以公共利益为目标，他们所

---

① 余芳、刘绍君：《公共管理学》，19 页，吉林，吉林大学出版社，2014。

追求的是组织成员的私人利益，以私人利益最大化为目标。

2. 公共组织的构成要素①

公共组织是一个完整的体系，这种体系是由若干个要素构成的，主要包括：

(1)组织目标

组织目标是公共组织赖以建立和存在的基础，失去了目标，组织就失去了存在的价值和依据。组织目标是组织活动的方向，是组织奋力争取所希望达到的最后结果。公共组织的目标从不同角度出发可有不同分类：从目标分解的角度可以分为总目标和分目标；从职责关系的角度可以分为整体目标、部门目标、单位目标和个人目标；从时间角度可以分为长期目标、中期目标和短期目标。这些目标构成了公共组织中的“目标网络”。

(2)组织人员

组织的各种资源要由人来驾驭，组织运行的各个环节要靠人去推动，组织的目标要靠人去实现。如果没有合格的、高素质的人员，没有完整的、合理的人员结构，公共组织就不可能有效运转。因此，必须保证有源源不断的合格人才补充到组织队伍里来。

(3)物质要素

物质要素包括经费、设备、办公场所和办公用品等公共组织实施公共管理活动所必不可少的条件和资源，它以实物形态体现出组织的存在，并标志着组织的规模和实力。物质要素是公共组织完成各种工作任务，实现公共管理目标的基本保证。

(4)职能范围

职能范围是根据组织目标对公共组织应承担的任务、应尽的职责所作的总体规定。它确定了公共组织行使职权的活动范围，是决定赋予公共组织何种权力责任、机构设置的根本依据。公共组织的职能范围是做好公共管理工作、提高公共组织效能的重要前提。

(5)机构设置

机构设置是根据组织目标、职能范围在公共组织内部进行部门分工和单位划分的结果。组织本身就是人们相互协作的结果和表现，这种协作正是建立在工作分配或分工的基础上的。机构设置是将公共组织沿着纵向和横向两个方向逐步分解为各个层级和各个部门。

(6)职位设置

职位设置是在机构设置的基础上，依据部门实际的职能需要，进一步将职责明确分配到各个工作岗位的结果，把组织目标、工作任务、职权具体落实到了各个岗位上。

(7)权责关系

权责关系是公共组织内部围绕着权力分配与职责划分而形成的一套制度化的工作关系。它是公共组织内部的指挥系统、运行程序、各种机构和职位之间地位、作用及内在联系的具体表现，是公共组织高效运行的重要保证，权责不明必然造成组织内部的混乱。公共组织权责关系的确立是与机构和职位设置同时进行的。

(8)规章制度

规章制度是机构、部门、单位以正式文件或书面形式明确规定组织目标、职能任务、内部分工、工作程序、职位的权责关系和活动方式的一种规范化手段。它具有强

① 王德高：《公共管理学(第2版)》，25～26页，武汉，武汉大学出版社，2014。

制约束力，需要组织成员共同遵守和执行。规章制度从根本上保证了公共组织的整体性、有序性、稳定性及其成员的组织性和纪律性，是形成组织整体效能的基础。

(9)团体意识和信息沟通

团体意识是通过机关人员对组织目标的认同、感情交流和思想沟通而形成的集体意识。在公共组织中，团体意识十分重要，它可以使机关人员密切合作、协同一致地实现组织目标。组织过程在一定意义上是一个信息收集、整理、制造、传递、反馈的过程，如果组织没有形成团体意识和信息沟通，其内部必然人心涣散，不能形成强有力的组织体系。

3. 公共组织的结构

组织结构指的是一个组织中的协调系统，包括岗位描述、岗位协调的政策和程序以及负责确保协调的管理的作用。①

(1)管理层次和管理幅度

管理层次是指公共组织内部纵向划分的等级数。公共组织划分层次，目的在于区分工作任务和职权的轻重。一般而言，公共组织具有三个层次，即高层、中层、基层。高层侧重于决策，基层侧重于执行，中层起承上启下的作用。

管理幅度是指一名上级管理者或一个组织有效管理的下级人员或单位、部门的数目。管理幅度是衡量管理工作复杂性的重要标志，一项工作越复杂，管理幅度一般也越宽。

管理层次与管理幅度在一定规模的组织内呈反比例关系。管理层次越多，管理幅度越小；管理层次越少，管理幅度越大。

管理幅度的宽窄以及管理层次的多少，是由工作性质、人员素质、领导能力和技术手段等多种因素决定的。

(2)一般结构形式

随着对公共组织认识的不断加深，人们根据不同的需求设计出多种组织结构形式，但其绝大多数都是在科层组织的基础上发展起来的，科层组织是现代组织结构的主导形式。

①直线结构。其特点是单一垂直领导，结构简单，领导隶属关系明确。该组织结构中，每一层级的个人或组织只有一个直接领导，不与相邻的个人或组织及其领导发生任何命令与服从关系。

直线结构具有信息传递途径单一、传递速度快等优点，但基层自主性小，且由于各职位工作程序固定，容易导致工作僵化。直线结构适合规模不大、工作较为简单的公共组织。

②职能结构。职能结构是相关部门在水平方向依职能不同进行分工，再分别对下级部门实施领导的机构。在职能结构中，每个上级部门并不是单一领导自己的下级部门，同样每个下级部门也不只服从一个上级部门。

职能结构依照职能不同而分工，拓展了各层级管理事务的范围，适用于相对较复杂的管理工作。但下级部门往往因存在多头领导，容易出现“政出多门”的情况；若领导部门之间相互缺乏协调，易造成执行混乱的局面。

③直线-职能结构。直线-职能结构是在综合直线结构和职能结构的基础上形成的

① 顾建光：《现代公共管理理论与实践》，127页，上海，人民出版社，2017。

一种组织结构形式。各级部门间既有垂直领导关系，又有水平领导关系。

直线-职能结构形式加强了对水平层次领导部门的协调领导，有助于克服“政出多门”的难题，同时，每个下级部门在有一个明确的上级领导的基础上，又接受其他相关上级部门的指导和监督，有助于决策科学化、民主化。但这种结构的潜在缺陷是：垂直领导有可能排斥水平领导，部门之间的关系更复杂。

④矩阵结构。矩阵结构是以完成某项工作为核心，从有关部门抽调人员组成临时机构来履行工作任务的结构。

矩阵结构既保持了组织成员构成的稳定性，又有助于充分发挥组织成员的综合优势，组织效率相对较高。它适用于复杂工作，已被很多规模较大的公共组织采用，特别是在行政组织中，矩阵结构的运用非常普遍。不同时期政府设置的临时办公室就是以矩阵形式组织起来的，如各种工作领导协调小组及其办公室等。

4. 我国政府组织的结构

(1)纵向结构

宏观上的纵向结构是指各级行政组织间的层次关系，我国行政组织可分为中央行政组织和地方行政组织两大层次。中央层次即指中央人民政府一级。地方行政组织的层次划分有三种类型：

①两级制。即直辖市—区。

②三级制。有四种情况：直辖市—区—乡、镇；直辖市—县—乡、镇；省、自治区—地级市—区；省、自治区—县、县级市—乡、镇。

③四级制。有四种情况：省、自治区—地级市—县—乡、镇；省、自治区—地级市—区—乡、镇；省、自治区—自治州—县级市—区；省、自治区—自治州—县、县级市—乡、镇。

微观上的纵向结构是指行政组织内部的工作层次关系，如国务院各部委下设的司局级、处级和科级层次，省(自治区、直辖市)人民政府的厅局下设处级、科级等层次。

(2)横向结构

横向机构又称为分部结构，反映的是同级行政组织之间和各行政组织构成部门之间分工协作的来往关系。横向结构中的各部门都有明确的工作范围和相应的权责划分，各部门之间是一种平行关系。

行政管理活动需要通过行政组织内履行不同职能的部门按一定的工作程序、原则相互协作而实现，这些部门一般可分为决策部门、执行部门、反馈部门、监督部门等。按照职能来划分部门，是最普遍的划分方式，政府机关成立时大都采用这种方式。

5. 非政府组织

(1)非政府组织的定义

非政府组织(NGO)是指组织的设立和经营不是以营利为目的，且净盈余不得分配，而是由志愿人员组成，实行自我管理的、独立的、公共的或民间性质的组织或团体。中国非政府组织的定义与国际上非政府组织的定义在内涵上是基本一致的，如都具有非政府性、非营利性、非政治性和非宗教性。另外，其组织性、自治性和志愿性在有关规定中也都有不同程度的体现。中国的非政府组织主要包括社会团体和民办非企业单位两种形式。社会团体主要是为实现会员共同意愿，按照章程开展活动的社会组织；

民办非企业单位是指企业事业单位、社会团体和其他社会力量以及公民个人利用非国有资产举办的、从事非营利性社会服务活动的社会组织。它们都不以营利为目的。

(2)非政府组织公共性的获得

①以公共利益为目标。非政府组织具有公益性的特点，追求的是公共利益。它是出于公益或者互益目的而为社会公众或者特定群体提供服务，为社会提供公共产品的组织。

②不以追求效率为终极目标。非政府组织不同于营利性组织，它没有效率导向的压力，这是其区别于营利性组织的最重要特征，也是非政府组织和政府组织在本质上的相同之处。非政府组织所获得的利润必须用于所从事的公益事业，不能在成员之间分红，禁止把利润分配给组织经营者。由于一些企业不愿涉足、政府没有精力涉足的领域的存在，非政府组织不仅有了生长的土壤，也具有了公共性的特征。因此，具有和政府组织同样的公共性特征的非政府组织，也就具有了在社会治理上与政府展开合作的基础。

③具有高度的自治性、灵活性和自主性。非政府组织是与政府组织相分离的独立运作的组织。它成立于民间，有着广泛动员群众的能力，同时也服务于组织成员乃至公众。非政府组织，或者是在政府、市场之外的第三部门，可能会受到来自政府或者市场的影响，如资助、扶持等，但是不受政府或市场的控制。

④引入伦理精神，获得公共性实质特征。非政府组织是以服务为组织定位的，而这种服务的实现，使组织从设立到运行，都具有突出的志愿性特征，这就为非政府组织注入了伦理精神的新色彩。这种志愿性特征有利于社会的组织化与稳定，并使非政府组织成为维护道德权利和伦理精神的主流力量。

(3)非政府组织的管理规划

非政府组织可以在一定程度上对决策产生较大的影响。值得注意的是，非政府组织有时也会出现很严重的冲突。因此，战略管理、合作关系管理、人力资源管理和筹款管理在非政府组织中备受重视。

①非政府组织的战略管理。非政府组织的战略管理是一个动态管理过程，从战略的设计、运行、反馈到评估，都需要根据实际情况的变化进行改进，明确发展方向，避免执行上出现偏差，从而实现资源的合理配置。非政府组织的战略管理主要包括以下三个方面：一是明确非政府组织的目标、任务和职责；二是挑选最佳人员，并配备到关键职位上；三是制定规则和约束办法。

②非政府组织的合作关系管理。政府和非政府组织相互吸引、相互支持，目前已经形成了良性的合作关系。非政府组织主要致力于“企业-市场体制”和“政府-国家体制”所顾及不到的中国经济和社会问题。[①] 在经济活动中，非政府组织与市场组织彼此支持，是市场中富有活力的角色。在政治生活中，非政府组织作为重要的参与者，政府以制度保障其活动的自主性和独立性，使非政府组织在服务社会方面掌握了更多主动权。

③非政府组织的人力资源管理。非政府组织是依法建立的具有自主管理特点的、致力于社会事务的社会组织。非政府组织应根据需要，对人力和物力资源进行合理配置。面对责任与使命，组织内的成员通过自我管理提升整体水平。因此，人力资源管

① 顾建光：《现代公共管理理论与实践》，185页，上海，人民出版社，2017。

理的有效性对非政府组织而言十分重要。从目前世界各国非政府组织的发展来看，人力资源管理的创新潜力巨大，它为解决非政府组织存在的问题提供了新的可能。

④非政府组织的筹款管理。非政府组织的活动经费来源于社会赞助、资助、捐助等渠道。资金的使用必须经过授权方同意。如中国的非政府组织中国生态文明研究与促进会积极参与环境保护资助活动，包括为有关自然资源和环境保护的活动筹集资金，提供设备、技术等方面的资助或援助。

三、教学重点

认真研读案例，展开讨论，并重点思考以下问题。

第一，影响公共组织运行效能的因素有哪些？

第二，公共组织结构的变革是通过对公共组织机构进行调整，以改变公共组织系统内部的构成方式，进而提高公共组织适应性和效能的过程。在学习本章教学知识点之后，能结合案例，思考如何根据环境的变化，对公共组织结构进行适时、适度的调整。

第三，现代科技，特别是电子信息技术的发展，为公共组织管理手段的现代化提供了有力的支持。然而，公共管理活动面临的对象、涉及的事务、作用的因素都日益烦琐，这就要求公共组织管理手段应尽快向现代化技术过渡。在这样的背景下，公共组织如何实现管理技术的革新？这与公共组织职能、公共组织结构又有什么必然的联系？

第四，非政府组织在公共管理活动中起什么作用？不同类型的非政府组织在组织结构、组织目标与政府关系方面有何区别？

第二节　案例分析

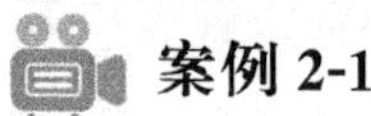

案例 2-1

被质疑的武汉市红十字会

武汉市红十字会成立于1911年，前身为中国红十字会汉口分会。改革开放以后，武汉市红十字会事业得到快速发展。2001年以来，武汉市红十字会先后参与抗击“非典”、汶川地震、玉树地震和丹曲泥石流等重大灾害的应急救助工作，累计募集救灾款物13 500万元；人道救助工作涉及“博爱送万家”“儿童重疾人道救助”等活动，累计发放人道救助款物约7 000万元。

【案例内容】

在新冠疫情发生以前，武汉市红十字会设有业务部、办公室和遗体捐献管理中心三个内部机构(见图2-1)，核心业务包含人道救助、救灾备灾、应急救护、志愿服务、遗体及器官捐赠5个部分。截至2020年1月，武汉市红十字会总编制人数13人，在职实有人数12人，其中行政编制11人，机关后勤服务人员编制1人(见图2-2)。2019年，武汉市红十字会收入总计1 091.65万元，其中包含一般公共预算财政拨款1 076.58万元，上半年结转收入15.07万元。同年，武汉市红十字会一般公共预算支出1 091.65万元，其中基本支出470.83万元(人员经费374.29万元和公用经费

96.54 万元)，占 43.13%，项目支出 620.82 万元，占 56.87%。①

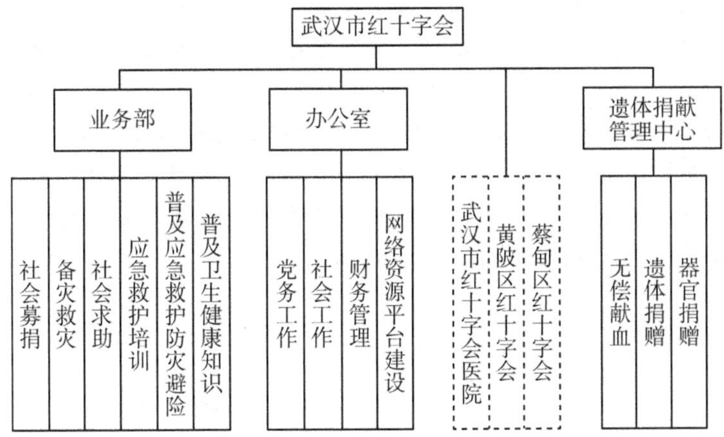

图 2-1　“疫前”武汉市红十字会机构划分与职能配置

第一部分　武汉市红十字会概况

一、部门主要职能

武汉市红十字会是从事人道主义工作的社会团体，主要工作职能是开展救灾备灾工作，开展卫生救护的防病常识的宣传普及，组织会员、志愿工作者开展社会服务活动，大力推进社会主义精神文明建设。

二、部门预算单位构成

武汉市红十字会为一级行政单位，无下属二级单位。

三、部门人员构成

武汉市红十字会总编制人数 13 人，其中：行政编制 12 人。在职实有人数 12 人，其中：行政编制 11 人，机关后勤服务人员编制 1 人。

离退休人员 12 人，其中：退休 12 人。

图 2-2　武汉市红十字会概况

根据武汉市红十字会官网数据，截至 2020 年 4 月 10 日，武汉市红十字会共接收新冠疫情社会捐赠款超过 17 亿元；而对比 2016 年武汉洪灾，当时武汉市红十字会累计配送救灾物资为四百多万元(截至 2016 年 7 月 13 日)，二者相差几百倍。在这场应急救援战役中，有人说，武汉市红十字会自身存在人手欠缺、行政效率低、信息化水平不足等诸多问题，但也有相关决策者的责任：让红会这只“蚂蚁”去背负捐赠物资处理这头“大象”。这家成立于 1911 年，前身为中国红十字会汉口分会的百年慈善机构，应该从未想过，医疗物资发放会带来如此大的争议和质疑，且被载入这场武汉“战疫史”中。

一、初陷舆论旋涡

2020 年 1 月 26 日，多张聊天截图在网络上流传，声称“上海第九人民医院五官科的医生号召海外校友募集了 300 套医用防护服，昨天到达了武汉海关处，武汉海关说只要有接收单位就可以过关了，接着联系到武汉市红十字会，结果武汉市红十字会要

① 《2018 年度武汉市红十字会部门决算》，武汉市红十字会官网，2019-10-15。

求支付6%～8%的服务费。"该网友说，"最后是上海第一批先遣队的校友去付了6%的服务费。因为校友正在一线奋斗，相关情况联系不上，而且在压力下决定不把红十字会的收据公开。"上述言论在豆瓣、微信、微博等平台迅速发酵，网友纷纷要求武汉市红十字会作出解释。

2020年1月27日凌晨，武汉市红十字会对上述言论进行了辟谣(见图2-3)，强调"并未收到所谓的上海医疗队捐赠的300套防护服，同时在物资捐赠的所有流程中均不存在任何收费现象。他们的一切工作都按照程序办理。如果公众发现红十字会有向社会收费的情况，可以直接拨打市长热线进行投诉。"

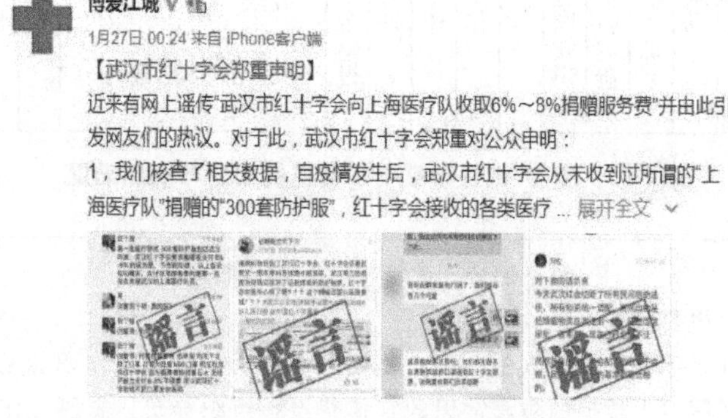

图2-3　武汉市红十字会郑重声明

至此，"武汉市红十字会收取捐服费"一事才被证实为谣言。那么，武汉市红十字会真的就渡过难关了吗?

一波未平一波又起，"山东寿光捐赠武汉数百吨蔬菜，武汉市红十字会通过超市低价售卖"这一消息再度让武汉红十字会成为舆论质疑的焦点。

2020年1月28日，山东省组织募集350吨新鲜蔬菜，从寿光出发，捐赠给武汉，支持武汉抗疫工作。1月29日，该批蔬菜到达武汉，武汉多家媒体公开报道。同日，武汉市商务局网站也发布相关信息，消息显示，"1月29日早上10点，山东省委、省政府向我市捐赠的首批350吨蔬菜抵达武汉""这批蔬菜将由市商务局组织武商、中百、中商三大市属商超集团按照低于市场价进行销售，扣除力资、运杂等费用后，所获款项全部上交红十字会，专项用于防治"①。据当地媒体报道，"这批蔬菜确实在市场销售，价格为市场价格的40%左右，受到武汉市民欢迎"。当日晚间，有网友质疑，"寿光免费捐给武汉的蔬菜，红十字会为什么要上架'售卖'?"

1月30日上午，武汉市商务局对此事进行回应，"山东寿光捐献蔬菜，是一件好事，网友的质疑和监督，也是好事。事实上，此次处理也是按照实事求是的方式操作。我们也看到了网上的质疑，许多人觉得捐赠的蔬菜应该免费发放。但实际上，在具体操作中会有非常多的问题，蔬菜是生鲜，不易储存，所以我们制定的基本方案，就是通过限价、低价的方式，以最快的速度，让这些蔬菜到达市民的餐桌上""武汉封城了，可能外面很多人不了解封城究竟是怎样的，只靠想当然。这些做法，在平时没问题，

① 《山东爱心蔬菜抵汉 最快明日便可端上市民餐桌》，人民网，2020-01-29。

但封城之后，大街上只有特种车辆可以通行，出行困难很大”①。

同日中午12时53分，武汉市红十字会发表声明(见图2-4)称：“截至1月30日12时，武汉市红十字会从未接收任何单位、任何个人捐赠的‘寿光蔬菜’，更没有参与该批蔬菜的分配、售卖。迄今为止，也没有收到过与此相关的任何现金捐赠。根据武汉市疫情防控指挥部的第三、四号公告，武汉市红十字会目前只接收与疫情防控有关的急需医疗物资。”②

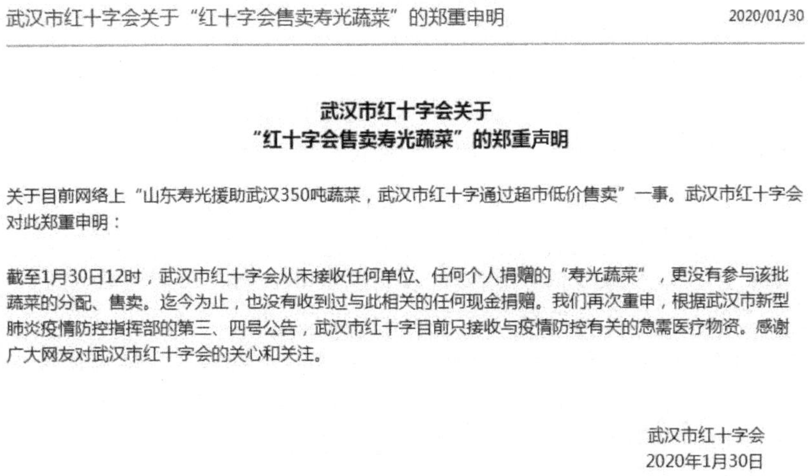

武汉市红十字会关于“红十字会售卖寿光蔬菜”的郑重申明　2020/01/30

武汉市红十字会关于
“红十字会售卖寿光蔬菜”的郑重声明

关于目前网络上“山东寿光援助武汉350吨蔬菜，武汉市红十字通过超市低价售卖”一事。武汉市红十字会对此郑重申明：

截至1月30日12时，武汉市红十字会从未接收任何单位、任何个人捐赠的“寿光蔬菜”，更没有参与该批蔬菜的分配、售卖。迄今为止，也没有收到过与此相关的任何现金捐赠。我们再次重申，根据武汉市新型肺炎疫情防控指挥部的第三、四号公告，武汉市红十字目前只接收与疫情防控有关的急需医疗物资。感谢广大网友对武汉市红十字会的关心和关注。

武汉市红十字会
2020年1月30日

图2-4　武汉市红十字会关于“红十字会售卖寿光蔬菜”的郑重申明

红十字会的“申明”就像一颗炸弹，瞬间激起关于“寿光蔬菜”的惊涛骇浪，武汉市政府、商务局、红十字会的公信力“摇摇欲坠”。“山东人民很愤怒，为什么捐赠的寿光蔬菜上架售卖？为什么红十字会还说不知情？寿光蔬菜到底去哪儿了？”“为什么不将蔬菜直接分发给武汉市民？为什么不将蔬菜直接送至武汉市各个医院？武汉市政府现在还缺钱吗？”

伴随各大网络平台对“寿光蔬菜”的持续讨论，1月30日15时44分，武汉市商务局对此事再次作出回应：“外地捐赠蔬菜主要用于保障供应、平抑菜价、丰富市民‘菜篮子’。根据武汉市疫情防控职责分工，对于外地捐赠武汉的蔬菜由市商务局组织以武商、中商、中百三大商超为主进行销售，销售收入集中上缴市财政，市财政列为防疫资金下拨使用。”③

至此，关于“蔬菜去哪儿了”“捐赠蔬菜上架售卖”一事告一段落，蔬菜售卖资金并未捐赠至武汉市红十字会，而是上缴武汉市财政，武汉市红十字会再次无辜躺枪。

---

① 周怀宗：《寿光捐献蔬菜被卖？武汉商务局承认低价销售：处理方式“实事求是”》，载《新京报》，2020-01-30。

② 《武汉市红十字会关于“红十字会售卖寿光蔬菜”的郑重申明》，武汉市红十字会官网，2020-01-30。

③ 《外地捐赠武汉的蔬菜怎样处理?》，人民网，2020-01-30。

二、物资分配效率低下

2020 年 4 月，武汉正在复苏。相较于其他地标的动态，武汉国际博览中心（以下简称“国博”）的关仓显得十分低调。

2020 年 3 月 31 日中午 12 点，这座“武汉市应急物资储备仓库”的 A1 仓库正式关仓了。4.2 米高的大门紧锁，几辆橙色的货运叉车停在门前。这个 117 米×72 米的矩形场馆，比标准足球场还要大上一圈。疫情期间，全球各地捐赠的物资把 A1 仓库堆满之后，又紧急加开了馆内其他仓库。关仓时，国博旁边还有一顶白色帐篷未拆除，提醒这里曾是红十字会的临时办公点。

实际上，在距离国博 14 千米之外，有一栋面积不大的 7 层办公楼，这里才是武汉市红十字会的“大本营”。办公楼门前的窄巷，是贯穿原英、俄、法、德、日五国租界的“文化遗产街区”。这里也是最早公开的物资接收地址，一层大厅只有十几平方米的空地。

武汉市红十字会负责人坦言，他们经历了一场前所未见的应急救援危机。最开始，大家一度以为，只要招到足够的人，物资就可以搬得明白。武汉市红十字会招募了数百位志愿者，最早加入的是武汉船舶职业技术学院的英语教师高明。

2020 年 1 月 24 日，农历大年三十的下午，高明骑着电动车，路过武汉市江岸区胜利街 162 号——武汉市红十字会所在地，看到好多人正在卸货，他下车帮忙，“搬的大多是各种类型的口罩，当时还没有防护服，也没有酒精”。这一天是武汉“封城”的第二天，捐赠物资如雪片般飞到武汉。

一位捐赠医疗物资的企业代表在接受媒体记者采访时说道：“封城前，社会捐赠的物资可以通过快递公司和民间慈善组织进入武汉，但当时已经出现物流车辆紧缺、涨价的问题，且防护医疗物资的规格较多，需专业鉴别，有些物资可能送去医院也不符合医用标准。”

封城那天，武汉市疫情防控指挥部试图重整捐助的秩序，规定武汉市慈善总会负责接收捐款和通用物资，武汉市红十字会负责接收医用耗材、防护用品等专项物资。

这是一种捐赠的通常模式，纳税人通过慈善机构捐赠可以抵税。同时，封城期间，交通要道设卡，红十字会还可以为捐赠、运输物资的车辆开具通行证。

武汉市红十字会在被正式指定为接收单位之前就已获得捐赠。广州一家游戏公司公益基金会的经理张威（化名）说，碰到灾难，首先想到的还是红十字会。元旦过后，张威所在公司就关注到疫情，为员工储备口罩。1 月 20 日，钟南山院士宣布新冠病毒“可以人传人”，两天后公司就向武汉市红十字会捐赠了价值 20 万元的 N95 口罩。

官网显示，武汉市红十字会只有 12 名在职工作人员，主要负责弱势群体救助、遗体器官捐助和急救培训等服务。此外，武汉市红十字会还有 33 支志愿者团队，但时值春节，志愿者均已放假。

高明在 2009 年就参加过湖北省红十字会急救培训，算是资深志愿者，他在帮忙卸货之时，也协助接听电话。捐助者的来电直接打到武汉市红十字会业务部负责人骆刚强的手机上。“电话一刻不停，他当时有点慌。”高明称。

武汉市红十字会办公楼一楼大厅只有十几平方米的空地，物资很快就堆满了，位于光谷七路的国药湖北控股有限公司物流中心，提供了新的临时仓库。当晚，武汉市红十字会的工作人员就给高明打电话，请他第二天继续去帮忙。此后，他也成为志愿者团队的核心人物，在仓库一线工作了两个多月。

2020 年 1 月 25 日，高明如约来到国药仓库，却发现现场算上他只有 3 个人，其余二人分别是武汉市红十字会的机关党总支书记仇政宇和会计。面对汹涌而来的捐赠物资，“第一天就累趴下了”。

国药仓库是国药控股全国四大物流枢纽之一，总建筑面积 30 000 平方米，但当时国药集团也在使用这个仓库，就显得不太够用。1 月 26 日晚上 11 点，有药企送来了三车物资，每辆都是 19 米的加长厢式货车，一下堆满了半个仓库。

“那会儿是在打乱仗。”高明当时没想过物资要分类码放、清点入库，只想着要搬运卸货。算上捐助方人员，6 个人从晚上 11 点搬到第二天早上 5 点半。当晚他们只吃了泡面，热得只穿一层单薄衣服。第二天，参与搬运的药企经理就累到发烧，自行居家隔离。

因人手不足，高明开始以武汉市红十字会的名义公开招募志愿者，一下子来了一百多号人，“但当时只想找搬运工，不惜力气的”。

很快，高明发现物资的收发涉及仓储物流的专业知识，光卖力气是远远不够的。志愿者们的背景形形色色——有办公室文员、老师、IT 从业者，大多不懂这行，只好“摸着石头过河”。武汉航空港发展集团有限公司、武汉市团委也派来了志愿者增援。

志愿者王小泰(化名)是在 2 月中旬加入的。彼时，志愿者仍没有按照专业背景划分岗位，只是被简单分配了一些最基础的工作，如接电话、搬运物资等。最夸张的是，志愿者其实被分配了口罩、手套、消毒液等，但往往不知道去哪儿领，只能自备。

一开始，志愿者对于捐赠物资的来电还是以手写记录为主。后来高明把自家计算机、打印机、学校的打印机都带到了工作现场。

捐赠物资越来越多，国药仓库面临“爆仓”，国博中心 A 馆在 1 月 24 日被紧急启用。仓储面积大了，但未能提升红十字会的理货能力。

据高明回忆，高峰时，一天能接收好几千件“散货”捐赠，只要入了仓库，人跟货物统统都被淹没。有一个海外捐赠方添加了高明为微信好友，开着视频聊天进仓库，“看了半小时，对方就放弃了，说你也挺难”。

政府也意识到了捐赠物资的梗塞。1 月 29 日晚，九州通医药集团物流有限公司(以下简称“九州通”)接到指令去协助武汉市红十字会。在一个空的仓库里搭建物流体系需要耗费时间，1 月 31 日中午，九州通正式进驻国博协助理货。

1 月 30 日，高明从学校招生办借到了一把扫码枪，摸索了几天，正式学会使用。作为武汉人，他很清楚医院正面临防护物资短缺的严峻形势。当时的他并没想到，风暴正在酝酿。

三、武汉市红十字会信任渐失

2020 年 1 月 26 日，民政部发布公告，明确五家慈善组织负责接收湖北省及武汉市的社会捐赠物资，其中包括湖北省红十字会及武汉市红十字会。1 月 27 日，湖北省召开新型冠状病毒肺炎疫情防控工作例行新闻发布会，会上，时任武汉市委书记马国强回答称，为了解决捐赠物资公开透明的问题，所有捐赠物资一定要通过红十字会，湖北省通过省红十字会，武汉市通过市红十字会，它的目的就是要让捐赠的东西都能够及时准确登记在案，物资使用也能记录在案，避免在疫情防治过程中由于混乱让某些人钻了空子。①

早在1月23日，协和医院、人民医院等8家医院就曾公开向社会募集防疫物资。1月24日，发布求助信息的医院达23家。而武汉各医院绕过红十字会直接向社会求助，也引发了社会讨论。一边是奋战一线的医护人员物资告急，一边是武汉市红十字会仓库堆积如山，人们纷纷质疑，武汉红会是怎么了？

2020年1月30日，湖北省红十字会对外公告，武汉协和医院获得了3 000个口罩，武汉仁爱医院和天佑医院一共获得了三万多个N95口罩，仁爱医院当时不是发热门诊定点医院，以妇科、产科、口腔科为重点。

外界指责声此起彼伏，有网友认为红十字会与"莆田系"有说不清楚的关系。媒体记者当时打通了武汉市红十字会的捐赠电话，对方反复强调，问题出在湖北省红十字会，与武汉当地无关。

当天，一则消息在网上疯传："很生气。今天某媒体说协和不是缺物资，而是完全没有物资了，所以我再次公布物资领取方式。现在请医院通过朋友圈渠道，过来领取。""现场实录，武汉市第三医院和同济医院领取物资。再次强调，武汉市所有医院、社区都可凭介绍信去红十字会领取物资。""武汉市红十字会各种物资都有，但N95口罩、防护服是紧缺的，所以需要的医院，开介绍信过来领，没有人给你们送的。"

对于此事，武汉市第三医院宣传部表示："不是很清楚，红十字会物资那边是物资组在负责。"而同济医院工作人员则回应称，对接过武汉市红十字会，凭借介绍信领取红十字会物资属实。

虽然如此，武汉市红十字会仍在晚间通过微博辟谣称，"所有医院、社区都可以凭介绍信去红十字会领取物资"的说法不实。目前所接收的所有捐赠物资是由武汉市红十字会负责接收，但市红十字会办完捐赠手续后，全部第一时间交由疫情防控指挥部，指挥部根据当前情况及时调度，迅速分配到医院(见图2-5)。

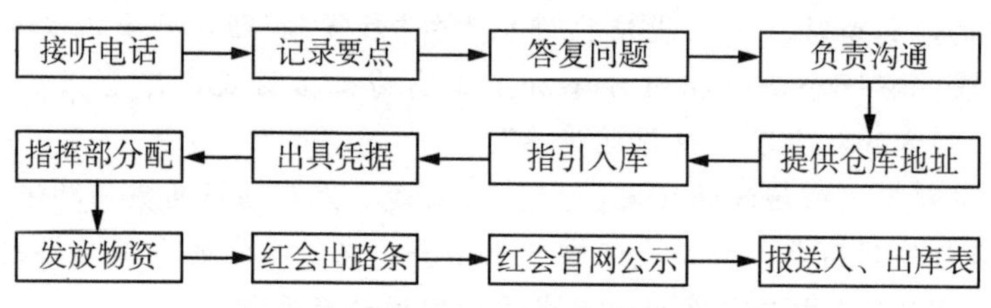

图2-5　武汉市红十字会物资捐赠一般流程表

关于武汉市红十字会的争议在2月1日达到顶峰。这天下午，央视记者前往武汉市红十字会物资仓库探访时，保安以记者缺少进出证件为由阻拦，交涉过程中直播被切断。随后在返回途中，央视记者偶遇协和医院物资领取工作人员。在问及协和医院物资缺口时，工作人员表示自己所在科室目前缺少防护服、酒精和消毒设备，昨天只领了2件防护服。与此同时，有媒体拍到从一辆黑色公务车下来的人轻松地拿走了一箱3M口罩，司机称"给领导配的"。

① 《武汉市委书记马国强：红十字会接受捐赠不收取手续费》，央广网，2020-01-27。

四、仓库两位指挥长被问责

舆论引发了后续的问责，不仅针对湖北省红十字会，也针对武汉市政府官员。

2月1日，湖北省红十字会通过官网回应称，深感痛心、自责和内疚，将对直接责任人依纪依规追责。当天，中国红十字会党组书记、常务副会长梁惠玲带领工作组来武汉督导。根据中国红十字会官网信息，工作组走访了国博、国药仓库，了解了物资的接收、调配、分发、公示等有关情况，推动武汉市红十字会与市指挥部物资保障组建立捐赠物资发放清单每日通报、信息每日发布的公示机制。同时，从江苏、四川省红十字会抽调力量支援。

2月4日，湖北省纪委监委通报，因在接收和分配捐赠款物工作中"存在不担当、不作为"等问题，湖北省红十字会党组成员、专职副会长张钦等3名领导被免职或问责。

当日下午，武汉市纪委监委也发布消息，严肃查处市防疫应急物资储备仓库违规发放口罩问题，免去夏国华武汉市统计局副局长职务，市统计局局长孟武康和武汉市政府办公厅副主任黄志彤也被诫勉谈话。

可能少有人注意到，被问责的政府官员中，孟武康此前是国博仓库的现场指挥长，夏国华为副指挥长。

2月2日晚，深陷舆论旋涡的武汉市红十字会宣传组负责人王超曾哽咽着对媒体记者诉苦："所有报道都在说红十字会的仓库，但仓库属于武汉市应急办的储备仓库，由指挥部统一使用，中间包括物资的流转、分配、储存，包括里面的保安，都跟红十字会没有关系，也不归我们管理。"

王超反复强调，截至受访时，武汉市红十字会的主要工作始终没有变过——接听来自全国的咨询电话，告诉他们捐赠的具体手续如何办理。红十字会的工作还包括给捐赠企业开具接收证明，为运输车辆开具通行证明，帮助捐赠主体查询物资运输情况。但具体物资分配给谁，如何分配，要听指挥部的安排。

九州通董事与秘书处主任刘志峰也介绍，分配和运送的后续步骤，不在九州通的工作范围内，"调配要听指挥部的指令"。

武汉市疫情防控指挥部成立于1月20日，统一领导、指挥武汉全市疫情防控工作。武汉市市长任指挥长，指挥部下设应急保障、宣传、交通、市场、医疗救治、疫情防控、社区、综合8个工作小组。

从向武汉市疫情防控指挥部申请物资，到物资送达救治医院，需要经历多个环节：市红十字会登记入库、市卫生健康委员会初拟分配方案、市指挥部审核备案、质监部门查验物资、市红十字会组织物流发送等。

两位指挥长被免职之后，仓库由武汉市交通局和物流局接管。据现场志愿者反馈，物资的流转效率提高了，市卫生健康委员会也将拟定物资分配方案的时间缩短到了2小时。

五、解决物资信息电子化跟踪和查询难题

问责并未消除武汉市红十字会的信任危机。武汉市红十字会在公众眼中不是物资分配的助手，反而成了最大的障碍。风波后，许多之前的捐赠方纷纷打电话"查单"，此前捐赠信息未能电子化跟踪和查询的问题，再次被翻出。

2月2日，武汉市红十字会调整了定向捐助流程，一部分直接由捐助者联系车辆送达医院，武汉市红十字会只需在事后补证明；另一部分进入仓库，红十字会只是一个“中转站”，登记一下就转运出去。一名捐助者表示，流程调整后，早上入库的物资，下午就能运抵医院。

志愿者张业军认为，武汉市红十字会在处理物资转运时，有两项大挑战：一是“入口”，接听捐赠人电话、记录捐赠信息，回复他们对物资入库情况与去向的查询；二是“出口”，物资入库后无遗漏地完成定向捐赠判断与录单。其中，运单号是海量物资的“身份证”。

可惜，从“入口”看，武汉市红十字会记录的入库信息在很长时间内都没有实现高效的电子化，有的运单号是志愿者手写记录的。手写还会导致其他差错，曾有定向捐赠给医院的医用口罩，工作人员手写抄错了型号，被当成无法进医院的口罩，错误地分发给了各区指挥部，再分给各社区。

高明等志愿者都感受到这种方式的低效，尝试使用“金数据”这样的在线表单来登记物资，以方便后台数据的整理统计。但在王小泰的印象中，当时这个数据平台的使用并不广泛，仍有很多志愿者坚持手写录入。“普及使用数据平台，不是一两人就能完成的，必须由红十字会推动。我只能说做好自己的工作。”

推动在线登记的进展一直很慢。对此，武汉市红十字会相关负责人告诉《南方周末》记者，最原始的纸笔记录依然要用，因为是传统方法，所以“更保险、靠谱，心里有底”。但也有些年轻人，擅长搞信息化，所以后来是手写和在线登记“两条腿”走路。

对于“出口”，遇到的困难更大。武汉市红十字会送出的物资太多了，难以通过拍照录单的方式获取每一笔捐赠的运单号。

在九州通入驻国博仓库后的前半个月，问题也并未完全解决。九州通的入库流程非常高效，但没有安排一项琐碎的工作——记录物资快递运单号。捐赠人如果来电查询2月1号前到达的快递，有一部分物资无法查到在库情况，也无法查到去向。

张业军希望协助相关部门解决这个问题，其间曾采用一个叫“云表”的系统进行扫码录单。从2月4日开始，他就用“云表”录单，通过扫码拍照来采集运单号，前后总共1 800多条记录，以个人捐赠的小散件居多。同时，他也与九州通技术部门负责人协商，想推动运单信息查询功能的开发，在九州通的系统中增加相关功能，以方便电话接听组人员进行信息查询，但该事项推进缓慢。

2月15日，武汉市交通局请邮政管理部门的人员协调顺丰、EMS等单位，通过提供数据接口，解决了部分问题。2月18日晚上，张业军把“云表”系统做成PPT，向国博仓库的现场主要负责人汇报，红十字会、九州通的工作人员都参与了会议，讨论的结论是“快递查单功能比较有用，但不足以代替原有九州通的系统”。

直到2月25日，在张业军复工返岗后，武汉市红十字会相关领导向他透露，录入运单号并实现查询的功能，终于上线了。

（案例来源：2020年江苏高校公共管理案例分析大赛获奖案例《被质疑的红十字会，从宕机到重启——公益组织社会信任的反思与重构》，有删改；崔慧莹，杨凯奇：《复盘舆论漩涡中的武汉红十字会》，南方网，2020-04-18，有删改）

案例解析

【案例思考】

1. 在上述案例中，有哪些角色主体？分别扮演了什么角色？有何利益诉求？

2. 新冠疫情期间，武汉市红十字会为何出现信任危机？

3. 如果你是武汉市红十字会领导，你会采取什么措施提高物资分配效率？

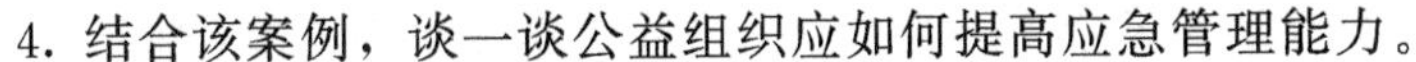
4. 结合该案例，谈一谈公益组织应如何提高应急管理能力。

案例 2-2

宁波市健康家园公益服务中心“点单式”志愿服务

虽然我国志愿服务事业起步较晚，但在短短的几十年中发展十分迅速。随着我国经济体制的转变与社会福利事业的推进，志愿服务事业蓬勃发展、志愿组织不断增多、志愿环境日益完善，人们对志愿服务的需求也日益扩大。随着网络信息化水平的提高，志愿服务的形式也实现了精准化和便利化。近年来，各地纷纷试水“点单式”志愿服务，将志愿服务与满足不同群体的服务需求相结合，最大限度发挥志愿服务工作的效能，实现了精准化、高效化志愿服务。

【案例内容】

朋友，你点过单吗？几乎所有的人都会说“当然”。生活中最常见的就是“菜单”，无论是去食堂、小餐馆，还是高级餐厅，“菜单”都是必不可少的。除此之外，理发店、KTV、酒吧、美容院等地方也会有“菜单”。不同的“菜单”都有相同的功能，那就是使服务内容更加清晰明了，增强服务对象的可选择性，从而提高服务的效率与针对性，甚至是提供个性化服务。

在公共服务领域，宁波市健康家园公益服务中心①(以下简称健康家园)推出了多项服务“菜单”，形成了“政府买单-居民点单-社会组织理单”的互动方式。在此基础上，健康家园通过向公众提供健康科普、健康服务、健康评估和健康教育等公共服务，向医疗健康机构提供人才培养、小组督导、大病支持、资源链接等专业性公共服务，积极参与“健康中国 2030”建设，形成了“政府行业支持、社会组织主导、专业机构执行、社会力量共同参与”的可持续发展模式，是浙江省大健康领域专业社会组织规范化发展的典型。

一、“菜单”如何“出炉”

1. 社会需求分析

“菜单”制定是志愿服务精准高效开展的基础和前提，而“菜单”的制定不仅要有自身的特色，同时还要“菜品齐全、口味纯正”，能满足顾客的需求。所以优质的“菜单”

---

① 宁波市健康家园公益服务中心为宁波市 5A 级社会组织、宁波市社会工作示范基地、宁波市社会科普普及基地，是浙江省健康专业领域规模较大的枢纽型公益性社会组织。2020 年 8 月，宁波市健康家园公益服务中心获评全国最佳志愿服务组织；经地方推荐，国家卫生健康委和全国老龄办审核，宁波市健康家园公益服务中心被授予 2020 年全国“敬老文明号”荣誉称号。

是组织成长的关键因素之一。在“菜单”制作过程中，需要以市场需求为导向，捕捉市场热点、痛点，组建志愿者队伍，最终确定“菜单”内容。

近年来，针对人口老龄化日益明显的趋势和辖区内老年人多的现状，健康家园始终把“为老服务、关爱母婴群体和青少年群体”作为道德建设的主要内容，提升社区综合服务水平，精心组织强化落实，传播健康的文化理念，为“为老服务”事业呈现持续健康发展的良好趋势打下了坚实的基础。

在原有为老服务的基础上，健康家园按照宁波市“为老服务优秀社区”创建活动实施方案的要求，全力推动“为老服务”工作提档升级。一是成立了“为老服务工作”专项活动小组；二是通过上门实地调查和与社区居委会、居民代表召开座谈会等形式，对辖区内老人进行全方位、立体式的调研摸底，并对收集的信息及时进行整理和汇总，按孤寡老人、空巢老人、独居老人、AD(阿尔茨海默病)老人、社区老年居民等进行分类，将重点服务对象分成50～65岁的社区老年居民、AD老人、空巢老人三大类；三是在调研摸底的基础上，科学制订社区“为老服务”工作计划，并结合网格化管理，针对辖区内老年人口居住现状和特点，因地制宜地制定服务“菜单”。

健康家园工作人员在调研中发现，教育主管部门、学校、家庭尤为重视“青少年健康”问题，对青少年提升“自我防护”“自我救护”“自我维护”能力的呼声很高。为此，健康家园制定了以“青少年健康”为主题的系列公益活动“菜单”，拟通过互动式教学，将食品安全、地震演习、自救互救、自我保护、青春期健康等专业知识提供给服务对象。

2. 组建志愿者队伍

目前健康家园拥有9名高学历全职工作人员，335名注册志愿者和上千名可随时动员的来自全市各大医疗机构和专业院校的专业志愿者。为了强化志愿服务专业人才支撑，健康家园依托自身优势，于2018年3月牵头成立了“宁波市大健康公益组织联盟”，与全市8家三甲医院、7家专科医院、20余家健康机构签订了战略合作协议，吸纳了2 200多名专业医务人员参与志愿服务。

目前志愿者队伍中，医护志愿者占比达80%，此外还不乏法律、心理咨询等专业的志愿者。健康家园努力发掘宁波本地的医务领域专业人士，成立了本土师资库，定期为全市的医务志愿者和社区工作者(以下简称“社工”)开展培训，在全市范围内实践“社工＋志愿者”模式，形成专业医务社工服务网络，确保服务资源得到优化配置，努力推动和构建宁波市创新型医务社工人才体系。此外，对于某些特殊行业要求有专业资质的志愿者才能提供服务的情况，健康家园会根据志愿者的素质和服务对象的情况进行有针对性的培训，在提供服务的过程中，密切关注志愿者的动态，并在服务结束后及时进行评估反馈。

3.“菜单”的制定

以宁波市居民的问题与需求评估为服务指南，充分考虑志愿者自身情况，结合组织自身的优势，集聚行业资源，围绕“全生命周期”，通过调研、座谈会、沙龙等形式，健康家园明确了服务需求，开发设计了9大类医务健康类品牌项目和4大类社会工作项目(见表2-1)，最终编制了四大类包含160多节标准化课程的服务“菜单”(部分课程见图2-6)。

表 2-1　医务健康类品牌项目和社会工作项目

类别	项目
医务健康项目	“妈咪宝贝”母婴健康面对面
	“护苗 1+1”青少年自护教育
	“艾护生命”防艾禁毒主题教育
	“守护花季的 Ta”青少年防性侵教育推广
	“舌尖上的安全”食品安全科普教育
医务健康项目	“益起来”交互式健康沙龙
	“健康家园”流动生命科普馆
	“暮年阳光”AD 症认知及护理
	“彼岸天使”临终文化促进
社会工作项目	宁波市青少年爱眼护眼关爱活动
	医疗困难群体的帮扶计划
	唯爱单亲妈妈增能健康促进计划
	“甬泉”大病医疗救助公益项目

图 2-6　宁波市健康家园公益服务中心服务菜单(部分)

二、从“点单”“上单”到“评单”

“点单式”志愿服务“菜单”制作完成后，健康家园通过微信公众号、官方网站、抖音、口头宣传、报纸等多种途径进行公示与宣传，以增强居民、社区等服务对象对“点单式”志愿服务内容的了解，提升组织影响力。同时，健康家园积极参加评比工作，提升自身知名度和等级，争取被列入政府转移职能和购买公共服务推荐性目录。服务对象可以通过服务现场下单、电话下单、网络下单以及志愿服务意见箱等多种途径实现快捷下单，并可以选择相应的服务项目和具体服务课程。

在服务对象下单之后，健康家园会在第一时间处理订单，并根据服务对象的下单情况，对居民基本信息及服务需求进行调查与评估，针对定制的服务内容，根据合理性和可行性原则对订单进行评估。在充分了解情况、评估问题与需求的基础上，健康家园正式确定接受该服务对象的订单，并告知服务对象下单成功。接下来，健康家园首先与服务对象建立合作关系，在双向自愿的基础上明确各自的责任与义务；其次，根据服务对象的需求制订详细的服务计划并编写项目策划书，设定志愿服务的目标与方式，做好活动开展之前的准备工作。

“上单”的流程从招募、挑选志愿者开始。而后健康家园对应征成功的志愿者进行培训并分配服务资源。志愿者依据志愿服务计划按程序开展志愿服务，健康家园负责人做好志愿服务过程的记录。在服务的过程中，志愿者运用合理的服务手段与技巧帮助服务对象解决问题，满足其需求，同时丰富服务对象的科学文化、卫生健康等知识，努力实现志愿服务的目标。

在志愿服务活动结束时，负责人与服务需求代表签订结案表，表示服务结束。同时，负责人通过当场询问的方式对服务对象进行志愿服务满意度调查，收集服务对象的意见，并反馈给志愿者，若有不足的地方，分析其原因，总结经验，提出解决对策。最后，健康家园对志愿活动进行总结，撰写新闻稿，通过公众号进行记录宣传。

志愿服务结束后，健康家园负责人依据之前拟定的志愿服务计划书和活动策划案，对志愿服务的时长、目标完成度、服务对象接受度进行评价，同时对志愿者的态度、服务质量进行评价，形成完整的评估报告。健康家园也会定期召开总结会，对志愿服务进行阶段性总结，分析存在的问题，共同探讨、商定解决的办法。

三、陈黄村“点单”乡镇科普活动

健康家园公益服务中心发起的“宁波名片 点亮生活”鄞州乡镇系列科普活动旨在满足农村科普服务需求，得到了市、区社会科学院(社会科学界联合会)的大力支持。此项目通过引进宁波丰富的“名片”资源，以“名医、名剧、名笔、名俗、名师、名菜、名花、名迹、名茶、名技”十大主题为创新科普切入点，融入相应主题的知识和技能科普，并创造“区外入乡镇，乡镇出区外”的双向互动、交流的科普形式，让基层群众体验式感知了宁波“名片”丰富的人文内涵。

宁波市鄞州区云龙镇陈黄村文化礼堂活动负责人在得知有这么一个接地气的项目以后，赶紧联系了健康家园的项目负责人，想要邀请健康家园协助其举办一场戏剧活动。

健康家园收到陈黄村的“订单”后，项目负责人进行了简单评估，此“订单”在健康家园服务菜单范围之内，而且符合科普活动的要求，于是接下了此“订单”。文化礼堂活动负责人得知“下单”成功，喜出望外，通过微信群进行广泛宣传、动员。

活动当天，由宁波市戏曲协会成员、健康家园优秀志愿者董甩素带队，共6名志愿者来到了陈黄村。

俞玲玲是鄞州中河街道越剧团团长，在本场戏剧活动中，她扮相复杂，除了闪闪发亮的头饰，还要在头上贴花片。“光是这一套头饰，价格就不菲。”为了给陈黄村村民们最佳的视觉效果，她提前两个小时抵达村文化礼堂，开始准备化妆。

“一见红灯怒火起，大胆地打碎它又怎的！”俞珍是宁波市戏曲协会成员，舞台上的她身段挺拔、面相俊美、唱腔洪亮，全身心投入表演，角色演绎惟妙惟肖，换场转场总能给村民们不一样的惊喜，把戏曲中主人公的愤怒表现得游刃有余。

董甩素一招一式、一唱一做都入木三分，举手投足都体现了她深厚的艺术功底。

石莲美是戏曲资深爱好者，她把越剧的唱、念、做、打表现得淋漓尽致，赢得台下村民的一致称赞。

健康家园公益服务中心积极传承宁波“名片”文化，打造了家门口的惠民大戏，得到了村民们的连声称赞。特地赶来听戏的多数是陈黄村的戏迷，“这样高水准的演出平时我们只能在电视上看到，这一次能看现场，特别过瘾！”62岁的徐阿姨是越剧爱好者，喜欢戏曲已有40余年。活动结束，她特地留下和董老师交流戏曲心得。“真的很开心，期待以后能有更多这样的机会。”

（案例来源：宁波市健康家园公益服务中心《2019年度刊物》，有删改）

【案例思考】

1. 健康家园公益服务中心“点单式”志愿服务和传统志愿服务有何区别？
2. “点单式”志愿服务受到服务对象好评的原因是什么？

案例解析

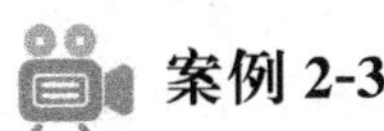

案例 2-3

低龄存时间，高龄换服务

——南京姚坊门居家养老服务中心“时间银行”模式

存钱的银行随处可见，那么，存“时间”的银行大家见过吗？养老志愿者们可以把自己提供的志愿服务时间先“存储”起来，在年迈需要别人为自己提供服务时，再用这些存储的时间进行“兑换”，以实现互助养老，这样的模式，被称为“时间银行”。

2012年起，南京已在栖霞、鼓楼、建邺等区探索出一些行之有效的“时间银行”新型养老模式，在实行“时间银行”新型养老模式的社区中，栖霞区尧化街道走得更远。近五年的先行先试，其已经发展出比较成熟的服务运行模式，为“时间银行南京方案”提供了可借鉴的样本。

【案例内容】

一、互助养老盘活社会资源

姚坊门居家养老服务中心位于栖霞区尧化街道，是2015年江苏省姚坊门居家养老连锁运营机制的服务标准化试点。该项目自2014年8月在王子楼社区试点，截至

2019年7月，“姚坊门时间银行”已实现13个社区分行全覆盖，截至目前共拥有4 200位志愿者、38支志愿团队，为4 123位居民提供家政服务、护理、关爱交流、外出代办、维修和其他6大类服务，其中老人2 699人、儿童274人、普通居民1 021人、残障居民129人，累计服务居民达23万人次，服务时间13.1万小时。

“姚坊门时间银行”社区互助项目由南京首个街道层面的非公募基金会——姚坊门磁山基金会策划发起，委托给第三方社会组织——姚坊门彩虹社工服务中心运作。该机构以社区为平台、以社会服务组织为载体、以专业社区工作者为支持，以回应和满足社区老人的服务需求为目标，提供差异化的社区居家养老服务，使每一位老人都能享受全面的呵护，为老人提供具有良好的身心健康、较高的生活质量和融洽的社会交往的晚年生活。目前，项目已经形成了较为成熟的制度和执行模式。在实际执行中，“时间银行”养老模式充分实现了劳动成果的延期支付，形成了良性循环，降低了家庭及社区的养老成本。

姚坊门居家养老服务中心于近年先后获得“南京市栖霞区2015年优秀社会组织”“江苏省2015年度优秀志愿服务项目”和“4A级居家养老服务中心”称号，作为栖霞区“时间银行”养老模式试点具有很强的代表性。

孤寡老人的养老问题一直是公共服务中的难题，姚坊门居家养老服务中心另辟蹊径，结合“时间银行”，吸收丧子、丧偶的老人，在对他们进行关怀的基础上，让他们成为“时间银行”的志愿者，帮扶其他像他们这样的家庭，打破家庭的壁垒，在满足了老年人情感需求的同时，也让老人具有获得感，体会到自己的价值与为其他人服务的快乐。

65岁的黄女士与老伴相依为命，他们是社区中的一户失独家庭，唯一的儿子10年前因车祸去世了，当时已是天命之年，这个打击给他们的家庭带来了巨大的伤痛。在社区网格员的悉心照料下，黄女士和老伴的心情逐渐好转，网格员想着要把他们的生活丰富起来，于是给他们推荐了“时间银行”志愿服务，他们立刻就答应并与居家养老服务中心签订了协议。从此黄女士成为一名“时间银行”志愿者。黄女士每天准点到居家养老服务中心“上班”，不论是在站点给老人量血压、测血糖，还是上门陪聊、助洁，还是在站点读报、外出代购，她总是认真负责，默默付出。黄女士说：“感谢大家在我低谷时给予的帮助和关怀，将心比心，现在我走出了困境，应当贡献自己的力量帮助更多的人，服务他人。我感到更快乐，更有获得感。”

63岁的吕女士从2015年开始，就多了一个新身份——姚坊门“时间银行”的储户。她既是储户，也是志愿者。临近中午，是吕女士一天中最忙碌的时候，因为她要在姚坊门居家养老服务中心为老年人准备午饭。76岁的陈奶奶就是其中的一位，她说：“我一个人住，每天做饭对我来说挺费事的。现在，每天只要花3元，就能在养老中心吃上热乎营养的饭菜。”陈奶奶从吕女士手里接过自己的饭盒——有鸭肉、花菜、青菜、茄子，还有蛋花汤以及酸奶，丰富的菜品搭配，让老人吃得很满意。袁向荣(化名)也是一名老年志愿者，他每天有空便来到离家不远的姚坊门居家养老服务中心，和其他志愿者一起上门给孤寡老人量血压、对电器进行安全检查等。

为了满足老年人的日常需要，居家养老服务中心设有卫生服务站、姚坊门书房、按摩室、棋牌室等，主要提供家政服务、护理、关爱交流、外出代办、维修和其他方面共计 6 大类服务。为了给老人提供多元化服务，姚坊门居家养老服务中心积极寻求社会力量的帮助，聘请专业人员为老人服务(见图 2-7、图 2-8)，并以优厚的扶持政策引进专业养老机构及服务团队，实现专业运营、专业服务。

图 2-7　足疗师给老人修脚

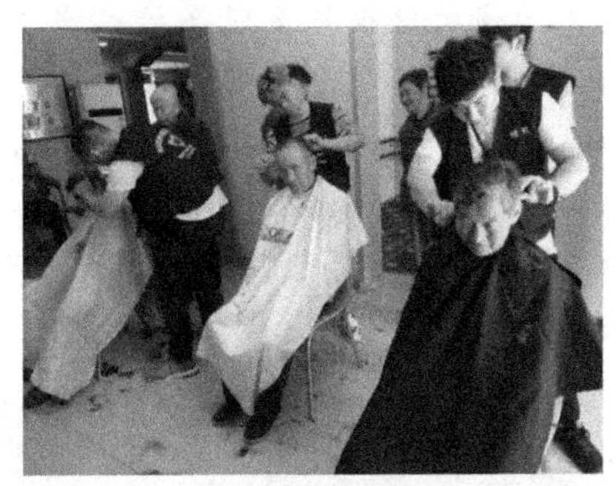
图 2-8　理发师给老人理发

当前，空巢老人的不断增加，已逐渐成为一种社会问题。“时间银行”的出现架起了志愿者和受服务老人之间的桥梁，弥补了专业服务力量的不足，丰富了为老服务的内容，整合了社会服务资源，必将成为公共养老服务业的有益补充。

二、“四化”运行机制成效显著

姚坊门居家养老服务中心的“时间银行”采用网上信息录入与管理的方法，先由志愿者和服务对象各自提出申请并完成相关信息的填写，再经工作人员审核确认后统一录入信息平台以进行志愿者和服务对象的配对，随后开始“试服务”(其中，志愿者只有在经过培训之后才可参与志愿服务)。若双方试服务满意即可签订协议，在购买保险后开始正式服务；若双方试服务不满意，则进行重新配对。服务结束后，由服务对象评价、平台盖章，工作人员把时间录入系统，志愿者可将服务时间按照“7∶2∶1”的比例支取志愿服务成本、物品以及时间。志愿者日后可以按以上流程以服务对象的身份用志愿时间申请服务。

1. 内容衡量标准化

目前，姚坊门各“时间银行”试点已经对不同类型志愿服务的时间换算作出了相关的细则规定。姚坊门居家养老服务中心在尧化街道内的 23 个连锁式社区站点内实行统一的志愿时间兑换标准，并对所有养老服务根据强度大小和时间长短等因素进行了具体且细致的规定。根据工作强度和工作时间的不同，志愿者们所能兑换到的利益也不同，这在一定程度上激发了志愿者从事高技术、高强度工作的热情，也带动了更多的志愿者参与到更为有质量的志愿活动中去。这在很大程度上方便了社区的管理，提高了社区养老服务的运营质量，防止时间“坏账”，促进了社区养老服务内容衡量标准化的进程。在未来发展中，社区应继续保持推进并及时针对现实情况进行优化和调整。

2. 经营模式市场化

“时间银行”项目引入了商业银行运作模式，与中信银行合作发行联名卡，用银行撬动社会力量；以“时间货币”作为“互助服务”市场的交换媒介，具有跨期优化服务的功能——让供给与需求直接对应，遵循了市场交换的基本规律，更大程度上开发和利用了养老服务资源。

3. 责任主体多元化

“时间银行”在吸引社区内低龄、健康、有余力的老年人加入的同时，也鼓励青年人加入(目前尧化街道已有小学四年级的学生注册成为志愿者)(见图 2-9)，利用所处地区邻近大学城的优势与多所高校达成合作，引导大学生积极参与养老服务。另外尧化街道还将一些社会团体吸纳至项目中来，将志愿者的服务时间统一存入团队账户，既可以兑换成街道提供的团队建设、活动支持等服务，也可以捐赠给需要服务的高龄老人。这种模式强调公众参与、丰富责任主体，在一定程度上克服了社会资源“供不应求”的困难，为养老服务供给方注入了新鲜血液，推动了社区居家养老服务的可持续发展。

图 2-9　志愿者参加培训

4. 管理系统现代化

尧化街道将养老服务相关信息录入网络信息系统，同时设置了“姚坊门邻里互助”微信小程序，用于登记志愿者与服务对象的个人信息以及服务情况。相较于最初的手写记录，现在的信息管理系统使数据的收集与整理更加便捷，并且具有极强的可操作性。此系统与大数据时代紧密接轨，既减少了相关工作人员的工作量，也在一定程度上让志愿者对自己的志愿时间更为清晰明了。这种高效率的工作方式值得继续深入探索和加以充分利用。

科学化、信息化的管理方式在很大程度上减少了志愿时长统计的工作量和人工统计上的差错，在方便社区居民进行查询的同时也为社区的管理提供了便利。

三、“时间银行”能走多远?

作为一种自下而上的新兴互助养老服务模式，“时间银行”可以让低龄老人和青年志愿者们参与到养老服务中，使得服务者们不仅为自己的未来创造了良好的养老服务保障，同时也充分实现了自我在社会中的价值。这种良性循环的模式可以充分激发社区基层居民的服务积极性，同时展现出了可量化、市场化、主体多元化以及可以充分发挥现代信息技术功能的优势，有望在当今老龄化逐渐加深的社会中成为居家养老的理想模式之一。

然而从政策层面看，“时间银行”在实践中缺少顶层设计和地方性法规的指导。我国现行相关的法律法规主要有 2008 年出台的《慈善事业促进法》、2012 年发布的《关于开展志愿服务记录制度试点工作的通知》等原则性条款的规章制度，缺少对“时间银行”的准入、监督等细则规定，针对性与约束性较弱。南京市于 2017 年推出了《省政府关于全面放开养老服务市场提升养老服务质量的实施意见》《南京市养老护理岗位工作人员入职奖励暂行方法》《南京市家庭养老床位试点实施方法》等相关政策法规，但由于“时间银行”互助养老是一种新兴模式，政策中有关“时间银行”养老模式的具体规范和指导性意见很少。

“时间银行”在南京广受欢迎的同时，也出现了操作中的尴尬：无据可依、体系分散、管理不易，很难实现跨地区跨社区“通存通兑”。如果换个社区提供志愿服务，“时间货币”几乎就自动作废。针对“痛点”，南京开始建立信息管理平台，设立专项基金，构建“市区街社”四级联动管理体系，确保“时间银行”运作精准高效。

2020 年 10 月 15 日起，“时间银行”正式在南京全市范围内推广，真正实现了“通存通兑”，为志愿服务向基层治理延伸开拓了空间，这在全国具有开创性意义。

当然，要想社会互助互动充分循环起来，需要打通的环节还有很多。例如，资格如何审核，人员如何安排调配，志愿服务如何反映劳动价值，兑换机制是否科学，实施过程如何监督……种种问题复杂而烦琐，也决定着先进理念能否妥善落地。

在陌生人社会，身边“血缘型”熟人越来越少，自然更需要“非血缘型”陌生人的关爱，因此推进新守望相助更为迫切。以社区养老为依托，以制度为保障的服务和关爱更精准和长久，使“守望相助”有了更大的必然性。“时间银行”就是新守望相助的现实模样，城市现代化因此有了更多温度。

市场失灵处，是政府作为处；政府顾不过来处，就是志愿者作为处。

（案例来源：2019 年江苏高校公共管理案例分析大赛获奖案例《“时间银行”如何经受时间的考验——基于姚坊门居家养老服务中心的调研》，有删改）

【案例思考】

1.“时间银行”互助养老模式是否具有可行性？

2.“时间银行”互助养老模式在运行中可能出现哪些问题？你认为应如何解决？

3. 其他志愿服务是否可以引入“时间银行”模式，又该如何操作？请谈谈你的看法。

案例解析

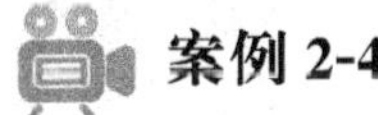

案例 2-4

S 公益服务社的成长叙事

进入新时代以来，政府提出推进国家治理体系和治理能力现代化的战略命题，强调大力支持社会组织发展，构建政府、市场、社会有机衔接、良性互动的治理格局。各地一方面按照分类治理的思路，积极为社会组织登记“松绑”，另一方面遵循技术治理的思路和逻辑，通过项目制的方式向社会组织购买公共服务，以此达到向社会组织输送资源、扶持社会组织发展的目的。

【案例内容】

一、草根组织公益探路

2011 年 10 月，有着 10 余年企业运营、培训、销售经验的刘洁（化名）与 4 个分别擅长法律、项目预决算、物业服务管理、项目方案撰写的志同道合的朋友成立了“S 爱心服务队”。S爱心服务队的服务理念是“关爱不同于怜悯、帮扶不同于施舍、受助不同于索取，用专业助人自助”，使需要帮扶的人得到实际有效的帮扶。

本着“不要做输血师，要做造血师”的理念，S爱心服务队发起了“授渔行动”项目。这个项目的基本思路是：通过动员核雕师做志愿者，将核雕技能传授给有意愿通过自身劳动获取经济收入，改善家庭生活状况的困难群体。

刘洁团队自掏腰包凑齐30万元作为启动资金。刘洁本人亲自前往光福镇舟山村考察，结识了30多位核雕师，其中有5位最终答应做志愿者。项目启动以后，3个多月过去了，居然无人问津。直到S爱心服务队在网上发起了为白血病患者筹集医疗费的爱心义卖活动以后，才有人开始关注这个项目并陆续报名参加。

“授渔行动”项目开展以来，有15人掌握了核雕技能，其中大部分人至今还在从事核雕工作。其中有3人年收入达到30万元以上，其余的年收入在3万元到8万元。在“授渔行动”项目中，刘洁发现很多听障人士对项目很感兴趣，但是无法进行现场交流，因此她通过网络招募了手语翻译志愿者协助翻译。以此为契机，刘洁又萌发了“筑桥行动——塑造听障人士沟通无障碍通道”项目的想法。说干就干，S爱心服务队成功组建了一支手语志愿服务队，定期在学校、社区普及手语知识，教授手语翻译，项目开展得有声有色。

“授渔行动”项目运行的特点是“双造血”，即核雕作品通过S爱心服务队联系建立的销售渠道和平台对外销售，从而产生收入，同时服务队从中收取10%的服务费，并且要求学员每年捐出一件作品提供给服务队用于对外销售。正是因为有了这10%的管理服务费和学员捐赠作品的销售收入，服务队在发展初期才得以维持运营。但是，这样的模式受到了各方质疑，被认为是打着公益幌子的商业行为。因此，S爱心服务队一直未能注册，刘洁奔波穿梭于民政、残联、妇联、教育局、人社局、工商局等部门也未能如愿，只好临时挂靠在已经注册的其他组织机构下面。

二、草根组织迎来转机和曙光

刘洁通过网络得知，S市福利院正面临一件烦心事，即青年残障人士的社会融入问题。福利院需要关怀的四类群体中，儿童、老年人、精神障碍者均已有相关公益和志愿组织承接服务，因此刘洁决定介入专业和技术要求较高且未有相关组织承接的青年残障人士的帮扶和关爱，发起“阳光关爱——关注青残、关爱残疾人圆梦”项目。

S爱心服务队志愿者通过与孩子们的沟通，了解到他们最大的梦想就是走出福利院的围墙，出去看看外面的世界。然而，对于与外界隔绝十几年的青年残障人士而言，外出活动存在很大风险。为此，该服务队联系精神科及犯罪心理学的专家评估孩子们的心理状况，联系营养师评估他们身体的适应能力，联系专门安保人员负责将安全风险降到最低。同时，S爱心服务队还对志愿者的素质和要求严格把关，在当时300多位报名的志愿者中只挑选了40人左右，其条件包括：(1)年龄在28～55岁，身体健康、心理良好；(2)对志愿服务精神有一定的理解，具备抗压和心理承受能力；(3)每年须参与不低于6次的服务活动，因为活动间断容易对孩子造成二次伤害；(4)放下社会身份，甘愿做一名志愿者。

2012年4月，“阳光关爱”项目正式落地，这是S市福利院青残部首次接纳社会组织介入服务。至2019年，该项目从未向政府相关部门申请任何实施经费，全部是靠社会动员、共同参与的方式进行，累计为青残部筹集的物资和开展的项目活动经费折合人民币约200万元。自2012年起，S爱心服务队每年都会带青年残障人士出去接触社会和大自然一到两次，每个月都会入院进行情感陪伴，还会不定期举办一些音乐会等活动。项目的开展使青年残障人士有了很多第一次：第一次出来看大熊猫、猴子、大象、长颈鹿；第一次坐船游湖；第一次春游放风筝；第一次吃火锅、牛排、披萨、肯德基；第一次在饭店里吃自助餐……当然，他们也回馈给S爱心服务队很多惊喜：组建舞蹈队、歌唱组、手鼓队、绘画组、手工组；学跳《小苹果》、小鸡舞、海草舞；表演《感恩的心》和《相亲相爱一家人》手语舞等。这些原来被遗忘的群体，现在已成为福利院的明星大咖，他们的表演出现在福利院的各类活动中。S爱心服务队通过一系列活动及社会动员，不断提升组织能力，助推组织发展步入正轨。

为加强社会组织建设，激活社会组织发展活力，S市相继出台《关于进一步加强社会建设创新社会管理的意见》《关于进一步加强全市社会组织建设的意见》《关于加快推进全市社会组织健康发展的若干意见》等制度文件。在相关制度文件中明确规定：确保到"十二五"末，每个城市社区社会组织不少于10家，其中登记的不少于3家；每个农村社区社会组织不少于5家，其中登记的不少于2家。采取"政府支持、民间兴办、专业管理"的创建模式，通过实施"以奖代补"等激励措施，在区(市)、街道(镇)和社区(村)设立社会组织培育基地，为初创期、成长期的社会组织提供场地、资金、能力支持。

在区级政府层面，先后出台《关于大力发展社会组织的实施意见》《社会组织发展扶持政策》《社会组织公益坊(孵化园)管理办法》等文件，为社会组织改革与发展提供激励支持和制度保障。注重载体和平台建设，搭建社会组织培育发展中心—公益坊—公益驿站的区、街道、社区三级孵化服务平台。其中，社会组织培育发展中心抓顶层设计，负责社会组织发展规划与整体建设管理体系；街道级的公益坊是集培育孵化、创意交流、资源支持、能力提升、信息发布、党建展示等多功能为一体的服务中心；社区级的公益驿站，主要负责挖掘和培育"草根团队""草根领袖"，指导社区培育社会组织，推进社员自治，规范资金使用。

三、从草根到枢纽的转型

2016年，S爱心服务队正式承接了W街道的社会组织培育孵化平台的运营托管服务，开启了从草根组织向枢纽型服务平台转型的征程。最终该团队也成功获得了民政部门的认可，成为S市首个由草根社会组织转型的经注册的枢纽型社会组织——S公益服务社。其作用和功能包括：(1)培育孵化：引进社会组织或社区骨干力量，进行针对性培育孵化，从而满足社区治理各项服务需求；(2)机构办公：负责公益坊日常运营，做好会务服务、物资管理、档案管理、物业管理等工作；(3)需求梳理：开展需求调研，根据居民意愿开展创意项目设计，满足社区居民及特殊人群公共服务需求；(4)资源链接：根据社区居民需求，主动对接企业、社会等外部资源，形成社区公共服务多元供给的合力；(5)规范监管：对辖区入驻的社会组织进行规范化能力提升，对各种服务项目进行监管；(6)党群阵地：加强社会组织党组织体制建设，开展各种形式的党建活动与交流。

入驻后的S公益服务社工作人员共有15人，其中本科文化程度2人，大专6人，中专1人。50岁以上3人，40～49岁6人，30～39岁5人，20～29岁1人。公益服务社的工作场所是街道免费提供的场地，其经费来源有政府资金、基金会支持、社会资金(企业、个人捐赠)以及服务产品收费等几个部分，其中，政府资金是其维持运作的主要资金来源。政府经费支持主要是按照项目立项的方式，通过政府公共服务购买、公益创投等形式向社会组织输入资金。

项目制是政府购买公共服务的一种手段或治理方式，推行目的是，改变过去政府垄断供给公共服务的状况，提高公共服务质量和水平，提高政府提供公共服务的效率。

从现实来看，目前的公益创投或项目购买在很多情况下并不是市场竞争或好中选优的结果，而更多扮演的是对社会组织的一种孵化和培育措施，目的在于引导和支持草根社会组织走上规范化发展道路。政府购买服务或公益创投的项目在很大程度上是一种“非完全契约”，实践中存在很多由于不确定性带来的变通行为。例如，S公益服务社与街道之间的托管协议在第一次入驻时虽然通过了公开招标和平等竞争的程序，但续签托管协议并没有重新组织招投标程序，主要采取的是一种“内部委托”的方式。后来，随着制度明文规定超过20万元的项目必须进行招投标，W街道又帮助S公益服务社获得政府购买服务对象的资格，并在招标条件上与S组织事先沟通。

项目制的实行往往具有“短期化”“形式化”的特点。从S市公益创投的制度规定来看，项目周期定为10个月，而国外公益创投的时间一般为3～5年。对于一些“救急式”、短期性的服务项目，项目运行周期较短基本不会对服务成效构成影响。但对于一些精神关爱、能力成长、社区矫正类项目，项目周期短无疑会为项目产生的收益和成效带来负面影响，导致“浮萍式服务”，使社会组织难以集中精力、俯下身子扎根所在社区开展服务。

此外，项目资金的拨付实行分批支付的方式，服务合同签订后几个工作日内拨付项目资金的50%作为先期资金，项目中期综合评估合格后拨付资金总额的30%，待项目实施结束拨付剩余资金。上述制度规定看似合理，但在落地的过程中经常出现资金拨付不及时的现象，使项目的开展面临“无源之水、无本之木”的困境。等资金到位项目开始启动时，各种检查和评估已将临近，无形中加大了社会组织的运行和协调成本。

(案例来源：2019年江苏高校公共管理案例分析大赛获奖案例《项目制的“非意图后果”：一个枢纽型社会组织的成长叙事与发展之困》，有删改)

案例解析

【案例思考】

1. 草根社会组织向枢纽型社会组织转型需要哪些条件？
2. 基层枢纽型社会组织如何通过项目制介入社区公共服务供给？
3. 政府购买服务项目化运作的目的是什么？其优缺点是什么？

案例2-5

深圳绿色蔷薇社会工作服务中心疫后求生

绿色蔷薇社会工作服务中心(以下简称“绿色蔷薇”)于2015年7月在深圳市民政局正式注册，是一家专门服务基层女性及流动儿童的社工中心，位于深圳市龙岗区横岗街道六约社区牛始埔永福五巷。取名“绿色蔷薇”是源于“面包与玫瑰”的妇女节口号，玫瑰是尊严的象征——蔷薇是玫瑰的一种，绿色代表有生命力。创始人丁当(化名)希望姐妹们可以活出蓬勃的生命力，获得应有的尊严。牛始埔周围工业区众多，工厂多属加工制造业、服务业。绿色蔷薇由大龄、职业病、失业女工组成，是一个女工姐妹相互支持，发挥特长的互助平台，它从最初仅有两个人的小组织，发展为覆盖人群最广、扎根最深的女工服务机构，获得了上万名深圳女工的认可，是被女工们寄托了归属感的“家”。

【案例内容】

一、疫情大考

绿色蔷薇坐落于牛始埔一栋五层居民楼。丁当在一楼租了一间房，空间不大，一进门就是活动区，墙上贴着女工和孩子的照片，天花板上挂满了星星灯、彩带和气球。绿色蔷薇不仅设有图书借阅室，还开办了各种培训班和作业辅导班，不定期会有讲座。丁当喜欢开设各种艺术工作坊，平时排练一些戏剧，举办文艺汇演。有时，她和姐妹们会去社区义卖，或进行反家暴宣传。

在牛始埔，社区里的孩子们总爱往这里跑，丁当和同事们开会时，孩子们就在一旁自己玩，每个月大家都会一起过生日。图 2-10 为绿色蔷薇负责人丁当与社区姐妹和孩子们的合影。

图 2-10　绿色蔷薇负责人丁当(右一)与社区姐妹和孩子们合影

近几年来，附近的工厂陆续迁往内地，周围许多人转做服务业，房屋租金一路看涨，绿色蔷薇女工和流动儿童两个活动区，每月租金和水电费共 7 000 多元。

2020 年，突如其来的新冠疫情更是打乱了所有的节奏。因为不能组织人群聚集的活动，许多公益机构的项目被无限期推迟。这段时间，一方面，机构仍需支付人员工资及运营成本；另一方面，政府采购缩减，来自企业的资助下降，机构原有的自营收入也几乎为零。

绿色蔷薇和很多公益机构一样深陷财务困境。他们想尽各种办法修补断裂的现金流，或采取降薪、裁员，或开展“线上服务”等方式积极自救，但机构财务状况仍处于崩溃的边缘。

资金断裂的绿色蔷薇面临倒闭的风险，每月租金和水电费，还有三名全职员工的工资，丁当和同事一直在自己垫付。“对我们来说，目前最大的开支是工作人员的工资和场地费。”丁当说，因为疫情失去了资金来源，他们只能削减工资。往常，丁当一个月工资5 000多元，最近几个月也就一两千元。疫情后的大半年里，丁当只能选择“压榨自己”，勉力维持机构日常。

“现在都是缺钱的状态。”丁当说，他们每天从早上9点半工作到晚上10点，节假日、双休日都不休息，拿的是最低工资，也很难留住人。

2020年5月下旬，中国发展简报发布《疫情下公益组织的挑战与需求调查报告》(以下简称《报告》)，这份《报告》对来自全国范围内的433份有效问卷进行分析，重在调查一线“服务型公益机构”在疫情下的生存状况。

《报告》指出，超过六成的公益慈善组织遭受了重大或较大的影响。其中有近15%的机构表示，“疫情影响很大，将使机构难以为继”。而在项目的执行方面，有67.5%的项目无法进社区开展活动，其中，36.1%的项目因为疫情而被迫暂停与社区合作。

其中，中西部地区的社会组织相比经济发达地区，日子显得尤其难熬。以甘肃为例，由于财政资金紧张，一些原定政府购买项目处在待定中，最严重的一项——福彩资金缩减了三分之一，对绝大多数靠承接政府购买服务项目生存的机构来说是一个巨大的挑战。

云南一些县域城乡社区服务类和社工类社会组织，尤其是高度依赖线下活动的机构，从2月复工到4月一直没有收入来源。在陕西，公益组织即使筹到了资金也没有办法买到物资，甚至门都出不去，收到捐款没有花掉反倒成了一个问题，所以很多机构放弃了捐款。

2020年8月，绿色蔷薇女工中心的项目已经停摆，如果还没有资金注入，很有可能会关闭。

二、公益组织筹不到钱

一直以来，绿色蔷薇都能获得爱心人士的捐款，并与基金会或政府合作开展项目。但疫情期间，他们突然失去了原有的资金来源。

在垫付了10万元之后，丁当和她的同事已经无力承担。“如果机构不能在一个月内筹集到15万元资金，就会面临关门的风险。”丁当尝试了各种办法，申请创投基金或基金会的公开招募，“无论是联合国的还是国内的、妇女的、儿童的基金会，只要发现与我们相关的，都会去试试。”但这种筹款成功概率非常低，丁当有些绝望。

基金会的筹款数字也在疫情后遭遇“断崖式”下滑。据《公益资本论》披露，2020年6月8日，中国扶贫基金会以“南方水灾告急”为主题进行网络募捐，计划筹款170万元，一个月后，实际筹款金额仅31万元，缺口逾八成。

同一天，壹基金在腾讯、支付宝等多个互联网募捐平台为南方水灾发起筹款，原计划筹款800万元，一个月后，实际筹款金额在80万元左右，缺口达90%。而2019年，在为广西洪灾发起的网络筹款中，壹基金在一天内就完成了150万元的目标。

6月12日，中国红十字基金会“家庭箱共抗南方洪灾”项目计划筹款60万元，20多天后，筹款数额一直停留在2 000多元。

与此同时，一项全球公益组织调查报告显示，美国、英国在内的100多个国家中，全球公益组织在近两个月内开展的筹款活动，只有17%的公益组织完成了预定筹款目标，67%的公益组织实际筹款不及目标筹款量的一半，12%则完全没有筹到钱。

“大家都筹不到钱了。”中国发展简报执行主任刘忠亮说，他和同事们进行调查的《报告》印证了这一点，筹款正在变得艰难。在资金方面，最大程度影响公益机构运作的因素也是新的筹资机会减少，减少的原因之一可能是资金都向疫情相关项目靠拢，导致传统项目被边缘化。

上半年来，国内企业停工停产、裁员降薪、订单骤减，不少人收入缩水，公益捐赠支出减少，无论是政府采购还是基金会资助和众筹，都呈现出紧缩趋势。在调查中，让刘忠亮感到意外的是，政府采购服务的收入是许多公益机构最大的资金来源。

“我没想到公益机构对政府采购服务的依赖那么大。”他说。

往年，面向公益机构的政府采购通常都在三四月启动，并且力度总是逐年加大。而今年，在进行调查的四月中旬，这些采购仍毫无动静。

在刘忠亮看来，当政府财政收入急剧减少，同时又必须保证困难企业和个人纾困与救济时，政府自然会大力压缩其他方面的开支，其中就包括政府采购公益服务。《报告》指出，2021年外部环境变化剧烈，尤其是政府购买服务和企业捐赠的锐减，将在未来一年甚至更长的时间内对公益机构产生“波纹式”打击。

一些大中型公益机构通常会提前备好至少上半年的资金，而那些基层公益组织平时就没有多少资金积累，原本就处于寅吃卯粮的境况。刘忠亮认为，真正的资金困难将在今年年底或明年年初凸显出来。而现在，政府采购服务与基金会资助的预算能否维持原有规模，成为许多一线公益机构能否存活下去的关键。

三、线上复工自救

疫情初期，丁当采购了一批口罩、消毒液等防疫用品，分发给环卫工人和社区家庭，同时给孩子们送文具、免洗洗手液，还有一些防疫手册。

因为隔离，丁当也看到了比以往更紧绷的家庭关系和生活压力，孩子们停学在家，父母为收入减少而揪心。“疫情期间亲子矛盾多了。”她说，这段时间，工厂裁员，一些家长经济压力大，一个人要找两份工作，孩子根本就没人照顾。绿色蔷薇的工作量并未减少，他们一直忙着辅导孩子功课，让家长得到喘息和放松。

“这些课都在线上进行。”丁当说，他们在线上教孩子如何写作，并请专业老师来讲解。最近，他们刚结束了六节亲子教育的课程。

疫情打乱了原有的安排和计划，但丁当发现，线上服务依然可行。据《公益时报》报道，疫情期间，由于复工延期和线下活动受限，不少机构在努力开发线上业务，比如一对一的线上辅导、线上志愿者陪伴等。

报道称，上海闵行区活力社区服务中心也一直关注留守儿童的成长问题。因为疫情，他们把一些适合线上传播的课程制作成短视频进行发布，也将教师培训和家长课堂调整为线上活动。中心还在春节后开始使用办公App线上复工。从2月底开始，巴渝公益同样组织部分有条件的职工开始了线上复工。

不过，大部分一线服务型机构在网上无法开展线下服务，线上活动的执行程度很难把控，而且活动效果与线下存在差距。例如，在农村做环保宣传教育，再高科技的线上服务也无法产生线下走访、体验的效果。

“对女工来说，她们对网络的使用还不太熟练。”丁当和同事们也在探索线上线下相结合的项目模式。绿色蔷薇一直在社区内活动，他们有时会召集一些姐妹到活动室，通过唱歌、跳舞、做绘本等方式丰富人们的日常生活。

此外，他们还请了律师到社区群，举办线上法律讲座，大家有什么问题就可以在线上咨询。丁当感觉机构项目活动依然丰富，“其实，我们做了很多活动，今后还有很多事情要做。”她不敢想象，如果绿色蔷薇真的关门了，这个社区会变得怎样。

如果这些基层机构难以维持，刘忠亮担心公益生态会遭到破坏。“这个雨林里只有大树，没有了苔藓和小草，就意味着一些特定群体的福祉被遗忘。”他说，有些专业领域，如工伤保护、自闭症等，需要有专门的公益机构来服务，“你很难想象红十字会专门服务于某些特定群体，这不是他们擅长的。”

四、99 公益日“抢钱”

7 月 2 日，绿色蔷薇负责人丁当在网络上发出一篇求助文章《在深圳，10 000 个丁当需要你的帮助》。在短短 15 小时内，绿色蔷薇就获得了 36 万元善款资助。截至 7 月 11 日，已有超过 2 万名网友为绿色蔷薇捐赠了 56 万余元。这是丁当意想不到的惊喜，如果这笔款项到账，机构又可以维持两年。

不少公益机构试图通过互联网募集善款渡过难关。《报告》显示，在公益机构收入来源中排名第三的就是众筹，仅次于政府采购和国内基金会资助，占比 20%。2020 年中国互联网公益峰会 7 月 14 日公布的统计数据显示，社会各界通过互联网募集善款 18.67 亿元，参与人次达到 4 954 万。

“99 公益日”（9 月 7—9 日）无疑是国内众多公益机构获得“输血”的机会。自 2015 年开始，腾讯公益平台每年都会举行全民公益活动，一些地方慈善会参与的积极性也日渐高涨。如 2019 年第五届“99 公益日”，平台三天内筹集了 4 800 万人次的爱心捐款 17.83 亿元，筹款排行榜前 10 名中有 5 家来自慈善会系统，占据了半壁江山，且包揽了第二名到第五名。看到慈善会那么用力，民间组织都是发怵的，很多机构指望这次筹款渡过难关的计划泡汤。

据《中国慈善家》披露，每年三成左右的社会捐赠流向慈善会系统。慈善会是仅次于红十字会的第二大慈善组织系统，其官方背景也使他们在政府资源、组织网络和媒体资源方面具有天然优势，可以转化为强大的社会动员能力。

相比之下，草根公益组织机构根本没有资源与能力。绿色蔷薇在“99 公益日”筹款最多 10 万元，更多不知名的小机构筹款也就四五万元，这笔钱对机构日常运营而言只是杯水车薪。

在深圳，丁当也在尝试以社会企业的方式摆脱困境。8 月即将过去，互联网募集的善款还没有到账。她与社区的女工们尝试用牛仔裤、环保袋等做一些定制产品换取收入。“家政工作也是我一直想做的。”丁当说，今后让机构像一个小企业一样，解决姐妹们一部分生计的问题，同时机构也能赚一些钱，继续为社区服务。

现在，公益生态系统的现状是大机构资源集聚，小机构连活命都难。“只能靠自己，没钱了，机构就得关门，我不敢想那么长远。”丁当说，机构今后的发展需要更多的资金。她希望引进更多的资源，让孩子们开阔视野，参与更多的活动。

夜晚，安静的牛始埔突然热闹起来。工友们下班回家，每家窗户都亮起了灯，一些妇女在灯下做着手工来补贴家用。楼下的孩子比白天更活跃，成群结队嬉闹在一起。闲下来，丁当总惦记着找一处空旷的场地，墙上安装几面镜子，孩子们可以唱歌、跳舞，排练戏剧。

（案例来源：《后疫情时代：草根公益组织先活下来再说》腾讯网，2020-08-31，有删改）

【案例思考】

案例解析

1. 新冠疫情的暴发对“绿色蔷薇”产生了什么影响？

2.“绿色蔷薇”面临困境的原因是什么？

3. 草根公益组织的发展一定程度上依赖于政府采购服务，你认为是好是坏？

4. 结合该案例，谈谈草根公益组织应如何存活与可持续发展。

案例 2-6

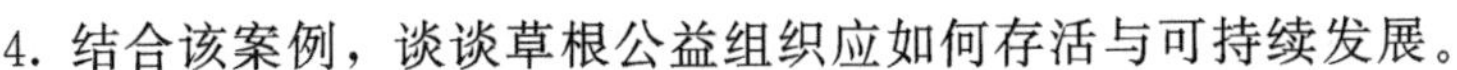

化零为整：行政审批制度改革的“破局之局”

群众“办事难”是以往长期存在的问题，虽然新兴的政务服务中心使得这个现象得到一定程度的缓解，但终究是“治标不治本”。仅仅将各个部门进行物理集中，难以从根本上解决审批步骤烦琐、耗时长的问题。只有将审批流程整体再造，促使各个部门以服务人民为中心，进行协同合作，才能真正在审批上实现“便民”。S 市 L 区行政审批局自上而下经过三个月的“集成式改革”，从根本上实现了由“政府为导向”至“群众为中心”的转变，大大简化了审批步骤，缩短了审批时长。

【案例内容】

一、引子

“丁零零……”一阵急促的电话铃声传来，正在上班的陈某赶忙接起电话。

“您好，请问您是陈某吗？我是体育局的工作人员。”

“是的，我是陈某，请问有什么事情吗？”陈某急切地询问道。

“您好，是这样的，您申请的高危证马上可以办下来了，但是由于您的游泳馆距离上次勘验已超过一个月的时间，所以需要进行再次勘验才可以给您正常发证。”

“什么？又要进行勘验？”陈某诧异地问道。

“是的，如果不进行再次勘验，证件将无法正常发放。”

“好的，我知道了。”陈某沮丧地回答着。

同事看到沮丧的陈某便询问缘由，得知事情经过后便随口说：“这是正常现象啊，你在申请之前就应该做好心理准备的，办理证件就是麻烦，每天跑来跑去。之前我去办理一个小证件，也是跑了有一个星期呐。”

听了同事的这番话，陈某心里五味杂陈。陈某已经数不清这是第几次在为开办游泳馆的手续奔波了，从 6 月 1 日第一次提交相关申请材料至今，已有一个月的时间，其间陈某多次奔波在卫计局、体育局等多个部门之间，耗费巨大精力，但仍未将开办游泳馆的手续办理齐全。陈某是一名普通的公司职员，开办游泳馆也只是想在夏季多赚一笔钱补贴家用，但因繁杂的手续耽误正常工作所扣的薪酬加上一次次勘验所花费的高额费用早已超出了陈某的预算。陈某陷入了两难的境地：继续办理就意味着要再次花费高额勘验费用，同时是否可以按计划时间正常开业仍是未知数；但如果不继续办理，就意味着之前所耗费的金钱和精力全都付诸东流。陈某不禁在心里发问：到底何时才能快速、简单办证？

陈某的遭遇绝不是个例，而是大多数人在生活或工作中都会遭遇的难题。那到底何时才能解决百姓"办事难""跑断腿"的问题呢？

二、L 区行政审批局挂牌成立

为全面贯彻落实党中央、国务院和省委、省政府关于"放管服"改革的具体部署，进一步深化行政审批制度改革，提升政府行政效能，W 省被列为"相对集中行政许可权"改革试点省份之一。2016 年 7 月，经国务院同意，中央编办、国务院法制办批复 W 省在巩固前期试点成果的基础上，积极稳妥扩大试点范围。同期 W 省创新推行的"不见面审批"的改革举措，标志着 W 省政府施政理念的重大转变，并被写进中共中央办公厅和国务院办公厅《关于深入推进审批服务便民化的指导意见》，在全国作为经验推广。凭借"预审代办制"的金字招牌，S 市市委、市政府发文将 L 区纳入试点范围。2017 年 6 月 21 日，L 区行政审批局挂牌成立。

L 区行政审批局的建立将原本的审批流程进行了一个整体性重构，将审批机构原本的"职能型结构"转变为"横向型结构"(见图 2-11)。这种横向型结构强调按贯穿整个组织的核心流程划分工作、组织人员，以便共同服务群众。在此结构之下，群众满意度成为组织完善和发展的第一驱动力，从而实现了由"政府需求导向"向"群众需求中心"的大转变。

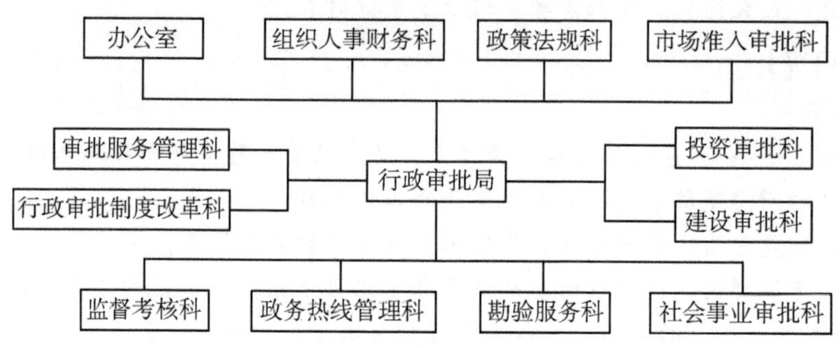

图 2-11　S 市 L 区行政审批局机构设置示意图

L 区行政审批局实行"一枚印章管理审批"的方案，审批局下设公共资源交易中心、12345 呼叫中心、投资代办服务中心、勘验服务中心 4 个全民事业单位。2018 年 7 月行政审批局正式实体运行，开设区政务服务中心集中办理许可审批和服务事项。按照应进必进的原则，整合区级机关的行政许可、非许可审批和公共服务事项，在中心集中统一受理、统一发件。同年入驻 23 个区级机关部门和单位，587 名工作人员，设 323 个办事窗口，集中提供政务服务事项 748 项。政务服务中心按照资源整合、优化配置、统分结合、彰显特色的原则，实行公共资源交易集中管理，推行统一进场交易、统一平台运行、统一信息发布、统一监察监督；办理行政许可、非许可审批和公共服务事项涉及的所有收费，公共资源交易的各项收费均在进驻中心的银行窗口缴费。

2018 年全年大厅综合管理系统办件量达 50 万件，当场办结率达 100%，群众综合满意度达99.45%。区12345政务热线平台2018年全年共受理群众诉求211 057件，日均办理工单约580件，区政务考核整体绩效、群众满意度等均位于当前S市区县前列。

为进一步推行“一站式”服务功能，优化营商环境，L区行政审批局推出了6项特色创新服务：市场准入准营大厅，关联事项“一次办”；投资审批大厅，集中入驻了9个审批部门，实现了建设项目审批一窗受理“并联办”；“互联网＋政务服务”体验区，设立专区“自助办”，集成出入境、社保、信用、税务、房产等19台自助设备，可办理30余项业务，7×24小时全天候为百姓提供服务；公安审批大厅，事项集成“一门办”，划分出入境、综合业务、户政、身份证、导服台五大功能区域，涵盖六大类37项公安行政审批业务；不动产登记大厅，流程优化“马上办”；社保婚登大厅，公共服务“就近办”。

三、行政审批局实体化运行成效显著

自2018年7月L区行政审批局正式实体化运行后，90%以上的审批服务实现“不见面审批”，基本建设项目审批提速70%以上。另外为继续推进“不见面审批”和预审代办制工作，L区不断探索创新、先试先行，摸索出了新的行政审批“创举”。如“模拟审批”和“代办服务”，在项目等地的空档期，其他部门提前介入，审核资料，出具不盖公章的审批结论，等项目一拿到土地，迅速完成“模拟”审批向正式审批件的转换，从而大幅减少审批用时。同时，为解决办证难问题，L区行政审批局推出了“证照套餐联办”服务。

2018年11月，L区行政审批局发出全市第一张新版电子施工许可证，这标志着S市工程建设项目审批制度改革(简称“864”改革)迈上了数据化新台阶。

2019年1月，《S市机构改革方案》(以下简称《方案》)正式公布。《方案》提出重新组建市政务服务管理办公室，将市级部门的有关行政许可、审批服务协调推进、政务数据归集应用等职责整合，并挂市行政审批局牌子。市级对口管理部门成立后，L区行政审批局通过改革下设12个科室、4个事业单位，将原由区发展改革局、经信局、财政局等19个政府工作部门所承担的86项行政审批权“划入”新的行政审批局。

2019年6月以来，L区行政审批局从“三证联办”“一件事”服务及审批效能提升三个方面入手，按照市民“点单”需求，整合事项、再造流程、共享信息，将关联事项链式组合，审批服务“打包”送达，把“一揽子事”变成“一件事”。

L区政务服务中心以审批窗口为基础，按类型将部门分设的办事窗口整合为多个综合服务区块，依据业务分类和办事缓急程度组建“一窗通办”服务窗口，形成前台综合受理、后台分类审批、综合窗口出件的工作模式。以百姓办成一件事为目标，将原不同部门事项的流程和要件重组，办理过程只提交一份材料、一张表单，群众办成一件事材料精简率达50%，实现了“一网受理，联审联办，集中勘验，同步办结，合并快递”。为打通民生服务“最后一千米”，解决办事群众及企业办事难、跑路远的问题，L区行政审批局根据民众迫切需求首创延时服务，实行“早班提前上、午间不休息、晚上延点时、周六正常办”的两班制原则，为企业和民众提供错时、延时服务。

一站式服务的便捷，在陈某第二次去办理游泳馆营业执照时便得到了充分体现。之前在取得工商营业执照的情况下，要办理高危险性体育项目许可证和公共场所卫生许可证，必须在工作日跑两个部门，交两次材料，做三次勘验，耗时一月之久。整个过程，不仅费钱费事，还有可能耽误营业。但在此次办理过程中，陈某不仅不用影响自己正常上班时间，并且只需要跑一个部门，前后仅用三天时间，就在行政审批局窗口领齐了所有的证照。三证备齐后，第二天就可以开始营业了，这让陈某惊叹不已。

L区行政审批局着眼于深化“互联网＋政务服务”，带动“不见面审批”的广泛应用，推动各数据平台资源和政务数据的持续整合，建成独具特色的“互联网＋政务服务”自助体验区。同时加大对省政务网和App的宣传推广力度，在大厅专设网办应用指引，在微信公众号等媒体专题推广推介。

互联网的深入应用，不仅提高了审批效率，更为民众带来了极大的便利。陈某在此次申办证件前可以先登录省政务网查询相关信息，按照网站操作指示顺利进入自己所需要的窗口查询办证信息，政务网站上将清楚地罗列出陈某办证所需要的申请材料，这样陈某便可以一次把所有材料准备齐全，不必像上次一样跑去不同的部门询问办证条件(见图2-12)。

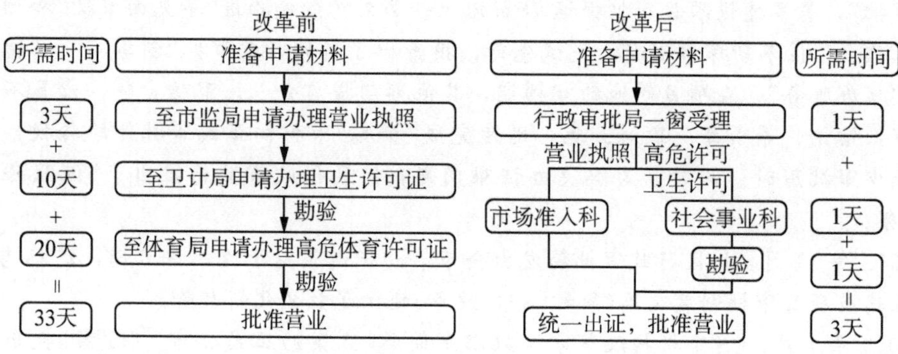

图2-12　行政审批流程改革前后对比——以开办游泳馆为例

四、行政审批体制改革的碎片化困境

1. 审管互动机制未建立，结构功能碎片化

从行政审批的本质上来说，审批与监管是一体两面，不可分割，深入推进“放管服”改革成果，不仅要“放”得开，还要“管”得稳。“放”和“管”两个轮子同步运转才能“蹄疾步稳”，但是在现实中却存在诸多问题。例如，L区行政审批局某办公室工作人员指出：“我们行政审批局成立后，相关权力事项已经划转，但同原部门之间的权力、责任权限边界还未厘清，如我们负责的企业审批、备案事项，仍是沿用原市场监督管理局的审批系统，且账号、系统和各项管理权限仍在市场监督管理局的控制范围内，这就造成了权责不清。但目前上级单位尚未对这些事项进行明确回复，我们开展工作时仍存在后顾之忧。”

在审批局与职能部门签订事项交接协议时，明确了审管信息互相推送制度，并且明确了推送的内容、时限和渠道。但是在具体交接过程中，仍有职能部门对审批事项的边界划分有争议。L区行政审批局商事登记窗口负责人说道：“有人冒用他人身份证办理营业执照，形成‘被股东’现象，此事被投诉举报或被有关行政主体发现后应对该许可撤销，但是中间调查过程应由谁负责，审批局是否有行政执法的调查权(立案、询问、陈述申辩、调查取证、查封扣押等)，还是只有审批权，目前没有明确的规定。商务办件系统多为部级以上系统，和S市审批平台没有建立数据互通渠道，降低了行政审批事项的出证效率，十分影响我市改革政策的落地。”

行政审批局成立之前，行政审批权力的实施、监管职责属于一家单位，存在的问题主要是主管单位如何平衡“审批、监管”两方面职责的问题；行政审批局成立之后，根据L区行政审批相关改革方案确定的“审管分离”原则，即行政审批局只负责事项审批，企业或其他市场主体后续的监管仍由原主管部门负责。行政审批管理的实施、监管分别由行政审批局与原单位实施，但改革实施过程中，行政审批权力种类繁多、审管融合程度强，业务多重交叉，导致“审管脱离”。

2. 府际纵向衔接性差，条线对接碎片化

“放管服”改革进入深水区，在实现政府职能转变，激发体制机制活力的道路上众多暗礁浮现，其中各地普遍存在的问题就是省市级地方政府在推进简政放权工作时缺乏整体谋划，从省级到市级再到县级，各级政府主要聚焦于权力下沉，责任下移，但是相关配套没有及时跟进，导致“碎片化”改革现象突出。审批事项下放速度越来越快，范围也越来越大，但是这些事项下放，是否符合基层实际承接能力？行政审批局某办公室人员指出：“我局自开始对接该事项划转工作以来，到处求知问解，却没有专业人士给予技术指导支持，工作完全被动。固定资产投资项目的审批，审批局是否有该职能承接？是否有可以委托的法律权限，是否有专业人员及时给予培训，这都是审批工作中面临的实际亟须解决的问题。希望在建设项目方面上级能及时给予‘全链条’式培训。”

在政府部门简政放权的具体实施过程中，错位放权、选择性放权的现象依然存在。国家各级权力部门一直在向下级部门释放行政权力，但却没有下放相应的编制和资源，导致基层承接能力和监管力量明显不足。同时，简政放权工作没有做到统筹规划，协同组织。例如，同一链条的办理事项分属不同部门，有的部门改革力度大，将涉及的权力层层下放，但有的部门客观上受限于法律法规，或者主观上不愿意下放，导致办事群众或企业“上下两级来回跑”的现象频发。

3. 人力资源稳定性差，编制配比碎片化

在传统政府治理模式中，基层政府亦会试图通过人力资源的扩充来提升行政效率，然而却受制于人力资源配置的成本因素与实现公共利益最大化的矛盾，从而加剧了基层政府组织结构的碎片化程度。在L区行政审批体制改革的过程中，政府人员编制扩充力度与政府机构调整、职能转变所带来的事务复杂化、多样化程度严重不符，造成了人权与事权的不匹配。为了弥补工作人员编制短缺所带来的行政效率低下的问题，政府往往会通过划拨财政收入招聘合同工的方式吸纳基层工作人员，以此扩充基层人员配置，但这些编外人员在编制身份、工资待遇、工作性质上与在编公务人员(包括事业编制)大相径庭，形成了人力资源上的“二元”结构。行政审批局某工作人员抱怨道：“在新的部门，新的体制下工作，天天对着电脑进行线上审批，不仅干多份活儿，待遇和编制还不稳定。”因此，虽然招收编外人员在短期内能够在一定程度上缓解工作压力，但依旧治标不治本，且编外人员自身存在稳定性差、素质参差不齐、难以约束管理等问题，反而会造成基层政府人力资源“隐形膨胀”的窘境，进而加剧基层政府组织架构的内卷化与碎片化的趋势。

（案例来源：2020年江苏高校研究生公共管理案例分析大赛获奖案例《化整为零：行政审批体制改革的“破局之局”》——以L区行政审批局为例，有删改）

案例解析

【案例思考】

1. 行政效能的影响因素有哪些？

2. 行政审批制度改革的动力和阻力分别是什么？

3. 结合案例，运用相关理论，谈谈如何解决行政审批体制改革导致的碎片化问题。

案例 2-7

“局队合一”提高执法效能

浙江省宁波市生态环境局北仑分局坚持把生态环境保护综合行政执法改革作为推进区域生态环境治理体系和治理能力现代化的关键环节和重要支点，围绕“全员执法、执法下沉、业务融合、廉政高效”的工作目标，深入推进“局队合一”体制改革，加快实现“五个打通”，为巩固国家生态文明建设示范区创建成果，为打赢污染防治攻坚战提供了有力的制度保障和组织保障。

【案例内容】

2020 年，北仑分局累计查处各类环境违法案件 111 起，查封企业 42 家，共处罚款 700 万元，执法水平保持全市前列。全年累计受理处置各类环境信访 535 件，同比下降 24.2%，并于 2021 年第二轮中央生态环境保护督察期间取得“两个第一、两个最少”的高分成绩，即北仑区交办信访件数减少量和下降幅度均位居全市第一、信访重点件和督察组现场发现问题全市最少。北仑分局因工作表现突出被表彰为宁波市“六争攻坚”先锋榜好团队，并被推荐为全国执法大练兵先进候选集体。“局队合一”改革实施一年多来，区域生态环境执法监管力度明显提升，执法队员活力明显增强，执法效能明显改善。

一、坚持固本强基，在加强队伍建设上取得新进展

北仑区地处宁波舟山港核心区域，是华东地区重要的能源原材料和先进制造业基地，记录在册的各类污染源数量超过 5 000 个，水污染、空气污染、固体废弃物污染等方面的主要污染物总排放量均位居全市第一。但与之相比，执法人员核定编制数仅为 22 名，低于省市平均水平，“小马拉大车”问题突出。为此，北仑分局准确把握生态环境综合行政执法、垂直管理改革等有关精神，聚焦改革目标，坚持问题导向，着力提升执法队伍建设。重点突出“三个强化”：一是强化政治建设。此次“局队合一”改革，始终把党的领导和政治建设摆在首要位置，增强“四个意识”，坚定“四个自信”，做到“两个维护”，坚决扛起生态环境机构改革的政治责任。分局党组书记、局长兼任执法队队长，直接参与全区生态环境行政执法的统一领导；片区中队长均由党性修养高、业务本领强的资深科长担任。同时，在局党组的领导下成立执法队党支部，设置党员先锋岗，全方位突出政治引领、政治功能和政治作用，为更好地贯彻落实上级有关精神，大胆探索、深化改革提供了坚强后盾。二是强化全员执法。根据“三定方案”，在此次“局队合一”改革中将原监察大队按片区扩充为四个执法中队，按照只增不减原则，划入人员 10 名，执法队总人数占全局 40%以上。同时，全局其他人员全部软性编入各中队，明确执法身份，配发制服装备，实行双重管理。2021 年执法队各类交叉执法、专项行动、应急值班实现全局全员轮转、全员覆盖，执法人员短缺、任务繁重的现状实现了结构性扭转。2021 年已先后组织开展“绿剑行动”、百日攻坚等专项执法行动 16 次，出动执法人员 7 000 人次，开展“三服务”活动走访企业 2 900 家次，执法主责主业得到进一步突出。三是强化岗位练兵。“局队合一”后，牢固树立执法能力提升的鲜明导向，坚持从学习培训、制度建设和实战练兵抓起，组织开展了“全员、全年、全过程”执法大练兵活动，以执法筑牢环境保护工作的基础。同时，根据业务融合和事中事后监管要求，为执法人员安排了排污许可证管理、污水零直排、机动车尾气、无人机航拍等一批补链、强链业务学习科目，真正做到执法人员“一专多能”。2021 年已组织开展执法业务培训 15 期，制定内部管理制度 7 项，评选执法能手 3 名，执法队员工作能力实现跨越式提升。

二、坚持高效协同，在推动业务融合上实现新突破

此次“局队合一”改革，坚持“科室主建、中队主战”的工作思路，整合分局各业务部门污染防治和行政许可现场管理职能，全面梳理、规范生态环境执法监管事项，通过“以块为主、条块结合”的方式，将原业务科室现场踏勘、企业检查、专项整治等工作移交给各片区中队，实现“一支队伍”赴现场，不断优化“重许可轻监管”的行政管理方式，把日常工作从事前管理转到加强事中事后监管上来，促进业务管理与环境执法的无缝衔接。一是业务流程再造。以往环保日常管理工作中项目审批、行政许可与执法监管存在一定程度的脱节，容易导致执法部门成为兜底部门，工作难度和压力较大。“局队合一”后，部分精干业务人员被划入各中队，现场勘查、核实均由执法队负责，案件审理、整治提升也有业务科室参与，打通了业务管理和综合执法的双向通道。并运用“数字环保”管理平台和手机端环保云平台，让交叉业务全部实现了掌上办理。2021 年局业务科室与执法队已联合踏勘 323 个项目审批，全面推进 258 家企业办理排污许可证，累计完成 140 家企业污水零直排排查整改，全局工作效率得到大幅提高。二是现场检查整合。针对以往生态环境部门多头赴现场的问题，“局队合一”改革后，不仅在落实环境管理上形成了“片线结合、清单管理、精准施治”的体制，更是在企业监管上完善了“执法＋”新模式，基本实现一次上门解决多个问题，真正把执法的落脚点放到改正问题上、放到服务企业上、放到提升环境质量上。研究制定了执一次法形成一张问题清单、明确一份整改措施、进行一次整改“回头看”的“三个一”工作方法，通过优化检查方式努力做到对守信合法企业的“无事不扰”和对失信违法企业的“无处不在”，形成了强大的执法威慑。三是网格管理升级。由于历史原因和机构编制限制，北仑区 10 个街道“环保所”多数设置在安监所，且无专职工作人员。此次改革，根据《北仑区生态环境保护职责规定》，按照“两级一体、上抓下管”的原则对街道生态环境责任进行了梳理，片区中队与属地街道进一步划清了责任清单、完善了联动机制。同时积极争取区政府财政资金 150 万元，聘请 7 家第三方环保单位驻点街道协助开展环保管理，克服了基层环保人员不足的“堵点”问题，真正推动了环保网格落地，街道生态环境治理平台实现高效运行。

三、坚持机制创新，在提升监管能力上取得新成效

结合“局队合一”改革，围绕监管服务效能提升，北仑分局重点实施了环保服务高质量发展工程，运用“信用＋”“保险＋”“科技＋”手段积极助力企业绿色发展。

一是依托科技赋能。由于人员力量加强，在执法队内部设置了在线监控管理中心，落实专人对全区12个空气、水环境自动站和14个小微自动站、173个企业排放口开展实时监控，今年以来已累计发现各类环境管理问题1 063项，立案查处1件。此外，还投入资金500万元对“数字环保”管理系统进行了全面升级，投入330万元新增VOCs走航车一辆、手持式气体检测仪4台、高性能无人机1架，环境问题发现能力得到显著提升。新冠疫情期间，执法队持续对辖区企业开展远程不接触执法，开出了全省首张机动车尾气黑烟抓拍罚单，并在全省率先完成企业在线监控系统计量认证，目前首例在线监控超标处罚案件正在积极侦办中。

二是健全信用管理。结合上级精神，2021年北仑分局大力实施了信用监管，制定出台了《北仑区推进企业环境信用评价与差别化监管工作实施方案(试行)》，积极探索构建以环境信用评级为基础的分级、分类、差别化“双随机、一公开”监管模式，已先后对7起轻微违法行为开展立案免于处罚约谈整改工作，办理各类企业信用修复25起。同时研究出台了《北仑区污染源自动监控第三方运维机构环境信用等级评价管理办法》，对7家在线运维单位开展信用等级评价，通过信用手段进一步规范第三方服务市场。

三是巩固社会化治理。充分运用北仑区生态文明体制改革促进环境治理体系和治理能力现代化的先发优势，结合污水零直排、无废城市、小微企业园建设等重点工作，大力推进生态环境社会化治理体系。通过设置环保咨询服务平台，开展“生态环境议事厅”“生态环境大讲堂”“生态环境集市”等活动，组织第三方单位走访服务企业3 000余家次，解决各类环境问题300余项。持续深化生态环境绿色保险，健全绿色保险配套制度，整合区域环保服务能力，推动5个园区试点园区绿色保险，全区累计参保企业超过200家。同时积极借助社会力量强化应急能力建设，聘请21名专家建立了应急专家库，与3家企业、机构签订了应急处置协作协议，新增了2个区级应急物资库。

（案例来源：《“局队合一”优化机构职能体系“执法下沉”强化资源要素保障》，中华人民共和国生态环境部网站，2021-07-19）

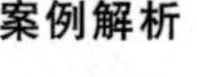

案例解析

【案例思考】

1. 全员执法有何特点？
2. 在行政综合执法改革中，为什么会采用“局队合一”的执法体制？
3. 从行政组织结构上看，主管部门与其综合执法队伍合二为一有什么好处？

案例2-8

“网红”县长抖音直播，创新执政方式

近年来，随着“直播+”的火热，各行各业都开始加入直播的热潮，同时也激发了政府部门开办政务直播的热情。双向的互动交流不仅能够增强民众的认同感，而且也进一步扩大了政府的影响力，畅通了沟通渠道，构筑了一道政民互动的连心桥。

【案例内容】

2019年9月8日，内蒙古锡林郭勒盟多伦县县长刘建军突击巡视草甸草原，一路上刘建军都开着直播。

多伦县的锡林郭勒草原，在一些自驾游攻略上被列入全国十佳最“野”越野路线。近几年，随着自驾游数量增多，违规越野，碾轧草场事件时有发生。

在曾发生过的越野车碾轧草场事件中，刘建军依靠短视频直播平台不断发声，带领多伦县赢得了一场“舆论战”的胜利，而这位善于直播的“网红”县长也因此走红。

如今，刘建军在“抖音”和“快手”短视频 App 上分别拥有 5.1 万和 4.1 万粉丝量，直播时长超过全国 99%的用户。

一、两起草场风波

刘建军的“走红”和两起越野车碾轧草场事件有关。

2019 年 7 月，一则“35 辆越野车因碾轧草场被牧民拦下要钱”的推文在网上发酵，多名大 V 转发，对多伦旅游造成严重影响。刘建军实地核实发现，此事并非发生在多伦县境内。他通过直播进行澄清，要求各大媒体、大 V 致歉。

然而一波未平，一波又起。

8 月 5 日，一条视频又把刘建军推向了舆论的风口。视频中，一名光头男子面对镜头兴奋地说：“建军，我到家了，你还追呢？认识这车吗？开回来了，宝贝。”

事情起因同样是越野车故意碾轧破坏草场。视频显示，数辆越野车在多伦县境内的锡林郭勒草原越野，画面中泥土飞溅，草地被碾出多条沟槽，植被遭到破坏。

这条视频点燃了刘建军的怒火。

他用“快手”连发了 8 条短视频，视频标题直接是“你们的良心哪儿去了”“疯了也不会这样”“谁给你的权力”“越野还是撒野”……要求涉事车辆 3 日内到多伦县配合调查，接受处罚。

最终，4 名涉事车主接受处罚，但另外 5 名越野车车主置若罔闻，其中就包括那名光头男子。

面对挑衅，刘建军用“快手”“抖音”等平台曝光了这段视频，并再次向对方喊话：“请你两日内到多伦县接受调查。”

随着相关视频的“发酵”，多家主流媒体跟进报道，仅在新华社一家客户端的总阅读量就突破了 500 万。舆论一边倒地谴责破坏草场的行为。

迫于舆论压力，组织此次越野活动的北京洪坦汽车定制改装中心主动归案，并接受了多伦县作出的罚款、恢复植被、视频公开道歉处罚，而视频的拍摄者邵某则被公司开除，其个人也向多伦县及刘建军进行了道歉。

回顾“草场风波”，刘建军坦言，此次事件暴露出多伦县执法的两难处境，肇事者本身违法成本低，处罚手段有限，而执法机构——草原综合执法大队，并非警察，硬执法反而会带来巨大的舆论风险。为此多伦县一边发动舆论战，一边成立专案组，开展调查取证，多伦县人民检察院也从公益诉讼的角度介入。

在刘建军看来，此次“舆论战”是一次压倒性的胜利，直播和短视频是他最有力的反击武器。

二、开通直播账号

上任多伦县县长后，刘建军一直尝试将多伦县宣传出去。多伦县境内“山水林田湖草沙”等生态景观丰富，是锡林郭勒草原的浓缩版和精华版。然而“好酒也怕巷子深”，如何宣传推介多伦县成了一道难题。

刘建军曾咨询过一些电视台的广告投放，动辄几百万的要价，县财政难以承担。而在北京开专场推介会或者租用广告牌，这种传统的宣传方式投入大、受众面小且传播效果难以评估。

此时，有盟里领导建议刘建军尝试用新媒体平台搞宣传。受到启发的刘建军把目光投向了直播。在他看来，相比于传统媒体的高投入，只需一部手机的直播方式，成本更低，更符合区县宣传的实际。

2019 年 3 月初，刘建军开通了直播号，然而开播之初，“县长不着调，上班时间玩直播”的质疑接踵而至。最让刘建军苦恼的是，直播号里“黑粉”太多，不少外地粉丝最初看他的直播，是因为好奇他到底是不是县长。

通过每天坚持直播，刘建军逐渐积累起粉丝量和人气。他每天的直播内容琐碎但接地气，从突查酒驾到调查学生伙食费，从夜市卫生再到猪肉价格……有摊贩甚至要求刘建军在直播时给自家的柴鸡蛋打广告。

随着粉丝数的增长，刘建军发现自己的直播号成了多伦县的“第二信访局”，民众通过直播号就能找到他。

刘建军说，现在他每天都要花 1～2 小时回复群众的私信，新的苦恼也随之产生。他发现群众的一些诉求，超出了县长的职权范围。他要反复解释，老百姓才能明白，县长也不是万能的。

而针对草地螟的防治，则让刘建军看到了直播带来的治理高效化。

2019 年 6 月，陪同刘建军下乡的多伦农业广播电视学校校长孙亚梅在一处辣椒地里发现了草地螟虫情。孙亚梅随即发出预警，若不采取措施，三天内这些作物将“全军覆没”，这引起了刘建军的重视。他一边让孙亚梅直播宣传防治知识，一边立刻召集有关乡镇长上线关注直播。多伦县也随即发布了草地螟暴发预警，并迅速出台了防治方案。

草地螟是迁飞性、多食性害虫，可取食 200 余种植物，主要危害土豆、玉米、甜菜等作物。去年同期，内蒙古发生了 38 年来最严重的草地螟虫害。孙亚梅说，今年的草地螟虫害防治，相比周边县市，多伦县是最及时、最有效的，这都得益于直播所带来的高效率。

三、推动政务直播

2019 年 9 月 5 日下午，是多伦县卫生健康委员会专场直播的日子。背靠蓝色幕墙，第一次面对直播镜头的多伦县卫生健康委员会副主任夏振华显得有些局促。夏振华告诉《中国新闻周刊》，直播前他专门针对网友互动环节做了功课，他尝试着站在普通百姓的角度，去思考他们所关心的医疗卫生问题。

从 2019 年 8 月 1 日开始，多伦县政府“快手”问政直播间正式开通，27 个工作部门的主要负责人走进直播间，与网民互动交流。“快手”问政开通一个月以来，粉丝数达 4 700 多人，日均在线观看人数约 500 人，最高达到 2 555 人。

目前，多伦县各乡镇、部门注册“抖音”账号 56 个，“快手”账号 45 个。县政府还要求所有副科级以上干部都要实名注册直播号，并按要求向网信部门报备。

多位多伦县官员认为，多伦县的政务直播能够推行下去，领导的因素占了一大半。有多伦县的官员坦言，县领导直接“挂帅”督促的好处是，打破了各部门壁垒，减少推诿扯皮，部门办事效率提高很多。

刘建军希望通过政务直播能在多伦县形成倒逼机制——促进政府阳光施政、提高干部素质，获得畅达民意的新渠道。

四、多伦县实践

9月6日，多伦县教育局局长黄树林做客“快手”问政直播间。直播的上半场，黄树林埋头读材料，直播间里网民开始不耐烦，教育局作为最受关注的部门之一，网民沟通的诉求强烈。焦躁的情绪开始在直播间蔓延。

“领导你怎么不看屏幕呢?”“这是快手问政还是工作总结?”“我们的问题你都不能回答?”……一连串的诘问开始刷屏。意识到网民的互动诉求后，黄树林开始回应网民的提问，直播间里的气氛也逐渐缓和。

基层政府初涉政务直播，内容单一和形式呆板是一个共性问题。厦门大学新闻传播学院教授邱鸿峰表示，政务直播不是一种随意的行为，它必须被视为政府的公共关系或者媒体关系活动，所以直播之前应当要有策划。直播效果如何，很大程度上在于策划的活动或者事件是否有足够的吸引力或话题性。

学者们认为，政务直播的生命力取决于是否能建立公信力、是否能解决实际问题。

邱鸿峰认为，信任的建立是一个相当漫长的过程，是在公众与政府部门长期互动的过程中逐渐建立的，而它的失去却非常容易。

“作为直播者，必须清楚直播的内容、主题和直播想要达到的目的，是证明政府有解决问题的‘能力’，还是问题虽然一时难以解决但政府有足够的‘诚意’去解决。”邱鸿峰说。

国家行政学院电子政务专家汪玉凯表示，“报喜不报忧”是政府治理普遍存在的现象，这导致百姓对政府信任度不高。他认为，政务直播不能变成一个表扬的平台，而应该是一个公众不断提出问题、政府能够介入解决问题的平台。然而，地方的政务直播实践，仍处于“摸着石头过河”的阶段，挑战无处不在。

刘建军认为，不同的地方政府有不同的难处。政务直播往往风险极大，形成棘手舆情很难处理，如果地方不稳定因素太多，政务直播就会成为累赘。在多伦县的实践过程中，争议也未曾间断。刘建军坦言，有领导干部仍在用嘲笑的眼光看待多伦县的政务直播实践。

今年以来，多伦县举办了五期“网红”培训班，培训内容是“快手”“抖音”的运营和短视频制作，目的是提高干部的媒介素养。

刘建军说，下一步，多伦县的政务直播将扩大至各乡镇、二级单位和执法机构，县长和各副县长都将加入直播的行列。他说，“届时我将带头做第一场直播。”

（案例来源：《“网红”县长玩抖音：直播时长打败了全国99%的用户》，中国经济网，2019-09-17）

【案例思考】

1. 从政府治理效能与政府公信力方面看，政务直播发挥了哪些作用?
2. 地方政府在政务直播中可能会面临哪些问题？应如何解决?
3. 你认为还有哪些途径有利于打通政务沟通的“最后一千米”?

案例解析

本章小结

面对全球化的挑战和中国社会的转型，庞杂的公共组织群体要想适应环境变化和时代要求，就必须选择变革的路线以谋求组织的生存与发展。公共组织的变革旨在寻求更高效率和更高层次的服务质量，但是这一过程并非一帆风顺，而是面临着诸多阻力。

首先，组织惯性的阻力。在整个公共事务领域，政府主导的公共组织是公共服务的唯一提供者，缺乏有效的社会监督和广泛的市场竞争。公共组织的从业人员多是从专业角度提拔的，所涉行业单一，容易养成骄纵、呆板和墨守成规的性格，这使得公共组织的本质变为行业、知识甚至权力的垄断者。

其次，利益分配的阻力。政府是整个社会系统中的一员，其组织变革和利益分配都将影响整个社会发展，触及切身者的利益。权力、资源和改革空间的再次调适，会改变既有的利益格局，令各方利益对比发生急剧变化，使各方对改革持有怀疑和观望态度，如果实际效益小于预期收益过多，将会使人丧失改革的信心和动力。

再次，成本效益计算的压力。任何改革都是要承担成本的，公共组织变革也不例外。尽管组织变革将会使得组织更加精简有效，从业人员更加职业化和专业化，但在走向最终目的的过程中，却要承担因精简机构和流程变革所付出的成本，组织变革所需的时间成本、所得损失、效益成本，都是组织变革中需要精心测算和平衡的难题。

最后，传统思想继承和新观念的挑战。作为熟人社会的公共组织，无论是外部环境还是内部环境，都充斥着从点出发，直至波浪的熟人关系，组织中的每个成员都是网状结构中的一员。旧思想在很长时间内统治着人们的头脑，新观念、新方法往往会遭到更大的阻力而难以推广和实施。

党的十八大召开后，基层体制创新成了热点，以基层为主体的改革必将助推地方组织的深层次发展和变革。街道、社区等自治组织的地位将更加突出，政务微博、网络发布将代替以往的行政指令发布方式，行政效率将大幅度提高，服务质量也将有大幅提升。

大部制改革作为政府组织变革的一种实践，在地方政府创新实践中，仍需要大量的人力、物力投入。有理由相信，随着经济的发展和技术的进步，大部制改革将打破地方改革的僵局，在未来的地方政府实践中发挥越来越重要的作用。

第三章　公共部门人力资源管理案例

第一节　案例研修要求

一、教学目标

- 通过对本章教学知识点的学习，逐步掌握公共部门人力资源与公共部门人力资源管理的内涵、公共部门人力资源管理的目标和基本任务、国家公务员制度的发展及其优越性等基础知识。
- 通过对本章案例的学习和探索，进一步理解建立科学、有效、合理的公共部门人力资源管理的重要性，正视公共部门人事管理体制创新和管理方式转变的紧迫性。
- 能够运用恰当的分析工具和分析方法，发现公共部门人力资源管理过程中选拔、晋升、考核等环节存在的问题，提高分析问题和解决问题的能力。

二、教学知识点

1. 公共部门人力资源与公共部门人力资源管理

当代西方国家，尤其是美国的工商企业管理发生了从传统人事管理到当代人力资源管理的变革，且人力资源管理被逐步推广和应用于公共部门特别是政府的人事管理之中。公共部门人力资源管理成为当代西方政府组织及非营利组织人事管理的新模式，它是当代西方文官制度改革的一个新取向。①

人力资源是第一资源，一般意义上的人力资源是指在一定范围内能够作为生产要素投入社会经济活动的全部劳动人口的总和。人力资源管理是指国家或组织为促进本国或本组织人力资本的发展，对本国或本组织人力资源现状和未来进行的统计、规划、投资、成本收益核算、培训、使用、保障、研究和发展等一系列组织、决策活动。人力资源管理是组织管理的核心。各国政府和学者日益认识到人力资源管理的重要性，关于公共部门人力资源管理的理论研究和实践操作方兴未艾。

公共部门人力资源是指在社会生活中相对于私营部门而存在的，旨在提供公共产品和公共服务，以谋求公共利益和普遍福祉的一套组织体系。公共部门的构成十分复杂，其涉及的范围和数量随着国家在社会发展的不同时期管理社会经济事务的职能范围的变化而变化。公共部门人力资源主要是指在政府组织、国有企事业单位中的各类工作人员的总和，这些工作人员既包括公务员，也包括各类专业技术人员以及其他员

---

①　陈振明：《公共管理学——一种不同于传统行政学的研究途径》，314页，北京，中国人民大学出版社，2003。

工等。其中，公务员是公共部门人力资源的重要构成部分。①

公共部门中的人力资源，由国家政权组织自身性质所决定，具有人力资源的一般性质以外的特殊性质。这一特殊性质表现在公共部门人力资源的政治性和道德品质要高于人力资源的平均水平。与私营部门员工相比，公职人员作为公共权力的具体执掌者和行使者，不仅应具有职位要求的技能和知识，而且必须具备较高的政策认知、执行能力和严格的职业操守等素养。

公共部门的人力资源掌握着公民和国家赋予的公共权力，执行着国家制定的法律法规和大政方针政策，在社会价值的权威性分配中起着重要的作用，其行为的过程和结果，直接关系到政府的公共形象和合法性。因此，在公共部门人力资源的获取、使用和开发过程中，对政治素质和道德素质的要求，构成公共部门人力资源自身性质中极其重要的部分。这说明公共部门人力资源必须拥有较高的理论水平、政策水平、法律观念、政治品质、道德觉悟，以及对社会公众服务的热情、公正的态度和良好的工作作风。

公共部门人力资源管理是对公共部门就职人员，特别是公务员，从招聘、录用、培训、晋升、调动、考核、评价、工资福利分配，到离退休办理，以及人力资源的需求预测、规划和开发等一系列活动所实施的管理，其目标是调动公共部门人员的积极性，提高工作能力，提升服务质量。

作为社会人力资源管理的一部分，公共部门人力资源管理具有人力资源管理的共性，如管理过程中有“入口”“在职”“出口”三大环节的划分，设置了竞争、激励、开发、保障等管理机制和具体的管理措施。但是，由于国家政权组织自身的性质和特点，公共部门人力资源管理除了具有一般组织人力资源管理的共同特征以外，又具有其独特性。主要表现为：

①公共部门人力资源管理的政治性。公共部门很多政策制定与实施往往是出于政治考虑，而不仅仅是出于成本、技术和管理的考虑。如在重要岗位的公职人员任用方面，公共部门要考虑公职人员多元政治价值的平衡，要融合多方的政治利益。相当数量的公职人员是通过政治选任和委任进入各类公共部门中的。

②公共部门人力资源管理的复杂性。公共部门是一个横向部分分化，纵向层级节制的庞大组织结构体系。合理地划分职责与权力是人力资源管理的必然要求，组织目标统一、指挥统一、机构设置统一是人力资源管理的基础。与公共体系相契合的人力资源主管部门，在上级机关的统一领导下，承担着不同部门、不同层级的人力资源管理职能，其人事权限的划分和人事管理部门的构造比任何其他形态的组织都更为复杂。

③公共部门人力资源绩效评价的特殊性。公共部门的人力资源管理体现出自身的性质，如针对政府组织的工作性质与对工作人员的政治要求，强化了对工作人员德、才的测评与培训的方法和技术；而针对公共部门产出的非量化性特征，在公共部门人力资源管理实践中也产生了适用于公共组织的绩效评估指标。

④公共部门人力资源管理的法治化。公共部门人力资源管理行为由国家制定的专门的法律、法规进行规制。公职人员的考核、录用、培训、晋升等问题都以法律形式

① 滕玉成、俞宪忠：《公共部门人力资源管理》，13页，北京，中国人民大学出版社，2003。

予以规定，以保证行政管理权力和人事管理权力得到合理行使，保障国家公职人员的合法权益。

2. 公共部门人力资源管理的目标和基本任务

紧紧围绕政府等公共部门的社会管理和社会服务等方面，公共部门人力资源管理的目标定位于：获取与开发公共管理工作需要的各类人才，建立公共部门与从业人员之间的良好合作关系，以高效管理和优质服务满足社会经济发展的需要，并满足从业人员个人成长和发展的需求。

以此为目标，可以确定公共部门人力资源管理的基本任务是：建立和完善公共部门人力资源获取、使用、发展过程中的科学的理念、合理的体制、有效的机制与良好的组织文化。

第一，求才。求才就是人力资源管理部门通过各种渠道，借助各种方法，为公共部门寻求和吸收优秀的人力资源。一方面，它要求建立和完善劳动力市场，夯实人才来源的社会基础；另一方面，通过统一的人才标准、优秀的双向选择机制、良好的人力资源规划、合理的选拔和晋升体制，保证公共部门既能从社会中广泛获取优秀人才，又能从内部及时提拔优秀人员。

第二，用才。对已选聘的人才，公共部门要真正关心、真心尊重，充分信任，大胆使用，尽最大可能发挥其潜能，做到人尽其才。

第三，育才。公共部门在使用人力资源的同时，还要通过建立健全员工教育培训体系，借助个人开发、职业生涯开发、组织开发等途径，进一步开发人力资源的潜力，使其在适应社会发展与部门发展的需要的同时，也能够实现自己的职业生涯发展计划。

第四，激才。人力资源的一个重要内容是激发人的主动性和创造性。因此，组织可以凭借各种激励措施，如目标管理、考核评估、薪酬福利、晋升政策、奖励机制等，形成良好的激励机制，最大限度地调动人的积极性，发挥人的创造性。

第五，留才。人力资源管理需要健全和完善人力资源保障、激励机制，给人才以成长、发展的空间和动力。

为了实现上述任务，其具体路径如下。

①创造一个有利于人才脱颖而出的环境。人的生存与发展是离不开环境的，公共部门人力资源的环境是人力资源健康成长和合理使用的基础。良好的环境有助于公共部门人力资源的开发与使用，恶劣的环境将阻碍人才的成长，甚至扼杀人才。所以公共部门人力资源管理的基本任务之一，就是要创造和提供良好的环境，助力人力资源开发与管理。

②改革旧的人事行政管理体制。公共部门人力资源管理体制是国家政治体制的组成部分，它决定了公共部门如何选才与用才，决定了公共部门人力资源成长的方式与途径。良好的人力资源管理体制，是国家政权稳定的基础，陈旧落后的人力资源管理体制将会影响到整个社会人力资源的供应与成长，甚至将阻碍社会的进步。

③建立符合社会主义市场经济要求的管理机制。建立符合社会主义市场经济体制要求的、有助于公共部门人力资源开发与管理的现代人力资源管理机制，是目前公共部门人力资源管理的首要任务和迫切要求。积极实施和完善我国公务员制度，在公共部门人力资源管理中引入竞争机制、保障机制、激励机制、新陈代谢机制、监控机制

等行之有效的管理方法与手段。

④加强公共部门人力资源管理的法治化建设。法治化作为现代社会的一个基本治国原则，也是现代公共部门人力资源管理应坚持的原则。加强公共部门人力资源管理的法治化建设，其目的是规范政府的人事行政管理行为，避免人力资源管理中的失误与偏差。坚持公平、公正、公开的原则，为吸引优秀人才、合理使用人才、拥有优秀人才提供了制度保证。

⑤建立一套科学的管理方法与管理手段。传统的经验式管理方法已经不能满足市场经济不断发展完善的需求，因此一套与之相适应的现代化的、科学的、完善的人力资源管理方法需要被开发和使用，从而使人力资源的开发与管理更趋于科学化和现代化。

3. 国家公务员制度

2005 年 4 月 27 日，第十届全国人民代表大会常务委员会第十五次会议通过了《中华人民共和国公务员法》，它将新时期我国干部人事管理中行之有效的做法和成熟的改革经验上升为法律，确定为制度，是我国公务员管理制度建设的一个重大发展，标志着我国公务员制度开始走向成熟。

我国公务员制度的建立与发展，从根本上说，适应了社会主义现代化建设和改革开放新形势的需要，是深化干部人事制度改革的必然产物。目的是要摒弃传统干部人事制度管用脱节、责权脱节、流动困难、筛选困难的用人机制，通过制定法律和规定，对国家公务人员进行全面、系统、科学的管理，建立起精干、高效、强有力的政府指挥系统，卓有成效地管理国家行政事务，促进社会主义经济建设和民主建设的发展。

较之传统的干部人事制度，公务员制度具有多方面的优越性：一是具有新陈代谢机制，能有效实现人员的能进能出，能上能下；二是具有竞争激励机制，能够实现公平、公开地选拔人才，促进优秀人才脱颖而出并充分发挥作用；三是具有勤政廉政的保障机制和反腐倡廉的作用，保证公务员廉洁奉公、尽职尽责；四是具有健全的法规体系，对公务员依法管理，实现人事管理法制化、科学化、规范化。

我国公务员制度形成已有十余年的时间，它是从干部人事制度的改革中脱胎而来的，直接针对传统干部人事制度存在的种种弊病和问题，适应了社会主义市场经济建设和政治、行政体制改革的需要。我国公务员制度具有自身的特性，适应我国独特的国情，具有中国特色。伴随着我国社会、经济、政治的发展，以及《中华人民共和国公务员法》的实施，我国公务员制度必将进一步发展，不断走向完善。

三、教学重点

认真研读案例，展开讨论，并重点思考以下问题。

第一，如何在政府人事管理中引入人力资源管理的新观念、新模式，推动我国公共部门人力资源管理体制创新和管理方式的转变，提高人事管理水平。

第二，如何完善公共部门人员的晋升、考核制度，使人尽其才，激发人员的工作积极性，提高组织效率。

第三，如何在推动人才发展中，充分调动人才创新创造的内在力量，构建科学规范、开放包容、运行高效的人才发展治理体系。

第二节　案例分析

案例 3-1

南京市秦淮区河长制从“有名”到“有实”

太湖蓝藻事件敲响了水环境亟须治理的警钟，河长制也因此次危机的倒逼应运而生。相对于最初的河长制制度安排，南京市政府对河长制的制度框架和执行措施等方面进行了创新，而秦淮区通过“自选动作”，优化河长队伍结构、全面推进河长制督查与考核，水环境治理取得了较大成效。

【案例内容】

一、河长制助力秦淮区水环境治理

1. 暗涵“重见天日”，黑臭河变景观河

红花河始于应天大街秦虹南路，下穿大明路，最终流入响水河。几十年前，该地区是一片菜地，红花河作为一条灌溉渠，水质很好，可以直接浇灌蔬菜。但是，随着城市的发展，红花河逐渐成了周边居民的困扰。

到了 2015 年，红花河已成为一条断头河，河水呈墨绿色，成了令人生厌的黑臭河。“房子挨着河边，红花河脏乱差，看着就恶心。最受不了的是河水的臭味，夏天关着窗户都能闻到，待在家里很压抑。小区居民经常说，还不如把它填平算了。”

红花河治理并不容易。红花河社区河长童庆顺介绍：“原先大明路以东约 250 米河段是暗涵，河面上建有 5 层的商业楼宇及 1 万多平方米的厂房。2015 年，启动黑臭河整治时发现，需要治理的 11 个污水排口中有 6 个都被压在暗涵里，涵内淤积情况严重，而大型机械根本无法进入，要清淤只能靠人工，费时费力。”

为了根治红花河的黑臭问题，2016 年，秦淮区启动红花河周边拆违、征收、退让等工作，排除万难将河面覆盖建筑全部拆除，恢复河道原貌以重现活力，同时，启动清淤疏浚、引调补水、生物治理工作，强化河长制及监管体系落实。

如今，红花河两岸“五步一桃，十步一柳”，沿河健身步道成了周边居民散步的最佳选择，尤其是清晨和傍晚，河岸边的欢声笑语勾勒出居民幸福的生活画卷。以前河水黑臭，有条件的居民都搬走了，现在，有人想出高价买河岸边的房子，留下的居民都不舍得卖。

在水环境整治提升工作中，暗涵既是重点也是难点，红花河的“蝶变”为暗涵整治提供了一个样板。

2. 水质持续向好，碧水清波引鸟来

外秦淮河副支通济门桥至象房村泵站段沿河步道上，悠闲散步的居民有说有笑……“五六年前，这里可不是这样。”该河段社区河长王陈说。外秦淮河副支南起象房村泵站，向北穿过象房村路桥转向西流至龙蟠中路通济门桥，最终汇入内秦淮河。这里曾是渔民的聚集地，渔民的生活污水、粪便直接排入河中，使水质越来越差。2016 年，随着最后一户渔民上岸安居，如何扮靓这一湾河水，成为周边居民更加迫切的期待。

“围绕水清，通过截污堵住污水，将河水抽干清除河底淤泥，再通过象房村泵站引外秦淮河水补给，同步进行河道生态治理。”王陈一边巡河一边说。河道有专人管养，水面上的垃圾会被及时清理。河堤上的健身步道和紧邻水面的滨水步道均沿河蜿蜒向前，岸上绿树成荫，景观亭、水榭、文化墙、浮雕、廊架、健身器械有机布局其中，步道灯、草坪灯及河道亮化工程让河道在夜间也尽显美丽。如今，这段河道以及连通的清水塘，已是水环境治理的一个范本。

从2016年之前的黑臭到如今碧水清波的，还有西玉带河。瑞金路街道相关人士介绍，经过3年综合治理，西玉带河于2019年彻底消除了黑臭，以前垃圾和违建扎堆的岸边也成了健身、赏景的绿色步道。治理期间，河道西侧廊亭至健身广场段种植了近200株樱花，形成了300米的赏樱步道，并在樱花下的绿坡种植了1 000平方米的地被樱花——芝樱，在地面形成大片彩色效果；廊道至55所宿舍区地被草坪缺乏光照，种植了耐阴性好的二月兰，增加了紫色系；同时，在河岸上进行文化设计，让秦淮独特的明文化、水域文化、硅巷科技创新文化彰显出来。

3. 从“有名”到“有实”，有事就找河长

“喂！吴书记吗？我是老胡啊。跟你反映一下今天鸽子桥下的水质问题……”85岁高龄的胡桂龙住在内秦淮河中段沿岸，这是他2020年以来第六次拨通内秦淮河中段街道级河长的电话。2017年，胡桂龙被聘为民间河长，几年来坚持利用散步、买菜的时间来观察河道水质情况，一旦发现问题就联系区街河长办。“有事就找河长!”胡桂龙说。

据秦淮区水务局负责人介绍，秦淮区河长制工作启动早、速度快、架构全，在不断实践中也愈发显示出河长制如同人体的血管体系，既有贯穿上下的主动脉，也有延伸到末梢的毛细血管，而只有主动脉强劲有力、毛细血管顺畅无阻，才能真正发挥出河长制的作用。

近5年来，秦淮区河道水质持续改善，一年一个台阶：2016年全区河道基本消除黑臭，2017年全区河道全面消除黑臭，2018年17条河道率先消除劣Ⅴ类水体，2019年全面消除劣Ⅴ类水体，2020年实现了“水清岸绿景美”的总体目标。

二、“六长一员”的多元化河长队伍

南京市自2017年以来，建立了市、区、镇三级河长制工作机构，由分管副市长担任市级河长制办公室主任，市水务局等5个成员单位和市委组织部等14个市级河长联系部门，依照各自职能，共同抓好河长制六大任务的落实。全市12个区及各镇街也构建了相应的工作体系。“一河一长”“一湖一长”，全市3 000余名河长、湖长形成了一级抓一级、层层抓落实的工作格局，将全市域所有河、湖、库及房前屋后小微水体都纳入了河长制、湖长制的管理体系之中。

秦淮区立足于辖区内河道整治实际，创新实施“六长一员”河长制(即区—街道—社区三级河长、河道警长、民间河长或企业河长、保洁组长、社会监督员)，河长架构更加紧实，以形成“无盲区”的责任网络。其中区级河长26位，街道级河长12位，社区级河长71位，各级河长是落实责任河长制工作的第一责任人，负责组织协调和落实河道管理、保护、治理等工作任务，其职责范围划定如下：

区级总河长(区长或其他区领导)是本区域内推行河长制工作的第一责任人，负责区内河长制工作的组织领导和督查推进。

区级河长(副区长或其他区领导)重在抓统筹协调，主要负责落实上级河长部署的工作；日常巡查责任河湖，及时组织问题整改；审定并组织实施责任河湖"一河一策"方案；协调和督促相关主管部门制定、实施责任河湖管理保护和治理规划；督促下一级河长及本级相关部门处理和解决责任河湖出现的问题。

街道级河长(街道工委书记)重在抓常态推进，主要负责落实上级河长交办的工作，落实责任河湖治理和保护的具体任务；对责任水域进行日常巡查，及时协调、督促处理、组织整改巡查中发现的问题，及时上报需上一级河长或相关部门解决的问题。

社区级河长(社区书记)重在抓具体落实，负责在居民中开展水域保护的宣传教育；对责任水域进行日常巡查，督促养护单位落实责任水域日常保洁、护堤等工作；劝阻、制止相关违法行为，配合相关部门现场执法和河湖纠纷调查处理(协查)等。

河道警长(城管执法中队长)重在抓监管执法，负责河道蓝线内"两违三乱"、污水直排、电鱼捕鱼和其他违法违规行为的查处，对拒不整改的单位或个人进行纠正并依法处罚；处理市民投诉举报的违法行为；维护沿河设施安全，确保"水安全"。

民间(企业)河长(河湖管理志愿者)重在积极参与护河，积极参加河道巡查，发现问题及时向本级河长反映；引导发动周边群众爱河护河，对河道管护建言献策。

保洁组长(专业养护公司)重在抓河道管护，负责河道岸坡垃圾、水面漂浮物的清理；对蓝线范围内的设施进行管护，发现问题及时上报。

社会监督员(街道人大代表、政协委员)重在日常监督，对各级河长履职进行监督，对河道进行不定期检查，并及时将检查情况反馈到区、街河长办。

秦淮区各河长的职责底数清、范围清、分工明确，和而不同、各司其职又配合有力，形成了强有力的责任体系。在河湖管理中，秦淮区河长从"巡查监督、发现问题、信息处理、问题解决"的四到位，再到"一看水、二查牌、三巡河、四访民、五落实、六回头"的六步工作法，实现从"知会河长"到"智慧河长"的转变；措施施行更加切实有力，河长们的角色从办事员变成号令员，对于流域协同、岸上岸下联动这些大问题，各级河长共同发力，结合联席制度、例会制度等，及时推动解决。越来越多的人大代表、政协委员、党员、居民百姓、企业家、中小学生等加入民间河长队伍，形成了立体式社会监管体系；河长活动更加充实，多次举办民间河长座谈会、各级河长培训会、内容丰富的宣传活动，组织河长之间的联动、河长与群众间的联动，让公众知晓河长制和水环境保护的重大意义；民间志愿者人数从26人增加到近300人，社会公众逐渐从水环境治理的旁观者成为参与者、受益者，形成了人人关心水环境的良好氛围。

各级河长、民间河长、部分志愿者和群团组织，统一使用"智慧河长"App信息平台，在线巡河、记录巡河问题及处理流程，形成了可追溯巡河日志，为公众提供了信息反馈渠道和平台，为各级河长提供了移动办公服务，为河湖管理保护及整治工作提供了综合信息管理服务。"智慧河长"App共包括四大主体模块——主页、消息、水系图、我的。其中，"主页"模块是工作台模块，包括巡查日志、事件管理、辅助功能三个部分，显示待办事项、河湖巡查记录、河湖问题一览、河湖问题统计、巡河统计以及其他更多事项，河长可以在工作台内查询自己的巡河记录、问题上报及处置结果查询等事项。“消息”模块显示河长间的沟通信息。“水系图”模块显示南京市主要河湖情况，可以定位上报巡查过程中发现的问题。“我的”模块显示登录人的信息，包括与系统平台端的数据同步、App操作手册、系统设置等。高效的信息化平台构建了“巡河、发现、交办、反馈”的“全闭环”工作流程，大大提高了河长履职的效率。纵向上，基层河长可以将重大问题提交到市级河长；横向上，河长可以把问题提交给相关部门，打破了区域限制，畅通了上下左右联系，实现了“无梗阻”交办处置。

三、效果导向下的河长制督查考核

南京市委、市政府始终以河湖治理成效作为评价河长、湖长工作的依据。市纪检监察部门、市督查办、市河长办采取“四不两直”①的方法抽查履职情况、定期督查“清四乱”等专项工作进展，定时发布通报。2019年南京市河长办利用无人机对纳入区级河长管理的320个河湖库进行巡检，飞行2 200千米，查出问题350余个，巡检结果纳入河湖长管理成效评价中。

为了将河长制督查工作落到实处，秦淮区河长制办公室一方面强化监督主体责任，开展常态化监督检查，及时掌握下级河长和相关部门履职情况及河湖管护成效，跟踪并督促问题整改；对各级河长履职情况进行定期通报，充分借助党委督查、政府督查、纪检监察、人大政协监督等力量，开展专项督查或联合检查。另一方面畅通公众外部监督渠道，准确捕获投诉信息。在秦淮河的河长公示牌上列有各级河长及其联系方式(见图3-1)，如果公众发现有违规问题，可以通过河长公示牌上的举报电话或12345热线进行投诉举报。一旦接收到群众的投诉举报，相关工作人员会及时将群众反映的问题以“图片十问题描述”的形式上传到河长办微信群，由管护单位去现场核实，然后根据事件性质上报给不同部门。

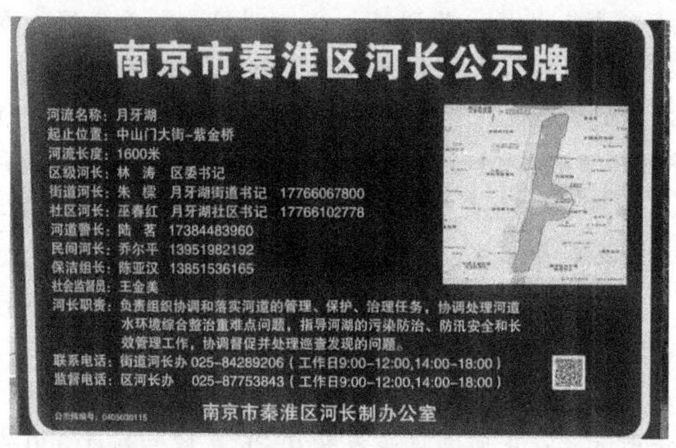

图3-1 秦淮河秦淮区流段河长制公示牌

秦淮区将河长制作为河湖管护和水生态文明建设的重要抓手，突出事权责任，强化绩效考核，通过问责机制倒逼河长主动担当、履职尽责。秦淮区河长制考核重点为河湖日常管理状况、年度任务和专项任务完成进度、群众满意度等，其考核结果作为

① “四不两直”是国家安全生产监督管理总局2014年9月建立并实施的一项安全生产暗查暗访制度，也是一种工作方法，即：不发通知、不打招呼、不听汇报、不用陪同接待、直奔基层、直插现场。

街道河长制工作年底综合考核的重要依据。其中河湖日常管理任务分解为“总体部署、河湖长履职、工作保障、河湖管护、基础资料、宣传工作、培训工作”七个层面，分别进行赋分，总分为100分，考核主体为市河长办；年度任务包括四个季度的巡检评估情况及河(湖)环境群众满意度测评，考核主体为市河长办和第三方机构；专项任务由水资源保护、河湖水域岸线管理保护、水环境治理、执法监督、水污染防治、水生态修复6个一级指标和15个二级指标构成，考核主体较为多元。同时，考核中设置了加分项和减分项，如在河长制工作中有重大创新并能在省、市推广交流，超额完成创建生态河湖任务等情况酌情加1～2分；已整治的河道水体发生黑臭反弹、所辖河湖问题被上级部门点名通报等情况视问题严重程度减0.5～2分。以此鼓励各级河长积极创新治理方式和治理手段，谨慎对待已经解决的河湖问题，做好后续的跟进和复核工作。对行政区域内河长不同程度的履职不力、不作为、慢作为、乱作为以及河湖问题长期得不到解决等问题，采取提醒、警示约谈、通报批评、提请问责等方式进行责任追究(见表3-1)。

表3-1 秦淮区河(湖)长履职责任追究办法

问题情形	责任追究方式	处理单位
未认真履行职责、推行河长制工作滞后、对群众反映强烈的突出问题处置不及时	提醒告知或警示约谈	上级河长或河长办公室
经提醒仍未整改、问题整改不力	在规定范围内进行通报	由区河长制办公室报区级总河长审定，会同区组织部门、纪检监察部门进行通报
因河长履职不力，责任河湖因严重问题被上级通报或媒体曝光造成不良影响	约谈，且责任河长不得评先进	区级总河长
因河长履职失职，责任河湖水质不达标	撤销责任河长职务	区委、区政府
发生重大问题造成责任河湖生态资源遭到严重破坏	依规依纪处理，严厉追责问责	组织人事部门、纪检监察机关

(案例来源：《5年治水让秦淮水清岸绿景美 一座水韵花园流淌在金陵城南》，载《南京日报》，2020-12-02，有删改；2020年江苏高校公共管理案例大赛获奖案例《只闻其名，不知其义：河长制如何在公众间“落地生根”——以南京市秦淮区为例》，有删改)

【案例思考】

1. 你认为是否应该对河长建立责任终身追究制？
2. 河长职务发生变动以后，新老河长如何保持治理的连续性？
3. 该案例中对河长履职的监督与考核是否合理、有效？

案例解析

案例 3-2

南京市"万人评议机关"活动

20 世纪 90 年代，民主评议政风创新活动迅速席卷全国各地方政府。所谓民主评议是指在各级党委和政府的领导下，通过对政府部门和公共服务行业的工作作风进行公开评价，推动政风行风建设的一项民主监督制度。我国实践表明，民主评议政风行风工作是具有中国特色的公众参与政府绩效管理的有效形式。从 1998 年起，先后有沈阳、珠海、邯郸、辽源、广州、杭州六地开展了民主评议政风行风活动，到 2001 年，民主评议已经在全国 31 个省(区、市)广泛开展，市地一级的开展面达到 100%，县(市、区)一级的开展面在 80%以上。2006 年，国务院下发了《关于进一步深化和规范民主评议政风行风工作的指导意见》，民主评议有了国家层面政策制度的支持。2013 年，习近平在第十八届中央纪律检查委员会第二次全体会议上的讲话中指出，工作作风上的问题绝对不是小事，如果不坚决纠正不良风气，任其发展下去，就会形成一座无形的"墙"，把我们党和人民群众隔开，我们党就会失去根基、失去血脉、失去力量。

【案例内容】

一、南京市"万人评议机关"发展历程

1. 运动型治理模式让民主评议活动的社会效应迅速扩散(2001—2003 年)

2001—2003 年是南京市"万人评议机关"的起步阶段。2001 年，在市领导的强力推动下，南京市率先在全国启动"请人民评判"的"万人评议机关"，全市 90 个部门(单位)被纳入万人评议活动。初始想法和机制尚不成熟，评议的主题主要是"机关思想与工作作风"，而参加评议的主体主要是区县部委办局、机关处室、作风建设监督员、企业工商联络员，评议对象是市局级部门和单位。

2002 年相对于 2001 年有了较大的进步和改进，为经济服务、为人民群众办实事，依法行政、办事效率、服务态度和廉政建设一并纳入了评议主题。而评议主体也得到了扩充，主要分为 10 类评议人：市四套班子领导、人大代表政协委员、市管干部代表、区县四套班子领导、机关各部门工作人员代表、区县工作人员代表、专业技术人员代表、街道乡镇工作人员代表、企业管理人员、基层社区工作人员代表。评议对象也发生了变化，分为执法类和综合类两个大类部门。在 2002 年南京市委、市政府召开的全市"转变作风年"动员大会上，对排序靠前的市委办公厅等 10 个部门予以表扬，对末位部门的主要领导作出处理，并免去了两位局级领导的行政职务。虽然当时评议指标略显粗糙，但"动真格"不仅使机关干部深受震动，在全国也反响强烈。南京市"万人评议机关"迅速在群众心中树立了权威。

2. 在运动型治理模式和常规型治理模式之间摸索前行(2004—2007 年)

2004 年开始，"万人评议机关"活动发生了一些变化，评议群体更为多元，主要包括以下 10 种类型：①省委常委，省人大、省政府、省政协领导班子成员，省纪委常委，省高级人民法院院长，省人民检察院检察长，副省级以上老同志；②省委委员、候补委员，省纪委委员，省第十次党代会代表；③省十届人大代表，省九届政协委员；④各省辖市市委、人大、政府、政协领导班子成员，市纪委常委，法院院长，检察院检察长；⑤各县市区委、政府领导班子成员，人大、政协主要负责人；⑥省级机关各委办厅局领导班子成员，省级机关处(含处)以下干部职工代表及离退休干部代表；⑦各省直辖市市级机关处(含处)以下干部职工代表；⑧各县(市、区)机关干部，乡镇、街道干部和城市居民、农民代表；⑨科研院、文教卫体、部队机关、军事院校、中央驻江苏机构等方面代表；⑩各类企业方面代表。经省级机关作风建设领导小组研究，参照有关省、市评议机关作风的经验，10 类评议人的权重系数分别是 11%、10%、11%、9%、12%、11%、9%、8%、7%、12%。

在评议活动中，各部门的意见和建议归纳成 1 795 条整改事项，在针对性进行集中整改后，机关作风有了明显的改善。但是当年评议活动中民众的参与度较低，评议结果的真实性和客观性还是存在质疑，不利于更多地暴露政府服务中的真实问题。

2006 年评议方案相较于 2004 年的评议方案，不管是在内容上还是在比例上，都进行了调整，显得更加科学与合理。具体表现在：

①指导思想明确为“坚持人民评判、科学合理、公开公正”三大原则和“推进党务、政务公开，巩固先进性教育活动成果，加强省级机关党员干部队伍建设”思想相结合。

②评议的范围更为广泛，参评人选的比例也更加科学。开发了“评议人信息库”软件，除市级领导外，其他评议人均采用抽样办法选取。被评议部门(单位)被分为三个组，其中市房管局、市容局等直接为人民群众服务的部门专列为一组。将中央部门管理单位及中央金融系统所属单位单独列为一组，对照不同的评议内容，单独进行评议，更加具有科学性和合理性。

③群众参评的比例增加，单独列出了“农民和城镇居民代表约 1 200 人”这一项，还增加了省级机关作风建设监督点代表和新闻媒体代表。

④评议内容更加明确，评议表设置更加科学。在 2006 年的评议方案里，明确规定，中央部门管理单位和中央金融系统的评议主要侧重于“服务地方经济和社会发展的情况”。在《评议表》中还增加了“不了解”这个选项，避免因不了解而引起的数据模糊等问题。

⑤首次试行网上评议，扩大了对评议活动及参评部门的宣传介绍。在网址建设上特地设置了“省级机关作风建设评议网页”，登载被评议单位的职责简介和 2004 年评议以来作风整改情况。

从某种程度而言，2006 年的评议相较于 2004 年是一种很大的进步，但是各项举措还是存在不可忽视的问题。如评议活动的组织、监督存在薄弱环节；评议活动的主题、客体选择及其分类也不是特别合理；评议指标的设定和问卷设计存在不足；评议活动结果的运用和落实还是有所欠缺，更多的是注重对落后者的惩罚，而缺少对先进者的奖励。

3. 常规型治理模式下的制度架构初步形成(2008—2013 年)

2008—2013 年，是南京市针对局级部门评议和处室、服务窗口评议相结合的深入发展时期。这一阶段的改革主要是在综合考核评议模式上，强化了群众评议的参与度；

评议人员更是在街道社区按照工资单随机抽取，更加科学、合理；评议周期改为两年一个周期，单年由处室、服务窗口评议，双年由局级部门评议；利用网络平台，开展政风民主评议"述职直播"活动，工商、城管等10个与市民联系紧密的机关单位直接面对群众，接受群众批评，更具有科学性及严谨性。

2011年，评议主题演变为"以落实科学发展观为统领，构建、延伸压力传导与调动积极性相结合的机制，重过程、重整改、重实效"。评议主体局内处室评议人构成和2007年一样，但在人员配比的数量上有了显著的增加，使得评议结果更为科学、合理。评议对象中局内处室，重点处室被分为两类：一类是拥有办事窗口和执法队伍的部门，二类是与经济和城市发展关联度较高的部门。

根据与时俱进的原则，南京市"万人评议机关"每年将按照年度作风建设的重点内容，对评议要素进行适当调整。评议人根据评议要素对市级机关各部门(单位)的作风进行综合打分(见表3-2)。

表3-2　2011—2013年南京市"万人评议机关"活动的评议主题及指标变化

年度	作风建设的重点与评议主题	评议指标
2011	树立和落实科学发展观，解放思想、为经济发展和"两个率先"服务、为基层和人民群众服务	解放思想、全局观念、办事效率、服务质量、依法行政、工作业绩、廉政建设等
2012	解放思想、坚持改革开放，推进和谐社会建设，加强透明政府建设，建设群众满意机关等	全局观念、行政效能、服务质量、环保优先、廉政建设、服务基层、服务群众等
2013	创建文明城市、服务企业、服务民生、创新驱动、破解难题，完成"全面的小康、建设新南京"的任务	办事效率、政务公开力度、服务质量、依法行政、廉政建设等

二、南京市"万人评议机关"活动的成效

2014年至今，"万人评议机关"采用"四位一体"综合评价体系，分为印象评议、要素评议、事项评议和工作考核。在操作上，首次委托第三方机构进行第三方事项评议。在评议的对象上也进行了扩充，增加了园区管委会、建设指挥部及对经济和社会发展影响较大的企事业单位，取消了重点处室的评议。

南京市"万人评议机关"实施二十多年来，政府绩效管理既不断探索和改进，又在改进中不断规范化及制度化。其实质是通过公民参与行使民主权利，监督政府对公民负责，以获取公民信任。这项举措的坚持，是我国内控式政府绩效管理系统逐渐向异体监督发展的典型范例。

1. 群众满意率不断提升

在南京市"万人评议机关"活动中，群众满意率是其价值体现，亦是政府工作的动力。数据显示，自南京市"万人评议机关"活动开展以来，群众满意度指标不断提升(见图3-2)。

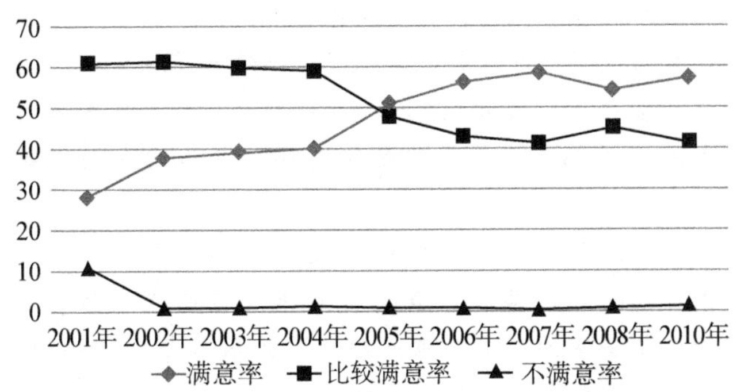

图 3-2 南京市“万人评议机关”群众满意率趋势图①

注：2008 年开始实行单年处室(窗口)评议、双年局级部门评议。2010 年以后评议制度改革，满意率等级与之前不同，故数据不具有可比性。

从群众满意率趋势图可以看出，在南京市“万人评议机关”活动开展的前十年，满意率呈逐年上升的趋势，而不满意率在 2002 年以后呈现逐年平缓下降的趋势并且持续走低。以 2005 年为节点，满意率和比较满意率出现交叉，也说明，群众对于政府的期待值有所下滑，但对于活动的满意率保持上升的大体趋势。自 2010 年后至今，群众满意率大体还是呈现上升趋势，群众对于“万人评议机关”还是有期望的。

南京市“万人评议机关”活动中的评议对象、评议内容、民主参与以及成果运用都是围绕核心成果——群众满意率来进行的。关注民众的切身利益、重视民众满意率已经成为当前南京市政府的工作重点。一方面，通过绩效考评目标的指导，促使政府机关赋民权、听民意，并在政府工作中不断进行改进与完善，以更好地为民众提供高质量的服务；另一方面，通过不断完善的制度设计，保证政府不再封闭运作，只听上级指令，而是走近群众，拉近距离，耐心倾听，争做实事。例如，南京市“万人评议机关”活动，发展至今，极大地扩大了参评单位的范围，不只局限于政府机关，还纳入了五大银行、三大保险公司、机场火车站、三大通信公司等国有企业，让与民众直接接触的企业也参与评选。对于窗口工作的评议采取现场评审以及事后回访的方式，保证了评价的高效与可靠。一系列的制度改进，不仅实现了政务信息的公开与透明，促进民众对政府工作的监督，也能够帮助政府真正做到想民之所想，为民众提供优质的公共服务，提高民众对政府的信任度，构建和谐的官民关系。

2. 绩效评估机制日益完善

传统的绩效考核方式仅仅局限于内部考评与上级考评，考评的结果也并不对外公开，但南京市“万人评议机关”活动突破了传统绩效考核方式的局限性，促进了绩效考评的公开透明，其最大的特点就是多元主体参与，鼓励民众自下而上进行监督。以 2010 年为例，参与评议的主体除去政府机关的上级领导、相关工作人员之外，更有人大代表、政协委员、专业技术人员、企业管理者、社区群众、机关作风特邀监督员等，他们按照一定的比例分配参评数额，并针对不同类型的机关，获得相应的评议权重分

① 资料来源：秦晓蕾：《地方政府绩效评估中的有效公民参与：责任与信任的交换正义——以南京市“万人评议机关”15 年演化历程为例》，载《中国行政管理》，2017(2)，35-41。

值。不仅如此，在近几年的南京市“万人评议机关”活动中，基层民众的参与人数与所占比例也逐渐增加，民众对于“万人评议机关”的热情越来越高涨，关注度不断提高，政府为了回应民众的高度关注，每年的“万人评议机关”活动结果都通过媒体向社会和公众公布，寻求广大民众对机关工作的监督和支持，也为民众的广泛参与提供了制度化的渠道。

南京市“万人评议机关”活动也同样重视绩效评估的结果，将评议结果作为领导班子提拔任用的重要依据。每年收集的民意都会直接呈报给南京市委、市政府，并梳理群众反映强烈、迫切希望解决的热点难点问题，作为第二年民主评议的重点考查内容。将评议结果与政府公共部门的奖惩挂钩，有效地提高了政府绩效管理效率。

当然，历经二十余年，将民主、法治、公平、公开等作为活动准则的南京市“万人评议机关”活动，现已形成一定的规模与成熟的体制，但是纵观“万人评议机关”活动发展的过程，其中也存在一定的问题需要我们日后慢慢探索并改进，以期更好地提高南京市政府部门的绩效。

案例解析

【案例思考】

1. 运动式治理和常规性治理有何区别，在案例中是如何体现的？

2. 随着时间的推进，“万人评议机关”活动的评议主体发生了什么变化，为什么会出现这种变化？

3. 你认为南京市“万人评议机关”活动是否能够真正提高政府工作人员绩效，有无潜在的问题？

案例 3-3

“民意 110”提升执法效能

在推进“放管服”改革的背景下，如何创新服务方式、提升政务服务效率、提高民众满意度，是当前政府机关亟须深入思考和探索的议题。Y 市公安局的“民意 110”坚持“民意主导、问题导向、整改反馈、研判问效”，让人民群众的满意度从“不满意”到“满意”，改“不作为”为“作为”，成了全国执警的样板，其优秀经验值得借鉴。

【案例内容】

一、问题暴露，警民矛盾重重

在 Y 市全市机关部门的评比考核中，公安局在 2001 年排第 80 名，居于末位；在 2008 年排第 20 名，虽然有所进步，但尚未步入前列；2010 年勉强挤入前 10 名，但仍有较大改进空间。公安局考核排名较为靠后，难以被评为“优秀”这一事实也逐渐暴露出公安机关执法服务、队伍管理和作风建设等方面存在隐患。

随着现代社会的发展，公安机关公共服务的范畴越来越大，民警尤其是基层公安机关民警的工作难度也随之加大。因为在很多群众心目中，警察几乎是万能的，是有求必应、有难必帮的，即使不属于公安机关职责范围的事情他们也应“完美”解决。有的群众则认为既然自己拨打了 110，而 110 把这个警情下发到了派出所，那么这个问题就应该由派出所来解决，如果派出所民警的答复是公安机关不具备某项职责或没有某一管辖权，建议其向有管辖权的部门反映，那么群众就会将之视为“推诿”“不作为”“找借口”，有的过激群众甚至会谩骂民警，并随之迁怒整个警察群体。群众对公安机关的过高期望值，加大了公安机关执法服务的难度。

基层公安机关民警和群众的思维与语言存在着差异，有一些在民警看来是“常识”的事情，群众可能并不了解，如果沟通时缺乏耐心、不善技巧、语言生硬，很容易发生冲突。同时，民警除执法和服务时与群众直接接触以外，与群众沟通往往通过短信平台推送、入户走访、拨打电话等方式进行。这种传统沟通方式很难使群众了解公安机关和民警的职能，从而使群众无法对民警和公安机关有清晰正确的认知，不能提前解决一些沟通难题。

此外，警察执法环境恶化问题日益突出。基层公安机关，尤其是接处警人员和窗口服务人员，最直接地面对群众，外部执法环境对公安机关的警务效能和服务质量影响很大。现实中，即使基层民警正常合法地开展工作，仍然可能出现犯罪分子不害怕、服务对象不信任的情况，加上社会舆论的发酵和群体极化行为，辱警、暴力袭警现象层出不穷。有些不负责任的媒体甚至对公安机关怀有“天然的恶意”，常常在事情真相未查明之前发表倾向性明显的负面报道，使得网络舆论导向出现明显偏差。

二、找到症结，聚焦问题根源

现实似乎给公安局来了个“当头一棒”，一系列问题刺激着市公安局领导和公安局全体上下，也激发了市公安局深化改革的决心。要想解决问题，必须得先知道问题是什么。只有精准把脉、找准症结，才能对症下药。为此，针对公安工作尤其是执法服务中的突出问题，市公安局党委从整改群众不满意的问题入手，认真查找公安工作和队伍建设中存在的短板、弱项，发现当前市公安局在接警出警、调查案件、证件办理，尤其是执法服务中存在以下问题。

1. 民意导向有所偏离

“为人民服务”是我国政府的宗旨，然而公安机关在日常工作和执法服务过程中未能树立坚定的服务理念，难以从民众角度思考工作方式和工作流程，这是一大问题。其中较为突出的就是办事流程烦琐。同时，公安局现有考核机制忽视群众的参与和感受，没有真正突出民意导向，“民意评价”考核分值权重偏低，以致常常出现业务数据考核成绩很高，而群众的安全感、满意度却不高的现象。

2. 管理机制亟待完善

公安部门的队伍缺少常态化管理机制。公安局日常性的思想政治工作有所弱化，过多采用运动式的集中教育整顿办法来解决队伍中的突出问题，而未能落实已有的部门制度规定，缺乏完善具体的管理机制。一旦出现违法乱纪、侵犯群众利益、影响恶劣的事件，第一反应往往是利用权力隐瞒真相，息事宁人。当事态恶化，亟须给民众一个交代时，机关内部的处理手段就是处理相关人员，并集中教育整顿。然而这个内部教育和整顿往往也是随着上级通知和恶劣事件的出现而展开，如果未能引起社会关注或领导重视，这类执法失范或服务问题往往不了了之。

3. 多头管理问题突出

当前政府机关中受理群众投诉监督的部门较多，除了公安机关内部有督察部门负责群众投诉外，还有信访、检察院、纪委等部门负责收集群众评价信息。民众的监督评价信息被分散到各个部门，而部门之间又存在信息壁垒，相互之间缺乏信息共享和沟通的平台，极有可能出现同一群众投诉事件重复办理的情况。与此同时，民意跟踪的回访渠道也相对分散。公安民警执法完成后，大多由当地派出所或分局的民警进行再次回访，询问情况。而其他部门也有各自的回访渠道，在获得民众有用信息后，也难以及时传递到责任单位，形成改进动力。总而言之，多头管理导致监督效率不高，公安局民意监督总体处于被动、滞后、权威性不强的状态。

4. 民警素质参差不齐

服务离不开公安执法人员队伍。服务难题也并非仅仅是服务模式和机制的问题，虽然很多民警在执法过程中能够秉承服务理念，采取合法合适的执法方式，真诚为人民服务，但公安执法活动和队伍纪律作风方面仍然存在不少问题，主要表现在6个方面：一是职权主义严重，态度野蛮粗暴，不惜以伤害群众感情的方式来执法；二是人权观念淡薄，随意打人、抓人，不惜以损害公民身体健康和生命安全的方式来执法；三是受困于利，争办有“油水”案件，不惜以损害群众利益的方式来执法；四是漠视群众疾苦，遇事推诿扯皮，不惜以损害公安队伍形象的方式来执法；五是无视法律法规，执法行为失范，为满足私利不惜徇私枉法；六是只讲打击，忽视保护，不惜以损害经济发展环境的方式来执法。

三、对症下药：首创“民意110”

2015年7月，Y市公安局党委按照习近平总书记“从让人民群众满意的事情做起，从人民群众不满意的问题改起”的总体要求，坚持以民意诉求为导向，以群众满意为标准，创建了简称“民意110”的Y市公安局民意跟踪监测中心。该监测平台亮相后，针对公安机关接处警、户政、车驾管理等窗口业务满意率开展跟踪回访，并受理群众投诉案件。与之相配套的是为便利于民而开办的窗口业务一体化平台和警务窗口服务作风在编机构，三大模块联动，充分发挥民意的外部监督作用，减少审批流程，实行警务流程再造，严格落实公安改革。

1. 组建“民意110”

Y市公安局民意跟踪监测中心集主动发现问题、受理投诉、整改反馈、跟踪问效、深度研判为一体，建立“一站式”民意跟踪回访平台，将公安局窗口业务全部纳入群众满意度短信测评和不满意事项电话回访范围，打造民意诉求监测网络，对公安机关日常执法服务工作进行全方位、全覆盖、全过程监测，以民意监测、民意应用促推内部公开，倒逼规范执法，主动服务群众。

针对过去民意导向偏离、多头部门管理、监督信息分散等问题，“民意110”把准民意、整合数据，以“民意110”日常监测数据为基础，导入纪委、信访、督察等部门征集的民意数据，进一步打破部门间的数据壁垒，实现民意的全面汇聚、深度碰撞，切实为决策提供最全面、最客观的第一手民意资料，统一监管公安机关其他部门，如车管办、看守所等。同时，根据群众反映问题的类型和程度，Y市公安局“民意110”科学设置了3个层级、378个问题标签，以民意数据为依托建立研判系统，深入分析数据信息，将征集到的民意民愿转化为公安决策的智库和信息源，转化为公安实践的行动指南。

2. 建立一站式服务平台

为了让群众更满意，同时更好地收集服务工作中的民意信息，Y市公安局开展惠民利民服务，建立了全国首个“微警务开放平台”。从线下窗口办理量超过 1 600 万次的服务项目中，精心筛选出 63 项高频次需求，打造了“手机里的派出所”“指尖上的交警队”“网络里的签注官”“键盘上的警务室”“一键通的公示台”和“E 时代的看守所”，率先实现“一号申请、一站受理、一网通办”，真正实现了“让数据多跑路、群众少跑腿”。截至 2017 年，关注用户已达 442 万人，覆盖率超过全市常住人口的 50%，提供服务 2 000 多万人次。

3. 设立警务作风办

Y 市公安局日渐认识到机关作风和行业作风建设的重要性，2015 年，针对民警素质参差不齐、管理体制不够健全等问题，建立了警务窗口服务作风建设办公室。其主要职能在于指导各分局和基层派出所，严格按照市作风建设领导小组及省作风办的要求开展工作，定期分析研判工作进展情况，监督公安队伍人员的工作态度、工作方式，及时纠偏正向，规范工作程序，形成了良好的监督教育管理机制。

四、破茧成蝶：打造地区样本

“民意 110”自 2015 年 7 月 1 日正式上线以来，努力践行“小事不升级、大事及时办、及时化解矛盾”的原则，将群众意见作为治警指南，借助“制度、机制、考核”三驾马车，集中突破公安机关从严治警、规范执法和服务群众的瓶颈，通过对全市执法服务工作进行全方位、全覆盖、全过程监测，及时发现群众不满意问题，督促问题逐个解决、整改落实。同时，同步推出全局全员考核制度和“民意评价”考核机制，把“民意评价”和“业务绩效”纳入全局全员考核体系，以民意监测数据检验“业务绩效”考核结果，以“业务绩效”考核结果验证民意监测质量，两者相互印证、相互监督，着力从长效机制建设上破解警务活动中存在的突出问题和瓶颈难题，切实打通公安民警执法服务的“最后一千米”。

1. 全覆盖民意监测网络

Y 市公安局以民意为导向，借鉴银行、保险等服务行业的“客服理念”，通过构建专业化、全覆盖的民意监测网络，转变以往单纯的短信回访、被动的事后情况说明等工作方式，主动征集民意，切实做到及时、准确、全面掌握社情民意。

在人员配置方面，Y 市公安局从全局抽调数十名民警负责测评工作，同时从纪委、督察部门每天抽调民警进驻，联合办公，切实承担起民意监测、投诉受理、分析研判、整改督办、考核评估、作风建设六项职能。此外，还对外招聘了 30 多名专业电话回访员，对其进行岗前技能和专业政策法规培训，分类开展群众满意度回访工作。

在群众满意度调查方面，“民意 110”与已有的警务信息综合平台直接对接，将基层公安机关各项窗口服务工作全部纳入群众满意度短信测评和不满意事项电话回访范围。平台每一天都会向前一天在公安机关报过警的和办理户政、出入境、车驾管理等窗口业务的全部群众，自动发送询问满意度征求意见建议的短信，待群众回复后自动统计分析结果。一旦收到群众不满意回复，“民意 110”便迅速启动人工回访机制，详细询问其不满意内容、环节及原因并准确记录，同时将每个回访通话内容制作成录音材料并依法追责，排除无责任的误评、恶评，将有责任的评价回访制作成电子工单并推送到基层。

在投诉受理方面，“民意 110”将原有的市政务服务便民热线 12345、违纪违法举报电话12389、督察投诉电话84420111和窗口投诉电话84420266进行归并整合、扎口管理，同时增设民意热线87110110，以在线接听和录音留言的方式提供24小时全天候服务。公安局对群众投诉和不满意的事项实行一站受理，认真核实投诉内容的真实性，剔除带有情绪化和恶意报复性质的无效投诉，根据《中华人民共和国民法通则》《中华人民共和国公务员法》以及政府各部门的职能规定，对有效投诉进行归类，确定责任主体并统一分发处理。

2. 无缝隙问题整改体系

"民意110"针对回访调查和来电投诉过程中征集到的群众合理诉求及不满意事项，确定相关民警负有责任后，以电子工单的形式，逐级推送至相关责任单位，并由处级主管部门负责，责任到人、责任到岗，跟踪整改。电子工单自下发之日起，要求责任单位于五日内限时整改，落实并反馈整改情况。同时，针对群众投诉和不满意的疑难事项，专门建立定期会商机制，每月由"民意110"牵头组织相关职能部门召开联席会议，集体会诊把脉，切实拿出行之有效的整改措施。在五日整改期过后，针对群众合理诉求及不满意事项，逐条进行二次回访，根据群众原原本本的评价核查整改情况。同时，通过科学设立分值，将整改到位、敷衍整改等进行量化区分，促进全警联系群众、规范执法、真诚服务、主动作为。其中，回访满意的每起工单得1分，回复一般的得0.7分，不满意的得0分；回访后经整改使得群众满意的计0.6分，未联系整改的计−0.6分，并对相关责任单位和责任人从严追究责任；将以上所有工单得分相加除以本单位短信发送总量所得结果为该单位110接处警、窗口服务满意度考核得分。

仅依据群众回访和投诉并不能确定基层民警一方是否合理、有无责任，因此为保护民警合法权益，"民意110"为基层民警保留了申诉渠道，民警如果认为自身已履职尽责，可以通过该渠道进行申诉维权。"民意110"开设了督察专席，专门负责处理基层民警的申诉维权。针对满意度访评过程中容易出现的恶意评价、歪曲事实的情况，明确要求基层民警在申诉时，必须提供与群众反映问题"不符合事实情况"相印证的执法记录仪音视频材料、窗口服务前台音像资料等，待"民意110"进行审核。初步审核结束后，将结果上报警务督察部门和领导，并由办公室组织召集责任单位领导和相关人员，通过联席会议的形式进行集中研究讨论基层民警的申诉，判定其是否无责。

3. 常态化绩效考核模式

在基层民警的绩效考核中，群众满意度与基层民警绩效挂钩，问题整改情况与责任单位绩效挂钩。民意评价在考核中的权重增加至20%，充分发挥绩效考核的杠杆作用，倒逼基层改正不作为、乱作为等问题。在接处警执法、窗口服务等业务工作上下功夫、出高招、见实效，真正实现让群众满意。

针对未整改和二次电话回访后群众依旧不满意的情况，进行严肃追责，"民意110"将群众满意度的结果从"软约束"转变成"硬约束"，对全市基层公安机关测评数据中发现的满意度较低、窗口服务问题较为突出或是测评考核排名持续靠后的单位，根据性质和情节轻重的具体情况，会同有关职能部门对责任单位有关领导及具体责任人进行约谈提醒，提出限期整改的要求，并责成说明情况，一起研究科学、可行的改进措施。对发现的违纪违法问题，按相关规定移交至纪检督察或司法部门严肃问责处理。

"民意110"将监督的触角延伸至基层执法的每个细节处，通过电子工单将群众意见与具体责任民警关联起来。通过逐步建立与考核奖惩、职务晋升相挂钩的执法档案，引导基层民警自觉接受群众的监督，主动纠正作风问题，持续提高执法服务质量。

（案例来源：2020年江苏高校公共管理案例分析大赛获奖案例《“满意工单”背后的秘密——Y市“民意110”机制探析》，有删改）

【案例思考】

1. 将民意满意度评价与基层民警的奖惩、晋升直接挂钩是否可行？
2. “民意110”机制是否会增加基层民警的工作压力？
3. 你认为Y市“民意110”机制是否值得推广？

案例解析

案例3-4

“蜗牛奖”该何去何从？

当前，各地政府十分重视加强机关作风建设，完善公务员绩效管理，以提高机关工作效能。2016年2月，江苏省泰州市专门设立“蜗牛奖”，对推进重点项目不得力、履行行政职能不到位、解决群众关切问题不及时的单位及相关责任人，颁发效能建设“蜗牛奖”，并进行通报批评。此举引起社会广泛热议，叫好声、反对声并存，一时间，“蜗牛奖”陷入了舆论的争论中。

【案例内容】

据统计，从2016年4月至2021年4月，泰州市共颁发了12批“蜗牛奖”，总计57个事项、59个部门、2名个人被认定为“蜗牛奖”。不过，从2017年3月以来，原则上每季度认定一次的“蜗牛奖”，并没有按季度正常颁发，而是断断续续，有的暂停、有的延期，2021年1—11月，仅颁发了一次。那么，泰州市的“蜗牛奖”该不该继续颁发呢？下面，我们来全面了解一下泰州市的“蜗牛奖”。

一、泰州市“蜗牛奖”的出台

在加强机关作风建设的背景下，为加强对机关部门和公务员的绩效管理，激励机关部门和公务员干事创业，“蜗牛奖”应运而生。

2016年年初，江苏省泰州市正处在推进三大主题工作和“四个名城”建设的关键时期，迫切需要“马上就办、真抓实干”的优良作风来保障美好蓝图的实现。但是，党政机关中不作为、慢作为的现象仍然存在，不求有功、但求无过，回避矛盾、不敢担当的问题较为突出，直接影响党和政府的形象，影响事业的发展。用什么样的办法来治理不作为、慢作为的懒政、庸政、怠政问题，一直萦绕在泰州市决策者的心头。

2016年1月，时任泰州市委书记蓝绍敏在泰州市委第四届委员会第十次全体会议上首倡设立“蜗牛奖”，以此引导广大机关干部以雷厉风行、快抓落实的作风，深入推进三大主题工作和“四个名城”建设。蓝绍敏还对新设立的“蜗牛奖”进行了解读：“该奖不是一年一评，而是按照任务项目化、项目目标化、目标节点化、节点责任化的原则，抓住每个节点、每个事件，落实到绩效考核跟踪的各个环节，哪个环节出了问题，哪个环节领奖。”凡是领到该奖者，泰州市效能办均会进行回访跟踪、督促整改；凡是整改不力、变化不大的，将予以调整。“要求千遍、教育千遍、表扬千遍，都不如问责一次。”2016年2月，泰州市通过颁发“蜗牛奖”，对推进重点项目不得力、履职不到位、解决群众关切问题不及时的责任单位和个人严格问责，以此倒逼各项工作高质量高效率、快推进快到位。

“蜗牛奖”的推出，既是泰州市吸收民间智慧、为创新干部激励机制所进行的探索，也显示出其治理懒政、庸政、怠政的决心和勇气。不过这个严肃中带点戏谑味道的奖项从一提出，便激起了社会的广泛热议。其中，叫好者有之，但也不乏质疑声。这个奖能发下去吗？不会是政治作秀吧？发个“蜗牛奖”就能解决作风问题吗？

二、泰州市“蜗牛奖”的特点及认定办法

1.“蜗牛奖”的特点

一是坚持客观公正。泰州市效能办副主任王钟介绍，“蜗牛奖”的线索有三条来源：一是群众的投诉，包括向市效能办直接投诉，以及通过书记信箱、市长热线等进行投诉；二是由相关职能部门提供线索；三是市效能办在主动督查中发现线索。对于这些线索，市效能办首先进行梳理和甄别，当发现疑似“蜗牛奖”线索时，再派出督查员查阅相关材料，并到现场核实情况，听取举报人和被举报人的陈述，最后形成调查报告，供评议代表进行认定。

二是坚持开门评议。准“蜗牛”找出来后，泰州市效能办召开“开门评议会”，召集两代表一委员、企业家和群众代表以及相关部门负责人投票选出最终的“蜗牛奖”。在会议现场，与会代表逐一听取调查报告，就调查中的相关问题进行提问，并无记名投票，若事项得票过半，则其相关的单位、处室及个人被认定为“蜗牛奖”获得者。

三是坚持问责惩罚。“蜗牛奖”是“问责＋惩罚”的综合运用手段，既抓早抓小，也严抓狠抓。“面子”上，对被认定的单位、处室及个人予以点名道姓通报曝光；“票子”上，年终将对“获奖”者所在处室、单位予以绩效扣分，并扣除相关人员部分年度绩效考核奖励；“位子”上，对获奖的个人和单位进行回访跟踪、督促整改，凡是整改不力、变化不大的，将予以组织调整。让“蜗牛奖”获得者“丢面子、丢票子”，甚至“丢位子”，促使“蜗牛”变为“奔牛”。

2.“蜗牛奖”的认定办法

据了解，泰州市效能办对“蜗牛奖”的认定遵循客观公正、公开透明、突出重点、注重实效、权责一致的原则，“蜗牛奖”适用于全市各级机关部门(单位)及其内设机构和工作人员，以及经授权、委托具有公共事务管理服务职能的企事业单位、社会组织及其内设机构和工作人员。泰州市专门成立了效能建设“蜗牛奖”认定小组(以下简称“认定小组”)，由市纪委(监察局)、市委办、市政府办、市委组织部、市委宣传部、市编委办、市级机关工委、市人社局、市项目办、市招商办、市城建办、市“三服务办”、市效能办等单位组成。认定小组的办公室设在市效能办，负责认定的日常工作。认定小组负责“蜗牛奖”的领导和组织工作，不定期召开认定会议，听取工作情况，研究有关事项。认定工作根据需要邀请市党代表、人大代表、政协委员以及与具体事项相关的群众代表参加，并充分听取其意见。

“蜗牛奖”认定的范围主要包括：涉及推进政府投资项目和民生实事建设的事项、关系群众利益的事项、行政审批(许可)的质量和效率，以及履行法定职责的情况等。具有以下情形之一，且造成较大影响的，由市效能办认定相关责任部门、处室、个人“蜗牛奖”：①对市委、市政府重要决策部署推进不力，未如期实施或完成相关工作的；

②对市委、市政府领导交办事项未按时按质完成的；③未按法定时间办理项目落户和项目建设过程中的行政审批(许可)事项，影响项目推进的；④未按序时节点完成城建重点项目工作量，影响工程建设进度的；⑤对群众反映强烈的突出问题未及时处置，造成不良影响的；⑥对职责范围内承担的事项未按法定时间和程序办结或推诿扯皮的；⑦其他依法应当履行的职责未及时履行的。认定程序和方法有："蜗牛奖"原则上每季度认定一次。情况特殊的，可以及时组织认定。"蜗牛奖"问题线索采取公开征集、专项督查、上级交办(督办)、接受群众举报和有关职能部门提供等方式收集。市效能办收到相关问题线索后，及时组织核查，在认真听取被认定人的意见和解释的基础上，形成书面报告。认定小组及时召开会议，听取报告并进行无记名投票，得票过半数的，即被认定为"蜗牛奖"获得者。

对被认定为"蜗牛奖"的单位、处室及个人在有关新闻媒体上点名道姓予以通报曝光。市级机关部门(单位)被认定一次"蜗牛奖"的，扣除该部门(单位)当年绩效考核分1分。市级机关部门(单位)的内设处室(下属单位)被认定一次"蜗牛奖"的，扣除该部门(单位)当年绩效考核分0.5分，并扣减所在部门(单位)分管领导和该处室(下属单位)全体人员3个月的年度绩效考核奖励。列入市级机关绩效管理的人员被认定一次"蜗牛奖"的，扣除所在部门(单位)当年绩效考核分0.5分，并扣减所在部门(单位)分管领导、所在处室主要负责人3个月的年度绩效考核奖励和当事人半年的年度绩效考核奖励。被认定为"蜗牛奖"的，由市效能办对其整改落实情况进行全程跟踪督查，对整改不力或没有明显成效的，予以问责。涉嫌违纪及需要实施责任追究的，由市效能办提请市纪委(监察局)调查处理。市(区)所属部门(单位)及其内设处室和工作人员被泰州市认定为"蜗牛奖"的，由所在市(区)依照相关规定处理。

三、泰州市"蜗牛奖"的颁发情况

从2016年4月至2021年4月，泰州市共颁发了12批"蜗牛奖"，总计57个事项、59个部门、2名个人被认定为"蜗牛奖"。"蜗牛奖"部分典型案例如下。

由于"开放创新、双轮驱动"战略扶持项目资金未按期落实，泰州市财政局工贸发展处被认定为"蜗牛奖"。2015年年底，泰州市政府决定继续实施双轮驱动战略扶持项目，要求在2016年春节前将扶持资金落实到相关企业。泰州市财政局工贸发展处没有及时完成材料审核、督促有关部门补齐申报手续，也没有按时会同相关部门进行复审，导致扶持资金没有及时落实到位。

由于未按承诺、未按期办理某企业人防建设费的缴费凭证事宜，泰州市民防局行政许可服务处被认定为"蜗牛奖"。2016年1月19日，泰州市三服务办将某企业反映的人防建设费缴费凭证办理问题交办给市民防局，要求其在10个工作日内报送办结情况。泰州市民防局行政许可服务处与企业负责人联系约定春节后到企业服务，但直至3月4日泰州市效能办对此问题开展调查时，此事仍未落实。

由于对企业反映的涉企乱收费问题不认真处理而被重复投诉，靖江市新桥镇政府法制科被认定为"蜗牛奖"。2016年1月16日，某企业向靖江市长信箱投诉新桥镇礼士村乱收费问题，新桥镇法制科未作调查，仅要求礼士村出具情况说明作为回复，企业对此答复不满意，又于2月4日、3月15日两次向市长信箱投诉，导致该问题长达2个月未妥善解决。

由于违规收费、不及时解决企业用水需求，姜堰区梁徐镇供水服务站被认定为“蜗牛奖”。某企业在梁徐镇投资办厂，2015年10月正式进场施工，需办理自来水安装业务，该镇供水服务站要求其缴纳3万元安装费，属超标准违规收费。企业多次找供水服务站协商未果，导致自来水安装问题几个月得不到解决，影响了项目施工进度。

由于拖延发放2015年秋季秸秆禁烧禁抛补助资金，靖江市西来镇财政所、靖江市西来镇泥桥村村民委员会被认定为“蜗牛奖”。2016年2月3日，靖江市财政局将2015年秋季秸秆禁烧禁抛补助资金下拨到西来镇财政所，该所直到4月18日才将该项补助资金下拨至各村，时间长达两个半月；该补助款项下拨泥桥村村民委员会后，直到5月17日该村仍没有将补助资金发放给村民，群众对此意见很大。

由于未按期发放2014年度机动渔船油价补助，兴化市水产局渔港站副站长陈流群被认定为“蜗牛奖”。2015年11月10日，兴化市机动渔船柴油价格改革财政补贴工作领导小组下发文件，要求12月19日前完成补助资金核发工作。但兴化市水产局渔港站负责此项工作的副站长陈流群工作拖沓、不认真细致，导致个别申报对象遗漏，整体工作完成时间比规定时间延迟了4个月。

由于对群众反映强烈的某砖瓦厂违法开采粘土资源行为监管不力、长期未有效处置，兴化市国土资源局周庄国土资源所被认定为“蜗牛奖”。2014年8月起，兴化市周庄镇东浒村群众多次举报该村某砖瓦厂长期违法超范围、超深度开采粘土资源的问题，周庄国土资源所先后4次下达《责令停止土地违法行为通知书》，但后续监管流于形式，直到2016年5月9日市效能办现场调查时，该违法行为依然存在，群众反映强烈。

由于未按时发放少数民族群众清真食品补贴，泰州市海陵区民宗局宗教团体管理中心副主任吴皓被认定为“蜗牛奖”。2014年9月，泰州市民宗局、财政局等四部门联合下发通知，要求每年对符合条件的少数民族居民发放清真食品补贴。区民宗局具体负责此项工作的宗教团体管理中心副主任吴皓，在发放2015年度食品补贴工作中，责任心不强、效率低下，直到年终关账也没有上报相关资料，导致该项补贴2015年5月才发放到位。

由于对120急救服务过程中存在的乱象监督管理不到位，泰州市急救中心被认定为“蜗牛奖”。2018年7月，泰州市急救中心独立运行，实行“一个平台、三个统一”的管理，并出台了急救工作相关管理规范。经调查发现，该中心有规定不执行、有要求不落实、有职责不履行，日常监管缺失、督促整改不力，导致其在120急救工作中存在待车时间长、服务不规范、乱收费等问题，严重危害人民群众生命安全，严重损害泰州幸福城市形象。

其他还有：2021年4月，由于全民阅读指数考核位列全省第12位，泰州市委宣传部出版和版权管理处(全民阅读处)被认定为“蜗牛奖”；由于常住人口城镇化率考核位列全省第11位，泰州市发展改革委发展战略和规划处被认定为“蜗牛奖”；由于实际使用外资占全省比重及增速考核位列全省第12位，泰州市商务局外国投资管理处被认定为“蜗牛奖”；由于消费品质量合格率考核位列全省第11位，泰州市市场监督管理局质量发展处被认定为“蜗牛奖”。

四、泰州市部分“蜗牛奖”获得单位的整改情况

自从“蜗牛奖”出台后，泰州市几乎所有涉及“蜗牛奖”的部门(单位)党委(党组)都在第一时间召开专题会议，认真总结经验教训、研究处理意见、制定整改方案、落实整改措施。大多数单位迅速召开全体人员会议，通报有关情况和对责任人的处理结果。

泰州市财政局开展了以“思想再解放、作风再转变、服务再优化”为主题的专题教育活动，同时以处室为单位，围绕“马上就办”“办就办好”，全面组织“内部体检”。

泰州市住建局开展了“拒做蜗牛、争做黄牛”行动，工商局实施了以“拒当蜗牛争先进、营造环境创一流”为主题的作风整训活动，泰兴市制定了整治“蜗牛”相关行动方案，凤城河景区管委会在内部绩效考核项目中专门设立“小蜗牛奖”，市政务服务中心则将审批服务“蜗牛”行为列入窗口单位及分中心考核考评内容，各个服务窗口都在主动排查积压的未办结事项。

靖江市新桥镇涉企乱收的费用于2016年4月21日全部退还。

泰州市民防局对涉及行政权力行使的所有科室进行了一次大排查，重点排查有无依法行使权力、有无按期办理事项、有无高效热情服务，倒逼民防各项工作提质增效。

泰兴市人社局责成合管办对所有医药费报销经办事项进行了全面梳理，对超过承诺时限的报销事项进行自查自纠，确保今后按时办结，不超期、无积压。

兴化市住建局房管处抵押科针对“蜗牛奖”暴露出的问题，责成相关处室主动与上级银监部门对接沟通，向兄弟市县同行、省内专家学习讨教，补齐能力“短板”。

姜堰区交通局出台了系统内部“蜗牛奖”实施意见，着力推动机关工作效能提升。

海陵区京泰路街道修订完善了工作目标绩效考评机制，形成了中心重点工作“月初交办、月末考核、季度考评”的工作机制，对未能按时按质完成的部门下达督办单，跟踪问责。

“蜗牛奖”获奖者中，出现了2名个人获奖者(分别是：海陵区民宗局宗教团体管理中心副主任吴皓，兴化市水产局渔港站副站长陈流群)，但整改和反思并不仅仅局限于个人。海陵区民宗局召开全体人员会议，除让获奖个人深刻检讨外，该局还成立了“一把手”牵头的专项工作领导小组，并邀请少数民族群众代表参加座谈会，认真听取他们对于补贴发放的意见和建议。兴化市水产局将2014年度第二批油补资金发放作为当前工作的重点，由该局主要负责人亲自督办实施。同时，兴化市还“举一反三”延伸到了全市层面，提出了很多在全市推进作风效能提升的“实招子”。

在开展自查自纠、提升服务能力的同时，不少单位还对现有内部管理制度、工作流程进行修改完善，形成了长效化工作机制。靖江市新桥镇全面梳理、排查制度建设中的“缺失、缺位、缺口”，并分别研究制定、修改完善相关政策意见、管理制度和工作流程。

除了深刻检讨、劝勉谈话，所有责任单位还受到了绩效考核扣分的处罚，相关责任人按规定被扣除了部分奖金。对涉嫌违纪的，泰州市效能办已移交纪检监察机关调查处理。

五、关于泰州市“蜗牛奖”的争议

随着“蜗牛奖”的出台和颁发，各种争议声不断，笔者团队整理了各类媒体观点，实地走访了相关当事人，摘录如下。

1. 媒体观点

支持：中国共产党新闻网《政府“蜗牛奖”治得好官员“拖延症”吗》：给不作为或“作而无为”实绩差的官员颁个“蜗牛奖”，应该是利大于弊。给“慢作为”“不作为”者颁个“蜗牛奖”，搞点“负向激励”，倒也不失一种相对有效的尝试。

《求是》理论期刊《“蜗牛奖”：向懒政怠政“亮剑”》：正向激励固然能起到很好的引导作用，但其效用正在减弱，先进毕竟是少数，当不上先进压力并不大。而负向激励的心理影响却是巨大的，“蜗牛奖”让领奖人感到难堪、没面子，同时通过问责与惩罚的压力传导，倒逼机关干部不断提升工作的整体效能，从而达到正向引导的作用。

中国文明网《为设立“蜗牛奖”叫好》：“蜗牛奖”的设立，是一种让“庸、懒、慢”的官员知耻而后勇，唤醒“职业羞耻心”，激励“职业荣誉感”的举措，体现了当地党委和政府肩负干部管理主责，敢于亮剑、敢于监督、敢于下手的积极态度。

《中国纪检监察报》之《舆论关注“蜗牛奖”：作风建设须臾不能放松》：舆论认为，推出这类严肃中带点“戏谑”味道的奖项，既是吸收民间智慧创新考核方式激励干部的好思路，也显示出地方政府治理“懒政怠政”的决心和勇气。政府颁发“蜗牛奖”，类似于“黄牌警告”，是要利用外部监督力量来推进治理“慢作为、不作为”现象，让干得出色的区县部门和个人接受表扬和赞誉，让干得不好的在公众场合红红脸、出出汗，打破了“一团和气”的氛围；更是要让“懒政怠政”者感到羞愧、没面子，让领奖人“入脑入心”，让机关干部“处处小心”，真正改变不良作风，力行“三严三实”，提升服务水平。

反对：人民网《胡建兵：羞辱式的“蜗牛奖”，颁不得》：给懒政怠政、不作为的官员颁发“蜗牛奖”，是对这些官员的严正警告，但政府把工作表现不好的官员比作“蜗牛”，本身就是一种人格上的羞辱，更是对官员不作为或无能表现的羞辱。这种羞辱式的“颁奖”，虽然能起到一定的督促、激励作用，但也有可能会产生一些消极作用。

网易新闻《怎样看政府推出的“蜗牛奖”?》：整肃贪官、懒官、懒政，消除不作为式的滥权和乱作为式的滥权，实现政治清明和“高效政府”，本就有成熟模式和成功经验。一言以蔽之，“民主与法治”足矣。除此以外，各种措施、创意，若非故弄虚玄，亦属花里胡哨，“银样镴枪头”。

中国网《“蜗牛奖”真是治理“不作为”“慢作为”杀手锏?》：所谓“蜗牛奖”，就其形式而言，不过就是一次公开点名、批评通报，何必挖空心思以“奖”命名呢？既然“动员千遍，不如问责一次”，那为啥不明确进行严格的问责？以奖为名，淡化了问责的严肃性，还是干部面子思想在作怪？

新浪新闻《为“蜗牛奖”叫好也要看到其隐忧》：“蜗牛奖”显然不属于各级党政机关自上而下的保留评选项目，尽管短期内对于敦促公职机关和服务单位转变工作作风会有显著作用，但却很难避免随着地方主政领导的更迭、主政领导注意力的转变而慢慢降低影响程度的情况，最终要么取消，要么沦为形式主义化的评选程序(循例在最基层的乡镇、街道和社区单位抓一些无关紧要的“典型”)。

2. 访谈观点

支持：泰州市委常委、市委秘书长张国梁：“蜗牛奖”是我市作风效能建设的创新举措，在全国产生了很大影响。希望通过设立“蜗牛奖”这一负向激励措施，倒逼各项工作实现高质量高效率、快推进快到位。“蜗牛奖”是治理“不作为、慢作为”的载体，也是警醒教育、关心爱护干部的手段。

泰州市中医院基建办主任殷生楠：没想到评“蜗牛奖”动了真格，以前估计就是评一两个走过场，没想到第一次就评了 12 个。

“蜗牛奖”线索举报者吴先生：“蜗牛奖”公布不到两天，路灯就装了起来，我要为“蜗牛奖”点赞！以后遇到类似问题，我还会举报。

泰州市姜堰区的企业家陈伟：“蜗牛奖”原来这么厉害，“蜗牛奖”出台后，当地的服务能力确实提高了。

“泰无聊”网站民生编辑部主任陈春阳：“蜗牛奖”倒逼压力极大，现在网友遇到问题，第一时间想到的就是拨打“蜗牛奖”举报电话。

泰州市政协委员沈玥：“蜗牛奖”对加强机关作风建设是有实实在在作用的，既然有作用，就应该继续颁发下去。

反对：网民“神马与浮云”：请大家不要胡乱猜测我是哪个单位的哪个人，我只是泰州市众多公务员中的普通一员罢了。我想问，为何要让我们在正常工作的同时，再承担“蜗牛奖”的压力？你知道如果领了“蜗牛奖”，我还怎么回家？你让乡亲四邻怎么看待我？我们做了那么多的事情，很多事情也并非自己有意而为之，古人还讲究个“天时地利人和”，为何横空出世的“蜗牛奖”就这么不讲道理地开始评了？

网民“大大富翁”：现在做事的反而容易犯错误！

网民“wnx123456”：问题是，不是“蜗牛奖”由谁得，是得了“蜗牛奖”也无所谓。

网民“WX46631900”：“蜗牛奖”只是一个展示领导业绩的踏脚石，华而不实！

（案例来源：“案例中心杯”第二届研究生公共管理案例大赛优秀奖《“蜗牛奖”该何去何从？》）

【案例思考】

1. 你认为公务员不作为、慢作为的根源何在？

2.“蜗牛奖”在出台和颁发的过程中，为什么会出现诸多争议？

3. 试运用人力资源管理相关理论，阐述“蜗牛奖”颁发的依据，并谈谈“蜗牛奖”能否从本质上转变机关工作作风。

案例解析

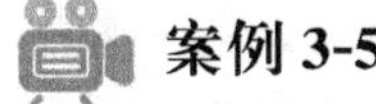

案例 3-5

乡村振兴视阈下大学生村官现状

——以江苏三地为例

大学生村官政策的演变是以“三农问题”的发展逻辑框架为基础的。从城镇化发展到新型城镇化发展，再到“美丽乡村”和“乡村振兴”的提出，既是对“三农”问题在转型期的新特点和新趋势作出的政策调整，也是中国乡村发展模式的探索和实践。大学生村官政策是统筹人力资源，优化乡村人才结构，推进农村发展的重要举措。作为“三农”工作部署中的重要环节，大学生村官政策从萌芽、成熟到自然消退，不仅发挥了重要的历史作用，也为未来乡村建设中的政策指导、基层民主建设提供了丰富的理论和实践经验。

【案例内容】

大学生村官政策培养了一大批优秀的人才，通过深入基层、扎实群众基础，为基层干部提供了储备，充当了基层干部后备军“蓄水池”。并且，在新型城镇化趋势下，将情治与法治相结合进行乡村治理，大学生村官政策在其中发挥了“衔接点”的作用。此外，大学生村官作为高素质人才下到基层，是乡村进行科学化、专业化治理的重要力量，改善了农村环境，带动了村民收入的提高。

一、新沂市大学生村官上任面面观

徐州新沂市位于苏鲁交界，是江苏的“北大门”，总面积 1 616 平方千米，总人口约 90.71 万人。新沂市近几年来经济总量较稳定。2018 年，全市实现地区生产总值 653.32 亿元，按可比价计算增长 4.3%，人口总量保持平稳增长。

1. 本地“村官”大展宏图

埠湖村是新沂市新店镇一个不起眼的小村庄，作为众多贫困村的一员，村里的年收入不足一万。许田(化名)是新沂人，毕业后就想回到自己的家乡为其建设添砖加瓦。他于 2010 年 8 月至 2017 年 2 月作为省聘大学生村官任小湖村党支部副书记、胡庄村村民委员会主任，2017 年 3 月至 2018 年 3 月担任新店镇农技中心办事员，后因工作出色，被选聘为埠湖村党支部书记。

埠湖村缺乏劳动力，老龄化现象严重，空屋闲置率高达 35%。村里的老人思想较为守旧，婚丧嫁娶讲究形式和排场。此外，由于缺乏有效管理，村民占用公共用地、违章搭建等现象日益增多，环境问题日益严重。

许田深入贯彻习近平总书记重要讲话精神，倡导村民简化婚丧嫁娶风俗；他开展公共空间治理，讲究按规办事，与村民充分沟通，逐步拆除村民违规搭建的猪圈和厕所；他注重基础设施建设，家家户户门前都铺上了石子路，大路都改成了宽阔的柏油路，并有多条道路直通镇政府。许田为了解决村里低收入的问题，积极响应上级号召，将原有的苗木换成了商品化的烟木；将收回的公共用地出租以获取租金。在他的带领下，村里的年收入达到了十几万元。

徐州自古以来就深受淮河水患的困扰，且夏天多台风、暴雨。埠湖村排水设施落后，因排水不畅经常造成巨大损失。许田积极响应上级指示，将下雨管进行雨污分流，建造有特色的房子。这里所说的有特色的房子指的就是集中居住。一方面，集中居住改善了空屋闲置的问题，节约用地；另一方面，集中居住有助于优化资源配置，改善居住条件，有助于乡村振兴。其实，集中居住也是环境治理中重要的一环。对此，许田表示，只有集中居住才能从根本上解决农村的环境问题。许田带领村民从“三清”做起，即清垃圾、清乱堆乱放、清柴草垛；再进行“三资”清理，即清资产、清资源、清资金；最后从细节入手，一点点增加收入，改变了埠湖村无资金人脉、只有土地、只能靠天吃饭的窘境，短短几年时间，村里的环境就大变样了。

许田不仅解决了村庄治理难题，还带领村里为数不多的年轻人进行电商创业。他以较低的价格租了一间大的厂房，召集村里的手艺能人编织、加工羊毛制品。从购买商标获得资质，到购进原材料进行加工检验，再到运营店铺、发货、售后一条龙，许田将整条线都牢牢地掌握在自己的手里，争取以最低的成本获得最大的收益。

2. 外来户"村官"工作四处碰壁

孙强(化名)是连云港人，但因为父母都在新沂市，所以在2016年选择报考大学生村官，最终成为新沂市棋盘镇张庙村的一名大学生村官。与许田不同的是，孙强书记并不是棋盘镇当地人，这就导致了他在与村民接触时经常碰壁，很难开展工作。

村里的老人比较多，接受新的思想和观念需要较长的时间，对于孙强这样一个"外来者"，他们的态度称不上友好。在孙强被下派到张庙村后不久，他决定用政府拨款为村里修一条路。张庙村原来的路是最古朴的泥路，一旦下雨，狭窄的路上总是泥泞不堪，于是孙强想把路加宽、修好，方便村民出入。这个目标听起来很简单，但真正付诸实施时却遇到了不小的阻力。当路修到一半时，便修不下去了，为什么呢？由于这条路要加宽，就不得不占用村民的部分田地，有个老太太不乐意了，怎么都不愿意让自己的地少半分，工程只好暂时搁置，未修完的路就成了一条"断头路"。孙强很难受，满腔热血这么快就被浇了盆凉水，但他不甘心。

孙强多次找这位老太太沟通，与她协商，但老太太很固执，怎么都不肯让施工队继续施工，有时还对孙强恶语相向。但孙强并没有气馁，他在找资料时发现老太太的这块地是私自开垦的，并没有被登记在册，于是向上级请示，暂时取消了老太太对这片田地的使用权，最后修路工程才得以顺利开展。

在村官任职期间，孙强遇到了大大小小的各种困难，最棘手的便是和村民沟通。比如宣传新思想、新观念，对于在农村守了一辈子老旧观念的村民们来说，不可能一蹴而就，需要一段漫长的过程。孙强用了一年多时间才和这些村民打好交道，了解了村里的具体情况，适应了当地的环境。当农村是一种无序的状态时，想要解决问题必须要先解开乱麻。要做好乡村治理就得走城镇化道路，在这点上，孙强一直很执着。

3. 大学生村官成长为多面手

张颖(化名)是2009年省聘大学生村官，她在金沙镇三姓街村开启了扎根农村、服务基层的村官生涯。多年来，她在基层勤恳工作，将自己的青春奉献给了服务群众。

2009年，张颖刚到村里的时候，工作是从最基础的整理文档开始的。她在帮忙将村里的各种资料归类的过程中也在不断地学习如何优质地服务村民、管理村务。2012年，由于村里道路拆迁，需要丈量各户村民的田地面积，许多田地并不是规则的图形，丈量起来很麻烦，想要测得又快又准不是一件容易的事。当时的村民委员会主任是丈量面积的好手，张颖就跟在他后面，边听边看边记。有了知识储备，当然要付诸行动，张颖就这样慢慢地开始实践。终于，张颖靠自己的力量丈量了六七个组的土地，没出任何差错。2013年，张颖凭借自己在农村的付出和对基层服务工作的热情高票当选为三姓街村的村民委员会主任。当选以后，她不断地向上级争取高标准农村公路建设指标，如今三姓街村的道路已经焕然一新。此外，她还为了保障村民们的农业经济收入修缮了万米防渗渠。通过这些年的锻炼不断提升能力和开阔眼界，她从一名初出茅庐的大学生成长为服务群众的多面手。同样地，张颖的出现，也让三姓街村得以茁壮成长。

4. 新沂市大学生村官招录及离任情况

在大学生村官政策支持下，一批大学生纷纷走入基层，积极参与环境治理与基础设施的建设，为村民提供了良好的生活环境；同时，带领村民改变传统经营模式、走进电商世界、增加经济收入，加快了城镇化步伐。新沂市专门设立“奖改投”扶持资金，用于支持在岗大学生村官创办、领办、合办的各类创业富民项目。

新沂市曾获得2013年“江苏省优秀大学生村官团体奖”。2009年至今，新沂市共招录284名大学生村官，离职261名，在职23名。2009—2017年，新沂市招录人数呈现从逐步上升到逐步下降的趋势，其中2012年招录人数最多，达到62名。从2018年起，新沂市停止招录大学生村官。离任人数呈现波动趋势，其中2014年离任人数最多，高达41名(见图3-3)。大学生村官离职后，仍然在乡村其他岗位上继续发光发热，积极为乡村振兴奉献自己的力量。

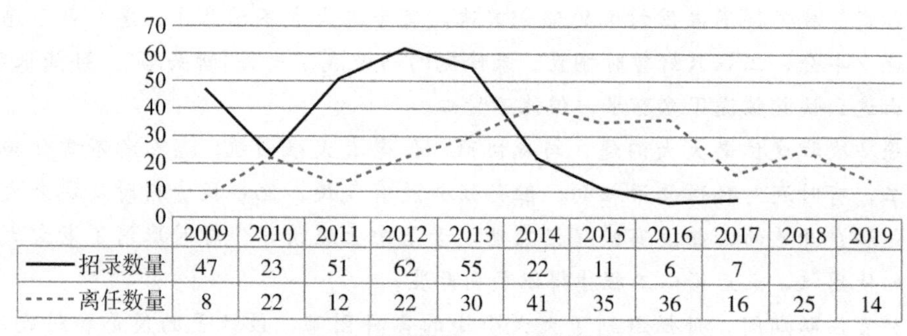

	2009	2010	2011	2012	2013	2014	2015	2016	2017	2018	2019
——招录数量	47	23	51	62	55	22	11	6	7		
------离任数量	8	22	12	22	30	41	35	36	16	25	14

图3-3　2009—2019年新沂市大学生村官数量变化

二、南通市通州区大学生村官科技兴农

新型城镇化的概念被提出后，乡村治理注定将以此为背景进行探索。在新型城镇化的推动下，当地大学生村官利用现代科技推动农业高效发展。例如，海安市雅周镇东夏村大学生村官利用无人机喷洒农药提高田间管理效率；皋市大学生村官将畜禽粪“变废为宝”，一部分用来发电，另一部分作为无花果树的有机肥料。

周方华(化名)是通州区十总镇骑北村的一名大学生村官，他在调研时发现，市场上的农产品销售模式固化，传统的摆摊卖菜现象非常普遍。但村民因为工作或劳务繁忙，很难抽出时间去买菜，这就产生了菜农销量减少，达不到预期经济收入的问题。

为了解决“农产品卖出难”“村民买菜难”的问题，周方华运用电子商务技术，创办了“莱莱网”。他建立了从播种到采摘、备货，甚至包括了配送服务的智能菜园，通过他的努力，最终实现了该村信息技术与农产品生产经营的无缝对接。在创办初期，周方华就成功带动80多人就业，帮助100多名农户增收。“莱莱网”让村民只需动动手指就能成功买到想要的菜，在家就可以收到新鲜的农产品，菜农也不必再担心菜卖不出去。

南通市通州区2008—2015年连续8年共选聘大学生村官426名。目前，在岗89人，其中省聘62人、市聘17人、区聘10人。22人任村(社区)“两委”正职，57人任副职。4人被提拔为副科职干部；2015—2018年，共有28人纳入省委选调生管理；2人被评为全省优秀大学生村官。2008—2010年招录人数稳步上升，其中招录人数最高的年份是2010年，达到了94名。从2016年起，通州区停止招录大学生村官，离任人数呈波动趋势，其中2012年离任人数最多，达到72名(见图3-4)。

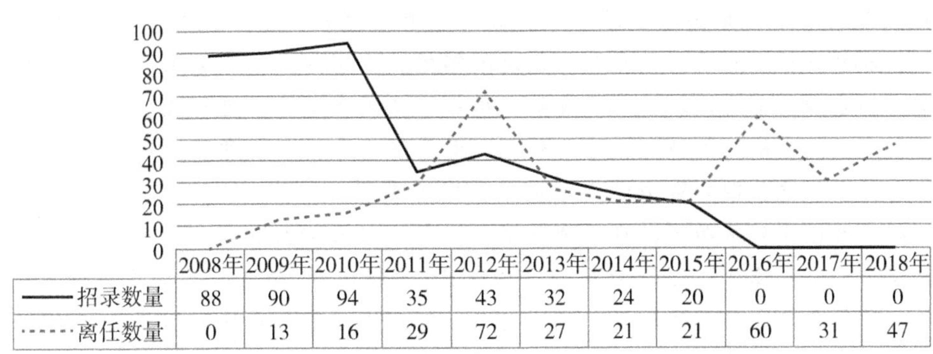

	2008年	2009年	2010年	2011年	2012年	2013年	2014年	2015年	2016年	2017年	2018年
招录数量	88	90	94	35	43	32	24	20	0	0	0
离任数量	0	13	16	29	72	27	21	21	60	31	47

图3-4　2008—2018年南通市通州区大学生村官数量变化

三、宿迁市泗阳县大学生村官创业富民

泗阳县位于江苏省中北部，南滨洪泽湖，东界淮安市淮阴区，占地面积1 378平方千米，总人口104.3万人，辖11个镇。由于这里的先天经济条件较差，一直以来经济发展不显著。但泗阳县通过引进各大项目，积极实施大企业培育工程，逐渐带动了经济发展，推动了劳动力回流，吸引了不少当地大学生村官报考任职。

钱宇(化名)是2009年省聘大学生村官，在泗阳县李口镇崔陈村担任党支部书记，2016年11月通过换届被提拔为李口镇副镇长。由于钱宇在职期间表现优异，在践行群众观的过程中得到了各级部门和领导的认可，先后获得“泗阳县十佳创业富民先进个人”“泗阳县新长征突击手”等荣誉称号。

2010年8月，钱宇得知村里有两名贫困学生因为没有钱而无法上学，回想起从前的自己也有相同的境遇，于是多次与县教育局、团县委联系，为这两名学生申请到了每人3 000元的助学金，并建立了长期结对帮扶的关系。

2014年5月，在党的群众路线教育实践活动意见征集中，钱宇了解到桂庄组南灯笼湖的水闸常年破损失修，梅雨期间近400亩(约26.67公顷)田地被水淹没，村民损失惨重。钱宇暗下决心，一定要把水闸修好，保障村民们的经济来源。他在实地勘察以后，多次向镇政府打报告，申请维修水闸。在他的不懈努力下，镇政府批复同意维修水闸，多年的顽疾得到了解决。

在上级鼓励大学生村官创业富民后，钱宇积极响应，在农村大胆实践，通过采取村民联合经营模式，在徐庄组创办泗阳县勇创生猪养殖专业合作社。该合作社采取生态种植养殖一体化运作模式，吸纳了大量村民就业，帮助近50户村民增收，并在一定意义上促进了劳动力回流。钱宇一直把创业富民作为工作核心，他的理想就是看到每家每户的日子都过得美滋滋的，钱包都是鼓鼓囊囊的。

钱宇深刻意识到村民对于创业、种植业和养殖业知识的需求，没有知识就没有扛把子的能力。他以村农家书屋和现代远程教育系统为平台，定期组织村民到村部进行农业知识方面的培训，教给村民应对各种农业问题的对策，普及科学知识，帮助村民更好地进行农业创收工作，带领村民依靠劳动、科技、知识致富。看着村民们的日子慢慢好起来，村里的各项设施也得到了改善，钱宇心里很自豪。

对钱宇而言，创业是个白手起家的过程，过程尤其艰难。他在参与市委组织部提供的实战培训后，认真思考总结了别人创业成功的经验，最后更加坚定了自己的信念——要靠创业致富一方！但光有热血是不够的，还得努力做出成果。他的第一步就是虚心向领导和同事请教，深入了解李口镇经济状况和独特的道口优势，同时深入市场进行调查研究，他的干劲与热情大家也都看在眼里，得到了党员干部及群众的一致好评和支持。经过长期的努力和走访调查，钱宇最终确定了创业方向。2009 年 9 月，在各级政府的指导和帮助下，钱宇带头创办的李口镇大学生村官创业园——泗阳县宗泽文具有限公司成立了。这个创业园把泗阳县“意杨之乡”的资源优势发挥到了极致，生产的铅笔等各种文具用品远销印尼、日本、韩国等国家和地区，创业之初年利润便达到了 800 万元，带动当地 60 余名劳动力进园就业，10 余户群众脱贫致富。

当看到群众在家门口就有班上了，有钱赚了，钱宇心里乐滋滋的，感到自己实现了新时期大学生村官的价值。虽然创业园顺利投产并且运营良好，但是钱宇始终没有忘记身为一名大学生村官的创业理想，那就是做大做强创业项目。2011 年 8 月，在省信用再担保公司的帮助下，钱宇独自成功贷款 30 万元，创业园也因此新增一条生产线，新吸纳村民 40 余人进园就业，带动 10 户农户脱贫致富。

泗阳县自 2007 年选聘首批大学生村官以来，累计选聘 497 人(全部省聘)，已有序分流 476 人，含公务员 149 人、事业单位 187 人，进入银行、电信等国企 57 人，自主创业 19 人。18 人被提拔为副科职干部；11 人被纳入省委选调生管理；1 人被评为全省优秀大学生村官。目前，在岗省聘大学生村官共 21 人(2010 年 3 人；2011 年 4 人；2012 年 1 人；2013 年 6 人；2014 年 2 人；2015 年 1 人；2016 年 2 人；2017 年 2 人)。15 人任村(社区)“两委”正职，6 人任副职。

2007—2011 年大学生村官招录人数波动变化较大，其中招录人数最高的年份是 2011 年，高达 111 名。2012 年，招录人数急剧下降。2013—2017 年，大学生村官仍有招录但是招录人数始终较少。从 2018 年起，泗阳县停止招录大学生村官(见图 3-5)。

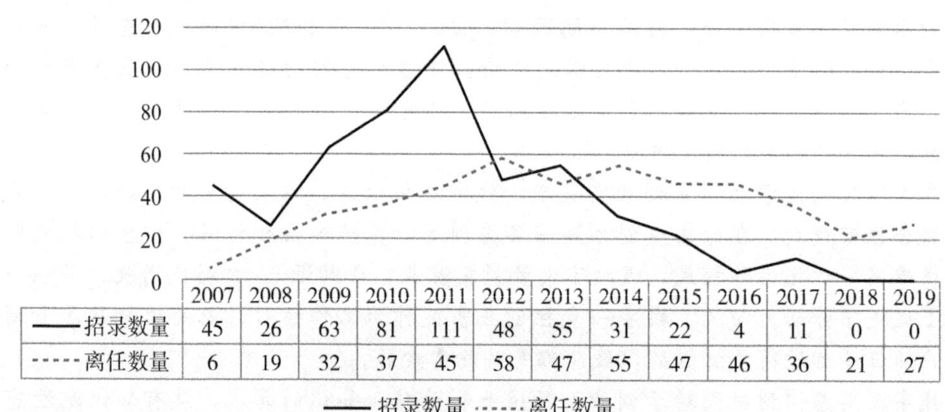

	2007	2008	2009	2010	2011	2012	2013	2014	2015	2016	2017	2018	2019
—— 招录数量	45	26	63	81	111	48	55	31	22	4	11	0	0
----- 离任数量	6	19	32	37	45	58	47	55	47	46	36	21	27

图 3-5 2007—2019 年泗洪县大学生村官数量变化

(案例来源：2019 年江苏省高校公共管理案例分析大赛获奖案例《乡村振兴视阈下大学生村官现状调查及政策延续性思考——以苏北三地为例》，有删改)

【案例思考】

1. 大学生村官政策在选人、用人方面有什么特点？
2. 如何推动大学生村官转型，实现对基层人才的持续培养？
3. 在乡村振兴背景下，如何优化人才结构，填补人才缺口？

案例解析

案例 3-6

多地实行公务员聘任制

最近一两年时间，国内聘任制公务员正呈现出“密集招聘”与“普遍高薪”的特点。自 2007 年国内有城市开始试水聘任制公务员以来，2020 年四川省启动最大规模招聘，共计发布岗位 79 个，最高年薪 46 万元。聘任制公务员如何从个别地方上的破冰走向全国广泛试点？招聘聘任制公务员，又能否在未来成为政府部门扩充专业人才的常态化渠道？这都是公务员管理值得探究的课题。

【案例内容】

一、薪酬诱惑大但门槛高

参加国考或省考，通过层层笔试与面试最终进入公务员队伍，这是许多年轻人会给自己规划的人生路线。通常，国家或地方公招会释放大批岗位，报考者数以万计甚至数以十万计。每年最火的岗位，甚至会呈现“数百人争一席”的现象。

不过，聘任制公务员自试水以来，各地招聘规模都不算大。以 2020 年四川省聘任制公务员招聘计划为例，79 个岗位，在各地的聘任制公务员招聘规模之中已算是“大型招聘”。

此次四川省聘任制公务员招聘包含了 2 个省直单位和 9 个市(州)的岗位。这些岗位大多指向明确：“紧贴为建设成渝地区双城经济圈、推进‘一干多支、五区协同’‘四向拓展、全域开放’战略部署引进急需紧缺的高精尖专业人才；紧贴决胜全面建成小康社会、决战脱贫攻坚需要，在阿坝、甘孜、凉山探索通过聘任制方式引进具有低替代性的应用型专业人才。”

比如成都此次招聘的 6 个岗位，包括成都东部新区公园城市建设局智慧城市首席规划师 1 名、东部新区财政金融局投融资首席分析师 1 名、温江区发展和改革局发展规划研究总监 1 名、温江区住房和城乡建设局公园城市策划建筑师 1 名、温江区交通运输局交通发展策划总监 1 名、温江区国有资产监督管理局国企投融资管理总监 1 名，均为专业素质要求高的尖端岗位。

这些岗位比起普通公招具有相对更高的门槛和更为细化的条件。

6 个岗位均要求学历不得低于硕士研究生，其中有两个岗位指定要求博士学历；此外，每个岗位除了限定具体专业，还提出了具体的工作经历要求。

比如东部新区财政金融局投融资首席分析师岗位，要求管理学、经济学、金融学等相关专业的硕士及以上学历，并要求本硕皆在“双一流”高校。工作经历也要求“具有 5 年及以上持牌金融机构相关工作经历，或者具有 2 年以上、组织参与省级 PPP 项目的申报、论证和组织实施管理经历”等。不过，这些岗位在年龄上的要求相对宽松，有 4 个岗位要求年龄在 45 周岁以下，2 个岗位则要求 40 周岁以下。

事实上，比起稳定，“高薪”历来不是公务员岗位的核心吸引力。但聘任制公务员被关注的焦点，恰恰就是“高薪”。

此次四川省聘任制公务员招聘的岗位，最高年薪可达46万元。这基本打破了社会对体制内公务员薪酬水平的认知。

“可能有人会担心稳不稳定，”打算报考此次招聘中四川省社科联《天府新论》资深编辑岗位的林华宇今年34岁，曾是媒体编辑。她说，“‘高薪’无疑能够吸引到真正的能力者、优秀者；而‘聘任’则无疑能够激发创造活力和灵活用人机制。”

二、聘任期满后的出口在哪里

2007年，深圳市人社局公开招聘41名聘任制公务员，成为最早破冰的城市之一。而四川的试水始于2010年。那一年，四川省委组织部、四川省人社厅、四川省公务员局确定达州市宣汉县作为全省第一个聘任制公务员试点。

2012年的5月，4名聘任制公务员正式签订聘用合同，成为宣汉县首批，也是四川省首批聘任制公务员。他们分别受聘于宣汉县住建局、宣汉县就业局等单位，年龄最大的蒋德元当年47岁，最小的王异男当年只有25岁。

而根据2012年《成都商报》对此事的报道，这4人是从532名应聘者中层层选拔出来的，整个招聘过程历时近一年。

宣汉县的试点为四川省对聘任制公务员的探索提供了经验。在接下来的时间里，四川省的公务员聘任制进一步开展实践。

2014年，四川省在遂宁市开展市级层面聘任制公务员试点，并确定聘任制公务员职位设置最高年薪41万元，最低年薪21万元。而在2017年，四川省德阳市也曾公开招聘聘任制公务员。本次招聘仅招一人，即德阳市高新区管委会规划建设局高级规划主管岗位。

经验逐步积累的同时，探索也面临挑战。许多人关注聘任制公务员聘任期满的出口。据了解，在宣汉市，4名聘任制公务员在聘期结束后，2人通过公招考试进入公务员队伍，一人通过公开考核聘用方式进入事业单位，一人自主创业。

深圳市人社局有关负责人在2013年接受媒体(《小康》杂志)采访时曾表示，在试行的最初阶段，确实有不少人心存疑虑。在2007、2008年招聘的53人中有20多人辞职了，有的下海去企业了，也有13人在后期考取了其他单位的委任制公务员。

但在今年的聘任制公务员招聘之中，一条明确的举措在各地的招聘公告中均有体现：

“聘任期满，聘任合同自动解除。聘任期满后，工作需要且聘任制公务员本人愿意，经批准可以续聘。对在专业性较强的职位上表现突出、做出显著成绩和贡献、工作长期需要的聘任制公务员，聘期满五年、年度考核结果均为称职以上或者聘期考核结果为优秀的，经批准可以转为委任制公务员。”

三、试点为何能遍地开花

2020年7月，青海省宣布正式启动聘任制公务员试点，8月28日，青海省正式发布了公告，招聘聘任制公务员11名；7月中旬，赣州市作为江西聘任制公务员的试点城市，正式发布6个聘任制公务员岗位；2020年3月下旬，浙江省义乌市发布公告招聘12名聘任制公务员，而这已是义乌市的第二批聘任制公务员招聘……有些省市是启动试点，刚开始探索；但也有许多省市，例如四川、浙江、上海等，早已积累了丰富的实践经验。

各地的探索，事实上是有章可循的。

2011 年，中共中央组织部、人社部曾印发《聘任制公务员管理试点办法》，明确提出机关根据工作需要，可以对专业性较强的职位和辅助性职位实行聘任制。

但真正使得聘用制公务员试点“遍地开花”的节点，是在 2017 年。

那是聘任制公务员试水的第十年。当年的 9 月 19 日，中共中央办公厅、国务院办公厅印发的《聘任制公务员管理规定(试行)》正式施行。同时，2011 年中共中央组织部、人社部印发的《聘任制公务员管理试点办法》废止。

新的管理规定明确提出，机关聘任公务员一般应当公开招聘，对工作急需、符合聘任职位条件的人选少、难以进行公开招聘的专业性较强的职位，可以从符合条件的人员中直接选聘。

此外，也是在这一新的管理规定中，聘任制公务员的出口问题得到了明确解释：

经部门批准，聘任合同期满后可以续聘。对在专业性较强的职位上表现突出、做出显著成绩和贡献、工作长期需要的聘任制公务员，聘期满五年、年度考核结果均为称职以上或者聘期考核结果为优秀的，经省级以上公务员主管部门批准，可以转为委任制公务员。

此后，聘任制公务员的试点和推行在各地进入“密集期”。尤其在多地拓展新区建设，急需高精尖专业人才的当下，大量从城市新区释放出来的聘任制公务员岗位出炉。

不可否认的是，聘任制公务员的招聘正在逐步走向常态化，正在成为公务员队伍补充专业高端人才的重要渠道。但破冰之旅仍任重道远，正如深圳大学中国政治研究所郑志平所说，聘任者的心态和管理制度的改进都需要一定的时间。“让公务员真正实现从‘身份’认同向‘职业’认同的转变还需要过程和时间”。

(案例来源：《多地推行公务员聘任制，期满后出口在哪?》，新浪网，2020-09-02)

【案例思考】

1. 聘任制公务员与普通公务员有何区别?
2. 聘任制公务员在实施过程中的难点是什么?
3. 如何完善聘任制公务员的退出机制?

案例解析

本章小结

公共部门是由国家授予公共权力，向全体社会成员提供法定服务的政府组织，公共部门人力资源管理的改进直接影响公共部门整体工作效率的提高以及行政体制改革的进程，对公共部门人力资源管理的相关问题进行分析和研究，有着重要的理论和实践意义。

现阶段，我国公共部门的组织管理已经融入人力资源管理理念，但因长期受传统人事管理观念影响，人力资源管理的组织基础、技术基础及信息基础比较薄弱。

我国公共部门人力资源管理的改进，首先应更新各种观念，将人力资源管理理念渗透到组织的人才战略中，将人本管理思想渗透到人事工作中，由强调对“事”的管理向强调对“人”的管理方向转变，充分发挥人才的优势，不断促进人才的进步，从而推动公共部门的发展。在政府职能转变过程中，应以“人本”思想来指导和规范公共部门人力资源管理，结合公共部门的实际情况以及经济发展的需要，有计划地实施人才战略。

在绩效考核方面，应将公共部门考核标准中的工作实绩最大限度量化，并对部门人员的工作能力进行评估，确立公共部门人力资源的“能力本位”核心价值观，彻底打破论资排辈的做法，健全人才的选拔机制。公共部门人力资源配置应该效仿企业按市场经济方式运作，其核心是建立公开、平等、有序的竞争机制，职位靠竞争，机会靠能力，待遇靠贡献，晋升靠绩效。不论资排辈，不论亲缘、地缘、情缘，而以能力和绩效为选择标准，人员能进能出，干部能上能下，真正发挥人才的创造潜力。一个现代组织只有用能力本位取代权力本位或亲情本位，建立公正合理的激励机制，充分尊重并满足成员自我发展的需要、民主参与的需要、个人成就感的需要。在建立和完善绩效管理体系的同时，应重视对绩效结果的实际运用，将绩效考核作为公共部门控制人才的有力手段，使绩效考核成为其决策人事的重要杠杆。这就需要对现行薪酬制度和雇佣制度作出调整，引进竞争机制，发挥制度激励功能。

当前公共部门的公务人员在知识水平和技能结构方面存在很大的欠缺，难以适应市场经济发展的需要，要想改变这一现状，就必须增强人力资源开发的时效性，这需要有健全的培训体系，公共部门应根据自身实际情况及部门人员个人条件，对其进行针对性职业培训，提升其知识水平和职业技能，同时还可以通过推行自主学习和在线学习等方式，增强培训工作的专业化程度，使公共部门的人力资源转化为人力资本，更好地适应现代公共部门发展的需要。

第四章　公共政策案例

第一节　案例研修要求

一、教学目标

- 通过本章教学知识点的学习，逐步掌握公共政策的内容、目标、过程，公共政策系统及其运行的优化等基础知识。
- 通过本章案例的学习和探索，理解公共政策的价值取向，学会分析特定公共政策中的利益相关者对公共政策的影响，正确看待公共政策过程中的矛盾和冲突。
- 能够运用基本理论和多元分析方法对公共政策的公正性、合理性、科学性、有效性进行评估，提高分析问题和解决问题的能力。

二、教学知识点

公共政策是政府实施公共管理的依据和主要手段，在一个国家和社会运行中扮演着非常重要的角色。正确的政策是维护社会稳定，促进工作顺利开展，实现人民群众根本利益的基本前提，正确地制定、有效地执行政策是维护和发展人民群众合法权益的根本保证。

1. 公共政策的内容

公共政策是政府管理社会公共事务，尤其是社会经济生活的基本手段或工具。参考国内外学者的看法，可以将公共政策界定为国家(政府)、执政党及其他政治团体在特定的时期，为实现一定的社会政治、经济和文化目标所采取的政治行动或所规定的行为准则，是一系列谋略、法令、措施、办法、方法、条例的总称。①

公共政策是一种公共决策，具有法定的权威性。公共政策具有特定的价值取向，是政府为解决特定社会问题，以及调整相关利益关系而采取的政治行动。公共政策是一种行为准则或行为规范。

根据政策对社会和有关人群之间关系的影响，公共政策可以划分为分配性政策、调节性政策、自我调节性政策和再分配性政策四种类型；从政策层次的角度，公共政策可以划分为总政策、基本政策和具体政策三种类型；按照所涉及的社会生活领域及其问题的不同，公共政策可以划分为政治政策、经济政策、社会政策和文化政策四种类型。

2. 公共政策的目标

公共政策目标是公共政策凭借自身的属性和功能所要达成的目的，是决策制定者通过制定与实施公共政策所要达到的或希望实现的对象，它可以是某种利益，也可以

---

① 陈振明：《公共管理学》，247 页，北京，中国人民大学出版社，2005。

是某种状态。公共政策目标是公共政策制定、执行、评估的灵魂和核心，是公共政策问题解决的诉求对象。①

首先，公共政策目标涉及主观和客观两个方面，既要解决“是什么”的问题，又要解决“应该是什么”的问题。即任何一项公共政策首先要确定其价值前提。一方面，确立公共政策目标要以社会事实或客观条件为基础，从实际出发，以事实为依据；另一方面，公共政策作为政府对社会政治经济生活的干预措施或解决问题的手段，要达到何种理想状态，取决于个人或集团在社会中的政治、经济利益关系及其价值判断。肯尼思·阿罗(K. Arrow)的不可能定理认为，个人理性不等于集体理性，实际上不存在每个人都认可的、统一的社会价值判断，而只能是部分人或某些利益集体的价值判断。一般来说，公共政策反映的应该是多数人的价值判断，否则，公共政策就不能称之为公共的政策，只能成为少数人或特殊利益集团操纵和利用的工具。

其次，公共政策目标取决于决策者及分析者所要处理的具体政策问题。政策问题的不同决定了公共政策目标的千差万别。但尽管如此，在当代公共政策中，特别是经济社会政策中，有一些公共政策目标是最基本的，掌握这些公共政策目标，对于我们确定具体的公共政策目标是有帮助的。那么，公共政策目标有哪些呢？在经济领域，经济政策的目标就是追求效率、经济增长等；在政治领域，政治政策的目标就是安全、秩序等；在社会领域，社会政策的目标就是公平、福利等；在文化领域，文化政策的目标就是自由、文明等。

3. 公共政策的系统

公共政策系统是由政策主体、政策客体和政策环境三种因素及其相互作用所构成的社会政治系统，它可以划分为若干子系统(见图 4-1)。

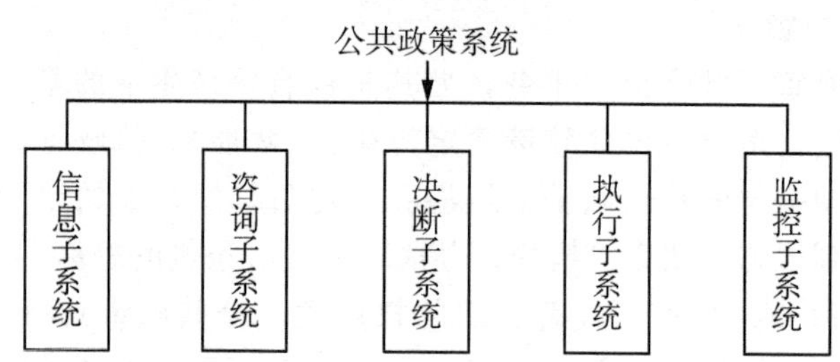

图 4-1　公共政策系统的构成

公共政策系统的各项功能是由各子系统共同完成的，这些子系统既各有分工、相互独立，又密切配合、协同一致，促使公共政策系统的运行得以顺利开展。

在公共政策系统中，政策主体是最基本或首要的因素。政策主体是指直接或间接地参与政策制定、执行、评估和监控的个人、团体或组织，包括立法机关、行政机关、司法机关、政党、利益团体、思想库、大众传媒和公民(选民)等。

政策客体是指公共政策发挥作用时所指向的对象，包括政策所要改变的状态、政策直接作用的人与事、政策所要调节的公众利益三个层面的内容。

政策环境是公共政策系统中不可忽视的重要因素。影响公共政策的环境因素是多

① 陈潭：《公共政策学原理》，9 页，武汉，武汉大学出版社，2008。

方面的，其中有政治因素、经济因素、法治因素、科技因素、教育因素、文化因素、人口因素、资源因素、国防因素、国际因素等。

改善公共政策系统，提高公共政策质量是政策科学研究的最高目标。公共决策的科学化、民主化和法治化是我国政治体制改革及社会主义民主政治建设的一个基本任务或目标，也是我国社会主义市场经济发展的内在要求，又是政策科学研究的核心主题。改善我国公共决策系统及其运行，提高公共政策制定和执行的质量，具有重要的理论与实践意义。

4. 公共政策的过程

公共政策的过程本质上是一种政治过程。政策主体、政策客体，及其与政策环境的相互联系和相互作用，使得政策系统呈现出一个动态的运行过程，表现为一个系统不断输入、转换、输出的过程。

公共政策作为一个集中行动过程，是由一系列的功能环节或阶段所构成的。结合我国的政策实践情况，我们将政策系统的运行看作由政策制定、政策执行、政策评估、政策监控和政策终结五个功能活动环节所组成的过程，这些环节构成一个政策周期。

三、教学重点

认真研读案例，展开讨论，并重点思考以下问题。

(1)事实分析：是什么？在什么时间、地点？程度如何？事实的产生可能会改变问题所要达到的价值。

(2)价值分析：原因是什么？为了谁？应优先考虑什么？价值问题是能否解决问题的主要检验标准。

(3)规范分析：应该是什么？应该怎样做？政策执行的结果是要达到所谋求的价值与利益。

(4)可行性分析：能否行得通？公众是否允许这样做？需要确定客观现实中的能力与可能。

(5)利益分析：利益如何分配？利益究竟分配给谁？这是政策分析的归宿。[①]

第二节　案例分析

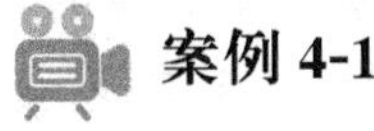

案例 4-1

长沙寒冬限电，民生如何保障？

早在2020年国庆假期期间，一股强冷空气就开始从内蒙古中西部，席卷至我国中东部地区，随后影响到整个南方地区。2020年12月11日，中央气象台发布了2020年冬天的首个寒潮蓝色预警，有17个省市区将迎来“断崖式”降温。寒潮影响下，安徽省、湖南省、江西省、甘肃省和湖北省等省市地区的供电负荷都创下了历史新高。

① 陈庆云：《公共政策分析》，79～80页，北京，中国经济出版社，1996。

相关数据显示，截至2020年10月底，全国发电装机容量达21亿千瓦，已告别21世纪初工厂“开三停四”、用电高峰期“商场停电梯，路灯开一半”的电荒局面。在此背景下，湖南省突如其来的限电引发了全国范围的关注。18年来，全国发电装机容量增长6倍有余，且仍在保持快速增长，“拉闸限电”的历史为何再次上演？当电力供应与需求的矛盾、发展与排放的矛盾叠加，“拉闸限电”政策是否可以达到预期效果，这是个值得思考的问题。

【案例内容】

一、需求旺盛，大幅加大用电负荷

早在12月2日举行的“2020年湖南电力迎峰度冬动员暨防冻融冰视频会”上，国网湖南省电力有限公司电力调控中心副主任陈浩表示，2020年冬至2021年春全省电力供应形势紧张，可供电力存在300万至400万千瓦缺口，日可供电量存在0.1亿～0.2亿千瓦时缺口，全省用电需求将突破湖南省电网供电极限。

数百万千瓦级的“缺口”从何而来？陈浩指出，随着抗疫形势好转，湖南省复工复产成效明显，用电量快速稳定增长。中电联数据显示，2020年1—2月，受新冠疫情影响，湖南省用电量增速同比下滑6.7%，到了4月，随着我国疫情防控取得阶段性胜利，湖南省用电量增速由负转正至6.6%，11月增速进一步攀升至9%。

除了工业生产的迅速恢复，极端天气也是导致供需失衡的一个直接原因。据中央气象台消息，截至12月上旬，我国冷空气活动比往年略多。入冬以来，湖南全省平均气温比去年同期低3摄氏度，且寒冬又提前来临，导致用电负荷激增。

湖南省特殊的用电结构，进一步放大了用电负荷的影响。2019年，湖南省居民用电量在全社会用电量中的占比接近30%，在国网经营区内排名第一，其第三产业用电和居民生活用电量合计占比高达46.1%，远高于全国30.6%的平均水平。近两年，长沙市夏季空调、冬季采暖在高峰期的负荷占比可达到50%。

上述各项因素叠加，迅速拉高了湖南省用电高峰时段的负荷水平。

12月7日，湖南省发改委发布《关于启动2020年全省迎峰度冬有序用电的紧急通知》(以下简称《通知》)，对部分单位适当压限用电，有序用电时段为每日10：30—12：00、16：30—20：30。《通知》指出，将优先保障居民生活、关键公共设施(学校、医院等)和重点企业用电，适当压限行政单位和景观用电，有序用电时段关闭全省城市景观照明、半关闭路灯，周末关闭党政机关办公室动力用电。各电网企业要认真分析电力供需形势，提前发布信息。根据情况灵活调整有序用电范围，细化有序用电措施，做到定企业、定设备、定容量、定时间，对限电企业做好沟通解释。用电企业要服从电网调度，统筹安排好生产计划，错峰避峰生产，不得以生产、经济效益等原因拒绝执行有序用电。此外，各地电力运行主管部门要充分做好预案，加强有序用电宣传，加大有序用电工作的监督和问题查处力度，确保供用电秩序稳定。

《通知》发出后不久，长沙、湘潭、岳阳、株洲、常德等市陆续发布倡议，呼吁居民尽量不同时使用高耗能电器，共渡用电难关。

二、供给吃力，无力满足尖峰需求

电力需求激增的同时，湖南省电力供应是否跟得上？

根据国网湖南省公司统计，截至2019年年底，湖南省内清洁能源装机规模为

2 594 万千瓦，占全省总发电装机容量的 54.8%，其中水电装机为 1 744 万千瓦，新能源规模达 850 万千瓦；湖南省每 10 度电中有 5.1 度电来自清洁能源，清洁能源电量占比排名全国第四。

“清洁能源消费占比的不断提高在给湖南省带来绿色电力的同时，也增加了电网应对冬季用电高峰的压力。”某业内人士表示，“与夏季汛期不同，湖南省水电难以在冬季枯水期提高出力水平，而水电装机占湖南全省电力总装机三成以上；风电、光伏发电出力不稳定，很难应对尖峰负荷。”

雪上加霜的是，落地湖南省的我国第一条大规模输送新能源电力的特高压直流输电通道——祁韶特高压也难堪大任。

湖南省一位从事电力规划的专家坦言，祁韶特高压的实际送电能力一直不及预期，从近两年的运行结果看，目前这条线路的全年输电能力最多约为 450 万千瓦时，仅为设计能力 800 万千瓦时的一半多一点。

“远亲不如近邻，解决电力缺口还得靠本地电源。”作为保供主力，湖南省统调煤电机组现已全额并网。而统计显示，“十三五”期间，长株潭地区用电负荷年均增速在 10%以上，但电源装机容量几乎未变；2016—2019 年，由于淘汰落后小机组等原因，湖南省内火电装机容量不升反降，从 2 322 万千瓦降为 2 300 万千瓦以下。

在国家能源局每年发布的《煤电规划建设风险预警》中，湖南省的经济性指标、充裕度指标、资源约束指标均为“绿色预警”级别，而且受湖南省动力煤价格偏高、煤电利用小时数较低等因素影响，当地煤电投资意愿低下，近年来几乎没有新建大型煤电机组。

湖南省每年需要从外省调入 6 000 万～7 000 万吨煤炭，原先湖南省本地还有 2 000 万吨左右的煤炭产量，但近年来湖南省本地煤矿全部关停；近两年湖南省每年只有 50 万吨进口煤指标，且只减不增。这些因素都使得湖南省电煤供应、价格形势愈发紧张，煤电投资效益难以保障。目前，湖南省 14 家统调火电企业的电煤库存基本能够满足近段时间的用煤需求。但受重庆市矿难影响，近期部分省份煤矿陆续停产，本就偏紧的电煤供应压力继续增加，电煤价格持续上涨。

需要明确的是，湖南省在负荷高峰时段内的有序用电，与曾经因发电能力不足造成的大面积、长时间缺电有质的区别。2002 年“厂网分离”，被视为我国电力工业发展的一座里程碑。这一举措为电力行业引入了竞争机制，也为行业发展注入了前所未有的活力。自此之后，我国发电装机容量快速增长，因电量不足造成的“硬缺电”便成为历史。如今，湖南省面临的是尖峰电力负荷难以满足的“软缺电”，其背后的诱因比曾经的电量短缺更为复杂。

三、电网覆冰，供电面临严峻挑战

雨雪冰冻对电网稳定安全供电具有巨大“杀伤力”，电线一旦遭遇覆雪覆冰，而且冰雪不能及时融化，就可能造成大规模停电。2020 年 11 月 17—20 日，吉林省电网遭遇严重覆冰，造成飞机、铁路和多个供热电厂停运。

11 月 28 日，湖南省已经发生了 2020 年冬季第一例电线覆冰。国网湖南省电力设备部输电处处长王海跃密切关注电网运检智能化分析管控平台上闪动的数据和图片，从这里他能第一时间发现全省电网运行是否遭受覆雪覆冰。

国网湖南省防灾减灾中心综合极涡、副高、海温、气温、降水等多项关键影响因子，预测出今冬明春湖南省电网总体遭遇中等到严重程度覆冰的可能性大，“湘东、湘北等低海拔地区有轻度到中等程度覆冰，湘中、湘西、湘南高海拔地区有严重覆冰，部分高寒山区和高山、风口、垭口等局部微地形区域有严重及以上覆冰，但出现类似2008年特别严重覆冰的概率较低。”

“今年迎峰度冬必须高度重视防冻融冰。”国网湖南省电力新闻发言人陈浩称，根据预测，全省电力系统已组建了235支、7 000余人次的应急抢修队伍，完成了641个融冰方案，聚焦重点地区、聚焦重要用户、聚焦重要通道，突出保障与生产、生活直接相关的配网可靠供电、重要设备和骨干电网安全运行。

四、长沙拉闸限电，市民生活受影响

根据湖南省发展改革委《通知》要求，从2020年12月8日起，全省启动有序用电，长沙市随即展开此项工作。

关于有序用电，长沙市发展改革委提出四点要求：一是充分认清当前湖南省、长沙市电力供应的严峻形势；二是切实建立协调调度机制、适度宣传、搞好调查摸底、制定并不断完善有序用电方案；三是有序用电一定要分类指导，不搞“一刀切”，重点保障城乡居民生活、关键公共设施、高危及重要用户用电；四是各级政府、市直机关相关单位、供电企业、电力用户要共同参与和密切配合，精准施策。

长沙市限电政策从12月14日开始执行，长沙市发展改革委倡议全市所有空调一律控制在20℃以下，不使用电炉、电烤炉等高耗能电器。

“有序用电时间段是群众用电的高峰期，希望这个时段相关企业能够错峰、避峰用电，尽量把电力负荷降下来，首先保障居民用电。”长沙市发展改革委工作人员表示。

12月15日，湖南省长沙市多位市民反映拉闸限电政策的实施影响了正常生活、工作。突然断电导致有的市民在工作时计算机黑屏；家里老人和孩子的取暖也成了问题；有的市民午饭只能靠牛奶和面包解决，甚至还出现了电梯困人事件。有的地区拉闸限电，市民上下二三十层的高楼也只能爬楼梯。有的市民反映，在此之前并未接到停电相关通知，因此未做任何准备；有的市民以为是电闸出了问题，询问了物业之后才知道原来是限电了。

针对有市民反映突然断电影响工作的问题，长沙市发展改革委工作人员回应：“实行有序用电，主要是保居民用电，但有时因为线路负荷比较严重，它(居民用电)就只能限电了。为了最大限度减少对居民生活的影响，目前已发动相关部门提前向企业和居民发布限电通知。一般的话，我们会提前半个小时通知。”

“不是哪一家(限电)，而是整个线路覆盖的很多小区、工业、商业都实行限电，长沙市大多数的工业、商业都已限电了，未来基本上还是尽量保证居民用电，但如果负荷还是降不下来的话，居民自用电也有可能会停。”国家电网湖南省电力公司长沙供电分公司一名接电人员表示。

节能减排工作，细化到空调温度的控制层面，本无可厚非。问题是，按“全市所有空调一律控制在20℃以下”等表述，限电的约束面早已超出了公共机构的范畴。虽然官方说这是“倡议”，但正如很多网民所说的，都“一律”了还能叫“倡议”？

并不是说，强制就必定有问题——对于公共机构作出合理的强制要求，要求其在能源“双控”、节能减排方面带头，并无不妥。只是需要明确的是，对普通民众与一般企业来说，倡议节约用电固然很好，但要防止倡议轻易变成强制，损害其正当权利。

据了解，当地在此次倡议中明确指出，在有序用电时段，如果居民使用高耗能电器后，因超负荷而跳闸断电，当地会根据电表数据智能排查，对超负荷用电的住户实施短时间内限制供电。既然是倡议，就应该以呼吁为主。政令过于强势，倡议变成硬性约束，正当性和合理性难免存疑。另外，具体的执行也存在着巨大困难。比如，市民空调开在20℃以上，又该如何监督识别呢？

“拉闸限电”固然是应对异常情况的有效举措，甚至不需要电力系统付出额外的努力和改变，但从长远来看，指令性的“拉闸限电”不可能成为电力系统未来应对供需矛盾的“底牌”。同时，作为电力强国，“拉闸限电”也无法回应人民对于先进高效电力系统的期望。

（案例来源：卢彬、赵紫原：《“缺的不是电量，而是电力”湖南限电暴露大面积缺电隐患》中国青年网，2020-12-19，有删改；彭雅惠：《电力迎峰度冬 用电亟须节约有序》，载《湖南日报》，2020-12-03，第8版，有删改）

【案例思考】

1. 政府为什么会作出拉闸限电的政策选择？
2. 政策目标群体的诉求表现在哪些方面？
3. 请评价拉闸限电政策的科学性和民主性。

案例解析

案例 4-2

政策助力“无G”老年人跨越“数字鸿沟”

在互联网日益发展的今天，智能化、数字化已快速融入人们的日常生活之中。互联网在给人们带来便捷的同时，也给传统生活方式带来了冲击。老年人由于不会使用智能设备，在出行、就医、消费等日常生活中经常会遇到困难，无法充分享受智能化服务带来的便利。为此，政府出台了相关政策引导社会帮助老年人融入数字社会，为“无G”老人提供智能化服务和便利。

【案例内容】

一、老年人的“数字鸿沟”

截至2020年3月，我国网民规模达9.04亿人，互联网普及率达64.5%，但60岁及以上网民占比仅为6.7%。而据国家统计局发布的数据，到2019年年底，60周岁及以上人口占总人口比例约为18.1%。全国近三分之二的老人不使用互联网，不了解智能手机。面对数字化社会的快速发展，老人们不但无法享受其便利，而且无法适应过快的社会变化。

2018年发布的《我国中老年人互联网生活研究报告》中称，46.3%的中老年人从未使用过手机支付软件，而在互联网上上当受骗过的中老年人比例却高达67.3%。一些受访老人说，家人提醒不要随意打开链接，但有时别人会发一些文章链接，也不确定是否应该打开，甚至有老人表示“手机没有带来便捷，带来的是麻烦”。

由于数字化的应用发展快、变化多，又受文化程度、接受能力和生活习惯等影响，不能熟练使用互联网、智能手机的老年人成为庞大而无奈的"边缘群体"，巨大的"数字鸿沟"横亘在老人和时代之间。

2020年年初，60岁的程女士从江西农村到杭州和儿子一起生活，经历了一场"融入城市与智能手机应用"的艰难之旅。她用的是只能接收2G信号的老款手机，由于无法出示健康码，所以不能去超市、公园等公共场所，一开始只能在家"宅"着，待了大半个月。儿子给她买了智能手机后，她也不会操作，软件不知道如何使用，有时划一下页面就不见了，来电话一着急就按了挂断。去超市时，她总是很紧张，还时常找不到健康码。

二、"无G"老年人数字化生活困境

在智能化、数字化快速发展的现代社会，由于不少老年人不会上网、不会使用智能手机，社会生活中的很多智能化场景给老人的日常生活带来了很大的阻碍与不便。

1. 老人无健康码乘车难

据央视新闻报道，2020年8月17日8点半左右，哈尔滨一位老人在万达广场公交站点上了17路公交车。老人上车刷卡后找到座位坐下，迟迟没有出示健康码。公交车司机多次提醒老人扫健康码，并且按照规定，车上有无健康码的乘客不得发车，所以司机一直没有发动汽车。由于是早高峰时期，车上乘客等待时间较长，都开始劝说这位老人让他下车。

公交车司机高先生表示："我上他跟前去解释，我说老爷子你不扫码不能坐车，市政府有规定，不扫码、不戴口罩不允许乘车。有的乘客着急上班，也都开始劝他，他不听，后来我寻思着还是报警吧。"

民警赶到现场后，和老人协商沟通，并搀扶老人下了车。但工作人员表示，之后这位老人并没有离开公交站点。8点45分左右，这位老人再次登上一辆17路公交车，公交车司机告诉他需要扫健康码，但老人刷完公交卡后就向车后走去，司机继续向他说明不扫码不能开车。老人一直没有说话，几分钟后，车上有几名乘客陆续下车。

这次赶来的还是之前的民警，见此情形，民警只好自己将老人送到了目的地。

据了解，根据哈尔滨市对交通运输行业的相关规定，乘客需要佩戴口罩，扫描龙江健康码，公交车上也在明显的位置张贴了提示。但对于无法使用智能手机扫健康码的老人来说，乘坐公共交通有很大的不便。

2. 高龄老人办理银行业务难

2020年11月20日14点左右，湖北省广水市一位94岁高龄的老奶奶被儿子儿媳抬入距离其家只有300米左右的中国农业银行网点。究其原因是老人需要用人脸识别激活办理社保卡业务。

由于身高原因，老人只能由家人搀扶，被其儿子从腰间抱起。但老人处于双脚腾空的状态，身体颤颤巍巍的，几乎呈弓形(见图4-2)。银行工作人员站在一旁引导，同时按照步骤进行认证，直到用终端机器识别出了老人的脸部，艰难地完成了所有的视频认证，老人才被放下来。

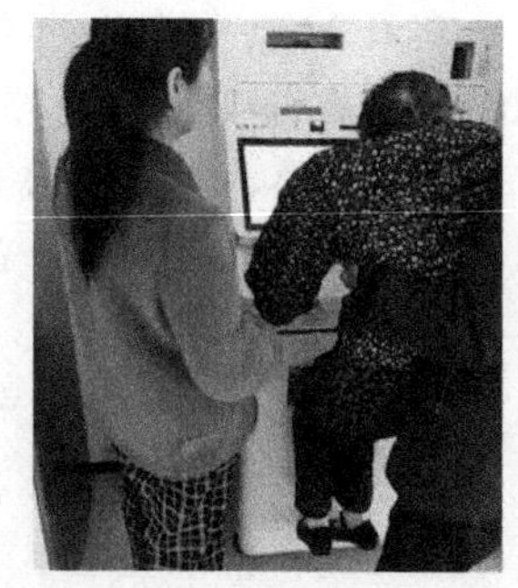

图4-2　高龄老人在柜员机前进行人脸识别

银行开通人脸识别业务办理，其初衷是为了让客户能更安全、便捷地办理业务。而对于行动不便的老年人来说，只能通过人脸识别方式办理业务，而取消了传统的人工证明和窗口代理办理业务的方式无疑是非常不方便的。

3. 老年人就医难

在吉林省长春市一家三甲医院门口，保安提醒大家出示健康码。而戴着口罩，拿着盖了红章的社区健康证明等待排队进入医院的老年人不在少数。更有一些老人因为不会使用智能手机，无法出示健康码而被拦下，不得进入医院就医。

一名老人出示了社区开具的健康证明，进入医院后表示："知道出示健康码才能进，但是因为我不会使用智能手机，只好去社区开了健康证明。"

类似情况在各地时有发生。武汉市第四医院武胜路院区门诊办负责人表示，医院每天会遇到 30 多名使用老年机或不用手机的老年患者，他们因无法出示健康码只能由医院前台护士引导，去社区开具健康证明。

对一些老年人来说，自助挂号机的使用也有一定难度。虽然有志愿者和工作人员在一旁引导，但对于许多老人来说，使用自助挂号机还是很不习惯。由于种种原因，如眼神不好、办理流程不熟悉、操作速度慢或不熟练等，老年人顺利办完挂号要花费一定的时间。

三、老年人如何跨越"数字鸿沟"

1. 政府政策支持老人"跨沟"

哈尔滨市交通运输局针对没有智能手机的特殊群体如老年人等如何便捷乘车，出台了具体措施。加快推进智能卡(城市通乘车卡)和健康码进行互相认证，在 9 月初实现实名卡老年人乘车。同时，针对没有老年人乘车卡，也没有智能手机的特殊群体乘客，哈尔滨市交通局决定采取由社区或定点医院开具健康证明，或打印带有时效性的纸质健康码等方式，让老年人健康、便捷乘车。

针对日益凸显的"数字鸿沟"，2020 年 11 月 15 日，国务院办公厅印发《关于切实解决老年人运用智能技术困难实施方案的通知》(以下简称《实施方案》)，就老年人在运用智能技术中遇到的痛点、难点问题，提出了具体解决方案。《实施方案》提出，我国将帮助老年人跨越"数字鸿沟"，让广大老年人顺利搭上智能技术的快车，共享信息化发展成果。

"看似日常生活中的平凡小事，实则关乎亿万老年人的切身利益，是党和政府高度重视、全社会普遍关心的大事。"国务院办公厅电子政务办公室主任卢向东表示，将采取更多有效措施确保《实施方案》落实到位、做实做细，让广大老年人在信息化发展中有更多的获得感、幸福感和安全感。

2. 传统业务服务方式适当保留

在使用智能技术的同时，传统的方式还是要适当保留，要坚持传统服务与智能创新相结合、普遍适用与分类推进相结合、线上服务与线下渠道相结合、解决突出问题与形成长效机制相结合。《实施方案》提出了以下三种传统服务保留形式：

一是保留传统的纸质凭证。比如不会扫码或不方便扫码的老年人，可由社区、医院提供纸质证明，车站、文体场馆保留车票、门票等传统的纸质凭证，扩大身份证件、社保卡、老年卡、医保电子凭证等证件的通用范围。

二是专设老年人服务通道。主要是设立无健康码通道，以及各类生活服务优化老年人绿色通道等。

三是保留人工服务。为了让窗口服务、电话专线、引导人员能够更好地帮助老年人，一些场所要保留传统办事方式，比如消费场所要支持现金和银行卡支付，社保、民政、电信缴费等也要保留线下办理渠道。

3. 开展适老化改造专项行动

专项行动将聚焦老年人和残疾人的特定需求，重点推动与老年人、残疾人基本生活密切相关的网站、手机 App 的适老化改造，鼓励企业在智能设备上提供“老年模式”“长辈模式”等，使老年人更加方便、快捷地获取信息和服务。

截至目前，全国已有 3.2 万个政府网站实施了信息无障碍改造，包含 100 多项养老产品和 100 多项服务的智慧健康养老产品及服务推广目录也已编制完成。此外，工信部等有关部门还从技术创新、产品服务供给、应用试点示范等产业环节发力，积极扶持老年人健康辅助器具研制，扩大老年人智能终端产品供给。

在线上，深挖人工智能、大数据等技术优势，因人而异打造大字版、语音版、民族语言版和简洁版等智能金融 App，为广大老年人提供定制化、有温度、贴心的金融服务。在线下，通过不断优化银行实体网点、农村普惠金融服务站，切实提升老年人对金融服务的获得感和幸福感。

4. 社会助力老年人“跨沟”

在武汉老年大学，“智能手机操作”是近年来最受欢迎的课程之一。从智能手机的基础操作到微信、支付宝等软件的使用，老师手把手教学，课堂几乎场场爆满。

相关企业在开发平台软件时，也应考虑到老年群体的实际情况，尽量聚焦他们使用场景中的难点、痛点，开发“简易”版本，让老年人尽快上手。

子女家属多一些耐心，教会老年人使用数码产品。老年人在学习中还能体会到晚辈的关怀。社区和志愿者也应加入科技助老行动中。

此外，对一些没有智能手机，自身也不便使用智能手机的老年人仍需保留人工帮扶。车站、银行、商场、公园等公共场所应提供必要的信息引导和人工帮扶；建立“无码绿色通道”，采取替代措施；保留现金支付及线下办理渠道，改善“面对面”服务。

（案例来源：《智能化时代“无 G”老年人如何跨越“数字鸿沟”》，新华网，2020-11-12，有删改）

案例解析

【案例思考】

1. 本案例中，公共政策议程设立的主体有哪些？

2. 政府为何在“无 G”老年人面临“数字鸿沟”问题时，采取主动介入的积极态度？

3. 政府应如何将老年群体“数字鸿沟”问题纳入政策议程？

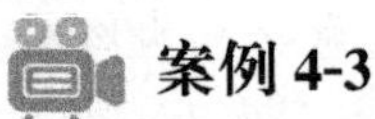

案例 4-3

高校智库如何参与公共政策议程设置

——以江苏长江经济带研究院破解“化工围江”问题为例

“化工围江”的局面有多严重？数据显示，有 12 万家化工医药企业密布长江两岸。早在 2012 年，水利部水资源公告中称，全国废污水排放总量 785 亿吨中，有近 400 亿吨排入长江——几乎相当于一条黄河的水量。近年来，长江经济带沿线省市地方政府采取了多种措施对化工产业实施整治提升，使“化工围江”问题得到了一定程度的缓解，但仍然存在许多困难和问题隐患，破“化工围江”，治“长江病痛”已成为关系中华民族发展全局和长远利益的重大课题。

【案例内容】

江苏长江经济带研究院对接国家战略开展学术研究和政策咨询，一直密切关注着“化工围江”造成的长江流域环境污染问题，在参加了由中宣部组织开展的“大江奔流——来自长江经济带的报道”大型主题采访活动后，接受了国家发展改革委的项目委托，开展破解“化工围江”问题研究。

一、“化工围江”：被“磷”侵蚀的长寿之乡

可能没人会把“长寿之乡”与“水源污染”“粉尘漫天”“废渣成山”这些词联系在一起。可这些图景又确实织叠在湖北省钟祥市——长江最大支流汉江沿线的工业重镇。

矗立在湖北省钟祥市双河镇官冲村路边的一幅广告牌上写着——“世界长寿之乡钟祥”，而远处是一家磷化工厂。人们如果傍晚站在“长寿之乡”的广告牌下，就能闻到一股刺鼻的气味。当地的村民表示，气味源于距广告牌约 300 米的晋煤金楚化肥厂。因与该化肥厂非常近，春天官冲村患呼吸道感染的人非常多，尤其是儿童。

另外，位于汉江边的湖北省钟祥市磷矿镇，原本只是个村庄，后因 1958 年附近的刘冲村磷矿开采而兴盛，并于 20 世纪 60 年代设镇。刘冲村开采出来的大量磷矿石，正是通过磷矿镇码头，从汉江、长江被运往大江南北。磷矿镇拥有多家磷化工企业，所以当地分布着多处磷石膏渣场。在磷矿镇刘冲村，一处两山之间的洼地，是磷化工企业湖北鄂中生态工程有限公司于 2010 年投入使用的磷石膏渣场（见图 4-3），占地 200 亩（约 13.33 公顷）。渣场下的水池，是渣场的污水处理系统之一。据附近的住户介绍，污水中含有大量酸性物质。

图 4-3　磷矿镇刘冲村的磷石膏渣场

湖北鄂中生态工程有限公司渣场的粉尘常常被风刮入附近的刘冲社区，居民但前胜家的院子里，本该于 10 月前后成熟的柿子在 7 月就掉落一地。据但前胜介绍，自从社区周边出现磷石膏渣场后，他家的柿子每年开花结果后就开始掉，且掉落的柿子上没有虫蛀的痕迹。类似果树不结果、辣椒不挂果、水稻结空穗或在收割前就集体倒伏的现象，在紧邻化工厂的刘冲村、俐河村、官冲村、胡集镇均有发生，当地群众都怀疑，是农作物受到了污染。

几乎每隔10分钟，就有一辆运送磷石膏渣的车辆从刘冲村内驶过，车辆颠簸，磷石膏渣洒落，日积月累，路上便积了厚厚一层磷石膏渣。晴天时，刘冲村通往鄂中公司渣场的道路扬尘漫天。到了雨天，粉尘就变成了白色的泥浆。在通往渣场的路边玉米上，都能看到被喷溅的白色泥点。当地群众用“晴天一身灰，雨天一身泥”来形容走在通往磷石膏渣场路上的状态。

据刘冲村村民反映，刘冲村近十年来频频出现癌症患者。一份由村民自制的刘冲村患癌死亡和病危人员不完全统计表显示，村内至少有22人患癌死亡，其中肝癌和肺癌最为高发。据村民介绍，有机构也曾对该村11个村民小组进行过调查，结果显示该村处于化工污染范围内的1～5组癌症发病率为2.43%，显著高于6～11组的0.8%。

受影响的不仅仅是刘冲村村民。汉江支流俐河沿线也建有多家磷化工企业。在磷矿镇俐河汇入汉江的入口处，能清晰看到有污水正通过俐河汇入汉江。岸边的告示牌显示，这里是饮用水源一级保护区。在距俐河汉江入口下游400多米处，是磷矿镇杨湾自来水厂的取水泵船。汉江水由泵船抽上岸，经自来水厂处理后被送到千家万户。在泵船右侧，可以看到汉江水面上漂浮着一层白色污迹。

在泵船左侧，是一片裹挟着众多塑料瓶和生活垃圾的绿藻。甚至在岸边，还有塑料拖鞋等垃圾。据现场工作人员介绍，水厂准备把泵船迁往汉江俐河口的上游——因为“小河(俐河)的水不卫生。”

二、“逆流而上”——沿着长江溯源调研

2018年8月4日晚，“大江奔流——来自长江经济带的报道”主题采访团在长江客轮上开展了“夜话长江”访谈活动。在这场讨论会上，江苏长江经济带研究院院长成长春教授应邀参加了本次访谈活动，就“保护长江、下好一盘棋”和“培育开放、统一的大市场”等问题，与诸位专家、记者进行了深入交流与探讨。

他提出，由于长江上中下游经济发展阶段不同，资源禀赋不同，环保意识和执法水平不同，早年在长江下游沿岸布局的重化工企业，在下游进行污染治理产业转移时又成为中上游的“香饽饽”。从经济角度来看，中上游地区从经济较为发达的下游地区承接被其“淘汰”的部分产业，是产业结构调整、促进经济发展的一个必要过渡。然而从环境保护角度来看，污染企业随着产业转移向长江中上游移动，只会让下游地区的污染治理功亏一篑，使长江流域的生态环境雪上加霜。正是这个问题，使“化工围江”成为长江治理的真正“顽疾”。

2019年6月，江苏长江经济带研究院承担国家发展改革委委托项目《破解长江经济带“化工围江”问题研究》，并成立由成长春教授负责的课题组。课题组基于智库发展定位和智库职能，以长江经济带现存问题为突破口，深入研究破“化工围江”、治“长江病痛”的对策和建议。

课题组从江苏到安徽，再到湖北，后来又到贵州和四川开展专项调研，参加了各省市发展改革委、生态环境厅等部门主持召开的座谈会，并走访参观了泰兴静脉产业园、新浦化学、贵州瓮福集团等具有代表性的园区与企业以及恒兴化工拆迁现场。

在长江下游调研期间，课题组率先来到泰州静脉产业园，负责人向课题组介绍了产业园区的分级化污处理制度，该园区作为泰州地区，乃至全省化工园区中唯一的环保特色产业园，对产业园区内部产生的各类污染物都进行了严格的分级，按照其对应级别和种类，依托技术手段，进行化污处理，实现了污染物的绿色环保转化。该产业园区对污染的处理办法和经验，已经作为先进典型，在全国进行推广。而目前，在“沿江一千米”提出之后，该地负责人产生了一个疑问，即泰州静脉产业园如此绿色环保的园区，是否一定有必要按照“沿江一千米”的要求，进行整体搬迁？

相关问题也体现在安徽省铜陵市的调研过程中。黄副市长向课题组介绍了化工企业入园方面的新举措，即综合运用法律、行政、经济等手段，对沿江一千米区域内化工企业实施“三个一批”(关闭拆除一批、就地改造一批、搬迁升级一批)整治，实现污染风险明显降低、生态环境明显改善的目标。而在以往治污过程中，已经做到较低污染风险的化工类企业，是否需要严格按照破解“化工围江”的思路，进行“关改搬转”呢？

对此，成长春教授认为实施“沿江一千米”的环境保护举措，是用绿色发展赢得金山银山的举措，是党中央深思熟虑后为环境保护制定的一条红线。对于红线上的企业、园区，再难再痛也要坚持整改，这是长江生态保护工作者的决心。但是，应该考虑根据企业实施“关改搬转”所付出的成本，给企业提供一定补贴和优惠性政策，尤其是已经在防治污染上投入重资的企业，这对继续落实“化工围江”整改工作具有积极的推动作用。

在长江中游调研期间，课题组在长江经济带处常处长的介绍下，了解了湖北省化工产业发展现状及存在的问题。另外，课题组还与湖北省经信厅重化工产业处雷处长等进行了座谈交流，获知了宜昌市周边的化工企业布局、产业结构、化工企业搬迁困难等情况。

其中最为突出的问题是化工企业搬迁后的污染治理问题。永鑫集团是湖北省内一家从事磷矿加工类经营的企业，在中央提出治理长江生态环境的方针后，该公司就在政府的号召之下进行搬迁。可是在当地政府部门对搬迁后的污染情况进行再次检测时发现，该公司原址所在地的土壤重金属已严重超标。对此，课题组成员季教授指出，长江生态保护和污染整治，不是简简单单的“关改搬转”，而是一个大型的系统工程，需要充分考虑外部性因素，全方位、多层次地进行治理。

在长江上游调研期间，课题组首先前往贵州省调研，贵州省发展改革委环资处副处长，以及相关处室负责人、贵州磷化集团安全环保部经理等，就贵州省磷化产业、磷石膏渣处置情况等向课题组作了情况介绍。课题组还参观了贵州磷化集团(瓮福集团)的厂区和磷石膏堆场，重点考察了该公司以提高资源综合利用率为目标，发展循环经济的具体举措和成功经验。

最后，在四川省调研期间召开的座谈会上，四川省发展改革委副主任田源、基础产业处处长周浩、南充经济技术开发区管委会副主任王海波、江安县副县长曾广等领导围绕“8＋6＋30”产业格局，向课题组详细介绍了四川省化工产业绿色转型的具体举措与典型案例。

通过对江苏、安徽、湖北、贵州和四川等地的深入调研，以及参与多层次相关各部门组织的座谈研讨会，课题组对“化工围江”有了全面深入的认识。经过进一步的资料总结和整理，课题组形成了一系列研究成果，并向有关领导人建言献策，对公共政策议程设置产生了积极影响。

三、内参成果——破局"化工围江"

在全面深入调研的基础上，江苏长江经济带研究院科学总结了破局"化工围江"的对策建议，构建了有效破解长江流域，特别是江苏省"化工围江"困局的新路径(见图 4-4)，并形成了调研报告和决策咨询报告。

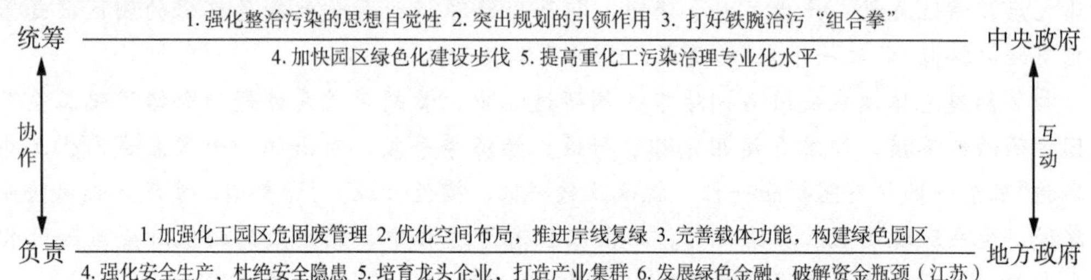

图 4-4　江苏长江经济带研究院破解"化工围江"的新路径

其中，《破解长江经济带"化工围江"的对策建议》指出长江沿线重化工污染整治不尽如人意，主要原因在于：第一，长江上中下游经济发展阶段不同，资源禀赋不同，环保意识和执法水平存在较大差异。第二，全流域重化工产业体量大，布局分散，环境污染负荷难以集中监管，治污资金缺口巨大。第三，伴随重化工产业溯江而上、梯度转移，上游地区存在轻度污染产业转入，中游地区存在中度和轻度污染产业转入，但全流域缺乏跨区域联合治理机制。第四，园区数量不足，入园难与园区建设标准化难的问题并存，而且固废监督机制不健全，固废处理能力严重不足。第五，治理和建设关系需进一步理顺，缺乏前瞻性的统一规划。提出的建议包括：强化整治污染的思想自觉性；突出规划的引领作用；打好铁腕治污"组合拳"；加快园区绿色化建设步伐；提高重化工污染治理专业化水平。

为了促进江苏省化工行业的绿色发展，江苏长江经济带研究院形成了《以提升危固废管理处置能力破解化工行业绿色发展瓶颈的建议》，该决策咨询报告指出，化工行业是危固废产生量最大的行业，危固废管理水平和处置能力直接关系国家利益、经济安全和社会稳定。近几年来，江苏省危固废增速加快、产生量大，但危固废管理体系尚不完善，无害化处置能力不强，化工园区危固废管理处置短板突出。提出的建议包括：提高危固废管理处置专业化水平；完善危固废管理体系；通过市场化运作构建危固废管控倒逼机制；健全危固废管理处置长效机制。

另外，针对江苏省现存的一些"化工围江"突出问题，江苏长江经济带研究院形成了决策咨询报告《江苏破解"化工围江"问题的对策建议》，该报告认为，消除安全隐患、破解"化工围江"是当前我省刻不容缓的战略任务。破解"化工围江"面临的一些突出难题有：一是思想认识仍需进一步提高；二是企业"关改搬转"面临现实困境；三是化工园区发展层次低且容量不足；四是资金瓶颈制约化工企业绿色转型。提出的建议包括：巩固治理成果，明确前进方向；优化空间布局，推进岸线复绿；完善载体功能，构建绿色园区；强化安全生产，杜绝安全隐患；培育龙头企业，打造产业集群；发展绿色金融，破解资金瓶颈。

2019 年，课题组专家多次应邀参加国务院发展研究中心关于"长江三角洲一体化发展战略研究"专题调研会、国务院参事室等主办的"2019 国是论坛"等学术活动，并参与交流发言，通过接受采访，为《光明日报》《经济日报》《中国社会科学报》等提供学术观点 62 人次。9 月 3—11 日，课题组专家为《光明日报》光明视野专版连续提供了三期关于推动长江经济带生态优先、绿色发展的整版学术支持(见图 4-5)。

08 光明视野
诊治“长江病”，如何用好整体观
报 纸　杂 志　光明日报 2019年09月03日 星期二
往期回顾　数字报检索　返回目录　< 上一期　下一期 >
诊治“长江病”，如何用好整体观
作者：吴晓华 成长春 文传浩　《光明日报》（ 2019年09月03日 08版）
船舶行驶在湖北武汉市阳逻港区水域。新华社发

图 4-5　《光明日报》光明视野专版刊登江苏长江经济带研究院成果

2019 年 10 月 14 日出版的《中国经营报》在第 22 版以《破解“化工围江”难题——长江经济带绿色发展战略“加速度”》为题，刊发了成长春教授的专访(见图 4-6)。时值《长江经济带发展规划纲要》正式印发 3 周年之际，成长春教授认为，从总体来看，长江经济带已形成“1＋N”发展规划体系，顶层中层设计基本完成；统筹推进“三水共治”，共抓大保护格局基本确立；体制机制不断完善，绿色发展引领支撑作用不断增强。

中国经营报
CHINA BUSINESS JOURNAL
首页 | 版面导航 | 标题导航
2019年10月14日 星期一　上一期 下一期
下一篇　放大 缩小 默认
破解“化工围江”难题
长江经济带绿色发展战略“加速度”
尽管近年来绿色发展呈现“加速度”态势，如何破解“化工围江”问题依然是长江经济带高质量发展的难点问题。

图 4-6　《中国经营报》刊发对成长春教授的专访

江苏长江经济带研究院课题组于 2018 年 11 月通过国务院参事室向国务院呈送了 4 篇调研报告(见图 4-7)，其中《破解长江经济带“化工围江“的对策建议》，得到了正国级中央领导肯定性批示。2019 年 4 月江苏长江经济带研究院课题组通过江苏省人民政府参事室向江苏省政府递交了《以提升危固废管理处置能力破解化工行业绿色发展瓶颈的建议》决策咨询报告，《参事建议》(2019 年第 13 期)得到副省长费高云肯定性批示(见图 4-8)。

国务院参事室办公室

说 明

江苏省政府参事、南通大学江苏长江经济带研究院院长成长春同志牵头了国务院参事室长江经济带发展研究中心组织的课题调研，形成了《破解长江经济带“重化工围江”问题的对策建议》《中国创新策源地 高新产业风向标——长江经济带高新技术产业协同发展的成效》《协同弱竞争强 落差大聚合难——长江经济带高新技术产业协同发展存在的问题》《调规划聚资源 建机制破梗阻——关于长江经济带高新技术产业协同发展的建议》四篇建议，已经国务院参事室呈报国务院领导同志。

特此说明。

国务院参事室办公室

2018 年 12 月 27 日

图 4-7 国务院参事室办公室说明

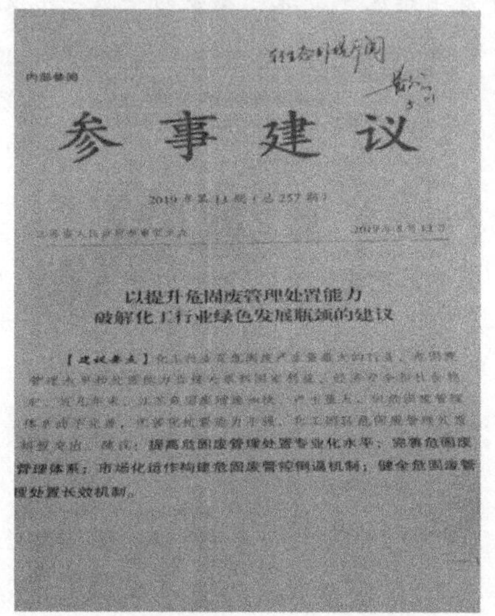

内部参阅

参 事 建 议

2019 年第 13 期(总 257 期)

以提升危固废管理处置能力
破解化工行业绿色发展瓶颈的建议

【建议要点】……提高危固废管理处置专业化水平；完善危固废管理体系；市场化运作构建危固废管控倒逼机制；健全危固废管理处置长效机制。

图 4-8 江苏省副省长批示《参事建议》

江苏长江经济带研究院课题组于 2020 年 7 月向江苏省委宣传部递交《破解“化工围江”推动高质量发展走在前列》决策咨询报告、《决策参阅》(2020 年第 43 期)，得到时任省委副书记、省长吴政隆的肯定性批示。

四、成果落地——影响公共政策议程设置

江苏长江经济带研究院的内参成果紧紧围绕长江流域生态环境协同保护、环境污染治理、发展绿色循环低碳经济、科学破解“化工围江”等主题，在获得相关领导人的肯定性批示后，引起了政府相关职能部门的高度重视，并得到了积极采纳，对于相关法律的制定完善，以及环保政策和环保规划的出台具有重要的促进作用，为国务院和江苏省人民政府下发长江经济带绿色发展的重要指导意见提供了智力支撑。

国家层面，长江保护上升到前所未有的高度，促使沿江各省市纷纷下大力气布局化工带的转型并积极开展化工污染整治工作，有利于加速《长江保护法》的颁布。省级政府层面，为了“一江清水浩荡奔流”，江苏省拿出“壮士断腕”的勇气，于 2019 年关闭了 735 家流域内的化工企业，2020 年，又在原来的基础上关闭了 677 家化工企业。2020 年 10 月，江苏省人民政府发布《省政府关于加强全省化工园区化工集中区规范化管理的通知》，要求化工园区、化工集中区外沿江一千米范围内的企业，原则上于 2020 年底完成关闭退出或异地搬迁。

中央和地方出台的各项政策有效破解了“化工围江”困局，推动了化工产业转型升级发展，同时也有利于加强流域生态系统修复和环境综合治理，加快迈向绿色循环经济发展进程，不断提升长江流域周边人民群众的幸福感、获得感和安全感。

(案例来源：2020 年江苏省高校公共管理案例分析大赛获奖案例《高校智库如何参与公共政策议程设置？——以江苏长江经济带研究院破解“化工围江”问题研究为例》)

【案例思考】

1. 高校智库如何参与公共政策议程设置?

2. 高校智库参与公共政策议程设置的优势是什么?

3. 当前我国高校智库参与公共政策议程设置时面临哪些困境? 如何解决?

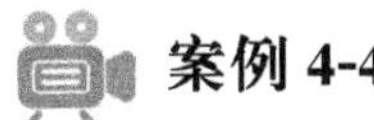

案例4-4

“合村并居”政策带来的利益冲突
——以山东省Z市王庄村为例

2019年是全面实施乡村振兴战略、加快打造乡村振兴齐鲁样板的关键之年。这项工作的重点之一就是“合村并居”。“合村并居”政策的宗旨在于改善群众的生产生活环境，更好地集约土地发展经济；在保证国家“18亿亩(1.2亿公顷)耕地红线”的基础上获得更多的土地，并用于回耕、招商引资和建设居民服务点；在合村后的大村中可以发展特色农业，并充分利用原有先进村的资源，提升特色农业竞争力，将原有名牌农产品做大做强；缩小城乡间的差距，让农民在短时间内变成市民。

【案例内容】

“合村并居”是实现城镇化的途径之一，其以乡镇企业和小城镇为依托，实现农村人口由第一产业向第二、第三产业转换，同时实现居住地由农村地区向城镇迁移的空间聚集。这一过程涉及人文关系、生产要素的重组，既敏感又复杂。

一、“合村并居”政策动员

“合村并居”政策于2015年在山东地区实施，最早被称为“两区共建”，旨在建立两个不同的区域，将农村生活区和生产区分开，以提高农民生活质量，改善农村环境。王建民(化名)及其他村民并不了解“合村并居”与“两区共建”的区别与联系，村中也并没有举办村民大会和党员会议来和村民们共同商讨政策的实施细则。在村民们心中满是困惑的时候，村党支部书记(以下简称“村支书”)王君(化名)便自作主张，开始让大家仓促地搬迁上楼，这在王建民的心里形成了一个小小的疙瘩，也为后来的政策动员埋下了悲剧的伏笔。

接下来，由王君带领的村干部组成的工作组开始进行入户宣传。作为老党员的王建民属于首批被动员签订同意拆迁协议的人群，然而面对这样突然的变故，世世代代生活在这里的他很难接受刚刚搭建的电力、网络，以及新建的广场、道路、美丽的家乡都转瞬消失。起初，冷静的王建民试图与村干部沟通，想了解政策的进一步实施情况后再作决定，却不料村干部对于未来乡村建设的规划并不清晰，甚至无法保证房子拆迁后村民短时间内的住所问题，补偿标准也远不如王建民心中所想，拆掉平房的补偿金根本无法换置一套新楼房。

“这不明摆着说瞎话吗，按照这个补偿价格，他要是能把新房子盖起来，我买都行”。想办法守护自己的家园成了王建民当时最直接的想法，坚决不签字，坚决不同意拆迁搬离，这让他成了村里乃至乡镇工作组的“眼中钉、肉中刺”。

2017年3月，原本200多户的王庄村已经只剩下50户还在坚守，乡镇领导和工作组的态度越发强硬，村党支部书记王君的心中也开始打起了小算盘，企图使用其他办法让大家搬离。

图 4-9 山东省 Z 市王庄村拆迁景象

为鼓励村民尽早签订拆迁协议，村党支部制定了拆迁奖励细则：在 3 月 15 日之前签订协议的，给予评估总额 10%的奖励，另外一次性奖励 1.5 万元，同时，村民还将获得 1 000 元的搬家费用和 7 000 元的租房费用。然而，这样的政策也不足以让所有的村民都感到满意，仍有包括王建民家在内的许多村户选择继续留守坚持。

二、“合村并居”政策执行中的冲突

在多次劝说无果后，工作组决定采取“立竿见影”的拆迁措施。于是，王建民等村民开始遭受家中田地被挖、作物被损毁、断路断电、家门口被放鞭炮、房屋玻璃被砸碎等滋扰，备受煎熬。但囿于对家乡的热爱和对无家可归的担忧，王建民依然在坚持追求公平的赔付待遇和妥善的安置政策。

2017 年 4 月 20 日，王建民得知隔壁邻居在工作组的“轮流工作”下，签订了拆迁协议，心中更加焦躁不安，却也只好先顾着自家的情况，与村干部、工作组进行协商。

“拆房子的时候，能不能不要破坏村里这些公共设施，网线、电线都是连在一起的，他这边一动，我们这儿也都连不上网络了。”商讨中，王建民已有些许无奈。

“可以可以，没问题，我们拆的是别人家，肯定不动你们家的东西。”村党支部书记王君爽快地答应道。

尽管口头上已达成共识，可第二天拆迁队的施工并没有按照预期的约定进行。2017 年 4 月 21 日，村党支部书记王君突然反悔，强行破坏公共用线，希望能通过这种方式催促王建民一家也尽快搬离。本想悄悄地进行，无奈这样的大举动实则被看得清清楚楚，很快便传到了王建民的耳中。

“恁这个人怎么不守信用，讲好了不扯线，不搞破坏，这样搞下去家都要散了！”王建民感觉自己浑身发热，血都涌上了头顶。

“恁的家要散了，俺的官还要不保了呢！什么工作都做不通，俺有什么办法。”此时的王君对于这样的做法也异常烦躁。

眼看自己无法左右村党支部书记的决定，为阻止挖掘机继续工作搞破坏，王建民只好做出了无奈之举，拿起一块砖头砸坏了挖掘机拉门前玻璃(价值 50 元)，但最终也并没有阻止工作组继续破坏公用设施。

图 4-10　田地临时窝棚

到此，这件事还并没有收尾，此次“闹事”之后，工作组更是视王建民一家为“眼中钉”，对其软硬兼施。一方面，他们给王建民画起了“大饼”，构想出许多美好前景，说将来住社区了，可以有更大的广场跳舞，政府提供电商培训，他还可以做生意。有位干部甚至许诺，王建民到时候可以考个中专，到乡政府上班。可经过如此多的事情，王建民已经彻底丧失了对工作组最基本的信任，对工作组的行为不予理睬，工作组一看软招没用，便开始采用强硬的手段，坚持说其砸了两块挖掘机的玻璃，价值合计 3 000 多元，要将其拘留。

王建民儿子回村后，了解了事情的经过，并从村民那里拿到了保护有线网络等公用设施约定的录音与挖掘机受损证明，送去了县人民检察院。而在法庭上，村支书始终坚持自己的政策执行过程没有问题，国家文件没有给出相关的具体规划，只告诉各地方我们为什么要做这个事，但具体怎么做、要建成什么样的新农村、农民希望自己未来的新家是什么样的，这些省里并没有给出具体的策略，而是将权力下放给地方。于是各地方就开始发挥想象，想当然地认为“合村并居”就是让农民上楼，进行社区化管理，认为这就是新农村。因此从政策实施方面，村支书无法被控告。

在王建民被关押 14 天后，检察院认为事实不清，要求派出所立刻放人，这场由“合村并居”政策引发的“闹剧”才短暂收场。

三、“合村并居”政策面临的困境

拆村并居，进城上楼，一场规模浩大的“合村并居”政策席卷了全国 20 多个省、自治区、直辖市。有着千百年厚重积淀的无数村庄，一夜之间便从中国广袤的土地上销声匿迹。山东省要求几个月之内拆除 8 000 个自然村，建成约 1 000 个大型社区。拆除的房屋，绝大部分化为垃圾。把好端端的房屋拆除，不仅浪费了资源，更糟蹋了资源。砖、木、瓦、水泥、沙子，化为废墟，是财富资源的消失；新建大型社区，需要重新投入资金和资源……这一切造成了巨大的公共财政浪费。

2006 年，山东省成为全国首批城乡建设用地增减挂钩试点，“合村并居”行动就此加速。只用 4 年时间，他们就改造了近 3 000 个村庄，搬迁安置 6 万多户农民，腾出建设用地指标近 6 万亩(4000 万公顷)。2020 年，山东省在“合村并居”中的德州，曾计划将全市 8 000 多个自然村全部拆掉，通过让农民“上楼”，腾退 100 万亩(约 6.67 万公顷)宅基地，从而产生100万亩城市建设用地指标。在山东省诸城，行政村编制被全部取消，数千个自然村落、1 249个行政村合并为208个社区，70多万农民正在告别世代居住的老村，搬入社区。

关于“合村并居”，政府考虑的都是大方面的发展以及前景，却忽略了农民的需求及人口结构组成。政府“先拆房子、再建安置房”的做法令村民们极度不满。村民们普遍反映：“那里根本没有大的企业，只有几个小工厂，用不了多少工人，而且只限有工作经验的熟练工。而村里年轻人很多都在外地打拼，留在村里的很多人并不符合他们的要求。”

山东地区的农民大多数是中老年人，这些人在农村生活多年，早已习惯了农村的生活方式。原本农村生活可以自给自足，但一旦“合村并居”，所有生活资料的价格就会不断提升，慢慢接近于城镇的水平。而对于那些原本容易接受新事物的年轻人来说，他们也非常抗拒“合村并居”。在城市打工赚钱，收益可以很轻松地满足农村老人的赡养问题。但是，随着“合村并居”的推广，老人的赡养金会不断增加，这让他们感到压力很大。

回到“合村并居”的源头，多位专家均持否定态度。他们认为，“合村并居”给政府带来的最大回报就是，在土地增减挂钩政策(即“城镇建设用地增加与农村建设用地减少相挂钩”)的背景下，将拆农民房子退出的宅基地形成城市建设用地指标卖出，换回资金，增加政府的财政收入。

土地增减挂钩政策的本意，是依据土地利用总体规划，将若干拟整理复垦为耕地的农村建设用地地块(即拆旧地块)和拟用于城镇建设的地块(即建新地块)等面积共同组成建新拆旧项目区，通过建新拆旧和土地整理复垦等措施，在保证项目区内各类土地面积平衡的基础上，最终实现增加耕地有效面积，提高耕地质量，节约集约利用建设用地，使城乡用地布局更合理的目标。

政府将农民宅基地复垦后，这块土地的所有权虽然归还村集体，但是土地性质已经发生改变，即由宅基地变更为耕地。也就是说，农民以后不想住楼房，想返回村子建房子就属于侵占耕地，就会涉嫌行政违法或者犯罪。“祖祖辈辈生活了百年的村庄，对他们来说，就成了永远回不去的村庄。”

(案例来源：2020年江苏高校公共管理案例分析大赛获奖案例《回不去的乡，去不了的城，该何去何从？——基于山东合村并居政策过程分析》，有删改)

案例解析

【案例思考】

1.“合村并居”政策动员为什么会失效？

2.“合村并居”政策执行中出现了哪些问题？

3. 结合政策环境，谈一谈“合村并居”政策是否可行。

案例 4-5

垃圾分类政策为何难以落地？

——基于上海市垃圾分类的调研分析

生活垃圾处置是经济快速发展背景下不可回避的一大痛点，实行合理的垃圾分类政策将会对我国的经济、社会和生态带来积极的影响。上海市作为中国生活垃圾分类的先行城市，在生活垃圾分类政策的实践中具有代表性和典型性。其颁布的《上海市生活垃圾管理条例》标志着上海市进入生活垃圾强制分类时代。在该条例实施近两个月的时间里，上海市的垃圾分类从各方面都获得了较好的效果，但也存在政策推广和发展不足等问题，合理推进垃圾分类仍然有一定的难度。

【案例内容】

一、上海市垃圾分类政策的发展历程

从1995年开始，上海市经过十几年的摸索，已经逐渐探索出一条具有借鉴意义的垃圾分类政策实施之路。上海市垃圾分类政策的发展历程分为如下四个阶段。

试点阶段(1995—1998年)：1995年，曹杨五村第七居委会的一个居住区启动了垃圾分类试点，上海市迈出了探索垃圾分类之路的第一步；1998年，上海市开展废电池、废玻璃专项分类回收政策，这为后来的垃圾专项分类奠定了基础。当然，该阶段为垃圾分类政策的初始阶段，对于垃圾分类回收还没有比较先进的方案，制度也不健全，只能在分类这条路上慢慢探索出经验。因此，政策实行的范围也并不广泛。

推广阶段(1999—2006年)：该阶段属于垃圾分类政策缓慢扩散时期，各项政策频繁出台并实施。1999年，垃圾分类工作被纳入上海市环保三年行动计划，并出台《上海市区生活垃圾分类收集、处置实施方案》等文件，垃圾分类方式为有机垃圾、无机垃圾、有害垃圾及废电池、玻璃专项分类；2000年，首批100个小区启动垃圾分类试点，上海市成为我国8个垃圾分类试点城市之一；2002年，上海市重点推进焚烧区垃圾分类工作；2000—2003年，把垃圾分类方式中的“有机垃圾、无机垃圾”调整为“干垃圾、湿垃圾”；2006年，全市有条件的居住区垃圾分类覆盖率超过60%；2003—2006年，焚烧区垃圾分类方式为不可燃垃圾、有害垃圾、可燃垃圾，其他区域垃圾分类方式为可堆肥垃圾、有害垃圾、其他垃圾。政策频繁变更表明该阶段是垃圾分类政策在上海市的推广阶段，政府逐渐重视起垃圾分类的重要性，但在分类方式方面仍没有固定标准，还处于累积经验的阶段。

调整阶段(2007—2013年)：通过近十年的探索，上海市对于垃圾分类政策的推行已经有了较为明确的方向，但在具体的实施中仍有不少问题，因此仍属于政策推行的过渡期，政策调整时常发生。2007年，上海市逐步推行垃圾四分类、五分类的新方式；2009年，世博园区周边区域垃圾分类覆盖率达100%；2010年，全市有条件的居住区垃圾分类覆盖率超过70%；2007—2010年，居住区垃圾分类方式为有害垃圾、玻璃、可回收垃圾、其他垃圾；办公场所垃圾分类方式为有害垃圾、可回收垃圾、其他垃圾；公共场所垃圾分类方式为可回收垃圾、其他垃圾；其他区域垃圾分类方式为装修垃圾、大件垃圾、餐厨垃圾、一次性塑料饭盒等，并实施专项收运、专项处置；2011年，“百万家庭低碳行，垃圾分类我先行”活动在1 080个试点小区开展；2010—2013年，垃圾分类方式包括大分流与小分类的形式。其中大分流的分类方式为装修垃圾、单位餐厨垃圾、大件绿化枯枝落叶等；小分类的分类方式为有害垃圾、玻璃、废旧衣物、湿垃圾、其他干垃圾等。该阶段是上海市垃圾分类政策推行的承上启下阶段，在初步探索了十年之后，政府已经有了一定的运行经验，政策也在不断地适应时代发展。当然，以信息提供为主、自上而下的宣传方式的传播效果无法达到理想预期，因此该政策尚未在全市全面推行。

实施阶段(2014年至今)：经过多次调整后，上海市垃圾分类政策实施逐渐趋向稳定，逐渐在全市普及。2014年，政府出台了《上海市促进生活垃圾分类减量办法》；2017年，政府出台了《上海市单位生活垃圾强制分类实施方案》；2018年，政府出台了《关于建立完善本市生活垃圾全程分类体系的实施方案》；2019年，政府出台了《上海市生活垃圾管理条例》；2014年至今，上海市垃圾分类方式为可回收物、有害垃圾、干垃圾、湿垃圾。该阶段为垃圾分类政策全民参与的具体实施阶段。政府通过出台愈来愈细致的政策文件与制定明确的垃圾分类方式，努力让居民和各单位提高垃圾分类意识，但垃圾分类设施不完善导致垃圾分类难以实施、责任分工不明确导致垃圾的混装混运等问题都大大打击了部分居民的积极性。垃圾分类运输、处理等环节仍有很大的改进空间。

二、上海市生活垃圾“强制分类时代”的到来

2019年7月1日，《上海市生活垃圾管理条例》正式实施，“垃圾分类”这四个字在上海市居民的朋友圈里疯狂刷屏，各种段子层出不穷，成为全民热议话题。《条例》规定，居民不仅只有早上7点到9点以及下午4点到6点才可倒垃圾，而且垃圾必须严格按照“可回收物、有害垃圾、湿垃圾、干垃圾”四类分类投放，违反该条例者最高可罚款200元。该《条例》被称为“史上最严”垃圾分类管理条例，标志着上海市在全国率先进入垃圾强制分类时代。

目前，上海市每人每天生产的生活垃圾接近1.3千克，每天城市垃圾产生总量接近3.2万吨。截至2020年6月29日，上海市每天产生垃圾总量为31 967.36吨。其中，有毒有害垃圾量为3 300吨，同比增长1 120%；湿垃圾量为9 632.13吨，同比增长38.52%；干垃圾量为15 518.24吨，同比减少19.75%；可回收垃圾量为6 813.69吨，同比增长71.09%。目前，上海市生活垃圾焚烧占比约为48.54%，填埋处理约占30.13%，生活垃圾循环利用的比例为21%，日本东京的这三种垃圾处理方式占比大约是75%，3%，20%。两者的差距在于，上海市的湿垃圾量大和焚烧占比偏低。

根据上海市城市管理局的数据，在新政策推出的短短四周内，同上月相比，日均可回收垃圾增加了10%，厨余垃圾增加了15%，干垃圾减少了11.7%，这是一个巨大的进步。与2018年相比，2019年日均可回收垃圾增加了431.8%。厨余垃圾和有害垃圾的收集量也分别增长了88.8%和504.1%，干垃圾的数量减少了31%。

尽管这些条例的实施取得了巨大成功，但仍然有许多不遵守规定的人受到了处罚。根据上海市城市管理和执法局统计，自2019年7月1日新的生活垃圾管理条例生效以来，截至2020年4月，上海市城市管理和执法部门已对7 662起违规行为处以罚款，其中未分类投放案件4 668起(占案件总数60.9%)，未设置分类容器案件2 695起(35.2%)，混装混运案件124起(1.6%)。

三、上海市实行垃圾分类政策以来的现状分析

1. 民众分类投放的意识增强，但主体责任不明确，分类投放的正确性有待提高

《上海市生活垃圾管理条例》出台之初，由于生活垃圾的多样化和复杂化，民众对于干垃圾、湿垃圾、可回收垃圾、有害垃圾尚不能准确区分。虽然经过一年的分类实践，民众对于垃圾要分类投放的意识明显提高，但是在实际生活中难免会陷入干湿垃圾难以区分的困惑之中，从而导致垃圾混投、投放错误的现象产生。同时，负责宣传的工作人员在宣讲时也难免会遇到不清楚该垃圾属于哪类垃圾的窘境，这给宣传工作也带来一定的挑战。生活垃圾分类的主要目的是让全体公民在实践探索和理论学习中潜移默化地养成垃圾分类的良好生活习惯，但是伴随着垃圾分类政策的实施，相应地

产生了一批代收垃圾、上门回收的职业。虽然这解决了一些就业问题，但是却完全偏离了“垃圾分类，我先行”的初衷，垃圾分类的主体从市民转变成了回收垃圾的工人，削弱了市民垃圾分类的主体责任意识。同样，有些社区的垃圾分类依赖于环卫工人的二次分拣，高校也出现了卫生管理员大包大揽的现象。这种“保姆式”包揽垃圾分类的行为，表面上方便了人们，节约了时间，实际上却极大地压制了人们践行垃圾分类的积极性，不利于实现生态环境可持续发展的长远目标。

2. 政府宣传力度大，但监督管理体制不健全，奖惩机制落实不到位

为了贯彻执行美丽中国的理念，践行节约资源、保护环境的政策，上海市加大了垃圾分类的宣传力度，通过媒体报道、印发传单、社区宣讲、志愿服务等方式，确保市民能够准确投放垃圾，让垃圾分类意识深入人心。上海市的垃圾分类措施在一时内确实引起了人们浓厚的兴趣和关注，大家纷纷开始学习垃圾分类知识、投放时间和投放标准。但是，与前期大范围的宣传力度相比，后期的监督管理工作明显后劲不足。经过暗中走访调查，仍然存在一些小区垃圾清运不及时、居民干湿垃圾分类不到位；医院的医疗废物与干垃圾混投；高校垃圾分类工作滞后等现象。垃圾分类的监管工作需要每一位公民共同发挥作用，互相监督，为政府减负，为生活添绿。

另外，上海市还颁布了《上海市生活垃圾分类违法行为查处违规》和《行政处罚裁量基准》两项法律法规，被称作“史上最严垃圾分类”法规，通过颁布法规来监督市民的违规行为。但是在具体的实施过程中，相关工作人员并没有将处罚落实到位，以致不能引起民众的重视。仅仅有惩罚机制是不够的，还需设置合理的奖励政策，调动人们的兴趣，才能激发人们的自觉性。

3. 垃圾的利用率有所上升，但实际转化为可用资源的利用率还是不高

垃圾是放错了地方的资源。科学技术的不断进步，在很大程度上提高了城市生活垃圾的回收效率，企业处理垃圾的效率也在逐年呈上升趋势。垃圾分类政策的实施，减轻了企业处理垃圾的难度，也提高了垃圾的重复利用率。总体来说，无论是从垃圾产生的源头讲，还是从企业处理垃圾的终端来看，垃圾分类投放既方便了人们的生活，培养了人们的环保意识；也给企业减负，提高了企业的工作效率，垃圾回收利用率也增加了。但是，从垃圾分类回收的精细程度来看，目前的垃圾分类还略显粗糙，垃圾重复利用的环节较为复杂。从目前垃圾分类的四种标准来看，企业准确进行垃圾分类还有一定的难度，工作方式也较为烦琐。同时，分类还不够精细的垃圾，达不到将垃圾转化为资源的高利用率程度。因此，垃圾的分类投放程度还有很大的上升空间。

有人生活的地方就有生活垃圾的存在，垃圾分类问题并不是一方点头就能妥善解决处理、一蹴而就的事情。合理推进垃圾分类需要政府、民众、企业、社会各方人士的共同努力。

（案例来源：2019 年江苏高校公共管理案例分析大赛获奖案例《垃圾分类政策为何难以落地：一个政策扩散的解释框架——基于上海市垃圾分类的调研分析》，有删改）

【案例思考】

1. 政府为什么要推行垃圾分类政策？
2. 为什么垃圾分类政策难以落地？
3. 如何促进垃圾分类政策更好落地？请提出合理性建议。

案例解析

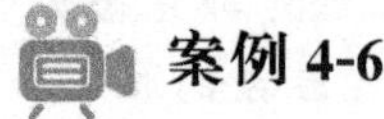

案例 4-6

安全行驶从头开始

电动自行车在近几年十分火爆，因其轻便而且能够穿街走巷的优势，成了百姓出行的必备交通工具。在骑行过程中，佩戴头盔是一种必要的保障驾驶人安全的方式，2020 年各地纷纷发布了有关电动车的规定。2020 年 5 月 15 日，江苏省通过了《江苏省电动自行车管理条例》，明确规定电动自行车驾驶人和乘坐人应当佩戴安全头盔。尽管各市出台了相关政策，但市民似乎并不买账。

【案例内容】

一、江苏省出台电动自行车管理条例

争分夺秒的外卖骑手，风风火火的上班族，接娃心切的家长……当前，越来越多人加入了电动自行车“大军”中。这种新型交通工具固然快捷、经济、环保，但其广泛的使用也带来了巨大的道路安全隐患。为此，公安部交管局下发通知，决定从 2020 年 6 月 1 日起在全国开展“一盔一带”的安全守护行动。政策要求全国各地交警部门，严格查处摩托车、电动自行车骑行人员的不规范行为，坚决做到教育与处罚相结合；督促摩托车、电动自行车骑行人员自觉佩戴安全头盔，做到“一人一盔”的标准，加强安全规范。

江苏省是电动自行车生产、使用大省，全省注册登记的电动自行车约有 3 800 万辆。电动自行车行业的迅猛发展，在给人民群众的生产生活带来便利的同时，也给交通秩序、公共安全带来了压力。

为了解决电动自行车行业发展和日常使用过程中存在的突出问题，处理好促进产业发展、方便群众出行与保障公共安全之间的关系，让这一绿色、便捷的交通运输方式更好地满足人民群众生产生活需要，2020 年 5 月 15 日，江苏省十三届人大常委会第十六次会议通过了《江苏省电动自行车管理条例》（以下简称《条例》）。《条例》共 5 章 46 条，根据《中华人民共和国国家道路交通安全法》《中华人民共和国道路交通安全法实施条例》等上位法，结合江苏省实际情况，对电动自行车的生产、销售和维修，登记和通行，保障和监督，以及法律责任等作出了具体规范。除关注道路交通安全管理外，还对生产、销售、维修、通行、停放以及退出等全链条、各环节统筹考虑、全面规范，推动形成闭环管理。

为了让广大居民对《条例》的具体内容和监管举措更加明晰，江苏省人大专门召开了新闻发布会，对相关情况进行介绍、说明。江苏省公安厅交警总队总队长陈玉峰介绍，根据统计，在伤亡事故中，由于骑乘人员没有佩戴安全头盔导致颅脑损伤而死亡的，占比 70%。强制佩戴安全头盔对预防和减少电动自行车交通伤亡事故将起到有力支撑。

据了解，在《条例》草案出台前进行的征求社会意见和开展网上问卷调查环节，就有常委会组成人员和地方提出，草案中关于佩戴安全头盔的倡导性规定，操作性不强，为了保障人民的生命安全，应当对电动自行车驾乘人员佩戴安全头盔作出强制性规定。网上问卷调查结果也显示，多数参与投票和留言的公众赞成对佩戴安全头盔作出强制性规定。

因此，最终出台的《条例》将鼓励佩戴安全头盔，修改为“驾驶、乘坐电动自行车应当按照规定佩戴安全头盔。具体实施的时间和区域，由设区的市人民政府规定”。同时，规定了“电动自行车驾乘人员未按照规定佩戴安全头盔的，由公安机关交通管理部门处以警告或者二十元以上五十元以下罚款”。据悉，《条例》实施后，在10月1日前，江苏省大部分有条件的地方都将实施这一规定，其他地区在年底前也有望全面实施该规定。

自2020年5月1日起，南京市交管部门对电动自行车驾乘人员实施管理措施，对未佩戴头盔的驾乘人员进行交通安全教育。6月23日，南京市政府发布《关于加强电动自行车驾乘人员佩戴安全头盔管理的通告》(以下简称《通告》)，规定从7月1日起，电动自行车驾乘人员不戴头盔将被处罚。在《通告》推出的同时，市公安局党委向全局民警发出《倡议书》，倡导争做“戴头盔、保安全、促文明”的示范者、倡导者和推动者；要求市公安局交警支队执勤警力和工作人员，在执勤、上下班期间骑行电动自行车时佩戴头盔，全局所有单位均落实“驾乘电动自行车佩戴头盔准入”的要求，在这项工作上做到先行一步、示范推广。为进一步强化宣传氛围，南京市警方在全市12个行政区、15个会场同步启动“我戴盔、我先行，倡导骑行新风尚”公益赠盔活动，下发喊话设备100套，布置楼宇大屏和横幅1 000处，印发宣传彩页100万张，推送提示短信1 000万条，并在学校开展少年交警队、开学第一课、小手拉大手等活动，根植“幸盔有你”的意识。

二、政策执行过程遭遇坎坷

在电动自行车佩戴头盔政策执行之前，江苏省各市政府均已提前发布相关通知，旨在提醒市民尽早准备头盔，但是该政策执行情况却不尽如人意。

自5月1日起，到6月11日这四十多天内，南京市已有4.1万人次因未佩戴安全头盔被现场查处。南京交管部门发现有10位市民已连续7次以上未佩戴头盔被现场查处。自7月1日以来，至8月8日，江苏省共查处未按规定佩戴头盔事件11.2万起。镇江市首日开出3 500张罚单，连云港市首日开出2 600多张罚单。淮安市半天查处4 535起未佩戴头盔事件，泰州市半天查处1 477起。

政策执行期间不仅查处了大量未佩戴头盔的驾驶员，还发生了不少市民与交警暴力冲突的事件，引发了媒体关注，吸引了公众目光。

2020年7月24日下午4点多，南京市龙津街附近，交警发现一名男子骑着无牌燃油摩托车载着一名女子在街头疾驰，且两人均未佩戴头盔。于是交警立马跟了上去，在多番喊话示意该男子停车无效后，无奈之下选择将其逼停，随后发生冲突。一名头戴头盔的交警推了这名男子一把，惹得该男子质问：“你还打人是吧?”接着男子与另一名交警交涉时，这名头戴头盔的交警从男子背后上前，欲控制住男子并令其蹲下。男子表示：“想让我停车，直接伸手示意就行，但他(戴头盔的交警)直接选择逼停，这样是很危险的，差点让我摔倒了。”接着交警让男子出示证件，但男子一直咬着刚才逼停的事情不放。这时，又有一名女子(视频拍摄者)气势汹汹地插话：“你把你的警官证出示一下。”在交警出示了警官证后，该男子掏出手机想要拍照，说要记下他的号码，随后又引发冲突。交警直接将手机夺了过来，引来拍视频女子的质疑。7月26日，南京交警五大队对此事件进行了通报。这名男子所驾驶的燃油摩托车没有登记上牌，且该男子无机动车驾驶资格，还存在不戴头盔的违法行为。但该交警的执法行为也确实不规范，目前已被停职，正在接受调查处理。

2020年9月1日上午10时30分左右，扬州市公安局交警支队六大队民警在国展路与文昌西路东南角的非机动车道内，依法对电动自行车驾驶人徐某某未按规定佩戴安全头盔的行为进行处罚，但徐某某拒不配合执法，并以暴力方法阻碍执勤交警执行公务，造成执勤交警左脚、腰部受伤，以及手机、警务通、执法记录仪等损坏。扬州市公安局邗江分局新盛派出所接到报警后，迅速开展调查。经查，徐某某的行为已涉嫌妨害公务罪，根据刑法规定，目前徐某某已被邗江分局依法刑事拘留。

2020年9月2日上午8时20分左右，扬州市公安局交警支队三大队民警在扬子江路与兴城西路东南角非机动车道，依法对电动自行车驾驶人杨某某未按规定佩戴安全头盔的行为进行处罚。杨某某心生不满，竟对民警大打出手，拳头毫不留情地落在了民警脸部。杨某某以暴力方法阻碍执勤交警执行公务，并造成执勤交警面部受伤。扬州市开发区公安分局文汇派出所接到报警后，迅速开展调查。经查，杨某某的行为已涉嫌妨害公务罪，根据刑法第277条规定：以暴力、威胁方法阻碍国家机关工作人员依法执行职务的，处三年以下有期徒刑、拘役、管制或者罚金。目前杨某某已被开发区公安分局依法刑事拘留。

2020年10月25日傍晚6时，南京市交警一大队民警在新庄广场发现一辆电动自行车驾驶人未佩戴安全头盔，因此示意骑车人靠边停车接受检查。但是骑车人并没有靠边停下，反而在交警指挥其靠边时冲过卡口，并叫嚣："今天就要闯卡，怎么了？我就不靠边！"骑车人在加速冲过三名执勤人员、两道关卡之后，最终被执勤民警、警辅控制。被控制之后的骑车人薛某依旧没有意识到自己的错误，不仅不配合民警执法，而且情绪激动，动手推搡民警，造成民警手部受伤。经过询问得知，薛某是"叮咚买菜"派送员，在途经新庄广场时发现前方有交警执勤，想到自己驾驶电动自行车没有佩戴安全头盔，肯定会被处罚，但派送订单的时间又比较急，便试图直接闯卡来躲避交警处罚。在确凿的证据和公正的法律面前，薛某最终认识到了自己的错误，对自己阻碍执行职务的违法行为供认不讳。经过民警核实，依法对该车驾驶员的违法行为作出了处罚。薛某因拒不配合民警检查、辱骂并驾车冲撞民警，构成阻碍执行职务的治安违法行为，根据《中华人民共和国治安管理处罚法》的相关规定，市公安局直属分局给予薛某拘留七日的行政处罚。

三、观念深入人心仍需努力

随着政策的推行，驾驶电动自行车戴头盔的市民越来越多，但是还有许多人存在侥幸心理，对于该政策仍然持有质疑的态度。有些人质疑官方给出的驾驶电动自行车不戴头盔的死亡率数据的真实性，认为不戴头盔不会造成太严重的后果；有些人认为戴头盔严重影响日常生活，携带不方便，夏天佩戴过热，冬天佩戴过冷；有人认为电动自行车属于非机动车，不需要佩戴头盔；有人认为这是形式主义，是政府创收的手段；还有人认为这项政策缺乏相关法律依据，不应该强制执行。

但事实上，摩托车、电动自行车、小汽车是导致交通事故死亡最多的车辆，摩托车、电动自行车驾乘人员死亡事故中约80%为颅脑损伤致死。中国疾控中心慢性非传染性疾病预防控制中心伤害防控与心理健康室副主任邓晓指出，近十年来，全国整体道路安全在稳步提升，道路交通事故死亡率逐步下降，但电动自行车骑行者的伤亡情况却呈逆势发展，死伤率不断攀升。邓晓引用数据称，从2009年至2019年，电动自行车骑行者累计死亡6.75万人，受伤33.19万人，但2019年的这两项数据都已达到2009年的2倍多。

佩戴头盔是保护颅脑不受损伤最重要的手段。邓晓称，尽管头盔不能减少事故的发生，但在事故发生时却能起到救命的作用。有关研究表明，安全头盔能够减少63%的头部受伤和88%的颅脑损伤，正确佩戴安全头盔、规范使用安全带能够将交通事故的死亡风险大幅降低，对保护群众生命安全具有重要作用。而对比国外，如瑞士曾在2007—2013年进行过相关研究，电动自行车引起交通事故的相关住院病例中，头部和颈部受伤最多，但比例仅有27%；中国却占到50%左右，因为瑞士的电动自行车骑行者头盔佩戴率高达75%。

就目前来看，佩戴头盔确实是保护骑行者生命安全的有力手段，但政府是否能以此来强制要求市民佩戴头盔仍有待商榷。毕竟从根本上让市民意识到佩戴头盔的重要性，自觉主动通过戴头盔来保护自身安全，这才是该项政策的最终目的。可见，市民的安全观念仍需转变，政策深入人心也还需要一定时间。

（案例来源：《电动自行车致死伤率攀升 警惕新型“马路杀手”》，中国长安网，2020-12-13）

【案例思考】

案例解析

1. “一盔一带”从部门指导性政策上升到地方性立法，这背后说明了什么？

2. 前期的宣传动员对政策实施起到了什么作用？

3. “一盔一带”政策在实施过程中面临哪些困境？

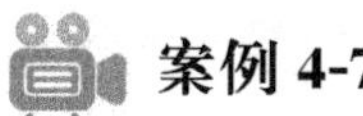

案例 4-7

由邻避到迎臂：杭州九峰垃圾焚烧项目“浴火重生”之路

随着我国城镇化、工业化进入新的发展阶段，涉及环境保护的一些重大项目引起的“邻避效应”问题日益突出，由此引发的群体性事件的数量不断攀升，不仅严重影响社会和谐稳定，而且牵制、阻碍经济社会发展。但是，经济要发展，社会要进步，“邻避效应”所关联的项目建设仍是我国未来经济社会发展的必然需求。探索建立并不断完善“邻避效应”问题治理机制，对于推进法治政府和法治社会建设具有重大的现实意义。

【案例内容】

这些年，提起“邻避效应”，恐怕任何地方的干部都会连连挠头。在群情汹涌中，PX项目被叫停，垃圾焚烧项目流产……类似情形在国内不少地方上演。涉及环境的重大工程项目不断陷入“一上就闹，一闹就下”的窘境，甚至有人将此称作基层治理实践中新的“天下第一难”。

与“邻避”相对应的是“迎臂”，是指人们不排斥甚至欢迎相关项目的落地，认为其能给社区发展带来好处的态度。如何避免与化解“邻避效应”并培育“迎臂效应”，的确考验政府的施政能力。

一、杭州九峰垃圾焚烧厂项目预启动

“上有天堂，下有苏杭。”“天下西湖三十六，就中最好是杭州。”殊不知，这些年，天堂杭州也一直面临着“垃圾围城”的窘境。

城市在扩大，人口在增加，加之游人如织，近年来杭州市区垃圾年增长率均超过10%。而且这一数据，只增不减。

长期以来，杭州市的垃圾处理，基本依靠填埋。天子岭垃圾填埋场是杭州市最大的垃圾填埋场所，1991 年投入使用时标高为 30 米，如今占地 1 840 亩(约 122.67 公顷)的填埋场标高已达 102 米。而 165 米就是上限，预计该填埋场的使用寿命已不足6 年。杭州市环卫部门有个形象的描述：过去全城产生的垃圾，6 年能填满整个西湖，如今只需要 3 年。

杭州市已拉响垃圾围城警报，经过专家一次又一次的论证，解困的路径指向垃圾焚烧。

其实，一些已经完成工业化的发达国家，发展中都曾遭遇过“垃圾围城”的问题。实践证明，最安全、最合理的办法是采用焚烧方式处理。欧盟大部分国家的焚烧处理率高达 70%到 80%。德国、加拿大等国，甚至把埋在地下几十年的垃圾重新挖出来焚烧发电——只要将焚烧炉的烟气温度控制在高于 850℃，垃圾焚烧对空气的污染就能降到最低。

经过反复筛选，专家将新建垃圾焚烧厂的地点定在了余杭区中泰街道的一个废弃的采矿场——南峰村九峰矿区。相关部门提供的数据显示，规划中的九峰垃圾焚烧厂300 米范围内，只有 25 户居民，并且焚烧厂离最近的小区约有 5 千米，离闲林居民区则在 10 千米以上，是西部片区比较合适的垃圾处置点。

2014 年 4 月 22 日，九峰垃圾焚烧发电项目进入省建设厅审批前公示阶段，其附件《杭州九峰垃圾焚烧发电工程建设情况说明》中详细介绍了项目的基本情况和三废处理方式等重要内容。

二、邻避冲突发生

2014 年 4 月中旬，杭州市余杭区疯传一封致全体九峰居民的公开信，信中号召各位居民坚决抵制九峰垃圾焚烧厂项目。该公开信就是由专业环保人士等“运动企业家”带头撰写的，以滨江绿能垃圾焚烧厂附近的“癌症村”为例指出反对建厂的原因。4 月19 日起，在余杭区凤山公园、中泰广场和塔山公园等公共服务场地，部分居民自发印制反对修建九峰垃圾焚烧厂的衣服，设计关于二噁英危害等宣传标语，组织联合抗议建设垃圾处理项目的签名活动。

除了线下如火如荼的组织动员活动，环保人士还组建了环保维权 QQ 群进行讨论和信息传播。一时之间，网络上有关“二噁英致癌”“垃圾焚烧危害无穷”的谣言四起，各大微信公众号、微博等新媒体平台为了流量和阅读量，开始传播一系列关于垃圾焚烧厂项目弊端的案例，例如，此前某些垃圾焚烧厂焚烧时产生的烟尘，超标排放的二噁英等有害物质导致周围居民出现癌症、下一代残疾等现象；又如，国内大多垃圾焚烧排放未达到国际标准，余杭区附近多个水源地极易受到排放污染，从而影响周边居民的用水安全，诸如此类。一时之间，周边居民的情绪在“二噁英致癌”“排放不达标”“污染水源”等一系列敏感词汇的裹挟下越发焦灼。

于是，周边居民开始用提交公开信和申请公证等抗争方式来求证项目的可行性，但浙江省环保厅、杭州市环保局、杭州市规划局以及杭州市城市建设投资集团有限公司均未直接回应。而后，居民们渐渐将自己内化为“受害共同体”中的一员，开始借助非常规渠道表达诉求。

在多方作用影响下，邻避抗争事件发生了(见图 4-11)。

图 4-11　邻避冲突现场照片

2014 年 5 月 10 日 9 时许，在九峰村通往焚烧发电厂建造地的一条长约 500 米、宽 5 米的柏油路上，聚集了 5 000 多人，都是来自附近村和余杭区的居民。部分居民举着“坚决反对垃圾焚烧，共同保护美丽家园”的白色条幅，试图通过游行抗议的方式给政府施加压力，迫使政府改变决策。

当天下午 3 时许，部分胆大的群众蜂拥而上，围堵 02 省道以及杭徽高速余杭段，导致两边车辆无法通行。警方在高速公路驱散抗争的群众时，一些不法分子趁机损坏车辆、殴打群众，致使双方发生肢体冲突。直到当天深夜 12 时左右，现场大部分居民和警方才散去，高速公路基本恢复通行。

三、化解“邻避”这个结

在“5·10”群体性事件发生以后，政府断然采取应对措施：对煽动滋事者，予以坚决打击。同时，省、市的主要领导均郑重承诺：“项目在没有征得群众充分理解和支持的情况下，一定不开工！没有履行完法定程序的项目，也一定不开工！”杭州市常务副市长到现场办公，他旗帜鲜明地表示：“一定要把这个项目做成能求取最大公约数的项目，整个工程要全程确保群众有知情权。”

1. 多方协商以连心

2014 年 5 月 13 日上午 9 时，杭州市副市长、杭州市规划局局长、环保局局长、光大国际集团行政总裁、杭州市城市建设投资集团有限公司负责人、余杭区区长、有关专家、媒体代表、村民代表等人齐聚市政府办公室。

副市长对之前的模糊回应表示抱歉，并明确了之后的工作部署，以打消群众的顾虑：第一，坚持信息公开，实时公布环境检测数据。在后续工作中，政府将会在垃圾焚烧厂门口安置电子屏，公开项目技术、指标、设备要求，以及水文和大气监测点的信息。第二，针对垃圾焚烧厂的安全性，政府将分批组织居民前往国内落地执行的垃圾焚烧项目考察，打消大家的顾虑。第三，严格遵循法定程序走完 6 个环评环节，让群众知道政府在做什么。

2. 清晰回应以定心

针对村民对于二噁英的恐慌，专家通过理论与数据相结合的方式给予了村民清晰的解答："二噁英确实有毒，但是在政府部门的督促下，营建企业一定会使用最先进的设备，达到欧盟 2 000 的排放标准。如此一来，就算排放微量的二噁英，也要连续累积数万年才能致人中毒。等到那时候，设备早就更新换代了。所以，'二噁英致癌'并没有像网上流传的那么可怕。"

环保局局长正面回应了居民关心的污水排放和废气污染问题："生产生活废水和垃圾渗滤液等污水若无回收利用的可能性，将会在达标处理后，通过市政工程建设的排污渠道排放到杭州市污水处理厂；废气经过达标处理后才会排放到室外。"

余杭区区长建议成立"群众监督小组"，邀请村民深入项目工地实地察看。在现场施工的重要节点，区政府也会及时跟进，保障营建企业不偷工减料，履行对周边居民的承诺。另外，区政府考虑引进光大国际集团作为项目新的建设主体，并和杭州市人民政府直属的两家国有企业进行合作，三方共同建设、互相监督，负责项目建设和运营。

3. 补偿机制以安心

光大国际集团行政总裁向居民们保证，除了确保项目安全稳定运行、环保达标排放以外，光大国际集团将更主动地融入项目周边社区，积极践行村企共建的原则，优先考虑为当地居民提供就业机会，拉动周边区域的环境改善和产业升级，让整个九峰乃至余杭区都能从这项项目中获益。

杭州市规划部门将划拨 800 亩(约 53.33 公顷)以上的土地用于美化环境和扶持当地产业发展，并划拨 20.8 亿元扶持第三产业，另外还计划投入 1.4 亿元改善中泰街道的公共设施和人居环境。九峰垃圾焚烧厂建设规划中还包括生态旅游规划，这将为九峰村附近村庄提供一个非常好的发展机会。

在协商治理过程中，杭州市政府将各个主体视为合作伙伴，始终秉承信息共享、诚意沟通的原则，通过平等、自由、开放的对话来促进彼此之间的理解和信任，根据民众的利益诉求完善利益表达机制，从多个方面、以多种方式兼顾社会公共利益和局部民众利益。

四、杭州九峰垃圾焚烧厂项目重启

2014 年 7 月至 9 月，为履行之前"两个不开工"的承诺，杭州市委常委、常务副市长亲自督促、协调、部署阶段性工作，通过每月召开专题推进会的形式为项目顺利推进保驾护航。高位推动使群众在每个阶段的重要节点都能及时获知项目的技术、指标、设备要求。

作为杭州市重大的民生工程，各级党委政府亲自过问，并通过专题研究、常态化调研等方式，针对九峰垃圾焚烧厂项目制定了"日常四层监管，居民随时监督"模式。

第一层是行政层面，领导小组负责通过上级赋权及时敦促环保等部门进行不定期现场巡查，坚决做到“责任到人”；第二层是群众层面，政府邀请周边居民作为环保监督员，在不扰乱企业运作秩序的前提下，随时到垃圾焚烧厂查看；第三层是非政府环保组织层面，加强监督；第四层是做到企业自律，企业将各类排放指标等环保数据按小时均值在线公布，实现一流管理。

2014 年 9 月 11 日，杭州九峰垃圾焚烧厂充分吸取 4 月公示时的教训，针对民众的要求调整选址范围，进一步完善垃圾处置规划图，相继启动规划选址公告和环境影响评价第一次公示，公告中已将环保标准提高到欧盟 2000 的标准以上。

截至 2015 年 3 月底，九峰垃圾焚烧厂项目先后完成了规划选址、交评、稳评、水文监测、地质勘探和初步设计批复等工作，可行性研究和报建工作也基本完成。

2017 年 11 月 30 日，历经 18 个月紧张有序的建设，九峰垃圾焚烧厂项目圆满完成，顺利通过了“72＋24 小时”试运行，正式投入商业运行。中泰垃圾焚烧项目也成为解决邻避困境的典范。

（案例来源：2019 年江苏高校公共管理案例分析大赛获奖案例《由邻避到邻利：杭州九峰垃圾焚烧项目“浴火重生”之路》，有删改）

【案例思考】

1. 试分析九峰垃圾焚烧发电项目产生邻避冲突的原因。
2. 垃圾焚烧厂给行政机关带来了哪些决策困境？
3. 破除当下垃圾焚烧厂建设项目落地难的多元困局，其核心思路在哪里？

案例解析

案例 4-8

公立医院医疗服务价格改革始末

党的十八大以来，以习近平同志为核心的党中央坚持以人民为中心的发展思想，把保障人民群众健康放在优先发展的战略位置，更好地保障人民群众病有所医。按照党中央、国务院决策部署，医疗服务价格领域持续加大改革力度，特别是从 2016 年开始，各地配合取消药品和医用耗材加成、控制公立医院药耗采购成本，稳妥有序地进行了多轮医疗服务价格调整和优化，对推动公立医院补偿机制转轨、促进医疗技术进步、支持医疗事业发展起到了积极作用。

【案例内容】

一、提出取消“以药补医”的政策要求

“以药补医”机制是我国公立医疗机构以药品加成政策为基础而形成的一项经济补偿机制。自 1954 年开始，我国对公立医疗机构用药实行顺加 15%的差价率作价的政策。改革开放以后，公立医疗机构对药品加成的依赖性逐步增强。一方面，多年来政府对公共卫生事业的投入相对不足，2008 年财政直接补助收入只占公立医院收入的 7%；另一方面，体现医务人员技术劳务价值的医疗服务价格长期低于成本，且未能随着经济社会发展的实际需要进行动态调整。药品加成政策一定程度上刺激了公立医院和医务人员多用药、用高价药的行为，加之医疗服务具有高度专业性、医患之间信息不对称等特点，药品加成政策逐步演变为“以药补医”机制。

公立医院是政府建立的非营利性医疗机构，也是我国医疗服务的供给主体，承担着向全体居民提供安全、有效、方便、价廉的基本医疗卫生服务的重要任务。“以药补医”机制严重损害了公立医院的公益性，负面影响日益突出。在“以药补医”机制下，我国公立医院的建设、发展及医务人员的收入很大程度上依靠药品加成解决，加之行业、医保及社会等相应监管机制不健全，“以药补医”机制逐步滋生出“以药腐医”机制，损害了医务人员的职业道德和社会形象。此外，抗生素等药物不规范、不合理使用的现象，影响了医疗安全质量，给人民群众身心健康带来了威胁。“以药补医”机制扭曲了医药产业发展的激励机制，导致医药企业药品价格反常，加剧了药品回扣等不正当竞争行为，一定程度上造成了医药购销领域的乱象，影响了医药行业的健康发展。

取消“以药补医”机制，推进医药分开，是确保公立医院回归公益性，进一步缓解看病难、看病贵问题的关键环节。否则，医药费用不合理增长的现象就无法得到根本遏制，群众医药费用的负担就难以减轻。同时，基层首诊、双向转诊、防治结合、急慢分治、医疗机构间分工协作的机制也难以形成。

2009 年，中共中央、国务院发布的《关于深化医药卫生体制改革的意见》和国务院发布的《医药卫生体制改革近期重点实施方案(2009—2011 年)》明确提出：推进医药分开，逐步取消药品加成，不得接受药品折扣。医院由此减少的收入或形成的亏损通过增设药事服务费、调整部分技术服务收费标准和增加政府投入等途径解决；2011 年，卫生部等有关部门发布的《关于公立医院改革试点的指导意见》等有关文件进一步明确了取消“以药补医”的政策要求和实施路径；2012 年 3 月，国务院印发的《“十二五”期间深化医药卫生体制改革规划暨实施方案》提出：以破除“以药补医”机制为关键环节，推动医药分开，逐步取消药品加成政策，将公立医院补偿由服务收费、药品加成收入和财政补助三个渠道改为服务收费和财政补助两个渠道。

二、明确医疗服务价格改革的方向

2015 年 10 月 12 日，中共中央、国务院发布《关于推进价格机制改革的若干意见》，对医疗服务价格改革提出总体要求：围绕深化医药卫生体制改革目标，按照“总量控制、结构调整、有升有降、逐步到位”原则，积极稳妥推进医疗服务价格改革，合理调整医疗服务价格，同步强化价格、医保等相关政策衔接，确保医疗机构发展可持续、医保基金可承受、群众负担不增加。2016 年 7 月 1 日，经国务院同意，国家发展改革委会同卫生计生委、人力资源社会保障部、财政部联合印发了《推进医疗服务价格改革的意见》，标志着医疗服务价格改革的全面实施，明确了推进分类管理、理顺比价关系、改革项目管理、完善定价方式、加强监督管理五项改革任务。

截至 2016 年 8 月，除天津、上海两地取消了部分药品加成外，其余 29 个省份的县级公立医院全部取消了药品加成，有升有降调整了医疗服务价格。城市公立医院中，江苏、浙江、安徽、福建、山东、青海、上海、天津 8 个省(市、区)的城市医药价格改革已全面推开，其他省份也在部分城市、医院中开展试点。

取消药品加成政策后，对医院减少的合理收入，绝大部分省份主要通过调整医疗服务价格进行了补偿，补偿比例为 60%～90%。

具体来看，哪些服务的价格升了，哪些服务的价格降了？在县级公立医院医药价格改革中，各地累计调整医疗服务价格72次，重点提高诊疗、手术、护理、中医等体现医务人员技术劳务价值的服务项目价格，降低大型医用设备检查治疗和检验类服务项目价格。在城市公立医院医药价格改革中，各地降低了CT、核磁共振和超声等医用设备检查的治疗价格，提高了诊察、手术、治疗、护理及部分中医服务等体现医务人员技术劳务价值的医疗服务价格。

专家认为，改革有望终结"一台手术十几个人参与，手术费只有1 000元""扎针费用买不起一根葱"的不合理现象，医院收入结构将趋于合理，有助于建立新的补偿机制，逐步削弱医疗机构对药品收入的依赖。

国家发展改革委价格司医药价格处负责人朱德政说："此次医疗服务价格改革覆盖面非常广，目前各地改革进展比较顺利，患者总体负担平稳。这主要得益于坚持医疗服务价格改革不单兵突进，而是注重综合改革，与医保联动，与医疗协同，进行结构上的调整，并分步到位。"

首先，政策联动。与医保联动，补偿改革成本。绝大多数地方将调整后的医疗服务价格纳入了医保报销范围，个别地方对门急诊诊察费的调增部分全额报销。比如，杭州市对增加的诊察费全部报销。同时，各地医保改革支付方式，控制不合理医疗费用的增长。与医疗联动，推行医院精细化管理，加强监管医疗费用指标。各地县级公立医院普遍将总费用增长率、门急诊次均费用、住院床日费用、药占比、耗材占比、检查检验收入占比等指标纳入了公立医院目标管理责任制和绩效考核目标。

其次，关注特殊群体利益，守住底线。比如，针对尿毒症等慢性病患者，在调价的同时必须联动医保进行补偿，否则就不调价，确保不增加患者看病负担。再比如，江苏省明确放射治疗、腹膜透析、血液透析等1 625个项目价格不调整，以控制改革风险。

最后，精细测算，分步推进。上海在2009—2011年，已分批次对全部4 500项医疗服务价格进行了梳理和调整，此后每年都调整1～2批次。从2015年开始，先行取消了5%的药品加成，提高了部分医疗服务价格，在总结评估的基础上，再启动后续调价方案，同时取消全部药品加成，最大限度减少对各方面的影响。

统计数据显示，患者负担总体没有增加，有些地方还有所下降。青海省个人自付费用下降幅度最大，由2008年的33.01%下降到了2015年的23.61%；药价下降，安徽省马鞍山市反映，改革后医院不少药品的价格比社会零售药店还便宜；医务人员收入有所提高，尤其是县级公立医院，黑龙江、吉林、青海三省医务人员收入增长了30%、20.4%、19.1%；各省公立医院药品收入占比有所下降，体现技术劳务价值的诊察、护理和手术收入的占比明显上升。

三、医疗服务价格改革进入深化阶段

破除"以药补医"并不容易，"按下葫芦浮起瓢"的现象并不少见：医疗服务提价后，一些地方医保仍执行原先政策；医院和医生的诊疗行为没得到规范，不合理诊疗、检查和用药的现象依然较多，医院检查检验收入和耗材收入比较高；一些公立医院非常热衷于提供特需医疗服务，不断扩大特需服务范围和收入，挤占了基本医疗服务空间；降低大型医用设备检查费力度还不够，等等。

为了进一步破除疏导深层次机制性矛盾、建立健全医疗服务价格管理体系，

2021年8月31日，国家医保局发布了经中央全面深化改革委员会第十九次会议审议通过的《深化医疗服务价格改革试点方案》(以下简称《试点方案》)，明确将确定5个试点城市，有序推进医疗服务价格改革。国家医保局对《试点方案》解读称，深化医疗服务价格改革不是单纯的定价调价问题，不是用单边涨价来代替改革。

首先，医疗服务价格改革的重中之重是建立健全制度和体系。要让医疗服务价格管理进入标准化、规范化的轨道，无论给价格做加法还是做减法，都要有矩可循；要让价格走势与医药控费用、降成本的绩效指标关联，有保有压、有升有降，不搞大水漫灌；要让价格变化的节奏受到启动条件和约束条件的控制，不能想涨就涨、一涨再涨；要让价格经得起监测考核评估的检验，该降的价格要及时降下去，涨了的价格要反映出社会效益。

其次，医疗服务价格管理的重中之重是理顺比价关系、发挥杠杆功能。比如儿科、护理等历史价格偏低、医疗供给不足的薄弱学科项目，需要政策激励；难度大、风险高的复杂手术等医疗服务，需要适当体现价格差异；特色优势突出、功能疗效明显的中医医疗服务，需要传承创新和发展；设备折旧占比高的检查治疗项目，需要挤出水分，还利于民。这些比价关系理顺了，医院靠服务质量吸引人、靠技术价值获得回报，对药品耗材收入的依赖降低了，也可以起到减少医药总费用不合理增长的作用。

最后，要完善配套措施，确保群众负担总体稳定。具体来说，就是事前要做好调价可行性的评估，不能偏离控制医药费用过快增长、提升社会效益的基本前提；事中要分析调价影响，重点关注特殊困难群体，主动防范和控制风险，把改革理念贯穿在价格管理的始终。事后，也就是落地实施时，要做好医疗服务价格和支付政策协同，将调价部分按规定纳入医保支付范围。

(案例来源：陈竺，张茅：《取消“以药补医”机制 深化公立医院改革》，中华人民共和国中央人民政府网站，2012-05-01；《公立医院医药价格改革全面实施》，中华人民共和国中央人民政府网站，2016-08-17，有删改)

案例解析

【案例思考】

1. 政府为什么会作出公立医院医疗服务价格改革的政策选择?
2. 医疗服务价格改革政策的出台对目标群体产生了哪些影响?
3. 如何理解“医疗服务价格的制定和调整，其实是对各个部门利益的平衡”?
4. 如何实现医疗服务价格改革的整体性与协同性?

本章小结

“公共”强调多数人共同或公用，指的是一种公有性而非私有性，一种共享性而非排他性，一种共同性而非差异性。公共性是公共政策分析的理性取向，是公共政策的元属性，同时也是公共政策问题构建及其后续活动的价值基础和精神内核。政策问题构建的公共性价值有三层涵义：第一，构建的问题是公共生活问题，而非私人问题，解决的是公共事务，而非私人事务；第二，问题构建的过程是开放而非封闭的，各政策相关者都可以参与其中；第三，参与问题构建的相关者更多考虑的是如何实现公共利益，最终确定的政策问题是公共理性的结果，是全体公民对公共问题的共识。

对任何一项公共政策进行分析，都要强调政策主体的利益相关和利益互动，寻求政策过程中的共赢。具体的方法包括：一是从社会群体的功能结构角度，进行人群结构的细分；二是针对具体的政策过程阶段，划分出不同阶段中相应的相关主体；三是在政策实际运行过程中，要实现各环节中不同利益相关者的互动，使社会的参与完全融入政策过程中；四是政策过程要贯穿于具体的领域中，如社会生活、环境保护、经济发展和基础设施等众多领域，因此要明确服务提供者、服务接受者和服务监督者，围绕不同阶段的具体目标和要求，解决不同利益主体之间的矛盾和冲突，保证目标的有效实现。

公共政策活动本质上是政府与社会互动的过程，是政府对于社会利益要求和愿望作出反应、解决社会公共问题的过程。因此，政策的制定要立足于回应社会诉求的需要，这就需要有序的公民参与，畅通利益表达渠道。在政策问题构建中，决策者应听取来自不同方面的意见，提高政策问题的真实性与科学性，增强民众对政策的认同感。这不仅将有效减少社会成本和国家资源的浪费，推进政策目标的顺利实现，也是现代责任政府促进民主政治建设的一条发展道路。

第五章 政府应急管理案例

第一节 案例研修要求

一、教学目标

- 通过本章教学知识点的学习，掌握突发事件的含义、特征、分类、分级与分期，应急管理的含义及各个环节等基础知识。
- 通过本章案例的学习和探索，进一步理解应急管理中的政府责任定位，熟悉现代社会的力量体系及其权责分配，深刻认识网络时代舆论危机的应对之策。
- 能够运用恰当的分析工具和分析方法，发现当前政府应急管理中存在的问题，提高分析问题和解决问题的能力。

二、教学知识点

1. 突发事件的含义、特征及分类

政府应急管理活动是以对突发事件的研究为基础的，我们必须了解突发事件的含义和主要特征，突发事件的分类、分级和分期等知识。

(1)突发事件的含义与特征

突发事件是我国公众约定俗成的词语，“突发”是指突如其来、出乎预料、令人猝不及防的状态；“事件”则是指历史上或社会上所发生的大事。突发事件就是指人们尚未认识到的在某种必然因素支配下瞬间产生的、给民众和社会造成严重危害、损失，且需要立即处理的破坏性事件。

根据我国社会公众对突发事件约定俗成的理解和法律法规的规定，突发事件具有如下特征。

①突发性。一般而言，突发事件具有突然发生、突如其来、出乎管理者预料的特征。管理者对于事件的发生感到意外，即对于事件发生在什么时间、什么地点、因什么原因、具体什么情况、造成什么危害、能否及时得到控制等缺乏清晰准确的判断。虽然有些突发事件存在着发生征兆和预警的可能，管理者能够提前捕捉一些信息；但事件由于真实发生的时间、地点、规模等不易被准确预见和判断，因此具有突发性。

②危害性。从突发事件危害的影响方式来看，危害性体现在客观损失和主观影响两个方面。其中，客观损失包括人员伤亡、经济损失、环境影响、社会秩序破坏等。主观影响包括政治影响、社会影响、媒体关注度、敏感程度等。突发事件发生后，管理者应迅速作出决策，调动和配置一切资源进行应对，尽快控制事态，消除不利后果，保障人民的生命财产安全。从突发事件危害的影响周期来看，有些破坏是暂时的，随着突发事件处置的结束会逐步消除；而有些破坏产生的影响则是长期的。

③不确定性。突发事件通常在发生的状态、发生的原因、发展变化的过程、造成

的后果等方面具有高度的不确定性，存在信息不及时、不准确、不全面等不对称现象，造成决策困境。突发事件发生后的第一时间内，各种信息高度混杂，到底是自然原因、人为原因、管理原因，还是技术原因造成的，常常无法用常规性规则进行判断，往往需要经过较长时间的调查核实后方能确定。很多不确定的因素随时都在发生变化，事态的发展也会随之出现变化。究竟事态会朝哪个方向发展，是好转还是恶化，在较短时间内难以研判，并且其后的次生、衍生事件和可能涉及的影响没有经验性知识可供指导。

④公共性。突发事件是涉及公共安全的事件，突发事件产生的影响涉及社会公共领域，应对主体主要是政府等公共部门，同时社会公众都要积极参与、应对并从事件中总结学习，这使得政府面对的公共领域发生的突发事件有别于企业等私人领域发生的突发事件。在危害对象方面，突发事件可能会对社会系统的基本价值观和行为准则构架产生影响，其影响范围是在社会公共领域，涉及的主体是公众。在应对主体方面，突发事件要求政府等公共部门使用公共权力、调动公共资源，尽快控制事态发展，减轻事件危害。经过突发事件考验后，整个社会都应重新塑造自身基本的价值观，重新调整社会系统的行为准则和生活方式。

(2)突发事件的分类

根据突发事件的发生过程、性质和机理，《中华人民共和国突发事件应对法》把突发事件分为自然灾害、事故灾难、公共卫生事件、社会安全事件四大类，这四大类往往相互交叉和关联，某类突发事件可能与其他类别的事件同时发生(如“大灾之后有大疫”，重大地震和洪涝灾害可能伴随重大动物疫情)，或者引发次生、衍生事件(如环境污染和生态破坏事件可能引发群体性事件)。

①自然灾害。自然灾害是指由于自然异常变化造成的人员伤亡、财产损失、社会失稳、资源破坏等现象或一系列事件。其本质特征是由自然因素直接所致，主要包括水旱灾害、地质灾害、海洋灾害、生物灾害和森林草原火灾等。

②事故灾难。事故灾难是指突然发生，造成或者可能造成重大、特大人员伤亡、重大财产损失，重大生态环境破坏和对全国或者一个地区的社会经济稳定、政治安定构成重大威胁和损害，有重大社会影响的，涉及安全生产的紧急事件。其本质特征是由人们无规则的行为所致，主要包括工矿商贸等企业的各类安全事故、交通运输事故、公共设施和设备事故、环境污染事故和生态破坏事件等。

③公共卫生事件。公共卫生事件是指突然发生，造成或者可能造成社会公众健康严重损害的重大传染病疫情、群体性不明原因疾病，重大食物和职业中毒以及其他严重影响公众健康的事件，通常是由自然因素和人为因素共同所致。

④社会安全事件。社会安全事件是指发生的重大群体性事件、严重暴力刑事案件、恐怖袭击等严重威胁社会治安秩序和公民生命财产安全，需要采取应急特别措施进行处置的突发事件，主要是由一定的社会问题所诱发，包括恐怖袭击事件、经济安全事件和涉外突发事件等。

2. 突发事件的分级与分期

根据突发事件的严重程度、可控性、影响范围以及应对突发事件的能力等因素，我国将突发事件相应地划分为特别重大(Ⅰ级)、重大(Ⅱ级)、较大(Ⅲ级)和一般(Ⅳ

级)四级。国务院印发的《国家突发公共事件总体应急预案》对特别重大、重大突发事件分级标准做了详细规定，并明确较大和一般突发事件的分级标准由国务院主管部门制定。

突发事件通常遵循一个特定的生命周期，有发生、发展、减缓和结束等不同阶段，在不同阶段需要采取不同的措施，因此需要按照社会危害的发生过程将各级突发事件进行阶段性划分，以此作为政府采取应急措施的重要依据。根据社会危害可能造成威胁、实际危害已经发生、危害逐步减弱和恢复三个阶段，突发事件总体上可以划分为预警期、爆发期、缓解期和善后期四个阶段。对突发事件划分阶段的目的，在于科学地实施与上述各个阶段相适应的应急措施。

预警期：主要任务是防范和阻止突发公共事件的发生，或者把突发公共事件控制在特定类型以及特定的区域内，其关键在于预警预备能力。

爆发期：主要任务是及时控制突发公共事件并防止其蔓延，其关键在于快速的反应能力。

缓解期：主要任务是保持应急措施的有效性，并尽快恢复正常秩序。

善后期：主要任务是对整个事件的处理过程进行调查评估并从事件中获益，其关键在于善后学习能力。当然，由于突发公共事件演变迅速，各个阶段之间的划分有时不容易确认，而且很多时候是不同的阶段相互交织、循环往复，从而形成突发公共事件应急管理特定的生命周期。

3. 应急管理的含义、特征及原则

应急管理是突发事件应对所涉及的全过程活动，即政府及其他公共机构在突发事件事前、事中、事后全过程中，采取预防与应急准备、监测与预警、应急处置与救援、恢复重建等一系列必要的措施，保障公众生命财产安全，促进社会安全发展的有关活动。

应急管理以政府及其他公共机构为主导，要求社会各界和公众参与以应对各种突发事件。应急管理的客体，是自然灾害、事故灾难、公共卫生事件、社会安全事件等各类突发事件。应急管理的目的，是为了预防和减少突发事件的发生，控制、减轻和消除突发事件引起的严重社会危害，保护人民生命财产安全，维护国家安全、公共安全、环境安全和社会秩序。应急管理的活动，包括突发事件预防与应急准备、监测与预警、应急处置与救援、恢复与重建等突发事件应对活动。

(1)应急管理活动的特征

①状态的特殊性。通常，政府管理包括常态管理和应急管理两种状态。常态管理是指通过制定和执行规章制度去管理正常的活动，提前进行安排和规划，具有高度的确定性。与常态管理相比，应急管理在管理权限、资源调动、管理手段、工作程序以及组织机构等方面都显示出一定的特殊性。有时候，因情况不明、信息不完整，但需要立即决断，压缩繁杂的程序，应急管理有较大的风险和难度。

②措施的紧急性。应急管理的对象是四大类突发事件，事件的发生、发展具有突发性和破坏性；可供管理者利用的时间、信息等资源非常有限；事态发展的后果很难预料，要求决策者在紧急情况下采取应急处置措施予以应对。

③目标的公共性。突发事件是发生在公共领域的事件，威胁到的是全社会或局部

社会的利益，可能给全体公众或部分公众的生命健康和财产安全造成巨大损失。因此，突发事件影响到的是公共利益，应急管理的目的就是要最大限度地避免或减少突发事件给公众造成的生命健康和财产损失，维护公共利益，维护公共安全。

④权力的权威性。在处理突发事件，特别是重大突发事件时，面对各种新情况、新问题，政府在进行应急管理的过程中，必须动用各种权威性公共权力，如征用单位和个人的财产，向单位和个人征用应急救援所需设备、设施、场地、交通工具和其他物资，请求其他地方政府提供人力、物力、财力或者技术支援，要求生产、供应生活必需品和应急救援物资的企业组织生产、保证供给，要求提供医疗、交通等公共服务的组织提供相应的服务。因此，政府管理权力将更加集中，决策和行政程序将更加简化，一些行政行为将带有更大的强制性。

⑤过程的循环性。应急管理是突发事件应对所涉及的一系列活动，贯穿于突发事件应对的全过程。一方面，应急管理贯穿于突发事件事前、事中、事后的全过程，包括预防与应急准备、监测与预警、应急处置与救援、恢复与重建等一系列活动；另一方面，应急管理是事前、事后管理和事发、事中应急的有机统一，各个阶段的活动彼此相互联系、相互影响。

(2)应急管理应遵循的原则

国家应急管理体制在运作流程设计上，必须根据各类突发公共事件的发生过程、性质和机理，在分类、分级、分期的基础上，结合政府应急管理组织机构的设置情况，充分实现预警与应急、常态管理和非常态管理的有机结合，实现一个全面整合的政府应急管理模式，从而不断提升政府应急管理的预警防范能力、快速反应能力和善后学习能力。

①职责分工，条块结合：明确不同类型突发公共事件应急管理的牵头部门和单位，其他有关部门和单位提供必要的支持和协作。根据突发公共事件的特点，明确相应的国家应急管理的分工机制：专业性、技术性强的事件(如突发公共卫生事件)应当由相关的中央部委牵头，地方政府积极配合；专业性、技术性不强的突发事件(如突发社会安全事件)以地方政府为主，中央部委积极配合；涉及跨省(自治区、直辖市)、跨部门或多领域的突发公共事件，由国务院及其有关部门牵头；充分发挥国家现有的防汛抗旱、抗震减灾等指挥部办公室对相关特别严重的突发公共事件的应急处置作用；根据形势发展的要求，适当新增设专业议事协调机构(如经济类突发公共事件应急协调机构)。

②分级管理、重心下移：在国务院的统一领导下，各地方、各部门按照分级管理、分级响应的原则，建立健全突发公共事件应急管理机制，明确各级应急管理机构的工作职责，强化地方政府“属地管理、就地消化”的能力。重点加强县市级政府的应急管理体制建设；条件比较成熟的大城市，可建立辐射范围广的大都市(甚至是区域性)应急管理体系；县级政府应急管理的范围应当能够辐射到乡村，以保障其基本要求；首都北京的突发公共事件由北京市政府应急管理机构统一协调管理。

③预防为主，平战结合：在全面整合的应急管理模式指导下，按照“长期准备、重点建设”的要求，重点加强突发公共事件应急管理的准备、预备和预警等基础性工作，提高政府对突发公共事件的预警和防范能力，做好日常的应急培训、演练以及其他各项基本制度建设，使得国家应急管理工作基于制度，成于规范。当然，长治久安还需

要从根本上优化常规管理和程序性决策，从而有效避免突发公共事件的发生，这就需要推动我国转型期社会的协调发展以及公共治理结构的顺利转型。

4. 应急预案编制与管理

应急预案是针对可能发生的突发事件，为保证迅速、有序、有效地开展应急救援行动，降低突发事件造成的损失而预先制定的有关计划或方案。

预案具有应急规划、纲领和指南的作用，是应急管理理念的载体，是应急行动的动员令，是应急管理部门实施应急教育、预防、引导、操作等工作的重要依据。制定预案，实质上是把非常态事件中隐性的常态因素显性化，也就是对历史经验中带有规律性的做法进行总结、概括和提炼，形成有约束力的制度性条文。启动和执行预案，是将制度化的内在规定性转为实践中的外在确定性。预案为应急指挥和救援人员在紧急情态下行使权力、实施行动的方式和重点提供了导向，有助于其更好地把握应对突发公共事件的关键时机和关键环节，有效地减少资源的浪费。

应急预案可分为三个层次：一是事前预防，即通过危险源辨识和事故危害后果分析，采用技术和管理手段降低突发事件发生的概率；二是应急处置，即在发生突发事件时有应急处置程序和方法，能快速反应，将负面影响消除在萌芽状态；三是抢险救援，即应对已发生的突发事件，能够采取预定的应急抢险救援方案，控制事态发展并减少损失。

各级各类应急预案的作用和功能不尽相同，在编制时应有所侧重。一般来说，政府总体应急预案应体现在“原则指导”上；专项应急预案应体现在“专业应对”上；部门应急预案应体现在“部门职能”上；基层单位应急预案应体现在“具体处置”上；重大活动应急预案应体现在“预防措施”上。

2003 年以来，在国家政策与各级政府的强力推动下，我国应急预案体系逐步覆盖了各领域、各行业、各类型的突发事件，体现了“纵向到底、横向到边、外延到点”的整体性特点。

5. 监测与预警

在应急管理中，监测是指国家通过设立各种网点，对可能引起突发事件的各种因素和突发事件发生前的各种征兆进行观察、捕捉、预测的活动。例如，通过对卫星云图和某地区当前水位的跟踪，结合洪水发生规律和地形地貌的分析，可以对该地区洪水的发生发展和危害进行预测和评估。突发事件监测的主体是县级以上人民政府及其有关工作部门。监测对象主要限于自然灾害、事故灾难和公共卫生事件，不包括社会安全事件，这主要是因为社会安全事件难以通过技术手段监测。

突发事件的早发现、早报告、早预警，是及时做好应急准备、有效处置突发事件、减少人员伤亡和财产损失的前提。对此，《中华人民共和国突发事件应对法》规定，国务院建立全国统一的突发事件信息系统，县级以上地方人民政府应当建立或者确定本地区统一的突发事件信息系统，并与上下级人民政府及其有关部门、专业机构和监测网点的突发事件信息系统实现互联互通；县级以上人民政府及其有关部门、专业机构应当通过多种途径收集突发事件信息；县级人民政府应当在居民委员会、村民委员会和有关单位建立专职或者兼职信息报告员制度；获悉突发事件信息的公民、法人或者其他组织应当立即向所在地政府、有关主管部门或者指定的专业机构报告；国家建立健全突发事件监测制度，县级以上人民政府及其有关部门应当建立健全基础信息数据库，完善监测网络，划分监测区域，确定监测点，明确监测项目，提供必要的设备设施，配备专职或者兼职人员。

预警是指国家通过各种突发事件信息系统，在发现突发事件即将发生，或发生的可能性增大，或已经发生但可能升级扩大时，向社会发布警报信息的行为。突发事件的预警机制是根据突发事件监测的信息和风险评估结果，以及突发事件可能造成的危害程度、紧急程度和发展态势，确定相应预警级别、发布相关信息、采取相关措施的过程和方式。它是突发事件应对的一个重要阶段，是做好突发事件应对工作的基础。按照突发事件发生的紧急程度、发展态势和可能造成的危害程度，预警级别分为一级、二级、三级和四级，分别用红色、橙色、黄色和蓝色标示。其中，一级为最高级别。

监测与预警是突发事件应对工作的第一道防线。在应急管理实际应用中，监测与预警包含了三个层面的内容：一是对日常风险的信息监视，根据一系列前提条件和参数预测突发事件的发生发展和危害性，发布警报。二是对突发事件实施动态监视，对突发事件下一步发展的趋势、影响进行分析，调整警报级别并重新发布。三是对次生、衍生事件进行监视，根据事件链对当前事件可能引起的次生、衍生事件进行定性、定量分析，发布警报。具体而言，包括对风险隐患进行排查和监控；通过各种监测手段获取丰富的实时数据，支持预警；结合历史数据和各种信息进行风险分析，判断报警的临界点；采用公众容易接受的标准化预警术语，通过多种渠道，及时将警报发送给处于风险中的公众及有关应急响应者；教育、培训公众，使公众有能力采取适当的行动；定期评估监测与预警的效能，等等。

6. 应急响应与处置

按照相关法律、法规及各类预案，按照“统一领导，分级负责”“以人为本，减少危害”的原则，国家针对不同类型的突发事件等级标准分别规范和制定了相应的应急响应级别、启动条件以及处置概要，并赋予各级人民政府及职能部门相应的职责。国家突发公共事件总体预案、专项预案、部门预案及各省(市)总体预案等，则要对自然灾害、公共卫生事件、安全生产事故灾难、社会安全事件的政府应对处置流程予以明确，并突出强调处置中的关键环节和工作重点，为各类事件的依法处置提供基本的依据和行为准则。

应急响应与处置是一种事中反应，是应急管理极为重要的阶段，直接决定了应急管理效果的好坏。

根据突发公共事件地方应急预案中有关应急响应的分级设定，针对我国自然灾害、安全生产事故灾难、公共卫生事件、社会安全事件的四类分级标准，结合我国现行行政管理体制，一般可设定四级应急响应。一般和较大的自然灾害、事故灾难、公共卫生事件的应急处置工作，分别由发生地的县级和设区的市级人民政府统一领导；重大和特别重大的，由省级人民政府统一领导，其中影响全国、跨省级行政区域或者超出省级人民政府处置能力的特别重大的突发事件应对工作，由国务院统一领导。社会安全事件由于具有特殊性，原则上也是由发生地的县级人民政府组织处置，但必要时上级人民政府可以直接处置。需要指出的是，履行统一领导职责的地方人民政府不能消除或者有效控制突发事件引起的严重社会危害的，应当及时向上一级人民政府报告，请求支持。接到下级人民政府的报告后，上级人民政府应当根据实际情况对下级人民政府提供人力、财力支持和技术指导，必要时可以启用储备的应急救援物资、生活必需品和应急处置装备；有关突发事件升级的，应当由相应的上一级人民政府统一领导应急处置工作。

在应急处置中，决策与指挥是对各级党委、政府领导执政能力的巨大挑战，要求其在短时间内作出科学决策，合理调度专业的研究、处置、救援人员，高效部署有限的检查、监测、救援等物资技术装备。我国应急决策与指挥遵循属地化为主的原则，体现了决策指挥现场空间上的紧密一致性、处置实施的时间同步性，但也反映出现场处置中专业性不强，决策指挥带有随意性的问题。为此，必须建立政府统一领导下的，以突发事件主管部门为主、各部门参与的应急救援协调机制，明确指挥机构的职能和任务；建立突发公共事件快速应急信息系统。明确常规信息、现场信息采集的范围、内容、方式、传输渠道和要求，以及信息分析和共享的方式、方法、报送及反馈程序。如果突发公共事件中的伤亡、失踪、被困人员中有港澳台同胞或外国人，或者突发公共事件可能影响到境外，需要向港澳台地区的有关机构或有关国家进行通报，明确通报的程序和部门。若突发公共事件需要国际社会的援助，则需要说明援助的形式、内容、时机等，明确向国际社会发出呼吁的程序和部门。

7. 恢复与重建

在突发事件的波峰过去，其威胁和危害得到控制或者消除以后，政府应以尽快恢复正常秩序为前提，在突发事件处理方案和对策的指导下，及时有力、有序、有效地全面做好善后处理工作。

突发事件的善后处理任务众多，主要包括：第一，处理后续问题。采取或者继续实施必要措施，防止发生自然灾害、事故灾难、公共卫生事件的次生、衍生事件或者重新引发危害社会安全的事件。第二，进行应急调查评估。突发事件应急处置工作结束后，履行统一领导职责的人民政府应当立即组织对突发事件的应急抢救过程进行评估和对灾害造成的损失进行评估，组织受影响地区尽快恢复生产、生活、工作和社会秩序，制订恢复重建计划，并向上一级人民政府报告。第三，恢复社会秩序。受突发事件影响的地区的人民政府应当及时组织和协调公安、交通、铁路、民航、邮电、建设等有关部门恢复社会治安秩序，尽快修复被损坏的交通、通信、供水、排水、供电、供气、供热等公共设施。第四，做好安抚工作。受突发事件影响的地区的人民政府应对当地居民进行救助、补偿、抚慰、抚恤和安置。第五，积极争取支持。受突发事件影响的地区的人民政府开展恢复重建工作需要上一级人民政府支持的，可以向上一级人民政府提出请求。上一级政府根据受影响地区遭受的实际损失和实际情况，提供资金、物资支持和技术指导，组织其他地区提供资金、物资和人力支援。第六，总结经验教训。应急处置工作结束后，履行统一领导职责的人民政府，应深刻总结经验教训，并提出在技术、管理、组织机构和运作程序上的改进意见，完善各种应急预案，为应对类似危机奠定基础，有助于促进制度和管理革新，化危机为转机。

突发事件的善后处理要以消除突发事件影响为基础，以谋求未来发展为导向，围绕消除灾害的社会影响、经济影响、环境影响和心理影响四个方面开展工作。

三、教学重点

认真研读案例，展开讨论，并重点思考以下问题。

1. 当前政府应急管理的薄弱环节是什么？

2. 如何提高政府应对突发公共事件的能力，提高应急管理的有效性？

3. 我国传统应急管理模式存在的问题和不足表现在哪些方面？如何建立完善的危机预警系统，最大限度减少突发公共事件的伤害？

4. 网络舆论危机的频发对政府应急管理提出了什么样的新要求？政府如何在危机事件中进行舆论引导？

5. 多样环境中的应急处置和救援方式有何不同？

第二节　案例分析

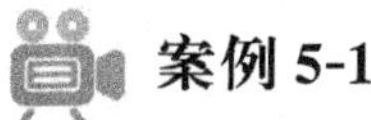

案例 5-1

“3·7”福建泉州欣佳酒店坍塌事故

2020 年 3 月 7 日 19 时 30 分左右，福建省泉州市鲤城区欣佳快捷酒店发生坍塌事故，现场有 71 人被困。事发时，泉州欣佳酒店为区级医学观察点，用于在泉州市鲤城区新冠疫情防控中，对外来人员进行集中隔离观察。本是被政府指定为“观察点”的欣佳酒店为何会发生如此重大的安全事故？其背后的隐患应当引起人们的深思。

【案例内容】

一、灾难突降

欣佳酒店位于福建省泉州市鲤城区南环路 1 688 号中骏四季康城一期旁，全称为“鲤城区欣佳旅馆”。该酒店成立于 2018 年 3 月 28 日，占地约 5 亩(约 0.33 公顷)，主楼共 7 层，每层 1 000 平方米，楼高 22 米，为钢结构建筑物，建设于 2013 年。新冠疫情发生后，欣佳酒店被作为集中医学观察点，用以对来自重点疫区或有相关旅居史的人员，进行集中医学观察。

2020 年 3 月 7 日晚上 7 时许，在酒店装修改造施工过程中，某施工人员致电房主杨金锵称，酒店一楼的一根柱子变形了，但杨金锵并未在意。当晚 7 时 30 分左右，欣佳酒店突然坍塌，整栋大楼在两秒之内化为废墟。

一名在欣佳酒店对面开便利店的店主告诉媒体记者，7 日晚 7 点 20 分左右，他听到对面的欣佳酒店传来巨大的响声，当时以为是爆炸，出门去看，发现巨响来自欣佳酒店的钢化玻璃，很快这些玻璃纷纷裂开，然后就看到整栋楼倒塌了下来，露出了里面的钢结构。事发后不久，就有消防人员赶来救人。这名店主表示，此前他曾多次到酒店里给客人送货，欣佳酒店一共是 6 层半，最顶上有半层的钢结构。在他印象中，没听说过欣佳酒店近期有过施工和装修。

截至 2020 年 3 月 8 日 11 时 30 分，事故造成 12 人死亡，28 人正在搜救；截至 2020 年 3 月 10 日 8 时 40 分，现场搜救出受困人员 61 人，正在搜救的仍有 10 人；截至2020年3月12日11时15分，福建省泉州市欣佳酒店坍塌事故的最后一名受困者被救出，此次事故共造成29人死亡，42人受伤。

二、紧急救援

事故发生以后，党中央、国务院高度重视，习近平总书记第一时间作出重要指示，要求全力抢救失联者，积极救治伤员；强调当前全国正在复工复产，务必确保安全生产，确保不发生次生灾害。李克强总理立即作出批示，要求全力搜救被困人员，及时救治伤员，并做好救援人员自身防护，尽快查明事故原因并依法问责。应急管理部、住房城乡建设部等有关部门派出工作组连夜赶赴现场，指导地方开展抢险救援、事故调查和善后处置等工作。国家卫生健康委员会迅速调派两批国家级医疗卫生应急专家组支援当地，开展伤员救治等卫生应急处置工作。

福建省消防救援总队在第一时间迅速调派泉州市消防救援支队26车147人赶赴现场进行救援，随后又增调附近的消防救援支队进行增援。截至2020年3月8日凌晨2时30分，现场消防救援力量共计169辆消防车、848名指战员、7只搜救犬。坍塌事故现场的救援力量在完成了2轮全面生命探测搜寻的基础上，将表层重型构件进行了分块破拆和吊升移除，打通了4个贯穿坍塌建筑的救援通道，为搜救工作提供了有利保障。

医疗救治队伍第一时间将救出的伤员就近送到市第一医院、福建医科大学附属第二医院、市中医院、910医院等救治。福建省卫生健康委员会负责同志带领省级专家组连夜赶到泉州市，指挥协调伤员救治等工作。省卫生健康委员会、厦门派出医疗专家38人，国家卫生健康委员会派出4名国家级专家，泉州市各医院开辟伤员救治绿色通道，全力做好对事故受伤人员的救治和康复工作。救治过程中，对集中医学观察的受伤人员，按照新冠疫情防控标准进行救治、继续留观，医护人员做好自身保护。

国家、省、市专家组成联合医疗专家组，对伤员逐一会诊评估，实施一人一策，密切监测伤情变化，动态调整完善救治方案，全力救治，同时严格做好救治医务人员传染病防护和医院感染防控工作。

泉州市第一医院启动突发公共卫生事件应急预案，调集相关救治科室等医护及行政后勤人员共200余人参与抢救、协调及后勤保障工作。截至2020年3月8日17时26分，该院共收治患者15人。救治过程中，该院已为集中医学观察的13名外来隔离观察期受伤人员进行了核酸检测，检查结果均为阴性，并按照新冠疫情防控标准进行救治。

2020年3月10日16时37分许，第62名受困人员被消防人员成功救出，生命体征平稳，已紧急送医救治。

三、善后处理

2020年3月7日晚，泉州市成立善后工作小组，下设综合组、医疗保障组、理赔组。泉州市、区、街道三级组成善后工作小分队，分户按人点对点进行全程服务保障，开展沟通安抚、食宿接待、心理疏导等工作，并同步做好新冠疫情防护工作。

截至2020年3月9日18时，善后工作组将已在泉州市的19户54位受困者亲属分别安置在8个住宿场所，各街道分片包干服务，按照遇难、待救援、重伤人员每户家属配备3名精干力量，轻伤人员每户家属配备1～2名精干力量的要求，第一时间做好伤亡人员本人及亲属的信息登记，迅速开展沟通安抚及食宿接待保障工作。

2020年3月9日晚，泉州市鲤城区常务副区长黄向阳介绍，截至目前，泉州市欣佳酒店坍塌事故所有被困人员的身份信息已全部摸排清楚，并与其亲属取得了联系。

截至2020年3月10日17时，有17名受困人员的亲属63人来到泉州市；拟来泉州市但尚未抵达的有1户亲属1人；经沟通暂不来泉，交由鲤城区做好全面服务的有14户亲属19人；3户轻伤人员的亲属23人已返回；3名区属单位受困人员，由所在单位对家属进行沟通、安抚。

2020年3月11日，有10名伤员出院，仍继续住院救治的有29人，其中2名重症伤者生命体征渐趋平稳。

四、正本溯源

国务院批复福建省泉州市欣佳酒店“3·7”坍塌事故调查报告，认定福建省泉州市欣佳酒店“3·7”坍塌事故是一起主要因违法违规建设、改建和加固施工导致建筑物坍塌的重大生产安全责任事故。

欣佳酒店所在地，原是集体农场的土地，该地块没有办理合法的产权证。2011年，酒店建筑业主、事故直接责任人杨金锵准备在这块地上建房子。经查询，鲤城区住建局官网发布的《城市建设管理年项目进展情况汇总表》，以及其他关于鲤城区建设项目的公示中，均没有涉事建筑的详细信息。2012年，杨金锵在没有办理任何法定手续的情况下，将工程包给无资质人员直接开工。也就是说，欣佳酒店从地基开挖时就是一栋违章建筑。

为了先建后批，杨金锵通过行贿时任泉州市鲤城区常泰街道办事处党工委书记的张惠良，拿到了一张“特殊情况建房政策”审批的挡箭牌。

到这里，第一层也是最基层的行政把关就被轻易突破了，它的价码只有一万元。而且，这些基层把关人的层层失守，不仅是纵向的，而且还是横向的。

有资料显示，该楼原为4层钢架结构，增设3层后成为7层钢框架结构房。原钢框架采用钢承板与混凝土组合楼板，增设的夹层采用现浇钢筋混凝土楼板，基础采用柱下钢筋混凝土独立基础。钢结构建筑的好处是轻便省时，很适合搭厂房或做展销卖场，但不利于承重。

2013年年底，一家汽车4S店曾租用过该建筑物的一楼做门店。该4S店的一名员工回忆称，他们进门店时发现这幢楼整个都是钢结构，没有承重墙，二楼至六楼之间没有地板，由下到上全是空的，4S店自开张后就经常碎玻璃。

2016年，杨金锵又私自违法改建，而泉州市各级住建部门却未发现和查处；面对严重造假和多项缺失的申报材料，负有审核责任的鲤城公安局从窗口到专管民警，再到副大队长、副局长，全部大意审核，关关放过。和“受贿办事”不同的是，这些不作为导致了安全隐患的进一步积累。

2017年，杨金锵最终将这栋钢结构建筑打造成了欣佳酒店。因外部有玻璃装饰，很少有人留意到这座建筑的内部构架。2017年酒店装修时，汽车4S店的玻璃爆裂现象更加严重，这可能与玻璃受压过重有关，店内员工甚至发现有钢柱已变形。考虑到安全原因，加上酒店装修粉尘过大，这家汽车4S店就不再续租了。

2020年，在新冠疫情加持下的管理强化效应中，这些已经潜藏多年的问题，不但没有因为上级的严格检查而被发现，而且还酿成了重大事故。在欣佳酒店倒塌前不久，福建省委原常委、省政府原常务副省长张志南，还曾到泉州市检查新冠疫情防控工作。然而，张志南既没有到防疫隔离点检查，也没有就相关工作对当地进行任何布置、提醒。这是典型的形式主义。至此，本该挽“大厦于将倾”的最后把关，也失守了。

纵观泉州市欣佳酒店坍塌事故始末，我们发现其不仅归咎于一条由下而上、由基层到管理层的责任链条，还有住建、消防、公安等多部门横向缠绕的责任链条。这样的监管和治理状态，已经用它的不堪宣告：这是一个生态问题，而不仅仅是某个人、某个部门的问题。

8 年来，如果有一层把关人员能发现杨金锵的违法违规行为，并及时查处、整改，坍塌事故还会发生吗？如果这栋建筑在建造、施工、审查环节都是符合法律规范的，还会出现这样令人痛心的事故吗？毫无疑问，泉州欣佳酒店坍塌事故背后，反映出了治理生态的坍塌。

五、惩前毖后

2020 年 9 月 3 日，福建省应急管理厅公布了相关整改方案，将追责问责、事故防范和整改、事故警示教育列为整改目标，共提出了六大项隐患与问题整改措施，具体包括：切实担负起防范化解安全风险的重大责任；强化法治思维，坚持依法行政；全面提高涉疫场所和各类集中安置场所安全保障水平；深化建设施工领域“打非治违”和安全隐患排查治理；健全部门间信息共享和协同配合工作机制；扎实开展安全生产专项整治三年行动。

泉州市政府限期在 2020 年 12 月底前，全面分类整治鲤城区违规审批的 9 批 208 宗非法建筑，整治率要达到 100%。

这起事故虽然未达到特别重大事故等级，但性质严重、影响恶劣，依据《中华人民共和国安全生产法》《生产安全事故报告和调查处理条例》等有关法律法规的规定，国务院批准成立了由应急管理部牵头，公安部、自然资源部、住房城乡建设部、国家卫生健康委员会、全国总工会和福建省政府为成员单位的国务院福建省泉州市欣佳酒店“3・7”坍塌事故调查组进行提级调查。事故调查组聘请工程勘察设计、工程建设管理、建设工程质量安全管理、公共安全等方面的专家参与调查。国务院事故调查组通过现场勘查、取样检测、调查取证、调阅资料、人员问询、专家论证等，查明了事故发生的直接原因和性质，查明了事故企业、中介机构的违法违规问题，查明了有关地方政府及相关部门在监管方面存在的问题，总结了事故的主要教训，提出了防范和整改的措施建议，形成了事故调查报告。

为确保事故调查报告科学严谨、责任认定准确，国务院事故调查组组织清华大学、北京大学、中国人民大学、中国政法大学、中共中央党校(国家行政学院)等多位权威专家，召开第三方专家论证会，对事故调查报告进行了评估论证，认为事故调查依法依规查实了企业主体责任、部门监管责任和党委政府领导责任，事故原因和事故性质分析认定准确，事实清楚、客观公正。

(案例来源：《福建省泉州市欣佳酒店“3・7”坍塌事故调查报告公布》，中华人民共和国应急管理部网站，2020-07-14，有删改；《泉州欣佳酒店坍塌背后，是坍塌的管理生态》，光明网，2021-01-25，有删改)

【案例思考】

1. 造成欣佳酒店坍塌事故的原因是什么?

2. 欣佳酒店坍塌事故发生以后，突发事件应急预案发挥了什么样的作用?

3. 如何评价欣佳酒店建造过程中的政府属地管理责任?

案例解析

案例 5-2

江苏省总动员携手黄石“抗疫”

对口支援是我国在社会主义建设过程中不断摸索和发展出来的一项具有中国特色的政策工具，从中华人民共和国成立以来就在平衡区域发展、促进边疆建设、协调城乡发展、减灾救灾、扶贫济困等诸多领域发挥了重要作用。2020 年年初，面对新冠疫情，党和政府通过全民动员、联防联控，打响了一场抗击疫情的人民战争，并创造性地将对口支援运用到新冠疫情防控当中，建立了 19 个省“以一省包一市”的方式支援武汉以外地市的一一对口支援关系，最终在较短时间内取得了对口支援地区病例清零的成效。

【案例正文】

一、黄石告急，星火驰援

2020 年，一场突如其来的新冠疫情为这一年的春节增添了一丝恐慌的气氛。全国各地受到疫情或大或小的冲击，湖北省更是重灾之地。

为全力支援湖北省开展疫情防治工作，国家卫生健康委员会建立了 19 个省支援武汉以外地市的一一对口支援关系，以“一省包一市”的方式全面开展病人的救治工作，争取在短时间获得抗击疫情的成效。根据省际对口支援湖北省除武汉以外地市新冠疫情防治工作机制的安排，由江苏省对口支援湖北省黄石市。

黄石距离武汉东南方约 120 千米，除市区外，下辖县级市大冶以及阳新县。就在江苏支援黄石的医疗队抵达之时，黄石全市在院确诊病人 772 人，在院危重症病人 82 人，每日新发病人超过 100 人。新冠疫情使得黄石原来的医疗秩序全部被打乱，面临医疗人员缺乏、物资紧缺、重症救治能力薄弱的局面。

2021 年 2 月 10 日夜间，由 310 名医护人员组成的支援黄石的江苏医疗支援队连夜集结完毕，整装待发。医疗支援队由南京医科大学副校长、附属逸夫医院院长鲁翔任总指挥，下设的五个工作组均由具备丰富临床重症抢救经验、重大公共卫生事件处置经验及医院管理经验的专家组成。江苏医疗支援队首批 310 位医护人员分别来自 10 个设区市的医院，队员中年龄最大的 60 岁，年龄最小的 23 岁。

二、前期磨合，“战”前准备

江苏省委、省政府高度重视对口支援黄石工作，着力完善组织架构，推动建立健全各项工作机制，成立江苏省支援湖北疫情防控工作领导小组和前方指挥部，同时在后方增设对口支援专项组，保障对口支援工作的推进落实。指挥部下设综合协调组、医疗救治组(专家组)、疾病预防控制组、物资保障组、宣传报道组等，明确以一线医务人员为中心的工作职责，加强与后方及受援地的对接联系，协调做好支援工作。

根据黄石危重病人较多，重症医学科、呼吸科、感染管理科等医护力量缺乏的现状，江苏省各家医院抽调精兵强将，结合需求组建队伍。

抵达黄石的当天，指挥部对江苏医疗支援队进行了任务分配；次日，鲁翔教授带领专家组成员前往当地8家定点医疗机构进行摸排，提出了两项工作重点，一是感染控制，二是重症救治。专家组迅速拿出感染防控方案，并对当地医生进行培训，指导医院划分清洁区、污染区、半污染区等区域，开通医务人员通道和患者通道。

按照国家“先培训、后上岗”的要求，江苏医疗支援队在12、13日集中开展了业务培训。自进驻黄石之后，整合是医疗队抓的第一项工作，主要包括对黄石医疗救治体系、医院及专家的整合以及团队内部的融合。为了解决沟通障碍，医疗队出发不久后，南京与黄石两地加紧编写了一套《江苏支援黄石医疗队黄石方言实用手册》和《江苏支援黄石医疗队黄石方言音频教材》。

三、开展阻击，阶段成效

自2月14日开始，医护人员从黄石市区、大冶市、阳新县三个驻地出发，正式进入黄石市8家医院，奔赴各自的战斗岗位，开展新冠疫情防治工作。通过前期磨合，江苏和黄石医护人员已逐渐拧成一股绳，共同联手打赢黄石保卫战。鲁翔认为：“医疗队从医疗、院感、质控、培训等全面介入，对黄石的援助是全面‘责任包干’，必须对接全市疫情防控工作，全链条精准施策。”

按集中患者、集中专家、集中资源、集中救治的原则，医疗队各有侧重地改造、扩容黄石定点收治医院，增加重症床位供给，分类集中隔离收治当地轻型、普通型、重型、危重型确诊病例。按各医院收治病人的情况，医疗队员被分为18个诊疗小组，分别在黄石市区、大冶市和阳新县开展诊疗工作。通过一系列病区改造和调整，当地医疗力量最强的黄石中心医院集中收治了更多危重症患者，黄石中心医院及其他收治轻症患者的医院得到了分类管控。

医疗队与黄石重症医学团队成立了重症医学专家小组，对重症、危重症病例联合诊疗，一人一策开展救治。对轻症患者，专家组派出专门队伍重点筛查其转为重症的可能，做到早发现、早介入，最大程度阻止其由轻转重。

为整合前后方、受援地力量参与救治，两地完善“江苏—黄石远程医疗服务平台”，开通省际远程会诊系统，为黄石居民提供在线问诊服务，为当地各医院提供影像学诊断服务。截至2月29日，该平台上线了19家医院，为居民提供了993人次问诊服务、17例次影像读片服务、9例次远程会诊服务、50人次远程心理咨询服务。

2月27日，黄石市首次实现同日新冠肺炎新增确诊病例为零、新增疑似病例为零、死亡病例为零，取得了阶段性的胜利。

四、转为歼灭，顺利清零

在救治中，江苏医疗队分别针对疑难、危重症患者，建立多学科联合攻关机制，制定个性化诊疗方案，力求提高抢救成功率，降低病亡率；针对普通患者，建立专家巡诊机制，进一步细化筛查方案和诊疗路径，重点关注轻症转重症患者的排查预警，提高临床治愈率；针对密切接触者，在解除隔离前再进行采样检测，排除无症状感染者，力求降低感染率。专家组每晚召开碰头会讨论病例，结合黄石新冠疫情特点，编写了救治操作手册和筛查流程。根据黄石疫情防控和医疗救治需要，第二批41位医护人员被重点抽调至重症医学科、心理科、中医科等。

与此同时，为全力保障医疗队物资需求，尽量减少当地的保障负担，江苏省拓宽了物资保障渠道，及时调配各类医疗物资，全面做好与江苏省各级统战部门、统战团体的沟通联系和各项服务工作。黄石市委统战部成立了以市委常委、统战部部长杜水生为组长的对接联系工作专班，主动加强对接联系，积极争取指导支持。

2021 年 3 月 20 日，东楚回春、磁湖水绿、樱花复妍，黄石疫情蔓延扩散的势头得到全面遏制，江苏医疗队第一批队员伴着春光暖阳而归。

3 月 27 日，湖北黄石实现了新冠肺炎确诊病例、疑似病例、本地病例密切接触者全部"清零"。3 月 28 日，对口援助黄石的江苏医疗队的 122 名队员也完成了自己的使命，返回江苏。虽然对口支援圆满结束，但是合作不会停止。授人以鱼不如授人以渔，通过临床带教、远程指导等方式，江苏将防控和救治的成功做法持续运用到对口支援工作中，让当地医务人员受益。

（案例来源：江苏省 2020 年案例分析大赛获奖案例《"蛋黄苏"共战疫迎春归——突发公共卫生事件对口援助运行机制分析》，有删改）

【案例思考】

1. 对口支援机制在突发公共卫生事件中是如何发挥作用的？
2. 如何建立公共卫生应急管理的协同机制？

案例解析

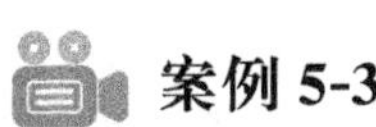

案例 5-3

"8・27"昆山反杀案中的网络舆情及地方政府应对

在新媒体背景下，公众更加关注各类热门话题，有些焦点问题通常可以在短时间里引发诸多关注与议论，进而形成强有力的舆情力量。新媒体时代的舆情有着线上与线下互动性强大的特征。在互动过程中，公众的情绪极易爆发，最后可能对社会和政府管理造成很大的影响。面对严峻的网络舆情态势，政府应掌握正确的应对策略，切实提高应急响应能力，尽快消除负面影响。

【案例内容】

一、交通摩擦争执起，举刀相向

2018 年 8 月 27 日，江苏省昆山市震川路、顺帆路路口发生了一起交通摩擦伤人致死案。昆山市公安机关的调查结果表明，案发当晚刘海龙醉酒驾驶轿车，与正常骑自行车的于海鸣险些发生碰撞，于是双方产生了争执。经过旁人的劝说，双方情绪逐渐平静、有所缓和。但是刘海龙突然情绪激动，从自己的宝马车上下车后，对于海鸣进行推搡踢打，持续穷追猛打几个回合后，又回到自己的宝马车里拿出砍刀，多次击打于海鸣颈部、腿部、腰部等关键易受伤部位。在不断击打过程中，刘海龙甩脱了砍刀，于海鸣趁机抓住砍刀，并对刘海龙进行多次捅刺。事发后刘海龙被送进医院，但因抢救无效于当天死亡。

接到报警后，昆山市公安局立即组织警力赶赴现场。经过法医严格查验以及调看现场监控视频，昆山警方认定刘海龙一共被砍五刀，最终因失血性休克而死亡。警方以故意伤害罪对于海鸣进行刑事拘留，并于 2018 年 8 月 28 日发布警情通报。

二、"反杀"情节戏剧性，舆情高涨

由于"反杀"情节的戏剧性，在此次伤人致死案件发生数小时后，现场的监控视频就被传到了网上，引发了各界网友的热情讨论。昆山警方于28日在官方微博中发布警情通报后，网络舆论开始不断发酵，案件相关信息经过各大网络媒体的迅速报道而不断扩散，各个论坛、微信公众号等新媒体也成为网友进行讨论的舆情阵地。

面对网友们持续高涨的讨论热情，江苏省人民检察院提前介入了此次案件的处理，于2018年8月28日通过官方微博通报了此次案件，案件描述为“因交通行车发生争执，进而升级为持刀伤害，最终造成被害人死亡”。8月29日，江苏省人民检察院官方微博转发文章中又出现“正当防卫主要靠跑”“法治社会，以暴制暴不被允许”等观点。由于该通报对这次复杂案件的描述过于简单，并出现了“争执”“被害人”等字眼，众多网友认为江苏省人民检察院官方微博发布的通报是在误导公众，引发了网友们对现行正当防卫等法律的不满和怨气，并将矛头引向政法机关。江苏省人民检察院虽然及时删除了该博文，但是不良影响已经无法挽回，不当发声甚至推高了舆论热度。

各路网友为了帮助政府尽快查清此次案件的真相，开始通过网络以及实地走访的方式，对涉案当事人的身份、经历等个人信息进行了曝光。由此，广大网友针对此次案件展开了关于涉案当事人两方面的讨论，其一，刘海龙和于海鸣的家庭状况、个人信息以及相关经历，被广大网友挖掘出来，并进行了深入剖析；其二，对于海鸣在这场案件中的行为是否属于正当防卫开展讨论。

在网络平台上被不断扩散的监控视频中，宝马车主身上的纹身吸引了广大网友的注意力，同时也引发了人们对其身份的质疑。通过广大网友对涉案当事人相关资料的挖掘，有网友爆料称刘海龙可能是涉黑团体“天安社兄弟商会”的成员之一。这个团体经常通过快手软件发布一些短视频，短视频内容大多没有营养。并且网友们称刘海龙曾经开设过典当行，目前的生活来源主要靠“放贷”和“中介”，经过挖掘还发现刘海龙曾经有过案底。但是在2018年3月，昆山见义勇为基金会曾授予刘海龙“见义勇为好青年”的荣誉称号。这种信息的反差，无疑又给网友们带来了新一波讨论热度，网友们怀疑其中是否另有蹊跷。关于自行车车主于海鸣的身份，通过媒体的实地走访调查，也被披露在了网络平台。于海鸣是一家电力公司的部门经理，平时待人礼貌友善，家中孩子身患重病，经济十分窘迫，平时生活压力大。

两相对比之下，刘海龙的复杂背景与于海鸣贫困的家境，使越来越多的人觉得于海鸣在此次案件中的行为属于正当防卫，大众舆论呈现一边倒的形势。与此同时，法律专家对此次案件也进行了专业性解读，专家的评价成为支撑法律判断的重要依据，引导了舆情的发展趋势。

三、官方通报及时出，正确导向

网友、媒体和专业人士对昆山反杀案的解读，在一定程度上推动了舆情的持续升温。部分自媒体、微信公众号对此次案件的另类解读，又促使舆论逐渐趋向复杂化。此次案件的发生及舆论发酵，引起了社会各界的广泛关注。网民对此次“昆山反杀案”的讨论也集中在两方面：一方面，刘海龙的身份是否涉黑，其犯罪前科是否真实；另一方面，于海鸣的行为是正当防卫还是防卫过当。

2018年9月1日，昆山警方通过官方微博以及官方微信公众号同步发布案件通报，从基本案情、事实认定、案件定性及理由三个方面进行了具体阐述，昆山警方认定于海鸣的行为属于正当防卫，不负刑事责任；同时对刘海龙是否为天安社兄弟商会成员之一、见义勇为荣誉称号的真实性以及涉黑背景等情况也进行了一一回应。昆山市人民检察院微信公众号“昆山检察在线”“江苏检察在线”也对事件发布了专业的法律解读。官方通报的案情内容，使得网络舆情一边倒的局势得以扭转，出现了积极正面的态势。这份官方通报，牢牢把握住了舆情回应的及时性，使得复杂喧嚣的舆论阵地迅速降温，兼顾了司法的专业性与公众关切，堪称“教科书式”的处置。

经过当地执法机构以及政府机关的正确处理和引导，官方媒体透明的言论、信息有效地引导了舆论朝着理性的方向发展。官方的动态回应很好地维护了政府机关的公信力，其严谨的回应使众多网民对案件的审理抱有期待，为避免谣言蔓延、预防负面舆情的发生发挥了重要作用。

四、顺应民意做定夺，舆论平息

民众对“昆山反杀案”的情感经历了一个完整的生命周期，案件发生后，社会舆论呈一边倒，公众认为于海鸣的行为属于正当防卫。随着媒体和专业人士对案件的解读，网民对刘海龙前科累累却获得“见义勇为”证书产生了质疑。最后，昆山警方在微博平台回应了刘海龙“见义勇为”证书的背景，并且认定于海鸣属于正当防卫，不负刑事责任。在昆山警方通过官方媒体向全社会通报了整个案件的具体情况以及案件的定性结果后，网民们关于“昆山反杀案”的讨论到达了顶峰。昆山警方最终作出的案件通报，在保证司法公开性与公正性的原则下与社会公众对此案的态度基本保持一致，获得了较高的社会认可度且赢得了广大网民的好感，有关案件的舆情量自 2018 年 9 月 1 日开始呈滑坡式下降(见图 5-1)。

中央电视台《今日说法》栏目对此案进行了报道，案件目击者讲述了案发的全部过程，著名律师田文昌对此案进行了分析，指出于海鸣正当防卫的合理性；9 月 2 日，《新京报》报道，于海鸣正在办理解除刑事强制措施手续；9 月 3 日，在《法治在线》栏目中，昆山市公安局负责人出镜，解释“昆山反杀案”中于海鸣为何属于正当防卫。与此同时，央视新闻客户端等媒体也公布了警方的执法视频。在执法部门、政府机关以及中央级媒体发布官方调研结果的情况下，舆情迅速降温，逐渐脱离了网络舆论场的中心位置，并于 9 月 4 日以后得以平息。

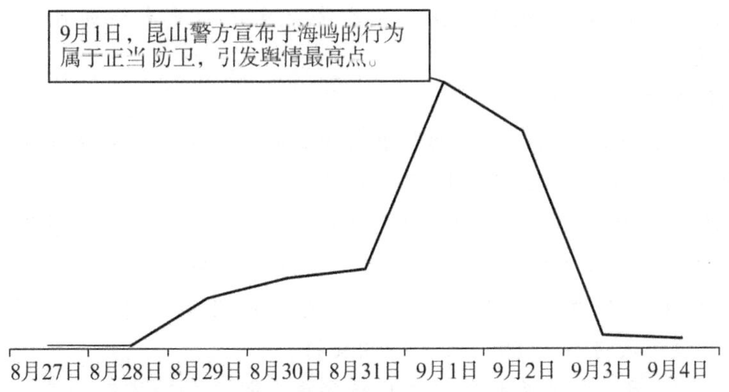

图 5-1　舆情发展趋势分析图(数据来源：鹰眼速读网舆情统计)

(案例来源：2020 年江苏省研究生公共管理案例分析大赛案例《“舆论的法”和“制度的法”谁先行？——以“8.27 昆山反杀案”为例分析网络舆情聚焦及地方政府应对》，有删改)

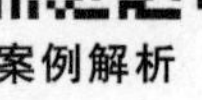

【案例思考】

1. 网络舆情在此次“昆山反杀案”事件中起到了什么作用？

2. 结合该案例，谈谈政府应该如何应对突发网络舆情。

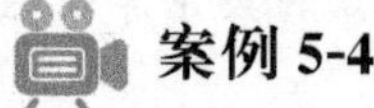

十年“污染费”问谁要？

——一场因信息不对称引发的群体性冲突

我国改革开放四十多年来，人民生活水平和社会发展水平大幅度提高，整个社会，包括农村的利益格局都发生了深度转变。因利益问题发生的群体性事件数量一直居高不下，成为中国在转型发展中面临的重大挑战，特别是农村群体性事件的频发，严重影响基层治理的实效与社会的和谐稳定，制约着乡村振兴战略的实施。正确面对新时代农村群体性事件，把握其生成逻辑并有针对性地进行化解，是基层政府亟待解决的一项重要工作。

【案例内容】

一、序幕：一张来自中央生态环境保护督察组的督办单

X村位于Z镇最东侧，东临黄海，以海产品养殖以及渔业生产作为主要经济来源，该村所处的产业园区交通便利、区位优越、产业发达，吸纳了千余名村民在园区内就业。2008年Z镇在招商引资中引入B钢厂，并规划落址于X村附近。B钢厂于建厂之初就遭到了X村村民的强烈反对，村民认为钢厂会带来污染并且质疑镇政府非法占用农民耕地。镇政府为了顺利完成招商引资工作，回复村民称，土地使用是经上级政府批准的，并承诺会严格监管钢厂的生产活动，防止污染。镇政府还表示B钢厂建厂后可以优先录用X村村民，而且每年会给村里60周岁以上的老人发放养老补助金、修缮村里的马路、资助贫困儿童。出于对镇政府的信任，X村村民的态度从抗拒转为同意。

但是B钢厂建成后，镇政府对村民作出的“严格监管，防止污染”的承诺并没有完全履行。B钢厂生产所排出的废气以及流入附近海域的废水对X村的生活生产造成了严重的影响，危害了村民的身体健康。之前承诺的养老补助金也迟迟不到位，优先提供的工作繁重且薪酬低，村民屡次找村民委员会反映却没有得到可靠的答复，问题一直得不到解决。

1. Z镇风风火火忙“摘牌”

2016年4月13日，中央生态环境保护督察组就江苏省与山东省交界处绣针河严重污染问题，向L市和R市下达了环境污染问题督办单，其中L市B钢厂“榜上有名”。中央生态环境保护督察组要求L市政府于2016年9月底前完成督办事项。

接到中央生态环境保护督察组的指示后，L市环保局迅速召开会议进行商讨，要求各相关部门做好督促执行工作。对于企业存在的环境污染行为，区环保局也于2016年4月20日对其进行了60万元的行政处罚。

2016年6月29日，Q区长针对B钢厂挂牌督办问题召集Z镇开展摘牌推进会。会上，区环保局、B钢厂以及Z镇代表都作了表态发言。Q区长作出重要指示：“摘牌涉及全市发展，没有退路，必须加以重视，园区和企业一定要做好摘牌前的准备，确保各项整治工作按计划完成。”2016年7月25日，S区区委书记亲自带领相关负责人到B钢厂进行实地督查，要求企业按照中央指示逐步落实整改，Z镇进行跟踪督查。区委还要求Z镇对卫生防护距离内的X村村民进行搬迁，确保村民的居住环境，保障生产生活。

2016年7月27日，Z镇对B钢厂进行实地调查，督促B钢厂抓紧时间对未完成的整改工作进行整改。8月8日，Z镇向区里提交了中央生态环境保护督察组下达的环境污染问题督办单里要求的B钢厂进行整改的各项内容，B钢厂按要求基本完成了整改工作，X村的搬迁计划也正在完善中。

B钢厂按照环境污染问题督办单要求的事项逐条落实整改，针对废气排放、防风抑尘、隔音降噪等问题及时采取措施进行项目重建，力求从根本上改善生态环境。B钢厂通过引进先进技术，新建基础设施，对于厂区内绿化面积、硬化面积加大投资，争取从源头上彻底解决环境污染问题。

2. 村民欢欣鼓舞盼搬迁

自从B钢厂在2008年迁至X村后，生活在园区内的部分X村村民饱受该企业生产活动带来的污染之扰。2016年4月，在听闻B钢厂因环境污染问题被中央生态环境保护督察组挂牌督办的消息后，X村村民们欢欣鼓舞，认为多年来一直上访无果的环境污染问题终于引起了中央的注意，于是决定前往中央生态环境保护督察组进行信访投诉。中央生态环境保护督察组最终将此事交给了L市环保局督办，要求其认真处理该企业的污染问题，还村民一个宜居的家园。市环保局接到上级指示后，及时召开多部门会议，根据B钢厂挂牌督办指示对企业进行整治，并决定对Z镇X村实行整村搬迁。搬迁公告通过村务公告栏和村务广播告知了村民，大部分村民听到搬迁消息后欢天喜地，等待那天的到来。有的村民甚至立刻就在钢厂附近盖起了只用水泥砖块砌成的，没有窗户也没有门的简易楼房。

二、开端：为避污染举村迁

经过几个月的努力，B钢厂在各相关部门的督促检查下，终于基本完成了中央生态环境保护督察组的整改要求，市政府决定向环境保护部提交解除挂牌督办的申请。2016年12月15日，经过环境保护部联合江苏、山东省环境保护厅的现场核查，B钢厂挂牌督办被解除，X村搬迁工作被提上了日程。

1.“不合理”的补偿

经过L市相关部门开会决定，搬迁工作由Z镇全权负责。接到搬迁任务后，Z镇迅速与X村村民委员会召开会议讨论搬迁事项，最终决定搬迁时间分为两个年度：第一年度，2017年11月1日开始实施；第二年度，2018年开始实施。所有搬迁房屋面积一律以先河房地产土地测量有限公司的测量结果和村民委员会的认定为准。房屋补贴金额由村民委员会根据房屋认定的类型、面积、签订合同时间等条件确定，最终经过多方测量统计商议，初步确定补偿方案。房屋补贴金额见表5-1。

表5-1　X村房屋补贴金额

主房类型	补贴金额/(元/平方米)	配房类型	补贴金额/(元/平方米)	其他	补贴金额/(元/平方米)
楼房	1 320	平房(水泥)、瓦房带走廊	600	砖瓦结构的阁楼、地下室	400

续表

主房类型	补贴金额/(元/平方米)	配房类型	补贴金额/(元/平方米)	其他	补贴金额/(元/平方米)
平房	780	瓦房	500	封闭院落	200
瓦房带走廊	780	简易房	380	养殖大棚	300
瓦房不带走廊	680			猪圈	350
简易房	400				

搬家补贴费以被搬迁房屋认定的建筑面积(主房和配房，下同)按每平方米6元计算，一次性不足600元的按600元计算；临时安置补贴费标准，按被搬迁房屋认定的建筑面积每月每平方米6元计算，临时安置补贴费不足600元的按600元计算。多层安置房12个月内不能交房的，再另行按照每月每平方米6元，额外给付逾期临时安置补贴费。①

会议内容所涉及的相关补偿条款，后由X村村干部在2017年3月12日召开的村民代表大会上传达给了村民。

2."不理解"的声音

X村村民代表在村民委员会召开的村民代表大会上听到搬迁补偿内容时，就此问题展开了激烈的讨论，讨论片刻后，有人随即就搬迁问题提出了反对意见。一位在山东经商的村民举起手高声喊道："我不同意，搬迁补偿太不合理了，我们邻近山东，你看人家山东的补偿标准比我们这里高多了。请问这个价格是谁定的？有没有根据市场去核实？更何况现在拆迁，给老百姓带来多大困难啊。"一言激起千层浪，他的发言引起了其他村民的响应，人群中开始不断响起不理解的声音。

主席台上的村民委员会成员见台下一阵一阵地骚动，意识到搬迁工作要解决的问题会很多，在会议讨论持续很长一段时间后，问题仍旧不能全部解决，并且层出不穷。最终，村民委员会成员研究决定结束此次会议，并将相关情况上报Z镇政府寻求意见，改日再召开会议。

三、发展：学校、钢厂来"吹风"

1. 三方力量齐动员

由于搬迁情况复杂，镇政府和X村村民委员会召开了专项会议。会议集中讨论了搬迁工作所面临的问题、解决方案，以及接下来的工作重心。X村村民委员会就所了解的状况向镇政府作了详细阐述，经过分析讨论，就相关问题得出了如下结论：第一，在应对从众心理时，应仔细说明情况，耐心讲解政策，及时制止不合理的要求；第二，针对难离故土、不愿搬迁的情况，应该给予理解，动员有威望的村民，积极进行疏导工作；第三，因污染问题，大部分村民同意搬迁。

专项会议中对于问题的分析使得工作有了新的解决方向：决定成立Z镇X片区搬迁指导指挥部并驻村，负责X村的搬迁工作，就搬迁的政策作具体详细的说明；动员

① 数据来源于Z镇政府办公室。

中小学校，鼓励学校学生向家长告知搬迁的重要性和意义，让他们同意搬迁；对于在附近工厂上班的本地人，动员他们回家做家里的思想工作。

2. 动员方案被误解

会议结束之后，一方面，搬迁指导指挥部便驻进了X村，就其搬迁的具体措施向每家每户宣讲。几天之内，通过面对面的政策宣导，做通了很多人的思想工作，也使很多人了解了其中的具体情况。另一方面，X小学响应镇政府的号召，发布了一封告家长通知书，让学生拿给家长使其知晓搬迁的具体情况以及各项搬迁的优惠政策。但是正是这封通知书，造成了很多村民误解，不愿搬迁。

村民家长们看到孩子拿回家的通知书后十分生气，他们聚在一起商量，纷纷表示对政府利用学校进行宣传的不满，并将政府的行为曲解为以孩子的学业威胁村民们搬迁。与此同时，在钢铁厂上班的家长还提及厂里发布的“七天带薪休假搬迁”的通告，以为不搬迁会被开除。一时间，“不搬迁孩子无法上学”“不搬迁就要被钢厂开除”的信息被部分家长和钢厂员工在微信群里大肆传播。有村民及时向村党支部书记汇报，却未引起重视。

3. 矛盾升级致冲突

2017年5月10日，X片区搬迁指挥部的工作人员计划到片区进行一对一宣讲。刚行至门口，就看到指挥部大门前聚集了100多位青壮年，他们手持横幅，围着指挥部大门嚷着拒绝搬迁、讨要说法。工作人员的大声解释，并未得到村民们的理解，起初他们只是谩骂和互相推搡，最终演变成激烈的肢体冲突，暴力行为开始升级。一位劝导的公安干警，在维持现场秩序的过程中，被无辜打伤并晕倒，其他工作人员也都被不同程度打伤。在打斗中，有工作人员报了警，警察的到来才使情绪失控的状态逐渐平息，涉事人员最终被Z临港派出所拘留。在不明真相的情况下，村民们大多更倾向于本村乡民的说法，从而忽视了事情真相。这种情绪在初夏的中午迅速地“传染”扩散开来，冲突俨然变成了一种政府仗势欺人、强制拆迁的行为。

四、高潮：特殊群体的加入

1. 谣言四起

因为冲击指挥部事件中的涉案人员多为村里的青壮年，加之公安机关未及时向村民作出明确解释，随后几天谣言又起，“搬迁不是为大家，而是B钢厂占用土地用来扩建厂房”“新搬迁地是秦沙东边乱泥滩，地基不稳，容易塌陷，空气潮湿，海风较大，墙会掉皮”“搬迁补偿由钢厂决定，官商勾结，欺负我们，不公平”……有些人就到村里把那些意见大的村民召集起来，鼓动大家共同抵制政府搬迁，在他们的劝说下，形成了一种所谓匡扶正义、讨要说法的行为。在深受长期环境污染的不满情绪下，村民将矛头指向B钢厂，以向钢厂讨要污染费为由围堵B钢厂，希望通过围堵B钢厂来迫使政府妥协，使搬迁能够得到合理处理。围堵钢厂的村民不再是青壮年，而是60岁以上的老人。

2. 老人围堵

2017年5月14日，十几位60岁以上的老人来到B钢厂的北门与南门，分别进行围堵，阻止运输车辆进出，严重影响了钢厂运营，给厂区造成了严重影响。其间鼓动者还叫来记者进行采访。在接到村民围堵钢厂的消息后，镇政府立刻派人前往钢厂了解情况，进行劝离工作。随着时间推移，老年人数量不断增加，问题变得尤为棘手，因都是老年人，镇政府只能通过规劝、交谈等方式来解决。有老人反映，自己没有拿到养老补助金，这也是他们维权的一个方面，觉得是钢厂侵犯了自己的权益。还有老人反映生活待遇补助太少，不能维持日常生活。在村里具有很高威信的人大代表钟书记，找到村里的老党员现场进行讨论，决定给每人的补助增加200元，盐、米补助增加到500元，农业、渔业补助增加到300元，这使得有一部分老人同意离开钢厂。

5月14—18日，镇政府组成专案组与老人展开谈判，通过发放现金、提高补助、儿女劝离等方式劝退了一部分老人，钢厂南门的老人都已被全部劝离，但钢厂北门依然存在一部分老人在厂区门口围堵。由于基金到账不及时，有人开始造谣"镇政府欺骗了老百姓，根本没有往卡里打钱"，这又加深了村民的误解。加上某些老人固执己见，听不得其他任何意见，拒不离开，给地方政府提出了难题。

3. 群情激愤

强制围堵导致钢厂运营产生严重危机，原料进不来，成品出不去，产品无法有效按期交货，钢厂每天需要承担几千万元的严重损失。2017年5月18日，为钢厂运送钢筋的山东小老板在钢厂门口等待多日，决定强行开车进入钢厂。心急之下，小老板驾驶的轿车与其中一名老人发生了剐蹭。这时围观群众里面有人喊："撞人啦！撞人啦！"随即人群开始骚动起来，部分围观群众将小轿车团团围住，高声喊道："别让他跑了，撞完人还想跑，快点拦着！"围观群众不听解释，要求小老板赔偿10万元并道歉。面对这种情况，小老板叫来运送材料的工人护着自己离开现场，推搡之间又发生了肢体冲突，随即上升为暴力行为，双方互殴，有人被打伤。由于寡不敌众，小老板和员工躲进钢厂，愤怒的村民开始围攻钢厂的大门，甚至向钢厂扔石头。钢厂值岗领导出于安全考虑，立即向公安机关报警，同时发动员工出去维持现场秩序。在维持秩序之时，又与村民发生了冲突，双方闹得不可开交，由此导致了大规模的群体性冲突。由于人员众多，当地派出所无法平息那么大规模的冲突，各机关开始抽调人员来平息事件，以尽快控制事态发展，区公安局最终带走了所有相关涉事人员。

五、结局：误解变理解

1. 真相浮出水面

Z镇政府组织公安机关开展调查，调取微信群信息，同时开展走访调查。办事机关发现老人们口中的污染费并不存在，他们所说的污染费其实是钢厂前几年未按时发给他们的养老补助金；同时钢厂并没有因为扩建而要求村民搬迁，也不存在不搬迁就不让孩子上学等说法。这些都是由某些不怀好意想要获得搬迁高额补偿的人恶意挑唆的。且这些人在第一次挑唆众多青壮年冲击指挥部，但并没有要到更高补偿金额的情况下，又怂恿老年人围堵钢厂，希望借此给政府施压，以获取更高的补偿款。公安机关依法对肇事、闹事、影响公共秩序的人予以拘留，并依据情节严重，依法交由检察机关处理，以维护社会秩序。

Z镇政府后续又组织了安抚工作，去村里召开公众座谈会，让村民了解政府的工作，也了解村民对搬迁的想法，让他们用匿名的方式反映情况，从而真正了解谁家想搬谁家不想搬。对村里的谣言进行辟谣，并出示搬迁的相关文件以及优惠政策，对于村民反映的养老补助太少问题，镇政府承诺只要是60岁以上的老人，盐、米补助增加到 500 元，农业、渔业补助增加到 300 元。经过不断地沟通和耐心地解释，村民充分了解并理解了政府工作，陆续同意搬迁。在村民委员会和镇政府的积极努力下，此事得以顺利解决。此外，镇政府承诺着力改善新社区居住条件，按高标准统筹建设配套路网、供电、通信、排水、污水处理等基础设施，以及中小学、幼儿园、卫生室、休闲广场等公共服务配套设施，物业管理费全免，让更多村民享受到时代福利。

2. 搬迁顺利完成

Z 镇政府针对问题开展了专项会议，制定并出台了搬迁安置方案，决定分两批进行搬迁。经过搬迁前期的疏导工作，X 村的搬迁工作得以全程有效落实，保证了群众的选择权、参与权，做到了政策透明公平，补偿优惠政策“一把尺子量到底”，使整体工作有力有序推进，用时一年多将远近闻名的人口大村——X 村搬迁至 Z 新城的新社区。X 村搬迁工作分两个年度开展落实：第一年度，于 2017 年 11 月 1 日正式启动，利用 20 天的时间，平稳、有序、安全地完成了 1 293 户的搬迁任务；第二年度，于 2018 年 11 月 5 日正式启动，利用一个月的时间，签约安置 1 110 户，签约率达 100%，至 12 月底全部完成拆除工作。

随着搬迁工作进入尾声，村民纷纷住进了新社区。X 新社区位于 Z 新城 Z 河南侧、石桥河北侧、兴华路东侧，由福海苑、瑞海苑、观海苑、临海苑、滨海苑、凯港花园 6 个地块组成，总占地面积约 502 亩(约 33.47 公顷)，总建筑面积约 45 万平方米，共可安置 2 300 多户安置户①。看似搬迁工作已顺利完成，但新问题和新矛盾又一一浮现：拆迁补偿款发放不到位引发村民不安与不满、新社区的房源分配也产生了很多争议、独居老人楼层选择问题、电梯费用均摊问题、车库费用过高问题、公共空间私占问题、社区空间难以满足村民日常活动问题……

(案例来源：中国专业学位教学案例中心入库案例《十年“污染费”问谁要？——一场因信息不对称引发的群体性冲突》，案例编号：202012520162，有删改)

【案例思考】

1. 导致 X 村发生大规模冲突的原因是什么？
2. 结合案例，谈一谈地方政府如何应对农村群体性事件。

案例解析

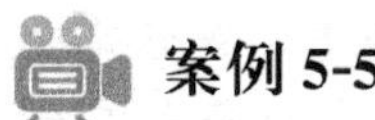

案例 5-5

自然灾害中的政府回应

——以寿光洪灾为例

2018 年 8 月，受台风天气影响，山东省寿光市多地遭遇罕见暴雨，地处三座水库下游的寿光因上游泄洪而遭遇倒灌，房屋、蔬菜和养殖基地大面积被淹，当地村民的生产生活受损严重，社会对于这场“天灾”根源于“人祸”的质疑也甚嚣尘上。灾害危机事件自古有之，但经济发展的新形势和社会人为因素的双重介入，使得这场原属传统公共安全威胁之一的自然灾害最终演变为了一次公共安全危机。

① 资料来源于 Z 镇政府文件。

【案例内容】

一、大水从天而降

2018年8月20日，《寿光日报》发出一条微博：“急！急！急！寿光上口镇西景明村急需挖掘机堵在羊田路涵洞，大水正在往村里倒灌！请扩散转发，急需挖掘机！”寿光洪灾的消息一登上微博，就引发了大量网民关注。23日，报道寿光洪灾的媒体数量逐渐攀升，微博热度也接连蹿升，成为全国性话题。23日20时，微博网友@赵haba发布了微博：“寿光……政府要花很多钱向上游水库买，水库满了……要卖钱舍不得放，满了才泄洪……热搜不停被撤，也没有媒体报道。”该微博一经发布便被多方转发，与该博主观点相同的文章在3小时内便达到94 264条，这些微博多在传递意见性信息，多为负面情绪，且发布多个敏感词如“政府”“卖钱”“热搜被撤”等猛戳网民痛点，以激发关注和质疑，使众多网民，尤其是山东网民群情激愤，情绪被感染。24日早间，#寿光#登上微博热搜榜首位。截至24日14时，该微博话题阅读量已达1.3亿人次，讨论量达20.7万人次。当日，潍坊市人民政府召开抗灾减灾第二次新闻发布会，表示交通、供电、卫生防疫、医疗救援、疾病监测等工作已展开。

根据潍坊市水文局数据，弥河上游黄山站(临朐)最大洪峰流量为1 500立方米/秒，最大涨水2.94米，为1984年以来最大洪水；弥河中游谭家坊站(青州)最大洪峰流量达2 250立方米/秒，最大涨水6.33米，为1964年以来最大洪水；弥河下游寒桥站(寿光)流量和涨水数据不明，据媒体报道为1974年以来最大洪水。根据上游、中游数据和灾后破坏情况来看，寿光县城附近弥河的水位应该在一天内上涨了3米以上。

大水不断漫延并且逐步侵蚀着村庄谷底，给附近的村民带来了巨大的生命和财产隐患。尽管此时寿光市政府仍在全力填补和救援，但房屋冲毁、村庄被淹等一系列灾难还是接踵而至。截至8月22日16时，整个山东省有508.9万人受灾，18人死亡，9人失踪；紧急转移安置18.39万人，需紧急生活救助4.21万人；农作物受灾面积59.11万公顷；倒塌房屋12 243间；直接经济损失高达120.8亿元，其中农业净损失73.34亿元。一时间，公众对于这次洪灾的质疑也甚嚣尘上。

截至8月27日，寿光水灾相关舆情有400多万条，其中微博讨论最多，且负面舆情超过50%。23%的网民质疑官方泄洪决策，认为当地政府防风抗台工作准备不足，才导致三座水库泄洪作用未发挥出来；17%的网民认为当地政府欺上瞒下，隐瞒洪灾实情；13%的网民在悼念殉职辅警时，表示若不是政府恶意蓄水，救灾辅警也不会牺牲。

二、蔬菜之乡“覆灭”

8月中旬，寿光送走了台风“摩羯”。然而，不到一周，8月18日与19日，寿光又迎来了台风“温比亚”。两场台风的先后来袭，给常年抗旱而抗洪经验不足的寿光当地政府带来了很大的压力。“温比亚”过境前一天(8月17日)17时40分，潍坊市防汛抗旱指挥部和各水库从潍坊市气象台收到的降水量预报称，19—20日全市累计降雨量为40～70毫米。然而在19日，寿光当天的降水量冲上174.7毫米，三座水库上游流域的降水量更是分别达到了115.5毫米、209.5毫米和189.5毫米。暴雨带来的入库水流量远超当时的泄洪量，让防汛部门措手不及。为确保水库的安全，潍坊市政府下令向下游泄洪，而寿光恰处于水库下游。

19 日上午，为保证水库安全，依据国家和省市相关规定，潍坊市防汛抗旱指挥部下令加大三座水库向寿光方向泄洪的力度，同时向寿光下达泄洪通知。寿光市政府则发布了关于防汛防台风工作的紧急通知。到 19 日中午，降雨量达到最大，因此三座水库继续加大了泄洪力度。随后寿光对所属的各村镇和街道依次发出通知，称上区间来水，弥河泄洪总流量将超过 800 立方米/秒，并要求“各镇街区、各部门单位一定要高度重视，认真做好防范应对工作”。19 日 15 时，根据潍坊市防汛抗旱指挥部指令，水库的泄洪量不断加大，每个水库出库流量已增加至 500 立方米/秒。19 日晚上，三座水库上游地区的雨势达到顶峰，水位持续上涨，最快时 10 分钟涨了 32 厘米，情况岌岌可危。寿光市政府当即下达了当日的第三份通知：合计出库流量从上一份通知中的 620 立方米/秒增大到最大 1 700 立方米/秒，并预报洪峰到达寿光的时间为 20 日凌晨 1 时 30 分，要求“各镇街区提前做好抢险和人员转移准备”。所幸至 20 日 20 时，雨势逐渐减弱，到 21 时雨已经基本停了。尽管如此，21 时 50 分，寿光市仍将防汛Ⅱ级(橙色)预警升级为防汛Ⅰ级(红色)预警。而潍坊市政府则在 22 时 40 分才启动了防汛Ⅱ级应急响应。

尽管当地政府及时采取了一系列措施进行防洪，但由于此次降雨水库内水量过多，汇集速度过快，再加上寿光市降水量一度达到 200 多毫米，下游沿线村庄仍受到了很大的压力。因此，8 月 20 日，寿光市政府再次发布关于冶源水库加大流量泄洪的紧急通知，并于 0 时 50 分发布了启动防汛Ⅰ级应急响应的通知。随着泄洪流量的增加，弥河沿岸的村庄开始被河水倒灌，多村相继被淹，大量民居、农田、大棚及养殖场等损失惨重。由于上游持续来水，三座水库仍然在汛末蓄水位以上运行。但为了最大限度减轻下游防洪压力，当地政府仍对三座水库的下泄流量进行了压减，由原来的 1 228 个流量压减到 612 个流量，21 日 18 时 30 分又将三座水库剩余的泄洪流量全部压减。紧接着，寿光市政府发布关于冶源、嵩山、黑虎山水库停止泄洪的通知，之后，潍坊市水利局发布关于做好防汛和抗灾减灾工作的紧急通知。8 月 24 日，冶源水库中间有些岛上的房屋仍处于水位之下，而在平时，房屋地面的高度应在汛末水位之上。与此同时，为了控制不再向下游泄洪，冶源水库上游一些地区也被淹没。

三、繁荣暗藏隐患

山东省寿光市位于山东省中北部，渤海莱州湾西南岸，属暖温带季风区大陆性气候。受冷暖气流的交替影响，形成了“春季干旱少雨，夏季炎热多雨，秋季爽凉有旱，冬季干冷少雪”的气候特点。因气候适宜，寿光种菜历史悠久。北魏益都(今属山东寿光)的农学家贾思勰曾在其农学巨著《齐民要术》中对蔬菜栽培做了科学而详细的论述。改革开放后，寿光成为“中国蔬菜之乡”，拥有全国最大的蔬菜生产基地和批发市场，“寿光蔬菜指数”不仅影响着国人“菜篮子”的价格走向，甚至还能左右韩国泡菜的产量。20 多万个蔬菜大棚，让一个普通县城在全国起到了举足轻重的作用，深刻影响和改变了中国人的生活。

作为知名的“中国菜都”，寿光却非常缺水。根据过往的水文统计资料显示，寿光平均年降水量远低于全国平均年降水量，且降水主要集中于 6—8 月，全年平均降水日(≥0.3 毫米)73.7 天：7 月最多，平均 13.6 天；1 月最少，平均 2.4 天。在往年的干旱时节，寿光都需要从弥河上游的水库购买所需要的水资源。潍坊市防汛抗旱指挥部办公室副主任马长亭表示："北方'十年九旱'，水已经有5年没有流进弥河了，平时我们更多的工作是抗旱。"常年的干旱带来的是思想上对防汛工作的懈怠。20世纪80年代家庭联产承包责任制实施以后，寿光当地的一些村民为了扩大耕地面积、获取更多经济收益，将排水沟填平来种植作物；河道也被一些村民自发修建的院落、果园等侵占，使得河水的泄洪之路被人为地"瘦身"。寿光市政府为使河道看起来美观，多次对潍高路以南丹河段及其支流康河、尧河进行裁弯取直、改道、培堤等整治行动，原有的老河道在村民和政府的"缝缝补补"中不见了踪影。与此同时，长期的干旱气候也使得寿光土壤的含水量逐年下降，只要洪水来势稍猛，河堤的溃决就在弹指一挥间。

四、政府行为存疑

从危机前的预防层面来看，本次洪灾暴露了寿光市政府灾害前防汛工作隐藏的一系列问题。洪灾来袭时，寿光既没有一套科学完整的救援和后勤保障方案，又有占用排水沟、侵占河道等一系列灾害隐患。因此，不可否认的是，寿光洪灾这起损失惨重的自然灾害是"天灾"加"人祸"，多种因素并发导致的结果。

从危机前的准备工作上看，由于寿光属于县级市，由潍坊市代管，所以此次寿光洪水事件涉及的危机预警部门主要包括潍坊和寿光两个层级的相关部门。潍坊市相较于往年降水量较多，7月就已经进入汛期，8月又有因台风过境造成雨水过多的现象。8月13日，潍坊市水利局发布13日6时至15日6时全市平均降雨量80.0毫米，但并没有发布相关预警信息。可见此次灾害的前期预警就已经滞后。

潍坊市政府在8月23日下午的记者会上称："实际降水量远超预报，给潍坊市的调度造成了很大困难。"但潍坊市气象台台长高晓梅宣称："17日台风离潍坊市较远，且我市整体降雨分布呈西部大东部小的态势，气象局综合考虑后才作出了较低的预判。"并解释当时的天气预报中已明确指出："全市有大到暴雨，局部地区有大暴雨(日降水量超过100毫米)。"

在危机爆发的初期，自17日起，潍坊市国土局就一直在发布相应的地质灾害预警预报，潍坊市气象部门也接连发布暴雨黄色预警信号、暴雨蓝色预警信号、暴雨橙色预警信号、暴雨红色预警信号、雷电黄色预警信号、大风黄色预警等一系列预警。但潍坊市防汛办公室对于这些信息一直反应平淡，直到18日21时05分才发布防汛Ⅳ级预警，让寿光市当地村民丧失了第一次防范的可能。

潍坊市人民政府声称，没有提前泄水是为了保障用水，寿光被淹是河道入海能力差所致，并称上游水库泄洪"发挥了最大的效益"，否则灾害损失会更大。此外，发布会上通报的"9 999间房屋倒塌"(根据《国家自然灾害救助应急预案》规定，一次灾害导致倒塌房屋1万间以上，才能启动Ⅳ级应急响应)引来了网友质疑，致使舆情进一步发酵。对于寿光洪灾初期扑面而来的舆论，政府部门显然回应不足，始终处于被动地位。潍坊市人民政府在8月22日召开的新闻发布会之前已经启动了国家Ⅳ级应急响应，但"9 999间房屋倒塌"并非虚报，而且因在回应公众质疑时未能拿出令人信服的证据而使政府的公信力受到影响；甚至还为躲避公众质疑撤下微博热搜，这更引起了民众的极大不满。面对"寿光北边发生疫情"等谣言，政府也未进行及时澄清；此外，在新闻发布会上，政府也绝口不提自身失误，还将寿光洪灾的原因归咎于寿光本身的地理形势。

潍坊市政府与寿光市政府信息传递的时间差，让预警的发布接连脱节。寿光的灾情已经发生变化，潍坊市政府针对上一阶段情况的应对文件才开始下达，层层交错的“政令”让本就混乱的局势更如乱麻。

但可喜的是，在危机中后期，政府第一时间全力救援，不仅帮助村民们快速撤离了灾难中心区，而且在极其艰苦的条件下，输送了大量的救援物资和应急设备，支撑着受灾群众渡过难关。救援工作完成后，应急管理部的队伍也克服了种种困难，最终圆满完成了排洪排涝的使命。在党中央和政府的帮助下，寿光人民抓紧补种蔬菜、抢救作物，尽快恢复生产；清理垃圾，做好灾后卫生防疫工作；抢修村庄道路，恢复通车；维修电力设施，恢复供水供电，以最快的时间重建家园。

（案例来源：2019 年江苏高校公共管理案例分析大赛获奖案例《自然灾害中的政府回应——以寿光洪灾为例》，有删改）

【案例思考】

1. 公众为何质疑泄洪方案？

2. 运用 PPRR 模式分析“寿光洪灾”全过程中政府采取的行动及其合理性。

3. 当类似的突发事件来临，应急管理主体该如何将损失降到最低？

案例解析

案例 5-6

从长春长生疫苗事件看我国药品质量安全底线“之殇”

居民健康是经济社会发展的基础条件，不仅涉及个体利益，还关乎全民族的兴旺发达，2015 年，党的十八届五中全会把“健康中国”上升为国家战略。疫苗是保护人体健康的重要药品，而“问题疫苗”的出现暴露了我国疫苗监管体系的漏洞和缺陷，需要不断改进与完善。

【案例内容】

2018 年 7 月 15 日，国家药品监督管理局官网上一则关于长春长生生物科技有限公司（以下简称“长春长生”）违规生产狂犬疫苗的通告被各大媒体争相报道。此后的数月间，一个个重磅消息——“百白破疫苗效价不合格”“91 亿处罚”“长生退市”等不断袭来，让媒体和民众对此事的关注程度达到“沸点”。

一、飞检突击，东窗事发

2018 年 7 月的某天，一封来自长春长生内部生产车间老员工的实名举报信被放到国家药品监管部门有关领导的办公桌上。

疫苗造假的恶劣性质不言而喻，国家药监部门对此事高度重视，立刻决定对被举报企业进行飞行检查。随后，国家药监部门联系吉林省药监部门，一同组建检查小组，并连夜制定出检查方案。

次日，检查组准时来到长春长生公司。在狂犬疫苗的原液车间，检查人员发现该公司擅自变更生产工艺，将原液进行二次浓缩处理；在质检实验室，检查人员又发现该公司的成品检验竟拿原液替代。此次飞行检查，让检查组获取了大量的取证资料。

2018 年 7 月 15 日，国家药品监督管理局发布通告称（见图 5-2），在对长春长生的飞行检查中，发现该企业在冻干人用狂犬病疫苗生产过程中存在记录造假等严重违反

《药品生产质量管理规范》(GMP)的行为。就此，国家药品监督管理局要求收回该企业GMP证书，责令停止狂犬疫苗生产，责令该企业严格落实主体责任，全面排查风险隐患，主动采取控制措施，确保公众用药安全。吉林省药品监管部门调查组进驻长春长生，对相关违法违规行为立案调查，国家药品监管部门派出专项督查组，赴吉林督办调查处置工作。

图 5-2　国家药监局官网通告

长春长生发声明称，此次所有涉事疫苗尚未出厂销售，所有已经上市的人用狂犬病疫苗产品质量符合国家注册标准。然而，长春长生单方面的质量保证并不能给公众信心，尤其是近几年使用过其疫苗的人们，担忧情绪日渐积累。

一波未平，一波又起，因狂犬疫苗造假而受到广泛关注的长春长生公司，因生产的百白破疫苗效价不合格，于 7 月 20 日受到了吉林省食品药品监督管理局的行政处罚(见图 5-3)，这也彻底将公众郁积已久的愤怒情绪引爆。

这条处罚信息，实则针对 2017 年立案调查的相关违法事件——长春长生生物科技有限公司和武汉生物制品研究所有限责任公司生产的各一批次、共计 65 万余支百白破疫苗，在抽检中被发现效价指标不符合标准规定，国家药品监管部门责令相关企业查明流向，并要求立即停止使用不合格产品。

长春长生官网显示，该公司的吸附无细胞百白破联合疫苗“列入国家儿童免疫规划疫苗，每年都向各省级政府提供数百万剂的疫苗”。这批不合格百白破疫苗全部流向了山东省，涉及儿童达 21 万名之多。

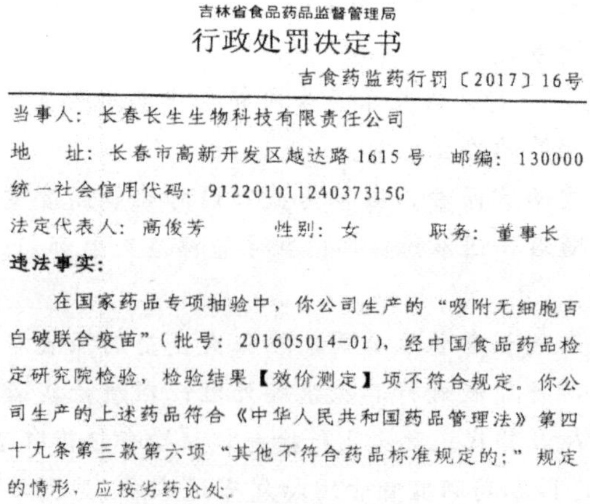

吉林省食品药品监督管理局

行政处罚决定书

吉食药监药行罚〔2017〕16号

当事人：长春长生生物科技有限责任公司

地　　址：长春市高新开发区越达路 1615 号　邮编：130000

统一社会信用代码：91220101124037315G

法定代表人：高俊芳　　性别：女　　职务：董事长

违法事实：

在国家药品专项抽验中，你公司生产的“吸附无细胞百白破联合疫苗”（批号：201605014-01），经中国食品药品检定研究院检验，检验结果【效价测定】项不符合规定。你公司生产的上述药品符合《中华人民共和国药品管理法》第四十九条第三款第六项“其他不符合药品标准规定的；”规定的情形，应按劣药论处。

图 5-3　吉林省食药监局针对长春长生公司的行政处罚决定书

这一事件立即引发了社会的恐慌——虽然这批不合格疫苗对于人体没有安全性威胁，但由于其效价不合格，会使机体无法抵御相应的疾病。孩子们错失了防治疾病的最好时机，这无异于摧残生命。

二、监管缺失，有机可乘

冰冻三尺，非一日之寒。经立案调查后发现，长春长生公司自2014年1月就开始违规生产狂犬疫苗，其狂犬疫苗的批签发量也从该年开始猛增，随后几年也逐步提升。

2013年，长春长生公司的老板发现，在二类疫苗中狂犬病疫苗的利润最高。随着人们生活水平的提高，宠物狗的饲养量激增，市场对疫苗的需求空间日益增大，若能尽快提高疫苗产量，降低成本，将是公司占领市场、迅速发展的好时机。在疫苗生产方面，公司老板和几位高层想出了原液混批的方法，企业生产的各批次疫苗之间工艺不稳定，有的批次生产质量较高，有的批次生产质量较低。如果拿每一批次单独去做检验，质量低的疫苗可能达不到国家规定的标准，但把质量高和质量低的原液混合在一起，就相当于取了平均值，这样做不仅能够避免疫苗浪费，还能扩大产量、节约成本，而且发生事故的可能性也很低。在批签发方面，公司用原液做效价测定，提高效价合格率，同时抓住了批签发制度的漏洞，编造自检报告，一次次通过了中国食品药品检定研究院(以下简称“中检院”)的批签发。

其实早在2011年，与国际通行规则接轨的新版GMP——《药品生产质量管理规范》就已开始施行，而新版GMP的亮点之一就是要求药品生产企业实施质量受权人(QP)制度。该制度是指由企业法人授权一名药品质量管理人员对药品生产进行质量监督和管理，对药品生产的规则符合性和质量安全保证性进行内部审核，并由其承担药品放行责任。长春长生公司也有专门的质量受权人，且深知疫苗生产技术的每一个细节，但该质量授权人是由公司老板亲自任命，其职业发展、工资待遇与企业负责人密切相关，在公司利益和自身名利前，这位质量受权人选择放弃了自身监管权力，打破GMP标准，进行违法生产。

长春长生被立案调查三个月后，整个事件终于水落石出。国家和吉林省药品监管部门于2018年10月16日分别对长春长生公司作出多项行政处罚：撤销长春长生公司狂犬疫苗(国药准字S20120016)药品批准证明文件；撤销涉案产品生物制品批签发合格证，并处罚款1 203万元，吊销其《药品生产许可证》；没收违法生产的疫苗、违法所得18.9亿元，处违法生产、销售货值金额三倍罚款72.1亿元，罚没款共计91亿元；对涉案的高俊芳等14名直接负责的主管人员和其他直接责任人员作出依法不得从事药品生产经营活动的行政处罚，涉嫌犯罪的，由司法机关依法追究刑事责任。

三、政府监管，苦衷难言

对于中检院来说，目前生物制品批签发主要采取样品检验与资料审核相结合的方式。在样品检验方面，样品的安全性指标每一批都进行检验，有效性指标只抽取5%批次的样品检验，这是综合考虑了药品进入市场的成本和时效性等原因做的规定，也是国际上通行的做法。欧盟国家的疫苗批签发任务多交给大学实验室等第三方检验机构，与国外不同的是，我国目前的疫苗批签发工作主要由中检院负责，北京、上海、广东、四川、湖北、甘肃和吉林等地的7家省级药品检验机构没有权限进行独立签发，因此即便中检院想提高有效性的抽检比例，也非常缺少人力物力的支持。在资料审核方面，企业应对所有批次产品的全部项目进行自检，自检合格是疫苗申报的前置条件。中检院的资料审核更注重检查产品批次间的一致性，通过样品的实验室检查结果与资料比对确定疫苗是否合格。但企业如果通过隐秘的手段编造自检报告，并对送检疫苗样品“动手脚”，中检院往往很难发现。

对于药监局来说，作为一个监管药企的政府机构，日常检查、跟踪检查、随机检查应一样不落，但市局监管人员有限，即使全省每个厂派一人监管，24 小时蹲守也无法保证一条生产线不出问题。密集的检查网只由政府单一监管，不仅工作压力大，耗费时间长，其实际治理绩效和公众预期也尚有距离，难以应对药品治理领域的诸多新问题。

四、尘埃落定，痛定思痛

长春长生疫苗事件发生以后，国家药监局除了对企业罚款以外，还对涉案的高俊芳等 14 名直接负责的主管人员和其他直接责任人员作出依法不得从事药品生产经营活动的行政处罚。涉嫌犯罪的，由司法机关依法追究刑事责任。

对长春长生的顶格处罚本是想给公众打一剂有利的强心剂，但舆论却并没有因此平息，对疫苗安全的讨论之声依然一波接一波。一些声音指出，“虽然处罚力度够大，但人心惶惶，谁还敢轻易相信医药市场呢”“处罚是处罚，可谁来为患者的家庭买单”“从事医药事业，怎么能连基本的良知都丧失了呢”“疫苗已经注入人体内了，拿什么来为其做保证”……字字句句都反映着人们对医药市场的失望与疑虑，风波背后更引来了人们关于良知与利益的深刻反思。在公众心中，“药品”安全性已是个大大的问号。

管理者首先开始反思，意识到从法律层面严加束缚药品生产的必要性。2018 年 11 月，我国出台了《疫苗管理法(征求意见稿)》；2019 年 6 月 29 日，表决通过了第一部《中华人民共和国疫苗管理法》，将于 2019 年 12 月 1 日起开始实施。它立足于疫苗的特殊性，强调疫苗从研发到接种的全生命周期监管。与现行疫苗管理的法律法规相比，新的疫苗管理法有三大亮点：一是疫苗违法的法律责任将高于一般药品违法；二是加强疫苗上市后的研究和管理；三是引入保险，补偿疫苗接种受害者，完善了预防接种异常反应补偿机制。这无疑也体现了国家对于疫苗管理的高度重视，对一切有损公众生命健康的行为严加打击的决心。

业内人士也开始反思，这场有计划、有组织的疫苗造假事件背后折射出的是各药品生产企业都存在的风险和隐患——质量受权人功能失灵。药品生产企业质量受权人本是药品出厂的最后把关者和守门人，但在实际工作中，质量受权人不但没有“把关”和“守门”，反而成为监守自盗的“内鬼”。如何弥补这种制度缺陷，杜绝类似长春长生疫苗事件的再次发生，正是目前亟待解决的问题。

(案例来源：2019 年江苏高校公共管理案例分析大赛获奖案例《药品质量受权人功能“失灵”——从长春长生疫苗事件看我国药品质量安全底线“之殇”》，有删改)

案例解析

【案例思考】

1. 我国质量受权人制度失灵的深层次原因是什么？

2. 长春长生疫苗事件暴露了我国政府在药品安全监管方面存在哪些问题？应如何解决？

3. 长春长生疫苗事件引发的舆论危机，为政府应急管理带来了哪些启示？

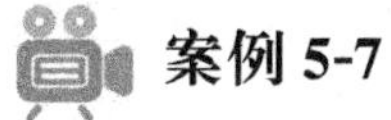

案例 5-7

新冠肺炎确诊病例活动轨迹发布机制
——以江苏省三地为例

我国作为世界上最先报告新冠肺炎确诊病例的国家，成功经受住了新冠疫情的考验，并积累了丰富的抗疫经验。鉴于《中华人民共和国传染病防治法》《突发公共卫生事件应急条例》等法律法规未对发布新冠疫情病例活动轨迹作出规定，在疫情防控时期，各地在发布确诊病例活动轨迹的细节上存在较大差异。以江苏省为例，各市在发布主体、发布途径、发布内容等方面均有所差异，其中还涉及公众和个人利益的平衡问题。因此，为合法、有效地开展疫情防控，应及时总结疫情防控经验，建立规范、统一的疫情病例活动轨迹发布机制。

【案例内容】

自 2020 年新冠疫情暴发以来，各地政府部门均发布了确诊病例的活动轨迹，有利于快速发现密切接触者，实现早发现、早报告、早诊断、早隔离，及时遏制疫情的扩散。

一、发布主体——“百舸争流千帆竞”

从信息发布主体类别看，主要有三类：一是将“新冠疫情防控指挥部”作为发布主体，江苏省内此类居多，以南京市、扬州市为代表；二是以当地的疾病预防控制中心为发布主体，江苏省内较少见，以苏州市、无锡市为代表；三是以当地卫生健康委员会为发布主体，省内尚未发现，但放眼全国范围内，此类城市也多有存在，如最早发布确诊病例活动轨迹城市之一的深圳市，其发布主体便是深圳市卫生健康委员会。

从信息发布主体的层次看，无论是省卫生健康委员会，还是省疾病预防控制中心，全国范围内省级层面的确诊病例活动轨迹发布主体几乎不存在。江苏省内确诊病例活动轨迹的发布主体多为地级市层面的单位，也有县、区级。以无锡市为例，除了无锡市疾病预防控制中心，江阴市疫情防控应急指挥部、宜兴市疫情防控应急指挥部也都曾通过互联网发布过当地确诊病例的活动轨迹。

确诊病例活动轨迹多主体发布途径面临两大问题：一是信息公布无依据。按照现行《中华人民共和国传染病防治法》①，疫情信息的发布主体应当是国家卫生健康委员会或者省卫生健康委员会，且以前发布的信息不包括传染病个案病例，尤其不包括确诊病例活动轨迹这类信息。不管是疾控机构、技术单位、业务单位，还是政府及衍生机构，法律未说明可为即为不可为。在 2016—2017 年 H7N9 疫情比较严重的时候，也有市、县公布过确诊病例活动轨迹。严格来说，市县也无权公布相关信息，只能对信息进行转发，或在学理上、技术上进行解释，不能越权解释。二是责任归属难认定。疫

---

① 《中华人民共和国传染病防治法》第三十八条第三款 传染病暴发、流行时，国务院卫生行政部门负责向社会公布传染病疫情信息，并可以授权省、自治区、直辖市人民政府卫生行政部门向社会公布本行政区域的传染病疫情信息。

情病例活动轨迹在无确实公布依据的情况下，理论上应由省级以上政府公布，但面对如此多的病例、密切接触者、二次密接者，一般县级及以下政府公布的居多，甚至有的地方会以疫情防控指挥部这样一个临时组织的名义来公布。由此便产生了一个问题，没有明确的主体来保障公布信息的准确性及信息使用的合法性。特别是以疫情防控指挥部等临时性组织来公布的，这种组织甚至都算不上一个法律机构，一旦突发公共卫生事件应急响应取消了，它可能就不存在，这时候如果它公布的信息出了问题，就没有办法追究责任。

二、发布途径——“犹抱琵琶半遮面”

江苏省各市确诊病例活动轨迹的发布途径多样，以往一般通过政府公报，《人民日报》《新华日报》或政府的新闻发布会等权威、法定的途径来发布，但这种发布途径传播速度较慢。随着信息获取便捷性的提高，越来越多的人喜爱从微信、微博中搜索新冠疫情信息，而非从官方网站获取。相关部门通过在微信、微博上发布轨迹信息，能迅速地与社会热点、群众关注形成呼应，更快速、更广泛地传播信息，及时有效地警醒确诊病例的密切接触者去接受检测，尽早进行隔离，最终有效阻断疫情传播途径，达到疫情防控的目的。

在南京，市政府官网及卫生健康委员会官网均可查询到相关信息。一方面，市政府官网多以《关于紧急扩散寻找相关人员的通知》的形式进行部分轨迹信息的发布，卫生健康委员会则同时对当日新增病例数情况、病例轨迹信息进行通报。另一方面，南京市政府还通过“健康南京”微信公众号、“南京发布”微信公众号和微博，公开发布每日确诊人员病例相关信息，并获得“南京本地宝”等微信公众号的转发。总体来说，南京市的确诊病例活动轨迹信息发布途径较为多样，但从获取信息的便利性和全面性而言，做得最好的还是“南京本地宝”，该微信公众号对政府发布的活动轨迹进行了汇总，并实现了一步查询全部确诊病例活动轨迹的功能。

在扬州市，市政府官网仅能查询到当日新增确诊病例数的通报，却无活动轨迹信息，市卫生健康委员会则仅能查询到 4 例活动轨迹的信息。扬州市确诊病例活动轨迹的通报首先在扬州网——中共扬州市委宣传部和扬州报业传媒集团联合主办的新闻门户网站进行发布。此外，在“扬州生活网”等非官方微信公众号也可查询到相关活动轨迹信息。

在苏州市，市政府和市卫生健康委员会官网均未检索到疫情病例活动轨迹的相关发布。不仅如此，苏州市的疫情病例活动轨迹发布主体是苏州市疾病预防控制中心，虽然苏州市疾病预防控制中心的官方微信号“苏州疾控”发布了疫情病例活动轨迹，但其官网仅公布了疫情病例的住居小区，似乎对发布活动轨迹的行为有些“避讳”。

三、发布内容——“远近高低各不同”

在疫情病例活动轨迹的发布内容上，同一个城市的不同时期，或者同一时期的不同城市之间发布的活动轨迹都有差异。

南京市和苏州市是同一个城市的不同时期发布疫情病例活动轨迹的内容差异较大的两个代表性城市。南京市方面，疫情早期的市政府曾在官网发布《南京市新冠肺炎疫情防控指挥部新闻发言人就市民关心的问题答记者问》，介绍过南京市发布疫情病例活动轨迹的策略："疫情期间，江苏省卫生健康委员会每天9时左右公布全省疫情情况(主要内容为省内过去24小时新增病例数和累计确诊病例数、出院人数等基本情况)后，南京市将跟进公布新增病例的数量和病人的基本情况。根据流行病学调查，对寻找不到的密切接触者，及时发布《关于紧急扩散寻找相关人员的通知》，对其活动轨迹进行公布，提醒相关人员注意。对外地确诊病例在南京市有活动的，我们通过协作机制及时发布密切接触者的相关轨迹。"通过实际调查发现，南京市政府官网上的《关于紧急扩散寻找相关人员的通知》，虽然也发布了活动轨迹，但目的性较强。以2020年1月26日发布的通知为例(见图5-4)，其中涉及的三位确诊病例活动轨迹仅为其活动轨迹的部分信息，并非其确诊前的全部轨迹，其内容仅包含病例在外出行的起止位置和起止时间，其余信息均未披露。通知最后还明确说明，请以上时间段的公交驾驶员、工作人员及乘客等应采取必要防护措施，可见其发布活动轨迹的目的性和针对性极强。

南京市人民政府
www.nanjing.gov.cn
请输入关键字
首页　政府信息公开　在线服务　互动回应　南京概览

关于紧急扩散寻找相关人员的通知

发布时间：2020-01-26 12:30　字号：[大 中 小]

我市在排查确诊的新型冠状病毒感染的肺炎患者时，进一步运用大数据手段，发现这3名患者曾有在我市乘坐地铁、公交，超市购物的活动轨迹，现紧急寻找相关乘客和可能接触者。

患者一：其活动轨迹如下：

患者一行动轨迹：1月18日18时于西安门站乘地铁2号线至大行宫站转3号线于19时至柳州东路站；后从江山路.明江路站乘692路公交车至浦
北路.大桥北路站下车。

患者二：其活动轨迹如下：

1月18日16时15分至17时54分前往汉中门大街欧尚超市（汉中门大街151号）购物；

1月20日10时在茶亭东街公交站台乘坐48路公交车，至终点站所街下车。

患者三：其活动轨迹如下：

1月21日16时17分从南京南站乘坐地铁1号线于16时30分到达安德门地铁站下车。

请以上时段公交驾驶员、工作人员及乘客等，紧急采取如下防护措施：

1、相关人员看到通知后暂不要外出，居家隔离观察，监测体温至自最后一次与患者发生接触后的14天。如有发热、咳嗽症状请佩戴口罩就近到网上公布的指定医院发热门诊就诊，主动告诉医生你可能与疑似新型冠状病毒感染的肺炎患者密切接触。

2、就诊过程中，要全程佩戴口罩，不要乘坐公共交通工具。

3、相关人员第一时间到所在社区进行登记。社区要第一时间向所在区新型冠状病毒肺炎防控指挥部报告并持续跟踪反馈情况，实行每日零报告制度。

4、居家隔离人员如有需求，请致电所在辖区24小时值班电话咨询。

图5-4　南京市人民政府关于紧急扩散寻找相关人员的通知

随着全国各地新冠疫情日趋严重，针对市民迫切的呼声，南京市后期也通过"健康南京"微信公众号，在原有发布的基础上，以不泄露病人隐私为前提，结合流行病学调查和相关部门大数据分析，进一步增加了公布病人活动轨迹信息的途径，以便市民更准确地掌握疾病线索。具体而言，公布的内容除了包括病例乘坐公共交通的起止位置和起止时间，还不同程度涉及包括确诊病例的性别、年龄、居住地(具体到区)、接触史、发病史和目前身体状况、就医过程、出行戴口罩情况、家庭情况等内容。

苏州市方面，其发布疫情病例活动轨迹前后变化也非常明显。从"苏州疾控"官方微信公众号可以查询到(见图5-5)，苏州市在新冠疫情期间，以《苏州全市疫情病例确诊病例追溯》的形式进行活动轨迹发布，并每日更新。在最新的《苏州全市疫情病例确诊病例追溯》中，可以清晰地发现，早期的信息只提供性别、年龄、居住地(具体到区)及就诊情况，而在后期，其内容已经不同程度地涉及了籍贯、居住地(具体到小区、村)、接触史、发病史、就医过程、出行情况等内容，前后内容由简至繁，详细程度不断加深。

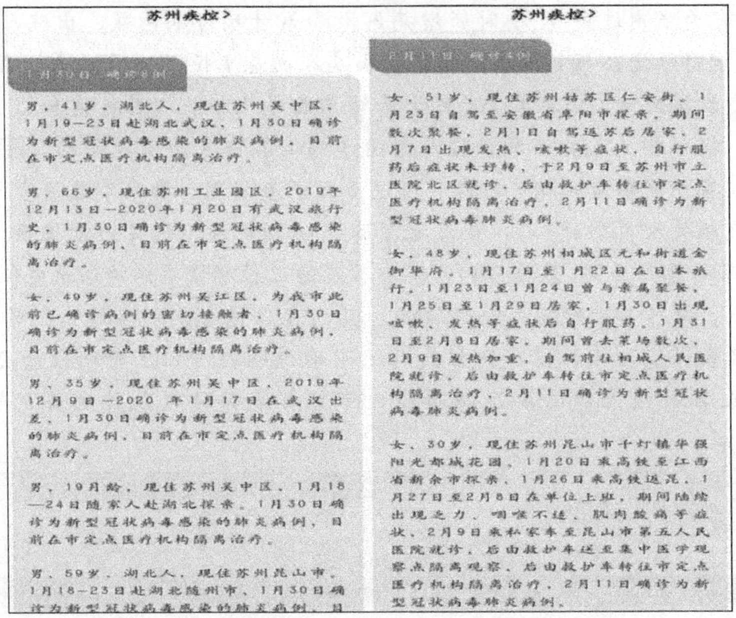

苏州疾控>

男，41岁，湖北人，现住苏州吴中区，1月19—23日赴湖北武汉，1月30日确诊为新型冠状病毒感染的肺炎病例，目前在市定点医疗机构隔离治疗。

男，66岁，现住苏州工业园区，2019年12月13日—2020年1月20日有武汉旅行史，1月30日确诊为新型冠状病毒感染的肺炎病例，目前在市定点医疗机构隔离治疗。

女，49岁，现住苏州吴江区，为我市此前已确诊病例的密切接触者，1月30日确诊为新型冠状病毒感染的肺炎病例，目前在市定点医疗机构隔离治疗。

男，35岁，现住苏州吴中区，2019年12月9日—2020 年1月17日在武汉出差，1月30日确诊为新型冠状病毒感染的肺炎病例，目前在市定点医疗机构隔离治疗。

男，19月龄，现住苏州吴中区，1月18—24日随家人赴湖北探亲，1月30日确诊为新型冠状病毒感染的肺炎病例，目前在市定点医疗机构隔离治疗。

男，59岁，湖北人，现住苏州昆山市，1月18—23日赴湖北随州市，1月30日确诊为新型冠状病毒感染的肺炎病例，目

苏州疾控>

女，51岁，现住苏州姑苏区仁安街。1月23日自驾至安徽省阜阳市探亲，期间数次聚餐，2月1日自驾返苏后居家，2月7日出现发热、咳嗽等症状，自行服药后症状未好转，于2月9日至苏州市立医院北区就诊，后由救护车转往市定点医疗机构隔离治疗，2月11日确诊为新型冠状病毒肺炎病例。

女，48岁，现住苏州相城区元和街道金御华府。1月17日至1月22日在日本旅行，1月23日至1月24日曾与亲属聚餐，1月25日至1月29日居家，1月30日出现咳嗽、发热等症状后自行服药，1月31日至2月8日居家，期间曾去菜场数次，2月9日发热加重，自驾前往相城人民医院就诊，后由救护车转往市定点医疗机构隔离治疗，2月11日确诊为新型冠状病毒肺炎病例。

女，30岁，现住苏州昆山市千灯镇华强阳光郡城花园，1月20日乘高铁至江西省新余市探亲，1月26日乘高铁返昆，1月27日至2月8日在单位上班，期间陆续出现乏力、咽喉不适、肌肉酸痛等症状，2月9日乘私家车至昆山市第五人民医院就诊，后由救护车送至集中医学观察点隔离观察，后由救护车转往市定点医疗机构隔离治疗，2月11日确诊为新型冠状病毒肺炎病例。

图 5-5　苏州疾控发布疫情病例活动轨迹前后对比图

同一时期，将扬州市与南京市、苏州市发布的疫情病例活动轨迹信息进行对比发现，扬州市的内容更加具体，病例除了以“一”“二”进行排序外，还公布了病例的姓氏、性别、年龄、籍贯、工作单位，家庭住址，甚至具体到社区的单元楼，有的还公布了病例确诊前 14 天的每日生活情况。以 2020 年 2 月 8 日扬州市公布的病例包某某为例(见图 5-6)，甚至公布了其 1 月中旬在家打牌时 3 个牌友的姓氏。

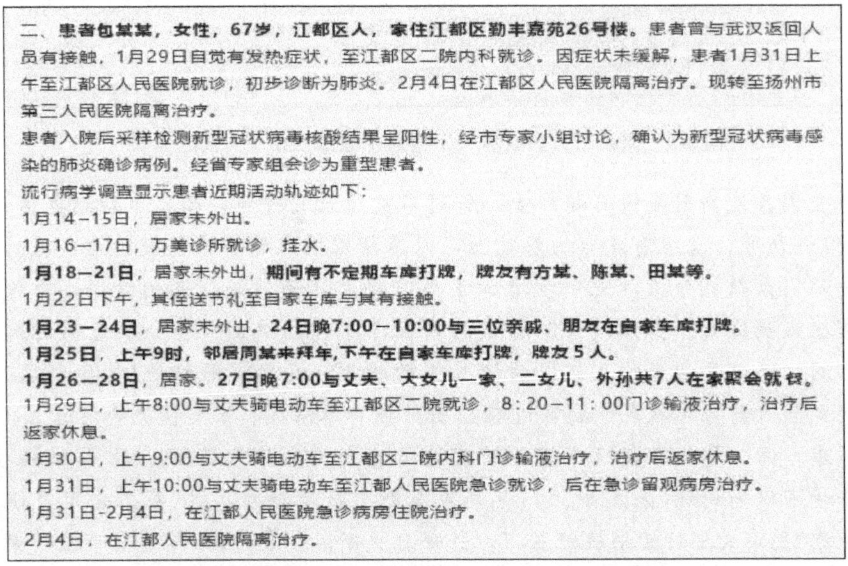

二、**患者包某某，女性，67岁，江都区人，家住江都区勤丰嘉苑26号楼。**患者曾与武汉返回人员有接触，1月29日自觉有发热症状，至江都区二院内科就诊。因症状未缓解，患者1月31日上午至江都区人民医院就诊，初步诊断为肺炎。2月4日在江都区人民医院隔离治疗。现转至扬州市第三人民医院隔离治疗。

患者入院后采样检测新型冠状病毒核酸结果呈阳性，经市专家小组讨论，确认为新型冠状病毒感染的肺炎确诊病例。经省专家组会诊为重型患者。

流行病学调查显示患者近期活动轨迹如下：

1月14-15日，居家未外出。

1月16—17日，万美诊所就诊，挂水。

1月18—21日，居家未外出，**期间有不定期车库打牌，牌友有方某、陈某、田某等。**

1月22日下午，其侄送节礼至自家车库与其有接触。

1月23—24日，居家未外出。**24日晚7:00—10:00与三位亲戚、朋友在自家车库打牌。**

1月25日，**上午9时，邻居周某来拜年,下午在自家车库打牌，牌友5人。**

1月26—28日，居家。**27日晚7:00与丈夫、大女儿一家、二女儿、外孙共7人在家聚会就餐。**

1月29日，上午8:00与丈夫骑电动车至江都区二院就诊，8:20—11:00门诊输液治疗，治疗后返家休息。

1月30日，上午9:00与丈夫骑电动车至江都区二院内科门诊输液治疗，治疗后返家休息。

1月31日，上午10:00与丈夫骑电动车至江都人民医院急诊就诊，后在急诊留观病房治疗。

1月31日-2月4日，在江都人民医院急诊病房住院治疗。

2月4日，在江都人民医院隔离治疗。

图 5-6　扬州生活网微信公众号转发包某某活动轨迹

一般发布的传染病疫情信息仅包括传染病种类、波及范围以及确诊病例数，通常不涉及个人隐私情况。而新冠疫情防控期间追踪个体病例，对个人的信息和资料进行公布，虽然最大限度地保护了公共利益，但毫无疑问也对病例自身的生活、工作等方面产生了影响。在疫情防控的形势下，我们需要找到一种平衡个人利益与公共利益的方式，探索确诊病例活动轨迹发布的合理机制。

发布病例轨迹的一个重要目的是希望确诊病例的密切接触者主动报告，进行筛查和核酸检测，以减少疫情给社会带来的危害，维护社会稳定。如果确诊病例轨迹清楚，完全在政府掌握之中，便没有必要完全公布该病例的活动轨迹，过多地发布病例活动轨迹也会造成一定的社会恐慌。

（案例来源：2020 年江苏高校公共管理案例分析大赛获奖案例《疫情病例活动轨迹发布机制建设研究——以江苏省三市为例》，有删改）

【案例思考】

1. 政府应如何平衡公众知情权与隐私权，从而更好地进行信息公开？
2. 在突发公共卫生事件中，应如何优化确诊病例活动轨迹公布机制？

案例解析

案例 5-8

河南郑州“7·20”特大暴雨灾害

2021 年 7 月，河南省中部、西部及北部地区经历了历史罕见的极端暴雨天气，引发了相关地区严重的城市内涝、农田积涝、河流洪水及山洪地质灾害等。这次降水持续时间长、累积雨量大、强降水范围广、时段集中、极端性突出，是对地方政府及相关部门应急管理能力的一次重大考验。

【案例内容】

一、罕见大暴雨突袭河南

2021 年 7 月 17 日至 23 日，河南省遭遇了历史罕见的特大暴雨，发生了严重的洪涝灾害，特别是 7 月 20 日郑州市遭受了重大人员伤亡和财产损失。全省因灾死亡、失踪人数达 398 人，其中郑州市 380 人，新乡市 10 人，平顶山市、驻马店市、洛阳市各 2 人，鹤壁市、漯河市各 1 人。郑州市因灾死亡、失踪人数占全省的 95.5%。

特大暴雨引发河南省中北部地区严重汛情，12 条主要河流发生超警戒水位以上洪水。全省启用 8 处蓄滞洪区，共产主义渠和卫河新乡、鹤壁段多处发生决口。新乡卫辉市城区受淹长达 7 天。

这次特大暴雨是在西太平洋副热带高压异常偏北、夏季风偏强等气候背景下，同期形成的 2 个台风汇聚输送海上水汽，与河南上空对流系统叠加，遇伏牛山、太行山地形抬升形成的一次极为罕见的特大暴雨过程，对河南全省造成了严重冲击。强降雨在郑州市自西向东移动加强，河流洪水汇集叠加，加之郑州地形西南高、东北低，属丘陵山区向平原过渡地带，造成外洪内涝并发，灾情极为严重。郑州市的雨情、汛情、灾情主要有以下特点：一是暴雨过程长、范围广、总量大，短历时降雨极强；二是主要河流洪水大幅超历史，堤防水库险情多发重发；三是城区降雨远超排涝能力，居民小区公共设施受淹严重；四是山丘区洪水峰高、流急、涨势迅猛，造成大量人员伤亡。

总体而言，河南郑州“7·20”特大暴雨强度和范围突破历史纪录，远远超出城乡防洪排涝能力，全市城乡大面积受淹，城镇街道洼地积涝严重、河流水库洪水短时猛涨、山丘区溪流沟道大量壅水，形成特别重大自然灾害。

二、暴雨中的政府应急管理

这场特大暴雨发生后，郑州市委、市政府做了大量工作，及时组织处置常庄水库、郭家咀水库等重大险情，积极开展灾后救助和恢复重建工作，但灾害仍然造成了重大人员伤亡和财产损失。其中既有极端暴雨防御难度大的原因，也有城市发展快、历史欠账多的原因，但也集中暴露出郑州市委、市政府、有关区县(市)和部门单位领导干部认识准备不足、防范组织不力、应急处置不当等问题。

在应对部署方面，这轮强降雨到来之前，气象部门已经作出了预报，7 月 15 日至 16 日，国务院领导同志专门到河南郑州等地检查指导防汛工作，对防范强降雨、防控重大风险、全力确保安全度汛提出明确要求。河南省委、省政府于 7 月 13 日、7 月 16 日专门作出部署。在党中央、国务院高度重视和省委、省政府提出明确要求的情况下，郑州市委、市政府对此轮强降雨过程仍然重视不够，主要负责人主观上仍认为北方的雨不会太大，思想麻痹、警惕性不高、责任心不强，防范部署不坚决、不到位、缺乏针对性。7 月 13 日、16 日在全省防汛工作视频会议召开后，郑州市也接着召开了会议，但部署一般化，没有采取具体的、有力有效的落实措施；在 17 日、18 日双休日灾害应对准备的最关键、最要紧的两天，市委、市政府主要负责人对防汛工作没有组织分析研判、动员部署、督促检查等行动，除一名副市长调研了道路综合改造及积水点整改情况外，其他市领导均没有检查防汛工作；直到 19 日下午市委主要负责人、20 日上午市政府主要负责人才自 13 日以来第一次检查防汛工作，有关区县(市)党委政府和部门基本上也是这种情况，防汛准备的“关键期”变为了“空白期”。

在应急响应方面，《郑州市防汛应急预案》明确了启动Ⅰ级响应的 7 个条件，其中之一为“常庄水库发生重大险情”，常庄水库 20 日 10:30 开始出现“管涌”险情，郑州市未按规定启动Ⅰ级应急响应。郑州市以气象灾害预报信息为先导的防汛应急响应机制尚未有效建立，应急行动与预报信息发布明显脱节，直到 20 日 16:01 气象部门发布第 5 次红色预警，郑州市才于 16:30 启动Ⅰ级应急响应，但也没有按预案要求宣布进入紧急防汛期。实际上此时灾难已经发生，郑州市下属 4 个县级市死亡失踪的 251 人(荥阳市 96 人、巩义市 84 人、新密市 58 人、登封市 13 人)中，郑州市下属 90%以上死亡失踪的时间集中在Ⅰ级应急响应启动前的 13 时至 15 时。

相比之下，登封市是郑州市所有区县(市)中启动应急响应最早的，也是山丘区 4 个市中因灾死亡失踪人数最少的。19 日 20:00，登封市启动Ⅳ级应急响应。23:30 根据调度研判情况决定直接提升至Ⅰ级应急响应，比郑州市早了 17 个小时，赢得了灾害应对处置的主动权。荥阳市启动应急响应最晚(21 日 4:00 启动Ⅰ级应急响应)，因此因灾死亡失踪人数最多。

在应急处置方面，19 日，郑州 9 市有 12 个区县(市)153 个站点降雨已经超过 50 毫米、18 个站点已经超过 150 毫米。对这一严峻情况，市委、市政府没有引起高度警觉，没有认识到问题的严重性，当日下午市委、市政府主要负责人仍以常态化目标要求应对重大雨情、汛情，没有精准施策，措施空泛。20日早上8时许，市政府主要负责人虽然签发市防指紧急通知，但没有按红色预警果断采取停止集会、停课、停业措施，只提出"全市在建工程一律暂停室外作业、教育部门暂停校外培训机构"，仅建议"全市不涉及城市运行的机关、企(事)业单位今日采取弹性上班方式或错峰上下班"，且媒体网站发布上述建议要求时，人们早已正常上学上班，错失了有效避免大量人员伤亡的时机。在这场重大灾害应对过程中，郑州市委、市政府缺乏全局统筹，市领导在前后方、点和面上的指挥没有具体的统一安排，关键时刻无市领导在指挥中心坐镇指挥、掌控全局。郑州市所属区县(市)党委政府领导也普遍缺乏应急指挥意识和经验。

三、暴雨中的重大人员伤亡事件

1. 郑州地铁5号线亡人事件

7月20日，郑州市地铁5号线04502次列车行驶至海滩寺站至沙口路站上行区间时，遭遇涝水灌入，失电迫停，经疏散救援，953人安全撤出、14人死亡。

7月19日至20日，气象部门多次发布暴雨红色预警后，郑州地铁集团有限公司未按有关预案要求加强检查巡视，对运营线路淹水倒灌隐患排查不到位；20日15时09分五龙口停车场多处临时围挡倒塌。16时，地铁5号线多处进水的情况，并没有引起郑州地铁集团有限公司的高度重视，没有领导在线网控制中心(OCC)和现场一线统一指挥、开展有效的应急处置。17时左右，涝水急速涌入地铁隧道后，因道岔发生故障报警，列车在海滩寺站被迫停车，在没有查清原因的情况下于17时46分被放行。17时47分水淹过轨面后，司机按照规定[①]制动停车，但OCC主任调度员在未研判掌握列车现场险情的情况下，指令列车退行，在退行30米后列车失电迫停，导致列车所在位置标高比退行前所在位置标高低约75厘米，增加了车内水深，加重了车内被困乘客险情(见图5-7)。

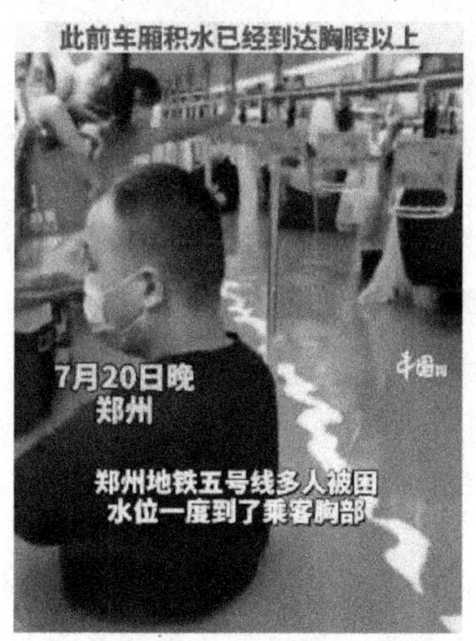

图5-7 郑州地铁5号线被困人员视频截图

① 交通运输部《城市轨道交通行车组织管理办法》第三十二条："线路积水超过轨面时，列车不得通过。"郑州地铁集团有限公司运营分公司《行车组织规则(5号线)》第8.17.3.3："当积水漫过轨面时，列车不得通过。"

经调查分析，之所以造成该事故，一是郑州地铁集团有限公司擅自变更了设计，为了物业开发，将五龙口停车场运用库东移了 30 米，地面布置也被调整为下沉 1.973 米，使停车场处于较深的低洼地带，导致自然排水条件变差，不符合《地铁设计规范》相关规定，属于重大设计变更，但未按规定上报审批。二是停车场挡水围墙质量不合格，停车场围墙按当时地面地形“百年一遇内涝水深 0.24 米”设计（经专家验算，“百年一遇”应为 0.5 米），建设单位未经充分论证，用施工临时围挡替代停车场西段新建围墙，长度占四成多，几乎没有挡水功能，施工期间，对工程建设质量把关不严，围墙未按图做基础；三是五龙口停车场附近明沟排涝功能严重受损，有关单位违规将部分明沟加装了长约 58 米的盖板，降低了收水能力。

2. 郑州京广快速路北隧道亡人事件

7 月 20 日，郑州京广快速路北隧道发生淹水倒灌（见图 5-8），造成 6 人死亡、247 辆汽车被淹。当日 15 时许，匝道路面积水超过 40 厘米，按规定应及时关闭隧道，但养护中心为保障隧道通行并未实施全线封闭。16 时 16 分，隧道强制封闭，可是车辆已经被困，受困车辆因积水无法前行选择掉头逆行，但后面的车难以退让，因此形成了僵局。在车辆拥堵时，郑州市城市隧道综合管理养护中心未及时进行应急报告和处置，郑州市公安交管部门也未发现监控情况，并及时指挥疏导堵车。同时隧道自身的泵站存在设计不合理的问题，进水断电延误了排水抢险效率。郑州市作为所谓“不常内涝的城市”，不太重视隧道泵站设计运营，甚至先通车之后才再处理排水工程。

图 5-8　郑州京广北路隧道被淹现场

四、灾后补偿与舆情引导

此次暴雨引发的洪涝灾害共造成河南省 150 个县（市、区）1 478.6 万人受灾，因灾失踪 398 人，直接经济损失达 1 200.6 亿元[①]。为支持灾区居民尽快恢复生产生活、尽快恢复农业生产、重建家园，省水利厅、财政厅、应急管理厅联合印发了补偿标准，及时解决群众后顾之忧。按照人头、房屋、农作物及土地的顺序进行补偿：先按每户常住人口数量补贴现金、发放食物；再按房屋和家庭耐用消费品损毁程度折现补偿；最后补偿绝收土地、经济林、养殖场。灾后补偿已于 2021 年 12 月 15 日前发放到户，起到了很好的安抚作用，解决了群众的燃眉之急，维护了社会稳定（见图 5-9）。

① 《河南郑州“7·20”特大暴雨灾害调查报告公布》，人民网，2022-01-20。

2021年河南省蓄滞洪区运用补偿工作方案公布

央广网 2021/09/07 08:48

央广网郑州9月7日消息（记者 王勇生）记者9月7日获悉，河南省水利厅、河南省财政厅、河南省应急管理厅日前联合印发《2021年河南省蓄滞洪区运用补偿工作方案》，把保障蓄滞洪区居民的基本生活、尽快恢复农业生产作为蓄滞洪区运用补偿工作的首要原则，支持蓄滞洪区受灾群众尽快恢复生产生活、重建家园，补偿资金12月15日前发放到户。

据了解，《方案》补偿范围涉及豫北三市蓄滞洪区，包括广润坡、崔家桥、良相坡、共渠西、长虹渠、柳围坡、白寺坡、小滩坡等8个运用的国家蓄滞洪区。涉及安阳市的文峰区、安阳县、内黄县、汤阴县、滑县，鹤壁市的浚县、淇县，新乡市的卫辉市。

图 5-9　蓄滞洪区补偿方案(部分)

值得注意的是，在此次突发自然灾害面前，网络舆论发挥了举足轻重的作用，营造了良好的应急救援氛围，体现了全国上下一盘棋的决心。从“夺命 5 号线”到京广快速路隧道死亡案，再到刷爆网络的救援视频，这既是特大暴雨中悲剧的缩影，也是相关部门应急处置能力的照妖镜。网络上有关河南暴雨的话题热度居高不下，对无名英雄的声援、对互助市民的赞扬、对有关部门的声讨、对应急能力的批判、对数据真实性的质疑、对罹难者的惋惜及有关谣言一起发酵出了一个庞杂的舆论场，有待政府公布真相。而在现实中，某些主流媒体的报道避重就轻，不公布伤亡人数，不通报堵口合龙用时，抢险路上层层设卡以防“小报记者”走漏风声。根据国务院灾害调查组发布的报告，郑州市存在未按规定统计上报、刻意阻碍上报因灾死亡失踪人员信息、对已掌握的信息隐瞒不报的现象，在不同阶段共计瞒报 139 人，极大地损害了当地政府的形象和公信力。

（案例来源：《河南郑州“7・20”特大暴雨灾害调查报告》，中华人民共和国应急管理部官网，2022-02-14，有删改）

【案例思考】

1. 郑州市应对暴雨灾害的措施暴露了地方政府应急管理的哪些问题？
2. 面对突发性自然灾害，党政媒体应如何助力政府应急能力的提升？
3. 此案例对地方防汛工作有何启示？

案例解析

本章小结

由于长期以来中国基本上保持着和平稳定的发展势头，各级政府将主要精力集中于经济建设，忽视了危机意识的培养，缺乏敏锐的危机意识和判断能力。频繁发生的“天灾”(或以天灾形式表现出来的“人祸”)和“人祸”向世人警示：常态的社会安全文化无法应对多样性的危机形态，因此必须树立危机意识。

从 2003 年 SARS 事件到 2020 年年初暴发的新冠疫情，再到本章选取的案例，都可以看出我国现有的应急管理机制更多侧重于事件发生后政府如何快速地应对与处理。而在分析、发现危机事件可能发生的线索征兆方面则有明显的缺陷，主要表现为：对一些明显可能成为危机事件的问题缺乏必要的警惕；不具备详细的危机前预警分析和学习评估能力；对即将来临的危机反应迟滞等。此外，大众媒体也没有很好地承担起拉斯韦尔所说的“社会风险的守望和预警”的角色，没有充分发挥对公共危机进行监控、发现威胁并告知管理者和公众及时采取措施规避危机的作用。因此，政府应急管理目前属于被动反应模式。

从管理维度看，政府应急管理是由预警系统、指挥决策、回应控制、回复评估等一系列有计划、有组织的具体措施和运行机制组成的管理过程，其不同阶段的各项活动有着不同的信息需求；从组织维度来看，处理突发事件，需要建立一个解决危机的网络系统，这个网络系统应由政府部门、非营利组织、营利组织(企业)、社会公众、国际资源等多元主体构成。从技术维度看，危机信息系统的建立需要一系列相关的高新技术。

第六章　政府改革与治理案例

第一节　案例研修要求

一、教学目标

- 通过对本章教学知识点的学习，逐步掌握政府治理的理论背景、含义、转型期我国政府改革存在的问题及政府改革的方向等基础知识。
- 通过对本章案例的学习和探索，进一步理解政府改革与治理创新的难点、我国政府改革的突破口、政府治理创新的方法和路径。
- 能够深入体会民主、灵活、高效和廉洁的政府对一个国家或地区社会经济发展的重要作用，能够恰当运用分析工具和分析方法，正确评价政府治理的成效与不足，提高分析问题和解决问题的能力。

二、教学知识点

我国目前处于转型期，市场经济的发展特别是加入 WTO 的现实，要求政府转变职能，形成新的管理模式，而我国行政体制改革的目标也在于此。政府改革(或行政体制改革)与治理则构成当代公共管理学和公共行政学研究的核心主题。因而，研究政府改革与治理的理论及模式，总结各国政府改革与治理的经验教训，对转型期深化我国行政体制改革具有重要的理论与实践意义。

1. 合作网络视角下的治理

20 世纪 90 年代以来，治理(governance)与善治(good goverance)日益成为公共管理的核心概念，治理理论成为西方学术界日渐崛起的“显学”。有关合作网络的研究认为，“治理是政府与社会力量通过面对面合作的方式组成网状管理系统”①。一方面，它继承了“自组织网络”的主要观点，将治理看作政府与民间、公共部门与私人部门之间的互动合作，将公民社会部门看作治理的主体，并用它来解释公私部门分享权力、合作治理的新型关系，从而使治理理论脱离了“社会中心论”的窠臼，并确立多中心的公共行动体系论；另一方面，它也吸收了“政府管理”途径的主要观点，承认一个负责、高效、法治的政府对有效治理的重要意义，认同“掌舵而非划桨”等新公共管理的思想精华，并认为在合作网络中，政府与其他主体是平等的关系，需要通过对话、建立伙伴关系和借助其他主体的资源来实现仅靠自身无法实现的目标。

合作网络视角下的治理综合考虑了政府层面和非政府层面有关治理的看法，并用它来描绘相互依存时代公共管理的新模式，这对于当代公共管理的环境变迁及其发展

---

① D. Kettle, *Sharing Power: Public Governance and Private Markets*, Washington, D.C.: Brookings Institution, 1993, p. 22.

趋势具有很强的解释能力。

合作网络视角下的治理可以分为以下几种基本类型。

(1)全球治理

全球治理是指对国际合作网络的管理。在国际政治领域，全球治理有很多称谓，如“国际治理”“世界秩序的治理”等，一般指为了维持正常的全球秩序，国际社会通过有约束力的制度，对全球生活中的生态、移民、毒品、地区冲突、贫富差距和国际共同财产等公共事务进行合作管理。

这种合作网络不同于以“霸权”为基础的合作，而是基于多中心权威的合作，即“通过多国之间、多种行为体之间的协调、沟通来达成共识，进而通过集体行为的方式促进多领域合作，这已成为当今世界政治的主流”①。

(2)民族国家治理

这里特指在民族国家范围内对政府主导的公共物品供给过程的管理。当代民族国家具有复杂的结构，地方、中央以及国际层面的政府及其部门构成了多层级、多主体的决策体系。并且，越来越多的私营部门和第三部门参与到提供公共服务和战略性决策的行列中。众多权威交叠共存构成了多中心的合作网络，并逐步成为当前西方发达国家的治理结构。

通过授权和分权，通过转变和让渡职能，西方国家重新调整政府与社会、政府与市场的边界，将多中心制度安排导入公共产品和公共服务的生产与供给中，使政府部门与非政府部门形成紧密的相互依赖关系。

(3)社区治理

社区部门是相对自治的，是源自社区群体内在合作需要且以自助为基本特征的一种组织。社区部门之所以兴起，并成为公共服务供给网络中的重要力量，是因为它在提供公共服务方面有独到优势，不仅能够解决政府、市场难以解决的众多复杂的公共问题，还能够填补政府部门难以介入的空间：一方面，各种社区组织更关心其服务对象，更强调自下而上的参与，更了解社区自身面临的问题，因而更能制定出符合成员需求的制度，在提供公共服务时比政府部门和市场机制更有弹性、更有效率、更有创意，也更具关怀精神；另一方面，通过整合社区资源，社区组织能推动社区成员参与社区的发展计划，参与解决社区内的公共事务，并使公共服务直接处于民众的监督和控制下，使个人融入社会，减少对社会的疏离感，萌生社区意识，产生对社区的认同感、归属感和责任感。

2. 转型期我国的政府改革

(1)我国政府改革存在的问题

经过多次行政改革，我国政府体制及其运行模式已得到相当大的改善。但是，与成熟的市场经济体制和 WTO 规则相比，我国现行的行政体制存在较大的差距，存在许多亟待解决的问题：政府管制仍然较多，市场机制作用没有得到充分发挥；政府管理方式及手段单一、落后，政府对经济领域的干预仍然较多，职能“越位”“错位”“缺

---

① [美]詹姆斯·N. 罗泽瑙：《没有政府的治理——世界政治中的秩序与变革》，2～3 页，南昌，江西人民出版社，2001。

位”现象仍然存在；政府内部决策职能与执行职能不明确，致使一些部门忙于具体事务、疏于决策，重审批、轻监管，既当裁判员又当运动员，缺乏有效的制约机制；地方或部门利益观念强，公共意识和公共责任感不强等。

(2)政府改革的方向

在深化政府改革进程中应重点处理好几个关系。

①机构改革与其他配套改革的关系。从一般意义上讲，政府改革至少涉及以下几个方面的变革：一是结构性变革，如组织的重组、层级的简化、人员的精简；二是工具层面的变革，如政府治理方式、方法以及公务员的行为方式；三是价值层面的变革，如政府人员的心灵改革。显然，仅仅改变政府结构是无法达到改革目的的。因此，在转轨时期必须重视改革的系统配套，将组织重建、职能转变、流程再造、管理方式更新以及相互关系的调整有机结合起来，全方位进行政府改革。

②实质理性和工具理性的关系。在以往的行政体制改革以及机构改革中，人们重视改革的价值理念和价值目标(如，提出建立民主、法制、公正和廉洁的政府)，并认为行政体制改革必须抓住职能转变这一关键的共识，这是十分正确的，也是十分必要的。但是，人们往往有意或无意地忽视工具理性的改革，未能将管理方法、方式与技术的更新放在同等重要的位置上。这就迫切需要引进现代化管理方法、方式和技术，尤其是引入市场竞争机制、工商管理方法及信息技术，更新管理方式，用现代化公共管理方法和技术(政府工具)来保障职能转变以及价值理念和价值目标的实现。

③中央政府改革与地方政府改革。以往历次机构改革往往要求机构设置及职能上下对口，各地精简比例与数量也往往趋于一致；改革的方式基本上采取自上而下、逐级推行的方式，中央政府与地方政府改革不同步，往往是中央政府已开始下一轮改革，地方基层政府的上一轮改革才刚完成，其间时间相差 2～3 年。

新一轮政府改革应处理好中央政府改革与地方政府改革，以及自上而下与自下而上两种改革方式的关系。首先，由于目前全国各地的社会经济发展不平衡、市场体制发育程度有较大差异，因而对政府管理的体制、职能、过程和方式的要求也就不同。因此机构改革应尽量避免“一刀切”，并淡化机构设置及职能上下对口的色彩。其次，中央与地方政府的改革时间差应尽量缩短，可以考虑与地方各级政府的改革同步推进，以避免改革层层打折扣。最后，将自上而下与自下而上两种改革方式有机结合起来，更多地采用自下而上的改革方式。

三、教学重点

认真研读案例，展开讨论，并重点思考以下问题。

①如何理解习近平“四个全面”战略布局与中国政府改革和创新的关系？

②政府改革和创新的动力是什么？

③我国公民社会组织参与公共管理事务的理论依据和现实要求分别是什么？

④如何用政府改革和创新推动新型城镇化建设？

⑤如何在政府改革和创新中正确处理政府与市场的关系？

第二节　案例分析

案例 6-1

多重力量作用下南京市 Y 小区业委会的生存难题

20 世纪 90 年代以来，随着我国商品房改革浪潮涌动，城市社区结构和社区管理模式得以重塑，“业主委员会”应运而生，基层社会利益关系在国家、社会、市场的互动场域中深刻转型。业主委员会作为一种新型社区自治组织，被视为保障业主权益的“主心骨”，但目前在实践过程中仍面临着成立难、监管难、运作难等多种不同的生存难题。

【案例内容】

一、初创期：业委会成立难

1. 社区无序，筹备组应运而生

Y 社区虽南临秦淮河景观带、风景秀美，但由于物业管理负责人更替频繁，小区日常管理每况愈下，存在各种设施破损、废弃物随意堆放、电梯年久失修无人问津、公共费用从不公示等诸多问题，引起了业主的强烈不满。

物业管理的种种缺位，促使一些业主产生了成立业委会的想法。居民老王联合其他热心业主开始紧锣密鼓地筹备业委会成立工作，并将相关材料上报给了社区所在的街道。街道接到申请后，于 2011 年 4 月开展了成立业主大会筹备组的相关工作，成立了由街道办事处科长、社区社工代表王某、Y 小区物业代表以及 6 位业主代表组成的 9 人筹备组(见图 6-1)。

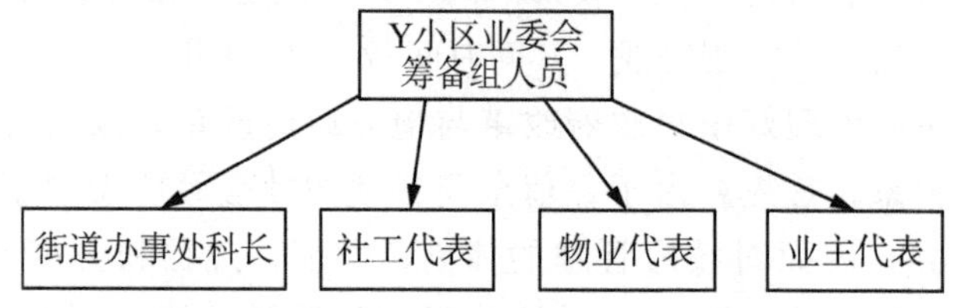

图 6-1　Y 小区业委会筹备组人员组成结构

2. 信任危机，内部突发不和谐

业委会筹备组成立后，刚开始工作开展得很顺利，成员在办公室轮流值班，经常组织会议商讨业委会成立工作的相关事宜，商量管理规约、业主大会议程等内容，但很快出现了信任危机。

筹备工作烦琐，成员们本想在上级领导、社区代表的指导下尽快成立业委会，但很快发现街道派驻的社工代表(社区副主任王某)完全不按流程和规章办事，各项工作在其指导下，几乎呈现停滞状态。王某作为社工代表多次拉拢业主代表和物业经理一起吃饭，并表示和物业经理关系好，这引起业主代表们的不满，认为王某这样的表现就是在公开索贿。但碍于王某街道派驻代表的身份，业主代表们对此也束手无策。业委会筹备组成员之间的信任危机也愈演愈烈。

2011 年 6 月，筹备组公布了 Y 小区《业主委员会委员候选人报名通知》，然而从确定业委会候选人资格开始，不可调和的内部矛盾逐渐浮出水面。首先，在候选人的确定原则上出现内部分歧。25 位业主报名参选的相关信息表格全部被街道人员带走，这 25 位候选人名单本应在小区内公布，但后来公布的名单中却只有 18 名业主，有 7 位候选人“不翼而飞”。神秘消失的这 7 位候选人是依据什么标准落选，筹备组成员全被蒙在鼓里。没多久，18 名业主又被筛选为 11 名。原本热心参选的老王因年龄大而被迫“落选”了，另一位业主李先生在社区居民委员会主任的多次打电话劝说下也“主动退出”了。事后老王表示：“街道想方设法找借口提高候选人门槛，年纪大不行，筹备组成员不行，同一幢楼也不行。”这种暗箱操作遭到了业主代表的质疑，但是他们一表现出反对意向，街道派驻人员就拒绝其参会并想尽办法拖延时间。其次，在业主委员选举方法上又再次滋生矛盾。筹备组业主代表认为应根据《指导规则》的规定，通过召开业主大会，采取业主无记名投票方式产生业委会委员。但是街道和社区代表却提议以大学生上门入户投票的形式来选择业委会委员，且对此一不说明缘由，二不积极沟通，直接强制实行他们认定的方式。

面对这样的情况，业主代表们灰心丧气，但为了不辜负之前的努力，商议重新召开一次会议。会议上，社区代表王某指责业主代表于女士私下联系了同一幢楼的业主，疑有“拉票”嫌疑，引起了于女士的愤怒，在声讨了种种“异常”筹备工作情况后，她愤然离席。街道和社区代表发言表示，一些业主反映筹备组业主代表不应该参加选举，不能既当裁判员又当运动员。这个突发事件逼得两名业主代表当场宣布退出筹备组。

最后，业委会筹备组成员中的 6 名业主成员只剩下 1 人，会议不欢而散。之后因为社区进行人口普查工作，Y 小区业委会筹备工作被迫搁置。愤愤不平的老王和筹备组的两位业主代表，只得写材料向南京市秦淮区委、区政府反映情况。

3. 柳暗花明，千呼万唤始出来

2012 年 1 月 27 日，南京市秦淮区委政法委听取了几位筹备组业主代表们反映的情况，召集了 Y 小区所在的街道办事处、J 社区等相关负责人开展会议，决定将此前筹备工作推倒重来，更换街道和社区的代表，之前所限制的“年龄大小”和“是否为筹备组成员”等条件不再成为竞选的门槛。

针对候选人问题，街道办事处社会事务科科长表示街道没有针对任何人，根据《南京市住宅物业管理条例》，参加业委会选举需符合双过半原则，候选人要获得三分之二的业主选票才能当选，但由于业主对业主大会较为冷漠，且对候选人不太了解便随便投票，导致最后的统计结果显示没有候选人能达到入选标准。于是，科长和房产局工作人员沟通后，希望能对候选人的条件“稍加限制”。“因为当时出现了几幢楼没人报名，但某一幢楼却有许多人报名的情况，所以才计划对楼栋加以限制。限制年龄也是考虑到年纪大的人干这么烦琐的工作身体恐怕吃不消。”而关于采用大学生上门入户进行投票的方式，科长也解释道，“居民不认识大学生，这样比较公平，但最后也没有真正实施。”

此外，被业主认为带有家长式作风的社工代表王某，则是满腹冤屈：“当时开完会后时间比较晚了，大家就和物业一起吃个便饭。发票都没有要，我怎么找物业报销？真想不通我为业主做了这么多事，为什么反而会被人在背后说风凉话。”街道办事处工作人员也表示："基层人员缺乏对业委会具体的指导规则，我们不敢也无权细化指导规则，稍有差错就容易产生矛盾。"

经过商讨，2012 年 3 月 4 日，Y 小区的门口贴出了关于"重新成立小区业主大会筹备组"的公告。7 月 30 日，Y 小区选举工作终于得以顺利进行，投票、唱票、选举工作如火如荼地开展。经过两个多小时的统计，最终选出 Y 小区第一届业委会成员 9 名，业委会正式成立。

二、发展期：业委会监管难

第一届业委会在成立后做出了不少实绩，但很快迎来了业委会成立后的第二道难关——物业续聘工作。

1. 续聘物业，一石激起千层浪

因为前期物业合同已经到期，再加上电梯维修、路面砖破损等问题暴露出物业公司存在监管不到位的问题，Y 小区第二届业委会决定筹备召开"是否续聘现物业公司"的业主大会。续聘物业涉及诸多利益，物业公司使出浑身解数，暗中搞很多小动作，不仅花钱找业主作弊拉票，还在小区散布流言蜚语诋毁业委会名声。

业委会表示物业不作为的问题长期存在，但业委会监管起来很难。比如对于电梯维修的问题，物业公司给业委会报价一个零件就要一万多元，但实际上物业公司根本没有聘请人维修，且街道、社区又不管事，仅靠无权无钱的业委会根本监管不了。同时，业主方面又要求业委会解释物业续聘方案，提出既然物业管理中存在这么多的问题，为什么还要续聘该物业公司的疑问。业委会褚主任回应表示，物业公司续不续聘并不是业委会说了算的，需要经过业主投票决定，但目前评价机制尚不健全。根据《物业管理条例》，是否续聘物业需考虑几个关键因素：一是业委会需要组织召开业主大会，超过三分之二的小区业主投票同意才能完成续聘；二是能否续聘取决于业主的满意度，这才有了 Y 小区物业私下贿赂业主进行拉票的情况；三是物业费和续筹方案问题，这也是业委会和物业公司之间存在的最大矛盾点。

2. 操作不当，各方矛盾再加剧

面对业委会和物业公司间的巨大矛盾，Y 小区业委会成员普遍认为，社区的不当操作给业委会的工作造成了很多麻烦。业委会表示当时本希望街道、社区给予支持，但他们反而作出一些加剧矛盾的决策，造成了更大的混乱。2017 年 11 月 19 日开票当天，业委会本希望社区党支部书记来主持续聘第二届物业的工作，但是现场突然出现两个非业主的无关人员，自称是工作人员，非要出头主持选举开箱。本来是在一个小会议室开票，但这两个"工作人员"临时变卦提出到会所去，还鼓动社区的老年人来闹事。按规定，不具备业主资格的人是不能代表业委会开箱的，然而社区党支部书记却默认了这种做法，最后竟变成了谁都能来开箱，开票现场一片混乱(见图 6-2)。

当天开票以后，出现了重票现象，两名"工作人员"还把一些废票拿出来，企图充当有效票蒙混过关。不少业主开始质疑投票的公平性，称在前期发放选票时，业委会对投票人的身份信息没有经过明确的核实，这会让无投票资格的人钻了空子。面对这样混乱的投票情况，业主们纷纷表示不满意。业委会表示既然票数不过半，就继续投票，并向社区提议继续在小区扩大投票范围。然而社区却并未采纳他们的意见，还于 12 月 2 日发布了这次并不被认可的投票《联合公告》，该行为遭到众多业主的强烈反对。

图 6-2　混乱的开票现场

3. 阵痛难免，业委会力挽狂澜

为了解决物业续聘中的问题，业委会成员首先向南京市住建局物业科反映了情况。上级最终采纳了业委会的建议，并作出指示：继续让未投票的业主参与投票，打电话核对重票业主投票情况，并通过录音保证公平。业委会表示会仔细核查每位投票业主的相关信息，如果业主对结果有疑虑，可以申请查询本户征求意见结果，同时也会进一步与物业沟通管理服务标准，无论是否续聘都会给业主们一个满意的答复。

2017 年 12 月 4 日，街道物业办、业委会、派出所、社区召开会议对结果进行商讨、确定，最终由 Y 小区业委会、社区居委会联合发布公告，对业主的相关疑问进行了说明。12 月 4—11 日，Y 小区重新开展物业续聘投票工作。12 月 12 日，Y 小区业主在社区居家养老服务中心进行公开唱票，续聘物业工作最终圆满完成。

三、稳定期：业委会运作难

Y 小区两届业委会走过了成立的初创期、监管的发展期，迈入了服务的稳定期。这一阶段业委会工作重点在于人、财、物的支出以及小区的工程活动如何得到业主信任和支持。社区雨污分流工作就集中体现了稳定期的服务运作难题。

1. 雨污分流，心向明月却照沟渠

Y 小区本有两套独立的雨污排水系统，但部分排水管网由于年久失修，存在错接、混接、淤堵等问题，生活污水通过立管接入雨水系统并大量排入外秦淮河。根据南京市建委文件精神及区委、区政府统一安排部署，2019 年 10 月，雨污分流项目已在 Y 小区东、西片区共计 23 幢楼周边部分区域实施。此次雨污分流改造项目是为了改善小区内部雨污分流管的结构性缺陷，并提升市政管网污水的收集效率，改善秦淮河流域水质环境。

然而，Y 小区业主们却强烈反对在小区内实施雨污分流项目。在他们看来，目前 Y 小区的雨污分流系统没有出现问题，不需要大费周章施工。根据此前的施工方案，小区东、西片区之间的路全部要开挖，很多栋楼地下要全部更换新管，小区内汽车通行的主柏油马路要开挖 30 余处，施工区域相当于在小区路面“剖肚皮”。业主们担心这样下去，会对现有的管道和线路产生负面影响，也会使他们最引以为豪的 40%绿化率成为历史。业主们希望业委会能站出来去跟政府提意见，制止这次工程。在此期间，业委会成员多次和业主沟通，普及雨污分流工程将给小区带来哪些好处，但遭到了业主们的指责，被认为业委会不仅没有能力办好业主们的事，还反过来说服业主以推卸责任。舆情持续发酵，最后由少部分业主策划，竟把小区一些坐着轮椅的老年人推出来强行阻拦正在工作的施工队，联合小区800人签名，交到街道，实名反对这次雨污分流项目，使项目被迫暂停。

2. 巧解难题，小处着眼化解矛盾

虽然业主们主观上认为Y小区原有的雨污分流系统是完善的，但事实是小区管道经过多年使用，已经受到了不同程度的损坏。经专业人员检测，小区目前排入秦淮河的污水已严重超标。于是，业委会成员召开紧急会议，开始规划这项惠民工程的协调工作并稳步开展。

第一，积极细致地向业主解释雨污分流工程的重大意义。为了做通业主工作，业委会成员一家家敲门入户，带着效果图耐心细致地解释。同时，小区还设立了线上线下意见箱，专门组建了由业委会、社工、物业和施工方人员组成的微信群，一旦出现问题，业委会就会第一时间收集业主的疑问并及时解答，向存有不满情绪的业主积极普及雨污分流项目对社区小环境、秦淮河大环境的益处。

第二，带领业主直接与施工方进行对话。Y小区先后5次召开小区业委会和居民代表间的议事会，具体商议此项工程进展；组织建设方、施工方、社区居民委员会主任、居民代表共同协商，让居民跟施工方直接对话，征求居民意见。施工方为居民详细介绍了小区下水管道腐蚀及渗水情况，同时也坦言施工需要挖开至少2处路面，但是保证会尽快恢复路面平整。经过多次协商会议，业主也逐渐表示理解。针对施工问题，双方最终达成一致：一是施工单位做好交通疏解工作，保障施工期间小区车辆进出顺畅；二是施工单位做好工期安排，分时分段施工，减少对业主日常生活的影响；三是按照不低于原状道路标准对道路进行恢复。

第三，业委会督促施工方向业主实时公示工作进度。业委会要求施工方及时在公告栏上公示所有施工内容和管理人员的联系方式。居民有疑问都可以向业委会反映，再由业委会向施工方收集相应信息，及时传达给居民。

第四，经过业委会成员的多方协调，雨污分流工程在小区顺利实施并得到业主的一致好评。

（案例来源：2020年江苏高校公共管理案例分析大赛获奖案例《本以高难饱，徒劳恨费声——多重力量作用下南京市Y小区业委会的生存难题》，有删改）

案例解析

【案例思考】

1. 业委会在社区治理过程中扮演着怎样的角色？
2. 在案例中业委会现存困境的成因有哪些？
3. 如何破解业委会生存和发展的困境，实现良性发展？

案例 6-2

合肥市改厕记

公厕作为社会公共服务体系建设的重要组成部分，事关人民健康和生态环境的改善，同时也体现了一座城市的形象和文明程度。“厕所革命”上承国家政治经济领域的宏伟举措，下应民生细微之处，是以小见大、彰显责任政府的具体场域。2015 年起，合肥市积极响应国家号召，推行“厕所革命”，从旅游厕所改建到城市公厕改造，再进一步延伸至乡村厕所改建，合肥市厕改在全域范围内取得了不俗的成绩。但是挑战也随之出现，“厕所革命”已经进入深水区，一系列困难接踵而至，责任政府的建设之路依然任重而道远。

【案例内容】

一、“以商养厕”：景区旧厕开新颜

合肥市 S 景区公厕修建的规模不小，其外部装修跟景区整体环境协调一致，但内部设施、布局却和它的漂亮外观有天壤之别，游客进来时的满意和出去时的抱怨形成了鲜明的对比。游客的抱怨主要体现在两个方面：一是公厕基础硬件设施不合格，无法提供基本的公厕服务；二是公厕内部设计不合理，未考虑到残疾人、老人、哺乳期母亲等特殊人群的需求。针对游客的抱怨，景区负责人表示在景区公厕问题上是有心无力，由于景区厕所资金投放有限，只能先保证外观整体协调，加上公厕每天使用人数很多，设施后续维修难以跟上。

针对景区厕所徒有其表的问题，合肥市文旅局 2015 年发布《关于扩大旅游消费的实施意见》，意见主要目标是以商建厕、养厕、管厕。S 景区根据上级政府要求，在自行制定整体规划的基础上公开向社会招标，招标内容分为两类：一类是将公厕的改建管理权与其辖区内的商业门面经营权或广告位合并，作为配套商品转让给商户，由其自主开发和管理；另一类是先由企业出资建造厕所，政府再向企业回购或者租赁厕所的使用权，承包商在租赁期间负责维护运营。

“以商养厕”的模式确实给合肥景区公厕改造提供了一种新的思路，把公厕建造、维护、管理的压力从景区转移给企业，缓解了景区的压力。但企业在实践中又面临造价高、后期运营耗资大等问题，以致计划一再搁浅。为了解决“以商养厕”实践中出现的新问题，政府通过政策补贴、推行“所长制”、开发新式厕所等措施升级“以商养厕”模式。

1. 政府补贴做后盾

2015 年，合肥市文旅局对全市建成的 52 家旅游厕所给予奖励 124 万元，开始实施旅游厕所改建的奖补政策，通过财政补贴缩小资金缺口。2016 年，S 景区的五间公厕共获得 17.5 万元补贴。2017 年，S 景区所在县共获得 45.42 万元补贴，充足的资金使 S 景区开始在保证数量的基础上狠抓厕所质量，并启动厕所评级制度。S 景区按照《旅游厕所质量等级的划分与评定》(GB/T 18973—2016)标准，前后投资 428 万元新建、改建了 11 座旅游厕所，景区内的大部分公厕已经达到 A 级，甚至是 3A 级。政府对于旅游厕所的资金支持，使得政商结合的改厕模式更加切实可行，承包商可获得补贴，代偿改建和维护公厕付出的成本。

2.“所长制”改善脏乱差

2016 年 6 月，国家旅游局对 S 景区进行了暗访，对相关问题进行了通报。针对“有专人值守，但清洁不到位”的问题，S 景区开始实行三级管理、定期巡查的管护方案。“三级”分别指厕所管理员、市容检查员、旅游办巡查员这三级管理员。厕所管理员负责全天候保洁；市容检查员每日六次不定时检查，按照"一次警告、二次惩处、三次开除"的办法，对公厕管理人员进行处罚；旅游办巡查员则每日两次不定时巡查，发现问题立即通报，并督促相关部门限期整改。

2018年，合肥市全面推行旅游厕所"所长制"，S景区每间厕所都配有"所长"，且公厕都会悬挂公示牌，将责任人、管理员一一列明，相关的职责和监督电话也一应俱全。除此之外，每间旅游厕所都会定岗、定人、定时进行卫生保洁和设备养护，上级主管部门采取日常抽查、月度巡查、年度考核的方法，建立了旅游厕所管理工作台账。自此，S景区的公厕管护形成了长效机制，保证了改建和维护的良性循环。

3. 多功能开发增亮色

"以商养厕"模式强调对公厕的多功能开发，以满足使用者的多方需求。2015年，S景区根据合肥市人民政府办公厅下发的针对全市旅游公厕无障碍设施检查的通知，在所有公厕设置无障碍设施及厕位，完善公厕的功能。2018年，合肥市开始在全市A级景区范围内推广第三卫生间，S景区作为5A级风景区实现了"第三卫生间"全覆盖，内有成人、儿童及残疾人马桶，儿童座椅，母婴护理台等设施，方便残疾人和带小孩家庭使用。目前，S景区正在尝试将"第三卫生间"推进升级为"第五空间"，在完善如厕功能的基础上，增添休闲、娱乐等功能，使之成为新式厕所综合体。

合肥市的第一间"第五空间"于2018年6月在长岗路游园内开放，建筑内电视、Wi-Fi、自助阅报机、自动售货机、擦鞋机等物品应有尽有，分为休闲区、管理室、第三卫生间等功能区。如今S景区在合肥市政府的号召下开始全面推广"第五空间"公厕模式，希望充分发挥公厕作为公共基础设施的服务功能，更好地为游客提供便利。

二、"10分钟如厕圈"：城区公厕焕然一新

作为城区厕所的直接使用者，市民对公厕有不少烦恼，也提出了不少问题：一是厕所数量严重不足；二是公厕布局不合理，位置隐蔽；三是老旧厕所设施简陋，环境差。对此，合肥市城管局也做了相关努力，例如增设标牌，对不符合标准的标牌进行清理整改以回应公厕布局不合理、指示标志不明等问题。此外，针对老旧厕所设施简陋、环境差等问题，2017年城管局推进新建区域和连片小区公厕建设，通过改造老旧公厕配套设施，提升公共场所公厕建设水平，同时推进辖区旱厕拆除、改造，完善公厕导示系统。虽然市城管局在老旧厕所翻新、指示牌整改等方面取得明显进展，但公厕数量不足问题仍未得到有效解决，到2019年年底免费开放的城市直管环卫公厕仅有210座，按照城市规划测算，仍有1 879座公厕的缺口。

2018年3月，安徽省住建厅印发《安徽省关于加快推进全省城镇公厕提升的指导意见》，计划用3年时间，使城镇公共厕所达到每平方千米3～5座，主城区形成"10分钟如厕圈"。根据规划，L区政府推出以下举措：首先，针对数量不足现状，规定不同地段公厕间距不同，最小间距不少于400米，最大间距不超过1 200米。其次，设置全市统一的公厕导向牌，并增加箭头标识、距离标识以及无障碍设施标识。最后，配备管理、服务人员，负责公厕的日常管理和保洁服务。

1. "公厕开放联盟"补齐数量短板

对于公厕数量不足的问题，合肥市政府积极采取措施，并在2017年年底对辖区单

位开展调查摸底，梳理出可对外开放的各类单位厕所1 600多座。这些厕所分属于加油站、餐饮店及机关、企事业单位等。市城管局积极与相关单位进行沟通，争取逐步将这部分厕所纳入导航系统，使其更好地发挥作用，以填补公厕总量的不足。其中，L区政府看到了巨大的社会公厕资源，积极采取行动响应政策，成为全省首个发起“城市社会服务单位公厕联盟”行动的城区，并于2019年5月底完成所有单位厕所挂牌工作的目标，共推进412座社会公厕面向全社会免费开放。在利用已有资源的同时，L区政府也没有放弃开发新公厕。2019年，L区共新建9座移动生态公厕，改造14座老旧公厕，这一系列工作有效弥补了城区公厕数量不足的问题。

2. 公厕电子地图解决一厕难求问题

针对公厕位置隐蔽难寻的问题，2017年L区政府督促城管部门按照《规划》的指示，逐步开展在主次道路沿途每隔500米位置设置一个公厕引导标牌的工作。2018年L区公厕电子地图上线，L区政府在其城管部门官方微信号的“便民公厕”服务中，推出了公厕导航功能，使用者在线上就可以看到所有由城管部门直接管理的公厕，查看诸如公厕名称、产权单位、管理人员、联系电话、开放时间、厕位等信息，并可以发送定位信息，根据导航语音提示快速找到附近公厕位置，精确度可达10米左右。此外，市民还可以通过此系统对公厕管理出现的问题进行监督和举报。

3. 精细化管理解决脏乱差难题

针对厕所脏乱差问题，L区城管局在市政府文件指导下对公厕的管理进一步提出更为细化的考核标准，要求做到“六无、四净、二通、一少”，并以此为指标实行“星级”管理考核奖励办法，每3个月对全市环卫公厕进行考评。同时加强监督，增派运营人员，全面升级硬件设施，使得城管直管公厕基本实现节水器具“全覆盖”。同时，高新技术的应用对解决脏乱差问题同样功不可没。L区采用新型液固气分离技术直接降解污水的生态公厕，无人值守的全自动“智慧”公厕，利用实时监测、自动报警的云数据管理平台，都使公厕的功能性实现了飞跃。除了关注厕内硬件设施的提升，改造还注重精神文化氛围的营造，对公厕的外观也进行了设计、升级，通过创新引入徽派建筑风格，在给市民带来视觉享受的同时弘扬徽州文化。

三、立体环绕式：农村改厕稳步推进

2017年7月，合肥市改厕方案出台后，H村的全面摸底工作随即展开。作为厕所革命最大的受益者，村民们却对改厕看法不一。一部分村民赞成改厕，认为农村旱厕环境普遍较差，不仅污染空气、滋生细菌还有可能污染地下河。一部分村民因为有着多重困扰，不赞成改厕，例如，有的村民想保留农家肥灌溉农田，节省施肥成本；有的村民认为旱厕无害，没有改变的必要；还有的村民担忧改厕成本，对先建后补的政策存疑，担心验收不合格拿不到补贴。还有一个客观原因，就是农村空心化导致劳动力缺失，很多空巢老人和留守儿童无力配合政府进行改厕。

H村开展全面摸底工作一个月后，村干部们发现改厕工作并不像预想得那样顺利。改厕最大的障碍是缺乏动力机制，部分农村地区改厕效果尚不明显，未形成示范效应，基层干部难以动员村民配合改厕。

针对农村改厕缺乏内生动力的问题，H村采取立体环绕式行动方案，即将立体式推进和环绕式行动互联。立体式推进模式指的是先挑选部分改造意愿强烈的自然村进行试点，以点带线，在试点村周围形成模范效应，将被吸引的村庄串联成线，再以线带面，使串联村庄不断扩大影响，在农村形成改厕集成效应。针对农村旱厕造成的环境问题，政府则是开展环绕式行动，具体指由政府组织施工，工程并不局限于改厕，而是以环保为核心，治污绿化环绕式推进，将前期改建与后期管护运营相结合，形成长效管理机制。

1. 立体模式激发改厕动力机制

2017 年 8 月 23 日，H 村被选为合肥市农村改水改厕试点自然村，就此开始“厕所革命”。8 月 31 日，在市督查组的监督下，H 村对工作人员进行了改厕技术培训。截至 9 月 20 日，H 村已与所有改厕农户签订农村改厕工程协议书，并由相关部门联系设施供应商和施工单位按照“分村定位、一村一案、因村制宜、一户一策”的原则完成改厕施工。9 月 30 日前，验收小组完成了逐村逐户验收工作和一户一表、存档备查的资料存档工作，验收合格即可发放补贴。11 月 23 日，新一轮改厕检查，新增了针对信息录入工作的监督，H 村开始完善本村改厕工作在 GIS 技术综合信息管理系统中的录入情况。

2018 年 3 月 16 日，经过一年的试点工作，合肥市新的改厕方案出台，H 村重新调整了工作重心，开始重视后续管护和电子信息录入工作。后续的管护主要依靠工作人员时常对改厕户进行巡查，帮助村民养护维修厕具。很多化肥企业、种植园区成为污水接收大户，妥善解决了污水的回收利用问题，使改厕治污形成完整闭环，前期改建与后期管护有机循环。在信息录入方面，要求及时、全面、真实、准确，村干部严格落实属地管理责任，严格执行质量终身制和责任追究制。纵向上 H 村村民委员会与上级政府部门配合，横向上 H 村村内改厕农户对其他农户及邻近各村起到模范作用，使改厕成果获得扩散效应，形成立体多元主体推进模式。

2. 环绕模式推进环保治理一体化

环绕式行动的核心是环保，改厕涉及治污治水等各个方面。H 村改厕使用三格化粪池，因其三层滤格能够完全地分解和发酵污物，既能防止异味又能杀虫灭菌，而且最终过滤出的粪水可以直接作为无污肥料，不会对土壤和水源造成污染。改厕还是农村垃圾治理的一部分，H 村严格实行城乡垃圾强制分类实施办法，鼓励农户将厨余垃圾与养殖业粪便、农村改厕粪渣等协同处理，做到堆肥还田、还林。2018 年，合肥市各县(市)区农村生活垃圾无害化处理量达到 74.61 万吨，无害化处理率达到 100%，这与改厕之后粪渣与生活污水无害化处理有很大关系。作为 H 村污水治理不可或缺的一环，改厕减少了有害粪水的排放，过滤出的能够直接排入城镇污水管道网的无害污水即使作为肥料也不会污染地下河。

三年的改革试水期已经结束，合肥市的“厕所革命”取得了显著成效，以 S 景区、L 区、H 村为代表的改厕优秀范例不在少数，但在制度设计、职责落实等方面仍有可进步空间，接下来合肥市政府需进一步完善“厕所革命”长效机制，将前期改建与后期管护紧密结合，不断提高政府的服务能力，努力办好这件关乎国计民生的“小事”。

（案例来源：2020 年江苏省研究生公共管理案例分析大赛获奖案例《“厕所革命”是天大的“小事”——合肥市改厕记》）

案例解析

【案例思考】

1."厕所革命"在全国推进可能存在哪些普遍问题?

2. 如何强化"厕所革命"中的政府责任?

3. 合肥市"厕所革命"的成功经验对我们有何启示?

案例 6-3

苏州枫桥街道"住枫桥"App助力基层治理

近年来,"互联网+"理念已经全面渗透到社会各行各业各类领域中。但是,当前各个地区在运用"互联网+"促进基层治理时,多采用"大水漫灌"的盲目式动员方式,极不利于基层治理的健康发展。苏州市高新区枫桥街道在"互联网+政务"思维的指导下,和苏州广播电视总台联手打造了"住枫桥"App,在起点上就突破了传统政务平台的思维定式,致力于推动统筹机制、管理机制、运营机制、信息技术创新有机融合,实现跨部门、跨行业的配合和协调,对于我国当前促进基层社会治理有重要意义。

【案例内容】

一、枫桥街道社区治理的发展

枫桥街道1994年划归苏州高新区,2004年6月撤镇建街道。截至2015年9月,户籍人口6.1万人,流动人口17万人,下辖7个社区居委会。2004—2015年,是枫桥街道由农村走向城市化建设道路的转折探索时期。随着居民身份、生活习惯和人口结构的变化,种种问题随之而来,社区治理面临极大的挑战。基于服务人民的宗旨和目标,为避免社区居委会工作人员一味追求经济考核指标,社区提出并采用了"政经分离"的治理模式,把经济建设与服务管理剥离开来,经济发展由村居股份合作社负责,服务居民的工作由社区居委会开展。这一时期,社区治理以社区居委会的一元治理为主,治理工作已初见成效。

从2015年开始,随着社区治理工作的推进,枫桥街道在工作中不断总结反思,提出新的治理理念与方法。首先,针对一站式服务大厅存在人力资源、物理空间浪费的问题,街道提出了"中心+社区"的服务模式,并且自主培养了全科社工。面对社区外来人口多、党建基础薄弱的问题,街道推出了以党的组织领导为核心的"一核多元"党建扎根固基工程。另外,街道以"$N+X$"的模式,通过民主公平的选举方式推选业主代表,与党员代表等共同参与小区的治理。这一时期的社区治理工作已经开始显现出多元治理的特点。

2018年,街道在提升社区服务的过程中关注到互联网在信息互通、资源配置等方面的优势,于是在社区政务服务中推出了新的社区治理模式。一方面,利用服务外包的方式建立街道人员的数据库,以全面摸清街道人员的基本情况,并了解其需求,提供差异化服务;另一方面,在数据库基础之上,街道联合苏州广播电视总台研发了"住枫桥"App,从而将政务服务、居民服务、党建等功能融合于同一平台上。在这个平台上,单向的管理变为双向的互动,线下的管理、服务变成线上线下的融合,社会协同的多元治理理念得以凸显。目前,该App已有社会服务功能21项,物业服务功能

4 项，还有各类生活服务功能。这一时期，社区居民参与治理的热情有所提升，社会组织、企业开始发挥自身优势，积极参与社区治理，社区治理呈现出精准化、差异化特征。

二、以“住枫桥”App 打造智慧社区

“住枫桥”App 以标准化接口规范，实现了应用汇聚、数据共享、服务融合的目标。截至目前，枫桥街道累计建设 26 个事项在线审批及 55 项公共服务，主要包括社区服务指南、行政审批业务、校园服务、新时代文明实践中心、“5＋1”小区预警系统、垃圾分类、智慧停车、人才招聘、“331”举报、惠民补贴、代表委员之家、智慧充电、积分管理体系、电子券服务等，基本覆盖居民日常生活需要，增强了平台的用户黏性，提高了用户活跃度，确保平台的可持续发展，从而积极打造“一个平台、多方汇集、共同推进”的社区治理新局面。

“住枫桥”App 致力于打造“1 体系(公共服务体系)＋3 平台(协同指挥平台＋网格管理平台＋一张图分析平台)”，立足“搭框架、建工具、聚数据”的功能定位，促进政务信息系统实现“网络通、数据通、应用通”，构建枫桥街道政务服务、公共服务、社区服务、生活服务架构体系，促进枫桥街道信息化项目建设健康、有序、可持续发展，让居民生活美满、舒适安全。具体来说，“住枫桥”App 主要通过“1 个门户＋N 个应用＋2 个中心＋3 个体系＋4 个能力”来实现基层治理中的“多元共治”。

“1 个门户”是指借助“住枫桥”这个窗口，居民可及时获得与社区相关的信息，享受社区提供的所有服务，并且能够及时地上传自己所拥有的信息资源，表达自己的需求，积极参与社区的治理，实现社区与居民之间的互通有无。

“N 个应用”是指借助“住枫桥”App，枫桥街道结合社区、学校、企业、政府部门等多元主体，为社区居民提供覆盖全生命周期的服务，主要包括党建服务、政务服务、公共服务、媒体服务和增值服务五大平台服务。

“2 个中心”是指建设网络数据管理中心和大数据分析中心，及时获取基层社会治理数据和居民基础数据。政府借助大数据平台，发布社区相关信息，精准动员社会闲散资源，打破信息不平等现状，真正做到社区“底数清、情况明”。

“3 个体系”是指打通政府管理(TOG)、居民服务(TOC)、商业服务(TOB)三个体系，建立以政府为主导、企业协同、群众参与的基层社会治理模式。

在党建服务方面，通过搭建枫桥街道“政治信仰空间”，打造基层社会“互联网＋”党员活动的新阵地。通过“线上党群服务中心”，归集各个基层党组织和党员志愿服务项目，让党员服务意向、服务技能与群众需求充分对接，提高服务效能。

在政务服务方面，枫桥街道通过信息化手段，促进多平台数据融合，借助“住枫桥”App，为居民办理失业金申领、少儿医保、居家托养补贴等事务提供指南，简化办理程序。

在公共服务方面，“住枫桥”App 从居民切实需求出发，提供相关服务、资源调配的数据支撑，完善政府区域化管理和服务机制。例如，为缓解社区管理和物业管理之间的矛盾，智慧社区平台将物业管理纳入社区管理，有效解决物业和居民间的矛盾和冲突。

在媒体服务方面，借助App平台展现枫桥街道20多年来的历史发展，“枫桥百科”可以帮助居民一站式了解枫桥的经济、文化资讯，推动社区和商户、企业等外部组织的合作。未来，通过苏州广播电视总台的舆情监控系统，枫桥街道还将继续设计开发针对枫桥区域的舆情预警平台，对用户阅读、评论、互动等行为进行动态感知，从而提高街道和社区的社会舆情管控能力。

在增值服务方面，“住枫桥”平台通过引入积分、卡券、个人信用等服务功能增强用户黏性和活跃度，采取合理的方式，促使留存用户与平台建立一种高黏度的互动关系，设置相应的用户激励措施，提高部分增值服务的准入门槛(如信用等)，进一步激发社区居民参与社区治理的积极性，推动“多元共治”的实现。

此外，“4个能力”是指围绕枫桥街道已建成的基础服务平台，借助“住枫桥”App，提升社区基础服务能力、信息入口能力、对外开放能力和迎接变化的能力。

三、“住枫桥”App在社区治理中的运用

1. 垃圾分类治理

政府垃圾办在街道的每个社区设立“垃圾屋”，社区居民通过“住枫桥”App扫描特定的二维码后绑定住户信息，每次按照规定投放垃圾后可以获得相应的积分，积分累积到一定的数额可以兑换相应实物，这样可以有效地激发居民垃圾分类处理的积极性，为垃圾分类政策的推广提供一个有效窗口。

2. 智慧校园

借助“住枫桥”App，将社区管理和学校管理有效结合，街道管理人员可以详细了解辖区生源分布，及时进行调控，宣传和实施国家针对学生的惠民补贴政策。社区居民可以直接在App上完成学生上学的报名和缴费，无须去校园现场办理，减少了开学季由于人流密集，校园安全隐患频发的问题。此外，借助App的实名认证功能，枫桥街道相关学校正在试点学校门口的人脸识别系统，只有在“住枫桥”App中进行过实名认证的用户才有权限进入校园，这为校园安全提供了一定的保障。

3. 学龄前儿童补贴发放

通过“住枫桥”App“线上申请、线下审核”的运行模式，居民在App上进行预约，社区网格员收到预约后上门核查居民的相关信息，并在App上直接提交相关材料，政府部门则同步在后台进行审核并发放相应费用。在技术力量的支持下，整个补贴工作只需7天，工作效率得到显著提高。

4. 疫情防控

新冠疫情期间，“住枫桥”App充分发挥了在城市服务方面的优势，第一时间研判疫情状态，上报疫情数据，防范扩散蔓延风险，动态监测疫情态势(见图6-3)。枫桥街道通过App汇集街道居民共同参与防疫工作，通过在线发布志愿者招募信息，符合要求的居民可进行线上报名，审核通过后即可从事相应的疫情防控工作，可有效缓解社区人力不足的问题。居民在返苏途中即可在线完成信息登记，使得社区工作人员能够尽早掌握情况，在居民尚未踏入小区大门时便做好相应准备。需要隔离在家的居民可以提前在线申请物资，到达小区时便可直接进行隔离，隔离期间有任何不便都可以在线求助。

图 6-3 “住枫桥”App 发挥疫情防控功能

“住枫桥”App 作为枫桥街道推动基层现代化治理的产物，在推动基层治理创新方面发挥了极大的作用。截至 2020 年年底，“住枫桥”App 注册用户已突破 25 万人次，累计下载量突破 60 万人次。① App 内已建成 18 个在线审批服务，54 个公共服务，实现了 5 457 名志愿者注册，100%覆盖辖区学生和教职工，迄今共计 718 438 人次通过这款 App 参与活动。

通过整合苏州广播电视总台的市场资源和媒体资源，“住枫桥”App 将“标准+个性化”服务在其他乡镇板块成功复制，实现了基层社会治理服务创新升级。未来，枫桥街道将建立更加开放的平台机制，营造更大的运营空间，由政府负责制度和机制建立，以市场化运营模式实现“造血”而非“输血”的自主发展，有效提高基层政务服务、公共服务和商务服务供给的效能。

虽然“住枫桥”App 的应用在基层治理中取得了显著成效，但是尚有完善的空间，如其存在知名度并不是很高、用户类型局限性大、现有用户活跃度低等问题。对于枫桥街道来说，如何用专业化、市场化的运营思维来思考并建立一个新的基层治理体系，推动移动互联网时代的“服务型政府”建设，依然是基层社会治理有待探索的领域。

（案例来源：2020 年江苏省研究生公共管理案例分析大赛决赛获奖案例《“互联网+”背景下的基层社区治理创新——以苏州枫桥街道“住枫桥”App 使用为例》，有删改）

案例解析

【案例思考】

1.“互联网+”嵌入基层治理的目的是什么？

2. 你认为“住枫桥”App 在使用中存在哪些功能限度？

3. 如何提升“互联网+”在基层治理中的效能，实现社区的共建共治共享？

---

① 叶继红，成君：《行动者网络理论视角下基层智慧治理的逻辑与进路——以苏州市 G 区“住枫桥”App 为例》，载《中共天津市委党校学报》，2022(1)：76-85。

案例 6-4

千年古镇
——瓜洲的“重生之路”

悠久的历史文化、便利的河陆交通，为千年古镇瓜洲从没落的工业重镇转型为新型的文旅小镇提供了优渥的条件，但是如何进行有效、高质量的文旅开发，使文旅转型真正成功，成为瓜洲镇开发的重大问题。经过多年探索与实践，瓜洲镇终于探索出一条科学合理的文旅小镇建设之路，为后期进一步发展打下了坚实的基础。

【案例内容】

一、从工业小镇到文旅小镇的转型

瓜洲镇位于古城扬州的最南端，具有 1 800 年的悠久历史，是中国唯一一座位于长江与运河交汇处的历史文化名镇，也是全国闻名的诗词之乡。瓜洲镇地理位置优越，交通便捷，东连扬州经济开发区，西接仪征市，北接扬州高新技术开发区，南临长江，与镇江隔江相望，更有润扬长江大桥、扬溧高速穿镇而过，素有“千年古渡”“七省通衢”之称。瓜洲镇曾经荣获“中国历史文化名镇”“中华诗词之乡”“全国优美乡镇”等称号，先后获得江苏省省级旅游度假区、江苏省文明镇、江苏省新型示范小城镇、江苏省卫生镇、江苏省教育现代化先进镇等殊荣。瓜洲镇现有镇域面积 16 平方千米，辖 3 个村、2 个居委会，常住人口约 2 万人。

改革开放以来，瓜洲镇利用良好的对外交通条件，抓住了乡镇工业化飞速发展的机遇，成为当时的工业重镇。南部以机械制造产业为主(如机床厂、锅厂、工具厂)，北部以小化工和小机械为主(见图 6-4)，适应改革开放后商品高度短缺时期的市场需求。其城镇规模、建设水平名列地区前茅，充满了发展活力，奠定了较好的经济基础。

图 6-4　瓜洲镇部分厂房

但是，随着税收体制调整、园区开发建设以及土地开发方式的变化，传统的乡镇企业难以适应新的发展需求，加之生态保护下的长江禁捕，渔业衰退。传统工业以及渔业的没落，导致瓜洲人口流失、老龄化严重，城市发展动力不足，城镇活力欠缺，转型发展迫在眉睫。

从瓜洲镇的土地利用状况来说，高速公路以东、沿江公路以南范围面积约 8 平方千米，内部未开发土地约 258.4 公顷，占总用地面积的 34.53%，有一定的开发和改造潜力，但大多位于过境公路与高速公路之间，或邻近永丰余造纸厂和二电厂，商业开发价值较低；从道路交通方面来说，瓜洲镇道路骨架、结构等级均较为明晰；路面质量一般，润扬路作为主要的客货运道路及瓜洲渡口作为客货运码头，对镇区整体形象和环境质量影响较大；在配套设施方面，瓜洲公共配套设施基本完善，教育资源在全区水平较高。然而，部分配套建设环境较差，充气站等设施已停用。此外，随着瓜洲镇工业的衰败，镇区北部及南部工业区出现了大量闲置厂房，厂区整体形象较差，但部分厂区(锅厂、扬锻)建筑结构较好，具有改造的可能。闲置厂区总面积约 40.51 公顷(见图 6-5)。

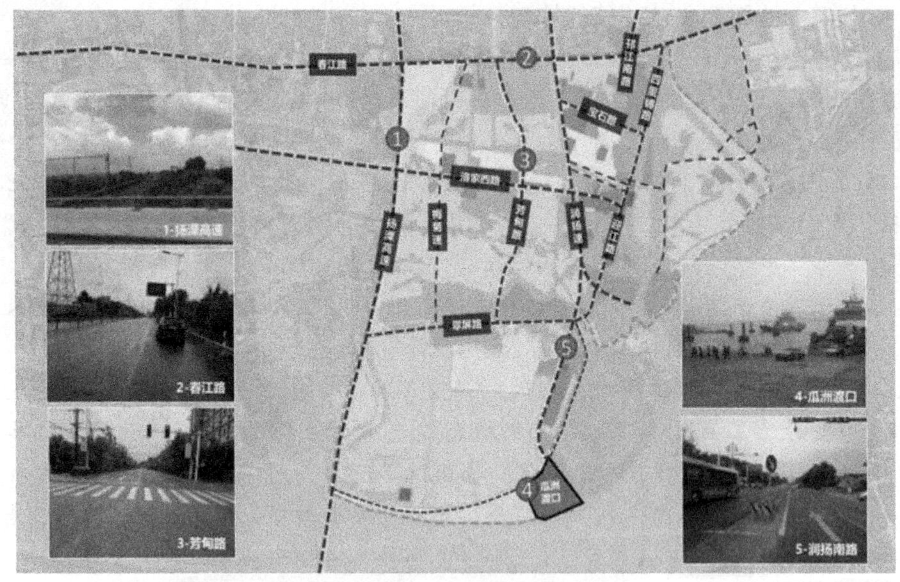

图 6-5　小镇布局及交通道路示意图

随着润扬大桥的建设，自 2000 年起瓜洲镇开始尝试产业转型，提出了建设瓜洲国际旅游度假区的目标，成立了瓜洲国际旅游度假区管委会，先后建成润扬森林公园、太阳岛国际高尔夫俱乐部、国际露营地、水上乐园等项目，持续组织瓜洲音乐节活动，旅游产业有了一定起色。但是早期的旅游项目大多围绕润扬森林公园周边展开，以户外休闲娱乐项目为主，缺乏文化体验内容，旅游形象模糊，旅游配套设施较差，部分项目已处于关停闲置状态。

在瓜洲镇传统工业逐步退出(或倒闭，或向高新区等其他园区转移)的过程中，其经济结构也随之发生了变化。2017 年，瓜洲镇的第一、第二、第三产业比值已达到 1∶5.6∶13.2，但三大产业产值只是相对比重较高，整体发展仍处于初级阶段。此外，在原有乡镇工业衰退的同时，新的产业动能(文旅产业)尚未完全形成，镇区建设相对缓慢，除了扩宽改造润扬路、搬迁汽渡以及建成芳甸等少量住宅区外，镇区传统制造业几乎全面退出，老镇区更新困难，镇区布局零散，城乡交替状况依旧，废弃工业用地比例高，镇区部分区域环境较差，形象不尽如人意。2017 年瓜洲镇人均地区生产总值约 7.1 万元，居民整体生活水平远低于邗江区和扬州地区人均水平(分别为 12.4 万元和 11.3 万元)，产业升级较为缓慢，旅游带动城市发展效果不是特别明显。

成功的文旅开发需要具备独特的自然或人文资源、巨大的资本支撑、与房地产开发联动能力以及优异的运营策划能力。大多数城镇或依赖房地产开发(如近郊淮泗、蒋王、杨庙等)，或依赖制造业(如杭集、头桥、李典镇)而获得新的发展动力。但是，瓜洲文化遗产相对单薄，发展条件不够优越，文化复兴、旅游开发、镇区建设尚难以实现有效联动。如何在转型中培养，在培育中升级，需要跳出瓜洲看瓜洲，以更开阔的视角、更综合的方法来研究瓜洲，找准瓜洲的发展目标，明确可行的实施路径。

二、瓜洲小镇“破局再出发”

2019 年 8 月 23 日，时任扬州市委书记谢正义专题调研瓜洲文旅发展，明确提出要把瓜洲打造成扬州大运河文化带建设的龙头工程。习近平总书记关于推进长江经济带建设和做好大运河保护、传承、利用的重要指示精神，为推进瓜洲文旅发展指明了方向、提供了指导，瓜洲文化复兴、旅游开发迎来了历史性机遇。

随着长江经济带和大运河文化带建设两大国家战略的深入贯彻实施，瓜洲立足现有开发基础，以“一带、两核、三组团”为实现路径，全力推进旅游开发建设。下一步，瓜洲将围绕“三个统一”要求，深入推进文旅名镇建设；抓好招商引资，积极争取文投基金及大运河文化带建设资金扶持，推动华建文旅项目尽快落地，加快古渡公园高端酒店项目建设；规划建设大观楼、度假酒店、古镇文化商业街区及文旅康养项目等，未来还计划在高速道口布局商贸物流园及旅游商品交易集散地；结合重大工程，继续纵深推进片区改造，塑造扬州城市南大门形象。

1. 定位分析

新一轮开发的总定位是打造国家级运河沉浸式文化度假公园镇，引领全新的国家文化公园式城镇，围绕“坚持保护第一、坚持文化引领、坚持艺术精品”的基本原则，在发展中做到开发与生态保护的结合，在发展中传承瓜洲千年文化。首先，更加注重对大运河文化带价值的挖掘和利用，大运河沿线有着东关古渡、文峰寺、三湾公园等历史文化古迹，瓜洲镇作为大运河的终点，有望成为运河游终点的高潮。其次，更加注重对瓜洲文化价值的挖掘，瓜洲历史文化悠久，优雅与豪迈共存，成就其独特的韵味。再次，更加注重对自身独特市场价值的打造，高品质旅游产品是长三角旅游核心动能，瓜洲需要“核心引擎＋高品质＋差异化”来建立自身市场竞争力。最后，注重品牌价值的注入，瓜洲镇政府联合华侨城文旅科技公司，通过“文化＋科技＋旅游”模式共同助力瓜洲新起航。

新一轮开发将面向多样化的旅游群体，其核心来源为瓜洲镇周边市场，主要包括扬州旅游客群以及宁镇扬家庭、青年客群等。通过古运河水上游串联，瓜洲作为运河游终点，其外延市场面向来自长三角的休闲度假客群。这一部分游客周边出游意愿最高、消费频次最多、消费能力相对较强，是未来项目最重要的核心消费客群，其专项市场为依托瓜洲生态休闲与华侨城主题娱乐资源，重点发展瓜洲文化 IP 体验、主题乐园及健康度假旅游市场客群。

新一轮开发制定了全域旅游策略，打造“引爆区域发展的大项目＋丰富层次的体验性中小业态”的全域旅游模式，塑造“龙头带动＋资源聚合＋线路带动＋构建网络”的全域体验，在空间结构上遵循“两核、两带、多节点”的布局，力求打造出一个有活力、有内涵的文旅小镇(见图 6-6)。

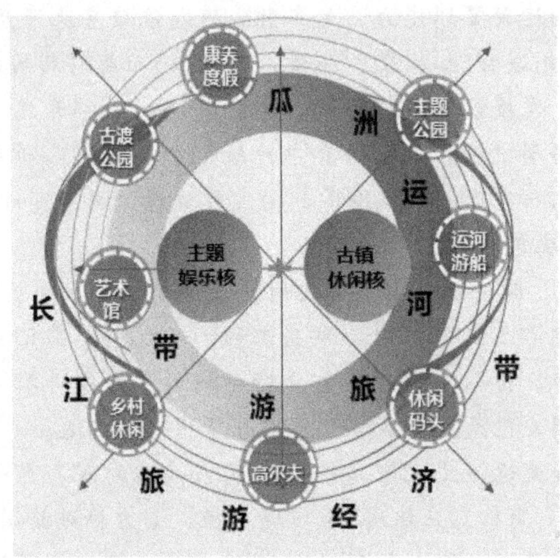

图 6-6　空间布局策略及开发模式图

2. 规划布局

此次开发规划范围面积约为 17.56 平方千米，其中原规划用地面积 7.29 平方千米，新增用地面积为 10.27 平方千米，项目开发的东西横向距离 4.6 千米，南北纵向距离 6.0 千米，东至京杭大运河及瓜洲泵站工程管理处，南至长江水域，西至双桥村及扬溧高速，北至小孟庄及张庄。在空间布局上(见图 6-7)，遵循“一带、两核、三组团”的总体布局，以大运河、长江为脉，奏响瓜洲五重奏和江河交响曲，再现瓜洲辉煌。

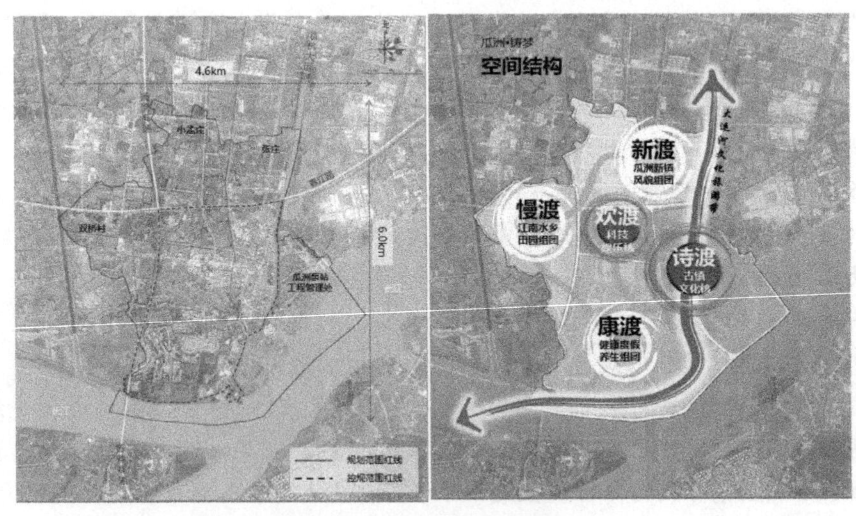

图 6-7　规划图和空间结构图

“一带”即指大运河文化旅游带，它是一条生态文旅的景观轴，沿着这条文化旅游带，从上到下，依次将呈现现代时尚景观、古镇驳岸景观和长江湿地景观，集现代都市消费、文化休闲和生态观光于一体。它还是一条穿越古今的主题轴，将经典瓜洲、生态瓜洲和现代瓜洲融为一体。同时，它也是一条科技动感的夜行轴。夜晚的瓜洲灯光投影与灯彩交汇，可沉浸式体验的商业水街和实景演出剧，利用交互科技、VR、AR、现代多媒体技术重现瓜洲盛宴，创新打造一场流动的艺术体验之旅。

“两核”指古镇文化核和科技娱乐核。古镇文化核又称诗渡，瓜洲旨在利用悠久的诗词文化打造一个沉浸式小镇，并以中国古诗词博物馆、诗礼堂和于园等一系列文化场所供人们享受文化盛宴。瓜洲镇还规划了青石街这样的滨水主题商业街区和各色文化酒店，旨在为游客提供休闲、娱乐、餐饮及特色零售等多功能服务。同时，瓜洲镇还将充分利用项目现有闲置厂房，以文化艺术为内核打造创新艺术空间，如改造式loft空间、艺创工坊、艺术工作室等，以期形成新时代下的“艺术＋”文化高地。此外，瓜洲还联合华侨城文旅科技公司共同打造瓜洲文创IP，发展瓜洲自己的文化品牌产业。科技娱乐核又称欢渡，它是瓜洲镇政府联合华侨城文旅科技公司，以“互联网时代的梦工场”为战略定位，打造的卡乐星球系列产品。瓜洲镇利用线上线下高科技互动特色来增强旅客的互动体验，打造互联网时代的创新型主题公园，迎合未来市场趋势。

“三组团”分别是健康度假养生组团、江南水乡田园组团和瓜洲新镇风貌组团，且三个不同的区域有不同的主题和景观。康渡(健康度假养生组团)是新打造的国际化健康度假区，将规划利用原有瓜洲汽渡建设国际长江游轮中心及长江水族馆，提供以健康为主题的旅游体验。慢渡(江南水乡田园组团)则保持着原生态的水乡田园风貌，建有特色水乡民宿，可以使游客尽享原始自然风光。新渡(瓜洲新镇风貌组团)则是对接大运河产业带的城镇新区，围绕“产业发展＋文旅集散＋潮流生活”的总体设计，引领全城可持续发展。不同的区域有不同主题和特色的酒店，如诗渡有锦春园文化酒店、欢渡有卡乐主题酒店，形成了多元的住宿体系。

“一带、两核、三组团”充分体现了全域旅游体系的理念，正处于规划中的多元旅游交通系统更将实现各旅游区的微循环，从而打造“古镇艺术游—主题欢乐游—健康运动游—乡村休闲游”的4～6天主题游览路线，实现200元门票到2 000元全域消费升级的完整旅游链条。

3. 开发保障

为了对瓜洲进行更好、更快、更高质量的文旅开发，瓜洲镇建立了顶层实施和保障计划，从规划统筹、工作机制、土地保障、资金保障等二十几个方面制定全局的规划和保障措施，力求瓜洲镇第二次文旅开发正常进行。除此之外，对于文旅开发中的一些重点项目，编制了开发计划表(见表6-1)，准备分步实施。重点项目开发总投资累计超百亿元，这些重点项目建成后，将累计带动客流500万～1 000万人次/年，为瓜洲的发展带来更大、更高质量的助推力。

2019—2020年，瓜洲镇政府对瓜洲片区进行了大力度、全方位的提升改造，完成了古渡公园南园、北岛改造和周边环境提升，建成了春江花月夜艺术馆，并在2019年接待游客超100万人次。2022年，瓜洲镇继续把握大运河文化带建设契机，在高速道口布局商贸物流园及旅游商品交易集散地。

表 6-1　重点项目建设计划表

<table>
<tr><th>区域</th><th>项目类型</th><th>项目名称</th><th>近期（2021—2023 年）</th><th>中期（2024—2026 年）</th><th>远期（2027—2030 年）</th><th>建设规模</th><th>预计投资规模</th><th>客流带动</th></tr>
<tr><td rowspan="3">科技娱乐核</td><td>品牌项目</td><td>瓜洲卡乐星球主题乐园</td><td>√</td><td></td><td></td><td rowspan="3">700 亩（约 46.67 公顷）</td><td rowspan="3">20 亿～30 亿元</td><td rowspan="3">200 万～300 万人次/年</td></tr>
<tr><td rowspan="2">支撑项目</td><td>主题酒店</td><td>√</td><td></td><td></td></tr>
<tr><td>主题商业街</td><td>√</td><td></td><td></td></tr>
<tr><td rowspan="14">古镇文化核</td><td rowspan="7">品牌项目</td><td>中国古诗词博物馆</td><td>√</td><td></td><td></td><td rowspan="5">300～400 亩（20～26.67 公顷）</td><td rowspan="5">5 亿～10 亿元</td><td rowspan="11">200 万～300 万人次/年</td></tr>
<tr><td>诗歌艺术剧院</td><td>√</td><td></td><td></td></tr>
<tr><td>古渡公园酒店</td><td>√</td><td></td><td></td></tr>
<tr><td>锦春园</td><td></td><td>√</td><td></td></tr>
<tr><td>青石街</td><td>√</td><td></td><td></td></tr>
<tr><td>瓜洲夜游</td><td>√</td><td></td><td></td><td></td><td></td></tr>
<tr><td>大观楼</td><td></td><td>√</td><td></td><td>100 亩（约 6.67 公顷）</td><td>3 亿～5 亿元</td></tr>
<tr><td rowspan="4">支撑项目</td><td>于园</td><td></td><td>√</td><td></td><td>20 亩（约 1.33 公顷）</td><td>1 亿～2 亿元</td></tr>
<tr><td>诗礼堂</td><td></td><td>√</td><td></td><td>15 亩（1 公顷）</td><td>0.5 亿～1 亿</td></tr>
<tr><td>沿江老街整治</td><td></td><td>√</td><td></td><td>40 亩（约 2.67 公顷）</td><td>3 亿～5 亿元</td></tr>
<tr><td>水上游活动</td><td>√</td><td></td><td></td><td></td><td></td></tr>
<tr><td rowspan="3">品牌项目</td><td>瓜洲 π · 诗创工坊</td><td></td><td>√</td><td></td><td>60 亩（4 公顷）</td><td>3 亿～5 亿元</td><td rowspan="3">50 万～100 万人次/年</td></tr>
<tr><td>艺术精品文化</td><td></td><td>√</td><td>√</td><td>20 亩</td><td>5 亿～10 亿</td></tr>
<tr><td>艺术家村</td><td></td><td>√</td><td>√</td><td>20 亩</td><td>1 亿～2 亿元</td></tr>
</table>

续表

区域	项目类型	项目名称	近期（2021—2023 年）	中期（2024—2026 年）	远期（2027—2030 年）	建设规模	预计投资规模	客流带动
健康度假养生组团	品牌项目	国际长江游轮中心		√		40 亩	1 亿～2 亿元	50 万～100 万人次/年
		游轮度假酒店		√		15 亩	5 亿～10 亿元	
		长江水族馆		√		10 亩（约 0.67 公顷）	1 亿～2 亿元	
		Discover 水上探索乐园		√		100 亩	8 亿～5 亿元	
		Club Med 运动度假村		√	√	100 亩	5 亿～10 亿元	
		瓜洲国际音乐节	√	√	√			50 万～100 万人次/年
		温泉康养度假酒店		√		60 亩	5 亿～10 亿元	
	支撑项目	3～5 家特色养生度假酒店		√	√	120 亩（8 公顷）	5 亿～10 亿元	
江南水乡田园组团	品牌项目	江南水乡田园风貌		√	√		3 亿～5 亿元	50 万～100 万人次/年
		“瓜村”民宿		√	√	200～300 亩（13.33～20 公顷）	3 亿～5 亿元	
	支撑项目	欢乐田野乐园		√		100 亩	0.5 亿～1 亿元	
瓜洲新镇风貌组团	品牌项目	全域旅游集散中心	√	√		120 亩	5 亿～10 亿元	50 万～100 万人次/年
		国际购物 MALL 奥特莱斯		√	√	150 亩（10 公顷）	5 亿～10 亿元	
		产业总部办公基地		√	√	300～500 亩（20～33.33 公顷）		
土地储备		生态人居	√	√	√	3～4 平方千米		
		土地发展备用区			√			

案例解析

【案例思考】

1. 瓜洲镇初次文旅转型遭遇困境的原因何在？

2. 文旅项目开发对乡村振兴起到了什么作用？

3. 结合本案例内容以及其他文旅小镇建设的情况，谈一谈打造文旅小镇需要具备的条件。

案例 6-5

内置金融推动乡村振兴的路径研究

——以河南信阳郝堂村为例

治理体系是一种结构，表现为权力机关的设置、运行及权力机关之间的法权结构关系，指其构成结构总体的各个部分的分布、存在、相互关系与配合的状态。而村社内置金融治理结构的组成和相互间的联系取决于村社内置金融本身自带的属性。村社内置金融将“解决农村的小额贷款难度大的问题”作为第一目的，从根本上决定了其发展目标是促进农民组织自主形成农村产业链与闭环供应链式金融体系，帮助农民形成一种价格增长和定价权收益获取的环状式经济发展模式。

【案例内容】

河南省信阳市郝堂村以内置金融为切入点，重建郝堂村社共同体，通过养老金互助社将村民凝聚起来，逐步实现乡村内部组织、产业、文化振兴，让村民富起来，将“绿水青山就是金山银山”带进现实。

一、“内置金融”破解农村金融贫血症

郝堂村位于河南省信阳市平桥区五里店办事处东南部，西边紧邻浉河区，南边与罗山县接壤，是一个典型的山区村。郝堂村全村面积约 20.7 平方千米，共有 18 个村民组、620 户、2 300 人。与城镇化进程中千百个普通村庄一样，十多年前的郝堂村有着丰富的山林资源，但却交通闭塞，人民生活穷苦。山上板栗成林而无人采摘，即便采摘也收不回成本。村民耕种田地，有时连生产工具也没有资金购买，更不用谈扩大生产。村民将资金存于银行，急需贷款时，却极难从银行贷到钱用来置办产业。随着大批青壮年外出务工，郝堂村“空心化”情况日趋严重，甚至有连续数名“空巢”老人喝药、上吊自杀。

然而，现在的郝堂村已是一派欣欣向荣的景象：曾经一度被撂荒的土地如今种上了板栗和茶叶；尚未改造完成的豫南风情村庄，游客接踵而至；村里的年轻人越来越多……让村庄从凋敝走向活力的重要起点，就是“夕阳红”养老资金互助合作社的成立。

2009 年 10 月初，郝堂村村民委员会主任胡静接受了当时来村庄做研究的“三农”学者李昌平的建议——成立一个养老资金互助合作社(以下简称“合作社”)。合作社启动资金在 10 天内便筹齐：由胡静在内的 7 名村民作为发起人，每人出资 2 万元；村里还吸收了 15 名老人为合作社社员，每人入社股金为 2 000 元。随后平桥区科技局、李昌平等又无偿投入部分资金，合作社于 2009 年 10 月 12 日挂牌成立，本金共计 34 万元。

有了钱怎么运作？社员们吵了两天两夜，吵出了一套合作社章程。

关于吸收存款，章程规定：一是入社老人可追加股金 2 万元，作为优先股享受银行存款2倍的利息；二是本村村民也可入股，享受比银行存款高一个百分点的利息，但入股资金最高不超过10万元；三是吸收社会上不求利润回报的慈善资金。

关于发放贷款，章程规定：一般贷款需要两个入社老人担保，需要农户林权证进行抵押；贷款需要理事签字授权，监事负责审批，两者相互制约；贷款利率接近当期农村信用社贷款利率。

关于利润分配，章程规定：利润的40%用于老人分红，30%作为积累资金，15%作为管理费，15%作为风险金，发起人不分配利息。

合作社成立后，村里的沉淀资金被激活。截至2013年上半年，合作社资金总量已经达到340万元。全村170多名60岁以上老人加入合作社，入社率超过80%。最早一批入社老人连续四年收到分红，分别为300元、570元、720元和800元，累计已超过2 000元的入社本金。与此同时，合作社累计发放贷款超过500万元，有力地促进了农户生产发展。

59岁的农民王良敏算了一笔账：2014年他将达到入社年龄，夫妻俩每人预计可享受1 000元的社员分红，加上女儿为他们两位老人各投2万元的股金，享受7%的利息，每人每年有1 400多元收入，“贫困老人通过养老资金互助合作社实现了比国家社保更好的保障”。

更为重要的是，经由合作社，林权证通过内部融通实现抵押，原本沉寂的1 300多公顷山林从资产变为资本，土地金融被激活。25岁的村民张金龙用林权证连续3年贷款发展养猪事业，从最开始的年出栏几十头发展到现在的200头左右，规模翻倍。据测算，整个郝堂村动态贷款总需求应该超过1 000万元，现在合作社资金只有300多万元，还有进一步发展的空间。

通过几年平稳运行，合作社资本规模不断增加，这在一定程度上推动了村集体经济的壮大，并带动村民共同富裕，还加强了村“两委”的组织治理能力。在此基础上，郝堂村依托合作社开展了集体建设用地收储、整理和开发业务，土地增值收益使得村集体经济快速增长，并归村民全体享有，这为开展大规模美丽乡村建设提供了资金支持。此外，合作社的收益也为郝堂村的基础设施建设提供了较大的资金支持，郝堂村在乡村道路、桥梁以及水利的基础设施建设上都有了较大规模的改善。

合作社将内置金融作为手段，通过乡贤文化、孝道文化吸引村民资金入股，以文化共识和利益分享为纽带把村民有效组织起来，不仅把资源、资产、资金集约起来经营，而且也让静态的“生产要素”变成动态的“金融资产”，激发了村民发展的内生动力，使乡村振兴活力日渐凸显。

一是解决了村民贷款难的问题，为农村老有所为、老有所养找到了实现途径。短短几年时间，内置金融规模迅速增长，这让人们看到了以较少财政资金支持金融体制机制创新、激活无限民力和农村沉睡资源、资产的可行性。

合作社成员的主体是村内老人，对村内居民的家庭情况和个人品行了如指掌，因而在面对借款者时不存在外部金融机构所面临的信息不对称问题。截至目前，合作社没有产生不良贷款，且经营效益良好，资金规模不断扩大，分红额逐年提高，深受村民欢迎。村民向合作社贷款必须由两位入社老人担保，并经理事和监事中70%的人同意，这使村里敬老爱老的传统得以回归，使老人有所作为。

二是将农民静态的“生产要素”变成动态的“金融资产”。农民用自己的土地承包经营权、宅基地使用权、房屋所有权等向内置金融抵押贷款。这种方式将静态的土地、山林等生产要素变成可抵押、可流动的金融资产，增加了村民财产性收入。

在发展中，村两委召开村民代表大会，通过村民代表表决，成立了绿园生态旅游开发公司，向合作社贷款，先后将农户约27公顷坡地流转至郝堂村村集体，由村集体统一建设新农村。新农村建设的土地增值收益归村民共享。通过这样的方式，郝堂村集体资产收入在短时间内获得了快速增长。郝堂村集体经济的发展壮大，为乡村振兴提供了强有力的支撑。

三是巩固和发展了村社共同体的事权和治权。由于内置金融把村民有效组织起来，把资源、资产、资金集约利用起来，让产权“死钱变活钱”，村社共同体的产权和财权得以巩固和发展，村民自主为村庄服务的能力和参与民主自治的能力得到了提升。

四是推动了村庄自主发展和治理结构的改善。内置金融让年轻人汇聚起来了、妇女参与进来了、志愿者队伍组织起来了，更吸引了外出务工人员返乡就业，村里空巢老人、留守儿童也基本上没有了，社会治安问题也极少发生。随着村集体经济的不断壮大和村民收入的不断增加，乡村文化生活也丰富起来，村民参加活动后利用闲暇时间商议村里的公益事业也成了常态。

郝堂村通过内置金融发展合作社，解决了村民发展产业所面临的融资难的问题，提升了村民组织化程度，提高了村两委的服务水平和治理能力，盘活了农村资源，壮大了村集体经济，并在弘扬乡贤敬老文化、村民自治管理等方面发挥了积极作用。

二、避免“外置金融”先天不足

就在郝堂村“内置金融”试验谨慎低调地迅速发展时，平桥区其他地方则在进行另一种以“金融机构下乡＋土地确权抵押”为主要内容的“外置金融”。

在平桥区陆庙街道办事处，一块写有“陆庙新型农村社区信用担保中心”的牌子格外醒目，中心主任陈长德介绍，为鼓励银行金融机构与农民能“坐在一个板凳上”，先由市相关部门对山林、耕地、宅基地等“五证确权”，以期实现银行抵押等，再由当地财政出资成立担保中心替农户进行担保。

虽然土地确权完成了，政策文件也下了，但是银行机构依然缺乏真正的积极性。相比郝堂村的“内置金融”，“外置金融”的先天不足显露无遗。主要原因如下。

一是成本收益不成比例。对于银行来说，财政担保的模式并没能真正提高银行金融机构向农民提供金融服务的积极性。在成立后的近三年里，陆庙新型农村社区信用担保中心已担保贷款170多笔。其中，企业贷款金额占比90%以上，包括酒厂、石材厂等，这类企业的规模在2000万～3000万元。实际上，这个本来打造给银行和农民的“板凳”，逐渐变成了银行和中小企业“拉手”的平台。

而在郝堂村则不存在这个问题，合作社放贷几乎不需要成本，农户只需一本林权证、两个担保人即可在当天申请到贷款，合理的利差也能够维持合作社良性发展。

二是信息不对称、风险难管控。陈长德说，对于银行来说，“农户贷款大多小而分散、数量众多，且10户放贷中，只要一户出现问题就受不了”。而“内置金融”建立在村民共同体内部的熟人社会中，合作社明确规定，“在银行有贷款不贷，吸毒不贷，赌博不贷，家庭不和睦不贷，信誉口碑不好不贷”。胡静说：“这些情况，村民之间彼此都很了解。而且因为具有养老公益性，所以没有不还钱的。如果有哪个村民不还钱，全村人都会唾弃他，就再也抬不起头来。”合作社成立四年来，没有一笔坏账，没有一笔死账。

三是土地抵押物变现问题。对银行来说，不发达农村地区的耕地、山地、宅基地等不仅过于零碎、价值偏低，且短期内升值预期低，难以成为银行偏好的有效抵押品。“如果出现农户无力偿还的情况，他们手中的土地抵押权证怎么交易、怎么变现?”陈长德说，担保中心也在走政策的“钢丝”。而在郝堂村，胡静则没有这种担心，由于土地是村集体所有，农户可以自愿将承包经营权交回村集体，土地变成集体资产的一部分。对村集体来说，较容易进行土地的内部转让和变现，以及实现对土地的有效经营。

三、以“内置金融”为手段打造生态乡村

2011 年 4 月以来，信阳市平桥区以“河南省可持续发展实验区”批复为契机，把具有豫南山村特色的郝堂村作为试点。短短几年时间，郝堂村在坚持“不搞大拆大建，不求速生快成”的原则下，结合实际情况，秉承“规划为先、以人为本、群众自愿、生态保护”的目标，充分发挥村民的积极主动参与性，将村社内置金融作为手段，通过涵养村落文化和优化公共服务等举措，建成了民居特色突出、生态环境优美、民主治理成熟的具有鲜明豫南特色的新型农村社区。

郝堂村在建设发展过程中认真总结各地新农村建设经验和教训，摒弃“大拆大建”，遏制群众“被上楼”“被新村”，尊重群众意愿，依靠群众智慧，重塑村落文明、文化内涵和乡村价值。

首先，自己动手，整治环境实施“清洁家园行动”。一是推广垃圾分类，新建资源垃圾分类处理中心 1 座，家家户户配备两个垃圾桶，进行垃圾干湿分离，村里还配备了 6 名卫生保洁员，全天候轮班保洁。二是改进卫生基础设施，大力推广卫生改厕、普及家用沼气技术。三是建立长效机制，通过开展“小手拉大手，携手建家园”活动，实施常态化卫生评比，引导村民养成良好的卫生习惯。四是环村规划建设了 34 千米长的骑行休闲健身绿道，使村庄成为城乡居民放松心情、休闲健身的好地方。

其次，自力更生，改建民居。一是采取政府免费提供图纸、规划引导、政策扶持，群众自愿、自行筹资的方式，循序推进民居改造。二是加强村庄肌理保护与更新，对村中的老屋、老墙、老井、老作坊等老建筑和老树进行重点保护，不得乱扒乱拆、乱改乱动。三是将具有豫南民居特色的狗头门楼、马头墙、柴扉墙、小布瓦等历史建筑元素精心运用到民居、商业建筑和公共服务设施上，做到特色鲜明、风格统一。四是对村庄空间布局进行优化，贯通村内邻里小路，完善邻里网络，使人与村庄、人与人之间更加和谐。

再次，自主经营，发展经济。围绕生态下功夫、做文章，走绿色生态发展之路。一是做强茶产业，立足自然资源优势，整治原种茶园 200 公顷，依托“佛灵山”“如莲”等龙头企业，研发推出了信阳传统绿茶、工夫红茶、黑茶、白茶、茶膏等系列产品。二是做大有机农业，推广种植有机水稻 20 公顷，不撒化肥、不打农药、生产加工优质糙米。三是发展观赏性荷花约 15 公顷，新鲜莲蓬按个卖。四是做好乡村休闲游，开办农家乐 40 余家，兴办豆腐坊、酒坊、肉坊、手工坊等农家作坊 10 余家。

通过几年的发展，郝堂村彻底改善农村面貌，优化人居环境，推动了基层社会治理工作与人居环境治理工作同频共振、同步发力。如今的郝堂村，景在变、屋在变、村在变，人也在变。“变”里保留着古朴、天然、闲适的乡村味道、田园气质，“变”里凝聚着时尚、现代、便捷的城市元素和时代气息。

（案例来源：《河南郝堂村“内置金融” 一个资金互助社救活一个村》，经济参考网，2013-12-11，有删改；《“村社内置金融”激活乡村治理一盘棋》，中华人民共和国民政部官网，2019-11-04，有删改）

案例解析

【案例思考】

1.“内置金融”究竟为何优于“外置金融”？

2. 如何使“内置金融”真正盘活乡村经济发展？

3.“郝堂村”的成功对中国乡村振兴之路有何启示？

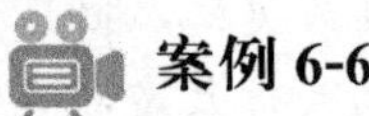

案例 6-6

基层减负为何越减越“负”
——南京市 Q 区基层治理难题

自 2019 年被中央确定为“基层减负年”以来，给基层干部松绑减负成为各级政府的重要工作。同年，基层政府响应号召，开始不断尝试运用数字治理技术为基层工作减负，进而掀起数字政府建设的热潮。在数字技术下沉基层社区的过程中，各级政府必须认真聆听基层社区工作人员的“共同心声”，形成回应上级政府注意力和底层百姓呼声的“令人满意”的双向选择。

【案例内容】

一、身心受压：社区工作担大任

老李是南京市 Q 区的一名社区党支部书记，2020 年是他成为社区工作者的第 18 年。一大早 5 点多，老李和往常一样早早起床，他醒来的第一件事不是洗漱，而是戴上老花镜，打开陪伴了他 3 年的智能手机，认认真真地开始“打卡”。作为一名老党员，打卡“学习强国”是必须的；作为一名社区党支部书记，他既要查看上级发布的通知，这样才能知道自己今天的工作安排，又要回复所有同事的留言，以了解他所负责的社区有哪些问题需要决策；作为矫正、调解办公室的一名社区工作者，必须按时登录钉钉签到以保证考勤率。此外，老李还是一名网格员，昨天晚上没阅读的通知、没回复的消息、没参与的群聊都要及时浏览以掌握最新动态。忙完这些，老李松了口气，他忐忑地放下手机，然后立马起身收拾收拾前往社区，奔赴他工作了 18 年的基层岗位。看着老李低头走进社区的背影，看着社区里一件件“红马甲”低头不言，“互联网＋”技术似乎不像传说中那么“令人满意”，这究竟是为什么呢？

老李于 2002 年接触社区工作，每天接触的是社区居民，每天服务的也是社区居民，工作内容具体、多样且繁杂。但那时的社区服务体系还不完善，软硬件设施也不完备，想要完成社区细之又细的工作，解决社区家长里短的麻烦事，只能凭借满腔热情和“大包大揽”的感性思维，以一种“管家模式”来服务人民。

作为一名党员，老李为了保证社区居民拥有安全的生活环境，自觉把社区安全工作做到位。他自掏腰包买了一个大喇叭，每天在楼层间来来回回地转悠，为的是把防火、防盗、防事故的安全知识真正地宣传出去，以提高社区居民的安全意识。不仅如此，在社区财政资金紧缺的情况下，老李还动员离退休干部、老党员成立了一支义务巡逻队，以强化社区安全。

作为一个老社区，每个月都会有一些“两放”人员(即刑满释放、解除劳教人员)回到社区，怎样才能做好这类群体的“安家”工作？怎样才能帮助他们“回归社会”呢？老李的做法是每月定期或不定期地上门了解这些居民的思想、工作、生活情况，帮助他们办理相关低保手续，尽力解决他们的基本温饱问题，使他们能够尽快融入正常的社会生活。同时，还要引导周围邻居不要有敌视或戒备心理。

在那几年里，纸质记录本对老李来说是最重要且唯一的工作证明。因为根据绩效考核的要求，做了任何工作都需要在纸质台账上“留痕”。尤其在各项年末考核接踵而至的时候，每完成一项工作都需要打印活动前期、中期、后期的所有材料，因此打印室常常也是“人来人往”。

二、名义减压：政务工作数字化

从 2017 年年初开始，各部门、各机构就开始自上而下地自主探索、开发并应用各种智能化软件或网站。从此，社区工作者的任务逐渐散布于国家级、省级、市级、区级的各个智能化平台或应用中。完成线上政务平台的任务成为社区工作人员的“心头大事”，耗费了他们很多精力。

大部分情况下，当上级部门开发出一个新的 App 时，老李和他的同事们必须按照要求进社区，找到足够数量的居民下载 App 并录入相关信息，以实现“居民了解 App、使用 App、认可 App”的理想目标。这一点常常让老李感到为难：Q 区所辖社区的常住人口中，以 60 岁以上的老人居多，让老人们注册 App 本就很难，想让他们在日常生活中用起来更是“难上加难”。年轻人又以打工族为主，嫌 App 累赘，不愿注册，更没有耐心去了解，甚至表现出对社区工作者的厌恶和不支持。超低的工作效率、部分居民的不理解、反复无聊的注册任务，这些都让老李觉得工作起来没有激情。“我每天都不知道自己在忙些什么，倒像是个推销 App 的人。”

2020 年新冠疫情暴发以后，下到社区核实居民近期活动轨迹、登记外来人员信息等网格防控工作，成了老李手中各项工作的重中之重。为了能够独立使用各种管理软件，老李需要专门咨询他的儿子如何操作，每一次注册和学习都要花费很长时间。不仅如此，有限的手机内存、过多的应用软件、过长的使用时间都会导致手机卡顿，从而降低老李的工作效率。比如，老李曾经做过一项工作，内容是走访社区内 65 周岁以上的老年人，每去到一位老人的家里都需要实时定位。在进行过多次定位后，他的手机需要花好几分钟重启，否则无法刷新位置，这就不可避免地影响了工作效率。为了解决“定位难”的问题，南京市 Q 区某几个社区给每位社区工作者都配备了工作手机，其最大优点是与北斗定位系统精准对接，定位“快、准、狠”，缺点则是又大又笨重，工作中随身携带十分累赘。

三、变相增压：智能应用成枷锁

从 2018 年正式成为一名社区党支部书记起，两年的时间里，老李手机里的各种办公系统、工作软件和部门 App 已经膨胀到了 29 个(见图 6-8)。这些“各自为政”的 App，既是人们口耳相传的“互联网＋”的产物，也是让社区工作者压力倍增的一座座大山。

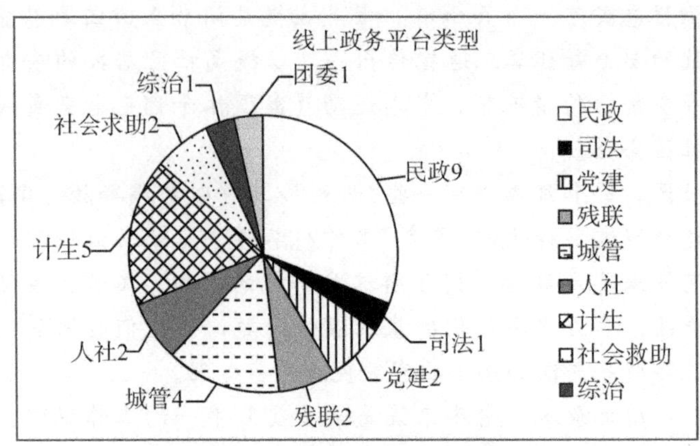

图 6-8　社区现有应用平台的类型

在 App 爆增不到一年的时间里，南京市 Q 区为响应上级政府指示，开始在各社区内全面推行网格化治理，即居委会辖区被网格化为片区，片区被网格化为楼栋，并根据楼栋分布设立网格长和网格员，于是各项公共服务和社会治理任务进一步由社区向下延伸到网格层面。作为社区党支部书记的老李，带头成了一名网格员，从那时起，老李在“指尖工作”的陷阱里越陷越深。

由于数字化记录方式可以囊括组织架构、工作计划、活动记录、工作总结等多项内容，电子台账内的一个个填写框就变成了一个个微型的“加压器”，特别是这些内容在考核的时候还要打印出来接受严查。如老李所在的社区在 2020 年 4 月以来开展的安全生产检查工作中，不仅需要打开 App 定位、填写内容、上传图片以保留电子记录，还要将其打印出来留作备份，更令人头疼的是安全生产检查台账的纸质文件也必须填写完整(见图 6-9)。

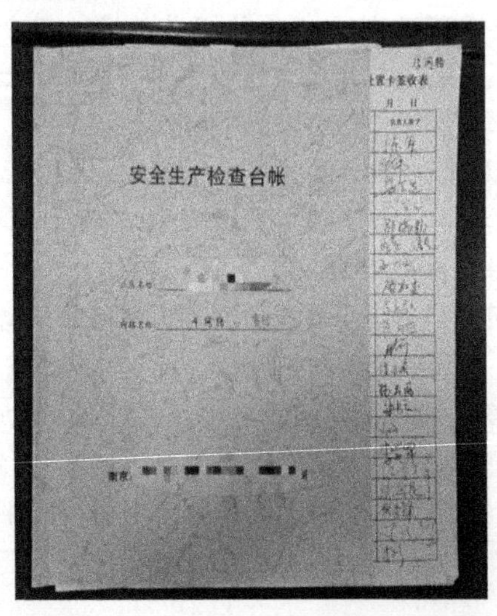

图 6-9　某社区安全生产检查的纸质台账和电子台账备份

作为一名社区工作者，原本应全心全意服务居民，但是现在由于上级职能部门间没有做好数据共享、系统开放等工作，老李每天都要把大量的精力浪费在 App 的“留痕”任务上，这完全偏离了服务重心，以致“来服务大厅办事的群众正好碰到我们在完成线上工作，都误以为社工们上班就是玩玩手机，因此居民满意度总是只低不高”。

四、期望释压：集成改革进行时

社区工作者的本职工作是“为人民服务”，然而，当数字时代的App注册、问卷调查、微博转发等任务下派到社区后，这些数字任务的完成率却成了影响社区工作者绩效考核、薪资待遇、晋升机会的重要因素。

事实上，在快节奏的工作生活中，大部分居民很少有时间待在社区里，老李和同事们去扫楼时常常找不到人；即使有居民在家，一个月甚至一个星期之内多次去找他们、拉住他们、占用他们的休息时间去注册这些App，也很容易引起居民的误会，从而导致居民满意度下降。

在工作量增加、满意度下降的情况下，Q区社区工作者的薪酬待遇并没有提高。当前，Q区社工的薪资待遇仍按照“三岗十八级”的薪酬体系进行划分，老李作为一个已经在社区工作18年的老员工，他的职位升到了第十四级，月薪也仅有6 600元。也就是说，升一级需3年时间，工资却仅增长100多元。即便年底会给老李的另一重身份——网格员发一些物质奖励，但这部分“加薪”也不过是社区工作者原本就应该拥有的20%的工资涨幅。用老李的话来说，那就是“从我们的碗里挖出来，又放到了我们的碗里。”毫无疑问，这根本无法调动社区工作者的工作积极性，更无法留住年轻、优秀的社区工作者。

来自老李等基层工作者的呼声，目前已引起南京市Q区政府的注意。为了聚焦社区治理瓶颈问题，加快推进社区减负工作，南京市Q区政府根据中央文件精神，印发了《Q区街道集成改革实施意见》，积极探索并形成了“赋权、赋能、强基层、强队伍”的街道集成改革新模式。在此基础上，2020年5月，南京市Q区委印发了《Q区社区治理集成改革实施意见》，期望加快构建更加简约高效的基层治理体系，打造具有地方特色的“双做双增”社区治理集成改革模式。其中，提及了一系列契合老李等社区工作者诉求、能够缓解基层工作人员压力的改革举措：一是通过系统编制社区工作任务清单，明晰社区为民服务事项清单，建立完善的社区工作准入和退出机制；二是改变现有的重复式考评制度体系，实现一平台的简捷管理，避免“痕迹主义”；三是各街道、社区的工作模式和活动方式应根据各辖区的资源特点进行个性化选择，充分提高工作效率和服务效益。

“多接一点地气，少一些套路。”政务App、微信工作群等现代化的信息手段，只有被精准有效地利用，才能提高基层的工作效率，减轻基层工作人员的工作负担。老李每次和同事们开会，都会讨论“互联网技术怎样才能用得恰到好处”，所有社工的共同心愿就是“早日将所有条口整合成一条线，避免无意义的‘留痕’”。

这些改革举措虽已落在纸上，也正随着各时间节点进入社区中，但是任何改革都不是一蹴而就的，能否解决当前互联网技术与基层治理间的摩擦、能否切实减轻基层工作人员不必要的“数字化”负担，这些都还有待时间去验证。

（案例来源：2020年江苏省研究生公共管理案例分析大赛获奖案例《“指上谈兵”伤不起，基层减负为何越减越“负”？——“智治”背景下南京市Q区基层治理之新难题》，有删改）

案例解析

【案例思考】

1. 从案例出发，思考数字政府的建设对推进国家治理体系和治理能力现代化有何意义？

2. 谈一谈Q区基层治理中数字技术“加压”的成因。

3. 基层减负过程中数字技术应用如何深化发展？

本章小结

从国家与社会关系的发展历程来看，在国家产生之初，受生产力条件和人类认知能力的局限，社会的自主性无法发挥，人类对国家的权威顶礼膜拜，国家与社会的关系高度统一，在这种国家与社会关系格局下所产生的政府模式必然是“统治型”的。这种政府观下的权力运行主体即为单一的政府，政府既是权力中心也是唯一的权威主体。但是，全能型政府模式在现代化进程中遭遇了前所未有的挑战。无论如何变革，政府越来越陷入“万能但却无法全能”的怪圈，出现政府权力膨胀、机构臃肿、行政效率低下、民主进程受阻等问题。在此情况下，治理理论应运而生。治理理论的提出可以说源于国家与社会关系的转变。由于政府是国家的现实体现形式，这场变革归根结底是政府角色定位、权力界限、权力运行方式的根本性变化，即从“全能”政府走向“有限”政府。因此，政府治理能力现代化是政府与社会关系转变、政府角色和定位重塑背景下对政府能力的新要求，是治理体制变革的主要内容。

当前，我国全面深化改革总体目标的实质性内容是现实境遇下国家“善治”的基本表达。“善治”，是国家治理的理想状态。要实现“善治”，善政是关键，即要求政府在实现全面深化改革目标中发挥主要作用。我国行政体制的现状，改革中遭遇的难题，行政理念与实践的持久变化，均要求政府具备新的能力。对政府治理能力现代化的关注反映了人们对政府的期待和要求。与传统的政府管理能力相比，政府治理能力不再仅仅是对权威的维护和执行能力，更包含资源整合能力、合作协调能力、组织控制能力等新的内容。只有政府治理能力对改革目标作出主动回应，才能带来改革的一切积极因素；并且只有政府自身动起来，才能继续巩固改革成果，从而攻克改革难点，最终实现良好的治理目标。

党的十八大报告提出要加快形成党委领导、政府负责、社会协同、公众参与、法治保障的社会治理体系，党的十九届四中全会审议通过了《中共中央关于坚持和完善中国特色社会主义制度 推进国家治理体系和治理能力现代化若干重大问题的决定》，强调“把我国制度优势更好转化为国家治理效能，为实现‘两个一百年’奋斗目标、实现中华民族伟大复兴的中国梦提供有力保证”。基于逻辑推演、实践探索和历史经验，推进国家治理体系和治理能力现代化，必须抓住基层社区治理这一基点、重点和难点，因为基层社区治理是建设中国特色社会主义民主的有机组成部分，是国家治理的基础和重要组成部分，也是基层管理体制的重大创新。首先，政府治理必须有效指导和领导社区治理，包括加强政府在社区的社会治理和公共服务、积极培育社区群众组织努力促进社区自治管理、发挥党组织在社区建设中协同各方领导全局的作用；其次，政府治理必须尊重和提升基层社区治理，包括解决好社区居委会的角色定位与行政化问题、社区党组织的能力和角色定位问题；最后，政府治理要强调和尊重基层社区治理的个性。基层治理涉及城市社区和乡村社区，而各城乡、各地区之间的经济社会发展状况存在较大差别，面临的问题和治理的重点、难点不尽相同，包括治安状况差、环境脏乱、管理缺失、公共服务匮乏、民众和社会组织参与渠道不畅、参与热情低等问题。总之，在科学定位和尊重特点的基础上，基层社区治理和政府治理这两大治理形式必须扮演好各自的角色、发挥相应功能，实现有效衔接和良性互动。

后记

《公共管理案例分析》是在高等院校公共管理本科专业普遍开设的一门专业核心课程。它的重要性体现在，在实际教学中可以将很多相关专业课程的一般原理通过案例研习的形式展现出来，对学生而言，可以起到巩固学科知识体系、了解公共管理实践、提升思维能力的效果。无论是在案例选择上还是在课堂设计、教学方法方面，案例教学都和传统的教学方式有着本质区别。

南京师范大学公共管理学院开设“公共管理案例分析”课程已有20多年的经验，从早期的无固定教师、无专业教材、无实训基地，到如今形成多层次的专业教师队伍，多次承办省级“公共管理案例分析大赛”，多篇案例分析报告入库“中国专业学位教学案例中心”，发展成果斐然，教学成果转化实效显著。其中无不凝结着公管人“公行天下”的情怀，无不体现出教师们对教学方法精益求精的执着追求。

本教材是在《公共管理案例分析》(2017年5月由南京师范大学出版社出版)的基础上进行的修订和再版，是南京师范大学公共管理学院“研究生精品教材建设计划”资助成果。在编写过程中，我们将案例建设与人才培养相结合，与专业实践相结合，利用学科优势提升案例专业性、案例主题的广泛性、案例开发的针对性，在案例选择和案例形式上也有所创新。

本教材中使用的案例有80％源于江苏省“公共管理案例分析大赛”的获奖案例，极富原创性，同时借鉴了目前已出版的同类教材，引用了学术期刊的部分研究成果(已在文中标注引用来源)，在此感谢教师同人、专家学者为本书编写提供的思路和素材。

感谢南京师范大学公共管理学院的研究生同学参与本教材的编写工作。

感谢江苏省教育学会对本教材编写工作的支持。

希望凝结着集体智慧的《公共管理案例分析》教材，能以“润物细无声”的方式，给公共管理专业学生以及对公共管理学科感兴趣的读者带去一种分析框架、一种思考方式、一种思考角度，使读者能从中获益。